财经
法治

投服中心系列丛书
China Securities Investor Services Center

投服研究

第1辑 · 2018年

郭文英 徐 明◎主编

ISC Research

法律出版社
LAW PRESS · CHINA

投服研究

ISC Research

总　序

2018年金秋，中证中小投资者服务中心（以下简称投服中心）主编的“投服中心系列丛书”终于与大家见面了。投服中心是中国证监会直属的证券金融类公益机构，成立3年来，不忘初心，始终坚守保护中小投资者合法权益的使命，积极探索投资者保护新路径，努力引导投资者理性投资、全面知权、积极行权、依法维权。“投服中心系列丛书”的出版是对“知权、行权、维权”工作的一个总结，希望借此契机能凝聚一批法学学者、市场实务人士等专家对资本市场的热点难点问题进行长期的探讨研究。

自2014年成立以来，投服中心在中国证监会党委的领导和部署下，在证监会投资者保护局的指导和相关部门、各派出机构的支持下，在证监会系统兄弟单位和社会各界的大力支持下，从中小投资者权益保护和救济诉讼的实际需求出发，创新了一套适合我国资本市场中小投资者保护的机制和实现路径——以投资者教育工作为基础，通过事前持股行权、事中纠纷调解、事后支持诉讼来切实维护广大中小投资者的合法权益。投资者是资本市场发展的重要基石，培育良好的投资者群体，保护好广大中小投资者合法权益，是促进资本市场健康发展的重要一环，直接关系维护社会的公平正义，直接关乎亿万人民群众的切身利益。但中国资本市场的中小投资者既是数量上的多数，又是专业知识、投资理念、维权能力等方面的“弱势少数”，因此，中小投资者合法权益时常受到漠视甚至侵害。长期以来，中小投资者权益保护问题既是资本市场的一个宏观问题，又是要落实到每位投资者身上的微观问题。如何从立法层面更细致地规定中小投资者保护的内容，形成法律、行政法规、部门规章及操作性指引；如何从司法层面推动示范判决制度、探索强制调解机制等制度的建设；如何从监管层面创新机制，加大对侵害中小投资者合法权益的违法违规行为的打击和惩罚力度,更多地保护中小投资者的合法权益;如何帮助中小投资者树立权利意识,建立长期投资、价值投资理念,强化风险意识,提高维权能力。这些问题的解决都不是一蹴而就的,我们需要扎根于中国资本市场的土壤,需要政策、法律的研究,需要投保机制的创新,需要与广大中小投资者面对面的交流。为此,投服中心出版系列丛书,以投服中心工作为蓝本,研究了一些热点问题,探索了一条"投服模式"的投资者保护道路,积累了一些经验分享给读者。

"投服中心系列丛书"由《投资者权益知识读本》《重大资产重组行权案例评析》《纠纷调解案例评析》《支持诉讼维权案例评析》《投服研究》等书组成。其中《投资者权益知识读本》登载的"权益360"系列文章,根据我国资本市场和广大投资者的实际情况,接地气、聚人气,本着知识性、实用性、趣味性的宗旨,为投资者普及权益知识。《重大资产重组行权案例评析》《纠纷调解案例评析》《支持诉讼维权案例评析》汇集了投服中心持股行权、纠纷调解及支持诉讼工作中具有代表性的实际案例,旨在进一步发挥投服中心示范引领作用,唤醒广大中小投资者的股东意识,督促上市公司提高依法运营水平;以及进一步探讨在全国范围内的建立调解合作、小额速调、诉调对接、证券支持诉讼示范判决等机制。《投服研究》选取了投服中心课题中较突出的研究报告,包含投资者交易行为研究、上市公司章程反收购条款效力研究、证券市场投资者保护条例等一系列资本市场热点、难点问题的研究。"投服中心系列丛书"综合了普及性、专业性及学术性的特点,面向广大投资者、上市公司及专家学者等群体,期望与其一道共同推动中小投资者权益保护工作。

我们希望,"投服中心系列丛书"是一涓细流,能不断汇集中国资本市场土壤上的经验与创新机制,不断丰富学术理论,不断普及权益知识。我们相信,中国中小投资者保护事业能在资本市场各方的努力下,共同谱写新的篇章。

2018年8月

前 言

证券市场之所以重要，首先在于证券市场是一种投资者参与的资源配置机制。证券市场若能有效运行，即可在一定程度上替代或者约束政府主导的资源配置机制。正是因为证券市场是投资者参与的市场，保护好投资者权益既是维持证券市场有效运行的前提条件，也是维护证券市场秩序的固有含义，不应把保护投资者权益世俗化，不应把强化投资者保护当作对社会呼声的简单回应。

在证券市场中，投资者与上市公司、中介机构和其他投资者之间形成错综复杂的关系，既涉及公司法的适用，也涉及证券法的适用，还与投资者权利保护机制的运行直接相关。多种法律和机制相互配合、协同作用，才能最好地保护投资者利益，促进证券市场的健康发展。正因为如此，我们应从证券市场有效运行的角度，以有效保护投资者权益为出发点，可以借鉴域外的经验和成果，重新评估我国投资者保护的现有立法及架构，协调投资者保护实体规范与程序规则之间的关系，平衡法律理论与实践效果之间的关系。

投资者权益保护是证券市场上的永恒主题。然而，我国证券市场是一个新兴加转轨的市场，是一个正在快速发展的市场，既有域外成熟市场曾经面对的问题，也有我国证券市场独有的问题。我们既不能罔顾我国证券市场的特殊性而照搬域外市场的经验，也不应只强调我国证券市场的国别属性而忽视证券市场发展的规律性、阶段性。在此背景下，我国不仅需要社会各界在投资者权益保护上的热心投入和大声疾呼，更需要立法者、司法机关、学者、实务工作者的冷静思考。只有通过社会各界的共同努力，才能搭建起良好的制度架构，构建和谐的证券市场秩序，实现投资者权益保护从口号向制度和战略的结构性转变。

中国人民大学课题组接受了中证中小投资者服务中心的委托，汇集了诸多有志于投资者保护的学者和学生,专门就我国投资者保护的立法问题作出研究。核心结论是,考虑到我国现有法律体系和实践需求,根据我国现有投资者权益保护经验,我国应当采用相对简便的立法模式,即由国务院专门制定证券市场投资者保护条例,从而缓和《公司法》《证券法》《民事诉讼法》《仲裁法》和有关调解法律之间的相互割裂局面,形成保护投资者权益的新型模式。

目　录

ISC Research

证券市场投资者保护条例立法研究*

* 本课题承接方为中国人民大学。课题负责人：叶林；课题组成员：吴烨、黄颖婕、张异冉、王湘淳、冯琴、王琦、张馨天、叶冬影、韩春雨、朱舸、郜鹏宇、项丹、刘于豪、陈泓维、郭鑫、朱沛然、侯博文、赵菡婷、刘明健。感谢韩春雨同学在本报告形成中的组织、协调和奉献。

第一章　投资者保护的立法价值

经过20余年发展，我国资本市场取得了举世瞩目的成就，为我国经济增长和企业发展做出巨大贡献。但我国证券市场诞生于特殊历史背景下，在经济体制、法律制度、社会文化和投融资体制等多重原因的共同影响下，证券市场长期重视融资功能，投资者保护没有受到足够重视，时常发生损害投资者利益的事件，影响了证券市场的持续、健康发展。在证券市场发展的关键时期，总结经验，建立行之有效的投资者保护体制，切实维护、保障投资者合法权益，已经刻不容缓。①

第一节　投资者在证券市场中的地位

投资者的含义，可以从多个角度予以界定。投资者是证券发行、交易、服务关系的参加者，投资者将自有资金投入证券市场，通过多种媒介形式参与证券市场活动，与其他市场主体形成多种复杂关系，如投资者与发行人形成的投融资关系，与证券经营机构形成的委托交易关系，与资产管理机构形成的信托关系，与证券审计和法律服务机构形成服务关系，与市场组织者和监管者形成受保护关系等。投资者参与的关系复杂多样，其既要受《证券法》《公司法》的直接调整，也受其他法律的调整。

---

① 参见何德旭、周宇：《中国证券投资者保护机制的创新方向与实现路径》，载《金融评论》2015年第1期。

一、投资者与发行人的关系

发行人向投资者发行证券,募集所需资金,投资者向发行人缴纳资金并在法律上转化为发行人财产,投资者取得股票和债券等投资凭证后,有权参与发行人重大事项决策,享有资产受益权等。该等投融资关系,除受《民法总则》间接调整外,尤其要受到《证券法》和《公司法》的直接调整。

在调整投资者与发行人的关系中,《证券法》和《公司法》的运行机理有所不同。[①]《公司法》系团体法和组织法,侧重于调整公司内部的组织关系,投资者作为公司成员,被称为"公司股东"。《公司法》既要调整股东(或投资者)与公司及公司董监高之间的关系,又要调整股东与股东之间的相互关系。就此而言,《公司法》是保护投资者或股东利益的组织法,主要采用组织法手段,衡平地调整股东与公司、股东与股东、股东与公司董监高之间的相互关系。通常而言,组织法保护机制是以公司整体利益为出发点而构建的保护机制,体现了衡平保护各方利益主体或参与者的理念,除非法律作出特别规定,很少对股东予以特别保护。

《证券法》秉持的理念明显不同于《公司法》。就证券发行而言,其本质在于发行人向投资者出售公司部分权益,投资者向发行人缴纳出资,受领投资凭证,长期享受发行人的未来受益(延期受益)。因证券发行带有浓厚的交易属性,《证券法》在调整投资者与发行人关系中,主要采用交易法的保护机制,强调证券发行中的反欺诈规则,即通过信息披露和反欺诈机制,减少乃至杜绝证券发行中的不实陈述,包括但不限于发行人对重大事件作出违背事实真相的虚假记载、误导性陈述,或者在披露信息时发生重大遗漏、不正当披露信息的行为。[②]

二、投资者与证券经营机构的关系

在证券交易所建立后,除部分交易是由投资者协商完成者外,多数交易要通过

---

① 参见李勋:《美国对冲基金监管立法研究》,载《福建金融管理干部学院学报》2008年第3期。

② 参见李明辉:《上市公司财务报告虚假陈述民事责任的认定》,载《厦门大学学报》(哲学社会科学版)2004年第4期。

证券经营机构的参与和协助才能完成。即在多数情况下,投资者必须借由证券经营机构的经纪服务,甚至借由证券交易所提供的集中交收服务,才能最终完成证券交易。在法律和实务中,投资者唯有与证券经营机构签订经纪服务协议,才能从事证券交易活动,投资者与证券经营机构形成了特殊的"委托关系"。

普通民事交易主要采用"一对一"交易模式。民事主体在委托他人代办民事交易时,虽然难免遇到"自我交易"和"双方代理"等滥用代理权的情形,但滥用代理权未必能对市场价格产生显著和整体影响。证券交易不同于普通民事交易。一方面,证券交易主要是场内集中交易,通常采用"一对多"或"多对多"的交易模式,每笔交易的价格信号都会转化为市场价格信号的组成部分,这会影响其他投资者的交易或投资决策。另一方面,证券经营机构是持有专业牌照的服务商,具有垄断性或特许性的专业地位,这意味证券经营机构必须承担高于普通受托人的特殊义务。

证券经营机构在办理经纪业务时,不仅要遵循民事委托的一般规则,避免自我交易和双方代理等,而且要尽到更高的注意和保护义务,包括但不限于公平对待所有投资者,落实对投资者的特别保护义务,接受政府和自律监管者的监管。具体而言,证券经营机构在办理经纪业务时,至少要处理好三种关系:(1)证券经营机构在处理自身利益与投资者利益的关系时,要承担最高的"受托人受信义务",消除自我交易和双方代理;(2)证券经营机构在办理众多委托人委托事务时,应当公平对待所有投资者,按照公平顺位办理委托事务,协调诸多委托事项之间的利益关系;(3)证券经营机构在办理委托事务时,要妥善处理证券经营机构关联人与投资者之间的关系。

三、投资者与管理人的关系

投资者既可以直接投资于证券,也可以将其个人财富委托给专业管理人管理,从而形成与资产管理人之间的资产管理关系。资产管理,是指管理人根据资产管理合同约定的方式、条件、要求及限制,对投资者或客户资产进行经营运作,为客户或投资者提供证券、基金及其他金融商品,并收取费用的营业行为。在当代资本市场上,将个人资产委托给管理人进行管理,已成为投资者财富增值的重要形式。其中,必须妥善处理好投资者和管理人的关系。

资产管理在本质上是信托。根据《信托法》第2条,信托“是指委托人基于对受托人的信任,将其财产权委托给受托人,由受托人按委托人的意愿以自己的名义,为受益人的利益或者特定目的,进行管理或者处分的行为”。需要看到,《信托法》是调整信托关系的一般规范,资产管理属于商事信托,有别于一般信托或者传统信托。一方面,传统信托建立在“保存”观念基础上,受托人不从事冒险性或投资性行为。但资产管理的投资标的主要是有价证券,其具有较强的冒险性和风险性,存在委托资产损失的高度盖然性。基于投资标的的特殊性,信托受托人与资产管理人所承担的义务有所不同。另一方面,传统信托强调委托人的“信托意图”,即传统信托建立在委托人的信托意图基础上,系一种以委托人信托意图为核心的资产管理关系。但现代资产管理既可以采用集合投资计划模式,也可以采用单一投资计划模式。在广泛存在的集合投资计划中,投资计划下的信托意图是由受托人(管理人)事先拟定的,委托人因为接受了管理人预先设定的投资目的,才向集合投资计划投入资金,这其实是一种以管理人为主导的资产管理关系。因此,管理人应当承担高于信托受托人的特殊义务。

四、投资者与服务机构的关系

服务机构主要指会计师、评估师和律师服务机构,也包括财务分析机构,有时还可包括参与证券承销的证券经营机构。在证券服务中,委托人是发行人、证券公司、管理人等,服务机构为委托人提供专业服务并收取费用。服务机构与投资者之间通常不存在合同关系。[①] 但因证券服务是证券法规定的专业服务,服务机构要具有法定的专业资质,服务机构提供的成果已经转化为投资标的的要素,并且受到投资者的信赖。因此,服务机构在习惯上被称为“中介机构”。服务机构虽然与委托人签约并服务于委托人,但其成果却是投资者投资决策的重要事实基础,投资者基于对发行人及其服务机构相关陈述的合理信赖,才决定投资于发行人的有价证券,就此而言,服务机构必须对投资者承担合理的保护义务。

---

① 参见倪受彬、张艳蓉:《证券投资咨询机构的信义义务研究》,载《社会科学》2014年第10期。

服务机构虽然接受委托人委托并向其收取费用，但在提供证券服务中，仍应秉持客观、中立、专业的原则，借此，才能实现对投资者的保护。当服务机构偏离客观、中立和专业原则时，无论服务成果是审计报告或评估报告，抑或法律意见书或鉴证意见，难免给投资者造成误导，并最终损害投资者利益。

五、投资者与监管者的关系

在证券市场上，监管者包括自律监管者和政府监管者。自律监管机构通过制定、执行合乎法律和职业标准的规则、规范和纪律等，约束以行业内的专业机构和人员的行为，从而维护会计、律师等行业的声誉和整体利益，进而维护投资者的利益。投资者在受到损害时，为了保护自身利益，可以直接向违法者提起诉讼，也可以向自律组织进行投诉。[①] 迄今为止，多数行业组织已成立专门受理投资者投诉的组织，制定了解决争议的程序，解决了大量的投诉和争议。

政府监管也即行政监管。证券监督管理机构通过依法开展行政执法活动，查处发行人、证券经营机构、管理人及服务者的各种违法行为，维护公平公正的市场秩序，最终保护了投资者利益。国际证监会组织在其发布的《证券监管目标和原则》中，即将“保护投资者利益”作为首要的监管目标。我国《证券法》第1条确立了保护投资者利益的立法宗旨，《证券法》主要内容同样是围绕保护投资者利益而展开的，保护投资者利益同样是政府监管的重要宗旨之一。

六、小　　结

保护投资者利益是《证券法》的重要宗旨但不是唯一宗旨。在证券市场上，投资者与其他市场参与者之间形成了多种不同性质的法律关系，除了包括投资融资关系以外，还包括经纪关系、委托关系、资产管理关系和服务关系等。在不同的法律关系中，市场参与者利益相互交织，各方都有自己的利益诉求，证券法制必须为

---

① 参见刘水林、部峰：《我国证券公益诉讼制度建构的理论证成》，载《上海财经大学学报》（哲学社会科学版）2014年第6期。

各方参与者划定合理的权利和利益边界。为了构建健康有序、公平合理的市场关系,公司法和证券法必须兼顾投资者利益和相对人的利益。既要保护投资者利益,也要保护发行人、证券经营机构、管理人和服务者的利益,还要积极提升证券市场效率。

投资者既是公司股东,也是市场参与者。投资者作为股东,必然面临如何协调与发行人(公司)和其他股东的相互关系问题,公司法为了解决代理成本以及约束控制股东滥用权利,需要建立适合于股东参与公司事务的机制,尤其需要提供保护中小股东的特别机制。投资者作为市场参与者,必然面临市场价格波动的风险。投资者无疑应当享受投资的收益,也应当承受投资失败的风险。然而,证券市场价格波动是投资者无法掌控的,投资损失既可能是市场价格波动引起的,也可能是公司或发行人的行为引起的,还可能是其他参与者的错误或疏忽所导致的。为了有效维护正常的证券投资市场秩序,矫正市场失灵,使投资者能在证券市场中公平地获得相关信息和投资机会,免于遭受公司控股股东和内部人证券欺诈行为的影响,必须通过一系列制度性安排,保障投资者合法权益得以充分落实、权利得到充分行使、利益得到充分保障、投资风险得到有效降低。①

证券市场参与者数量众多,交易规则专业性强,投资者受损概率较高,各种利益相互交织,需要在平衡各类市场参与者利益的前提下,加强对投资者的保护。投资者保护不能完全依赖单行的证券法,而应该从多方面加强对投资者的保护。我国证券法主要规定投资者的实体权利,但在投资者保护的程序规则问题上,尚有不足。我们认为,应当根据我国证券市场立法现状,斟酌投资者保护的特殊需求,全面审视我国证券投资者保护面临的问题,参考境外经验和做法,提出证券投资者保护的制度框架,尤其是充实、完善证券投资者的权利实现机制,填补现行立法之不足。

① 参见何德旭、周宇:《中国证券投资者保护机制的创新方向与实现路径》,载《金融评论》2015年第1期。

第二节　投资者特别保护的理论基础

一、投资者保护的理论架构

证券市场久已存在,有关投资者保护的特别立法及理论研究同样由来已久。在20世纪以前,证券市场只在狭小范围内发挥作用,契约精神几乎主导了公司和证券法制的全部内容。在公司法中,立法者和裁判者从最初的特许主义转变到公司准则主义,确立了放任自由的公司法规范,公司章程和契约成为保护股东和投资者利益的主要机制。在证券法中,早期证券交易所同样信奉放任自由主义,规范市场关系的主要规则是由市场组织者发布的自律规则。伴随着美国经济的日趋繁荣,证券市场渐趋活跃,在自由放任主义思想支配下,证券市场出现了投机活动,股票价格急涨急跌,由于立法不足和监管缺失,最终诱发了美国1929年的股灾。此后,美国才真正开始关注证券市场运行的特殊规则,投资者特别保护也逐渐纳入立法和研究的视野。

王军教授在总结美国公司法和证券法发展的历史时称,“综观美国公司法发展演变的整个过程,可以清楚地看到,美国公司法基本上是沿着一条从强调‘限制’到强调‘放任’,进而又从强调‘放任’到强调‘限制’的路线向前发展的”,“然而,这种循环所构成的并不是一个封闭的圆圈。改革时期的美国公司法否定了创立和初步发展时期的美国公司法的限制政策,创立和发展了一整套适合垄断公司发展需要的制度。现代的美国公司法否定了改革时期的美国公司法奉行的极端的放任主义政策,创立和发展出了一整套既能满足现代的垄断公司发展的需要,又能兼顾广大投资者利益的制度。经过这样一个螺旋式的既循环又上升的过程,美国公司法最终发展到它的成熟时期”。①

在投资者保护的理论架构上,自20世纪40年代,现代企业制度的观念得以逐

---

① 王军、戴萍:《美国公司法的发展演变》,载《国际商法论丛》,北大法宝://plculaw. cn//fulltext - form. aspx? Db = 9ilcan&Gid = /5/0145999&keyword = &Search - Mode = accurate&Search - Is. Title = 0,最后访问日期:2018年8月25日。

渐建立和完善。在企业盈利增加的同时,也暴露了现代企业存在的问题。1932年伯利(Berle)和米恩斯(Means)对企业所有与经营分离后产生的"委托人"(股东)与"代理人"(经理层)之间的利益冲突,做出了经济学的分析,发表了《现代公司与私人财产》的专著,创设并奠定了"代理人说"的理论基础。该学说认为,企业所有指企业归属于股东或投资者所有,企业经营却交给了企业的经理人,这种企业所有与企业经营相分离的现象,导致经理人偏离所有者利益最大化的目标,进而成为导致投资者利益受损的根源,必然带来"如何保护投资者利益"的问题。在这种基础分析的前提下,学术界发展出"委托代理理论""契约自由理论""外部干涉理论"等旨在保护投资者利益的具体理论和制度。

需要指出,在伯利提出企业所有和企业经营相分离的模型后,现代公司产权和资本市场正在发生了新的转变。在西方国家,有学者提出公司正循着分权与集权的两个方向发展。所谓分权模式,即伯利提出的企业所有与企业经营相分离的模式,这种情形主要出现在大型上市公司中;所谓集权模式,是指在众多公司中,公司经营权事实上把控在控制股东乃至家族手中,也即控制股东不仅掌握了公司的主要股份,也同时担负着公司的经营活动。在前者情形下,容易出现的是经营者背弃代理人职责,损害公司及投资者利益的情形;在后者情况下,还将遇到控制股东侵害中小股东利益的情况。

鉴于公司产权结构的多样性,在回应投资者保护的命题时,不应拘泥于西方学者既有的学术分析和主张,而应当结合具体的国情、公司产权结构、资本市场法制环境及市场文化等诸多因素,分析并形成适合特定国情特点的投资者保护理论。

二、委托代理理论及其变迁

委托代理理论,构建在企业所有与企业经营相分离的基础上。① 1932年阿道夫·伯利和加德纳·米恩斯(Gardiner Means)根据美国大型公司的实证资料,提出了两权分离的理论,即企业产权归属于股东,企业经营权归属于股东选聘的管理者。股东和经营者均有自身利益的考虑,从而带来了委托代理上的两个问题:一方

---

① 参见周生春、范烨:《社会资本、治理结构与家族企业代理问题》,载《浙江社会科学》2008年第12期。

面,作为委托人的股东与作为代理人的经营者之间,存在利益冲突。各方都是独立自利的经济人,目的在于实现自身利益最大化,代理人有可能利用受托的资源使用权为自己谋利,甚至不惜损害委托人的利益。另一方面,作为委托人的股东和作为代理人的经营者之间,存在信息不对称。股东掌握信息的程度不经营者,经营者可以利用自身的信息优势,为自己谋取效用最大化,产生委托代理问题。

针对上述问题,传统的委托代理理论提出,为了确保代理人为企业利益最大化尽职尽责,应当完善公司治理理论,包括采用监督、激励、制约等不同手段,缓解企业所有与企业经营之间的利益冲突,以降低代理成本。

然而,随着经济不断发展,传统的委托代理理论遇到新挑战。与传统的企业所有与企业经营相分离的情形不同,全球许多国家和地区的大部分企业股权逐渐集中起来。1999 年拉波塔等(La Porta et al.)发现,在全球 27 个收入水平较高的国家中,有大股东的企业占 64% 左右。法西奥和朗(Faccio & Lang)2002 年的统计表明,除英国和爱尔兰之外,另外 11 个西欧国家的大企业股权高度集中,总计约 2317 家上市公司由家族控制,占总上市公司的比例为 44.29%。克莱森斯等(Claessens et. al)发现,除日本等外的新兴东亚市场,家族控制的上市公司超过四成。[①]

大股东的存在,可以更多反映公司所有者的意志,也可以更多发挥其对管理者的监督制约作用,甚至可以缓和两权分离带来的所有者与管理者之间的委托代理问题。然而,大股东集中掌握公司股权,又产生了新的委托代理问题,即大股东与中小股东之间的利益冲突。格罗斯曼和哈特(Grossman & Hart)1988 年提出,如果公司股权结构较为集中,会产生大股东独享的控制权收益。施莱弗和维希尼(Shleifer & Vishny)1997 年提出,股权集中在少数股东手中,可能导致大股东侵占中小股东利益的问题。[②] 控股股东持有大部分股份,能左右股东大会和董事会的决议,能够委派企业高层管理人员,从而控制企业的重大经营决策,拥有企业的控制权和控制权收益。人数众多、持股比例分散的中小股东则没有机会接触企业经营管理。中小投资者与大股东之间存在严重的信息不对称,无法对公司经营决策、大股东行为施加有效的监督制约,中小投资者的利益得不到有效的保护和保障。控

---

① 参见胡凯:《股权结构、会计操纵与投资者保护——来自中国上市公司的经验证据》,载《商业经济与管理》2006 年第 4 期。

② 参见张文君:《我国上市公司大股东利益侵占行为演变》,载《上海商学院学报》2012 年第 1 期。

股股东利用其掌握的剩余控制权,独享控制权收益,影响乃至操控上市公司的经营决策,以谋取自身利益最大化,甚至不惜侵占其他中小投资者的权益。大股东和中小投资者之间的利益冲突,已经成为现代公司最主要的委托代理问题(La Porta et al.,1999年; Claessens et al.,2002年)。

发展至今的委托代理理论,需要结合公司产权的具体形态,有针对性地解决诸多难题:(1)在股权分散型公司中,由于企业所有与企业经营的分离程度较高,仍然可以延续传统的监督、约束和激励机制,最大限度地消除所有者与经营者之间的利益冲突和信息不对称。(2)在股权集中型公司中,由于控制股东事实上控制了公司重大事务决策,容易出现控制股东挤占、侵害中小股东利益的情形,可以通过修正"股东无义务"传统理论,甚至建立控制股东诚信义务的规则,减少控制股东侵害中小股东的可能性。

三、契约调整手段

在科斯公司契约理论的影响下,有的学者提出,投资者通过与公司签订完备的契约,国家形成监督契约执行的有效机制,就可以依赖契约保护投资者利益,甚至替代法律发挥作用,在投资者保护上,无须过分强调法律保护的地位。

契约论的核心是强调市场、经济和竞争的作用。[①] 具体而言,契约论强调四种保护投资者的手段:第一,政府干预,1999年伯格洛夫和冯·泰登(Berglof & Von Thadden)提出,政府可以通过取消税收优惠或勒令停业等手段,向公司施加压力,让公司善待投资者。第二,外部投资者获得高度集中的股份,构成对公司管理层的有效约束和监督,从而保护投资者的利益。第三,公司维护自身声誉的内在动力。公司在投资者心目中树立良好的声誉形象,有利于增强公司外部融资能力;良好的市场形象也会为公司带来潜在的机遇,提升其公司价值。第四,境外或交叉上市。在本国投资者保护环境较差时,公司可以选择到投资者保护较好的市场上市,从而提高对投资者的保护程度。2001年科菲(Coffee)提出,来自投资者保护水平较低或法律机制不健全国家的公司,如在美国证券市场上市,可以显著提高对少数股东

---

① 参见陈蓓:《中国上市公司IRM现状及发展》,载《西南交通大学学报》(社会科学版)2005年第2期。

的保护水平。

然而,如何形成完备的契约,是始终存在争议的问题。一方面,契约固然是重要的,但能否形成完备契约始终是备受质疑的,尤其是契约各方在议价能力存在差异,几乎不太可能达到签订完备契约的目的。另一方面,强调采用契约方式保护投资者利益,必然面临较高的交易成本。各方要想达成完备契约,必须努力实现信息对称,必然要花费交易成本,但对中小投资者而言,这是难以实现的。当然,契约论也并非全无可资借鉴之处。在管理学理论中,契约既可以是"一对一"的当事人之间达成的具体契约条款,也可以"一对多"当事人之间形成的一般契约条款。由市场监管者推动形成的各类通用条款,包括但不限于公司章程指引、招股说明书或其他募集文件的通用格式、经纪合同文本等,也属于契约的范畴。在我国证券市场中,类似契约性质的标准文件在保护投资者中同样发挥重要作用。

四、法律调整手段

契约手段是一种理想的法律调控工具,然而,契约手段的局限性也是不言而喻的。例如,证券市场是一个非对称信息市场,在投资者和企业之间,一定存在信息不对称的现象。在非对称信息市场的基础上,当事人之间达成的契约本身是难以公平合理的;相应地,若要借助契约手段消除非对称信息,同样也是难以达成目的的。换言之,非对称信息与契约效力之间,是相互制约、相互作用的,无法得出"非对称信息为因、契约调控为果",或者"契约调控为因、信息对称为果"的结论。在此前提下,法律遂成为规范证券市场关系、保护投资者利益的基础机制。

阿道夫·伯利和加德纳·米恩斯在委托代理理论中就阐述了中小投资者保护问题。研究表明,在削减企业信息多不对称,遏制对中小投资者的权益损害中,投资者法律保护起到了显著作用。而要衡量一国的证券投资者保护状况,需要考察该国法律对投资者权利的规定及执行情况。通常认为,法律调控论的代表人物是拉波塔、拉－德－西拉内斯、施莱弗、维希尼 4 位研究者(以下简称 LLSV)。LLSV 在 1997 年、1999 年和 2000 年陆续撰文,通过对投资者保护水平及其与立法及执法效率的量化分析,认为美国是投资者保护最好的国家之一。

LLSV 在 1998 年提出,法律对投资者保护的作用至关重要,是投资者保护水平高低的决定性因素。LLSV 在总结对比不同国家投资者保护水平后发现,国家法律的差异决定了投资者保护水平的高低。LLSV 还研究对比了德国、波兰、韩国、智利有关投资者保护的法律法规的发展变革,他们发现法律法规发展变革提高了投资者保护的效率和上市公司外部融资能力。LLSV 因此认为,完善健全保护投资者的法律体系,对于投资者保护来说是至关重要的。我国学者的研究也表明,对于中小投资者保护来说,建立健全完善的法律保护机制,提高市场监管水平,具有极为重要的意义。

1998 年 LLSV 以 49 个国家和地区的上千家上市公司为样本,研究发现:当投资者保护程度越好时,上市公司的数目越多,股票市场的规模也越大。在 LLSV 的评分体系中,英美法系的投资者保护,优于大陆法系国家,而英美法系的国家的资本市场的规模和广度也更为领先。从外部融资占 GNP 的比例来看,大陆法系国家平均水平为 20%,而在英美法系国家,这一比例为 60%;从上市公司 IPO 占人口比例来看,大陆法系国家只有平均水平的 I/S(平均水平为 1.02),而英美法系的国家的平均水平为 2.2,明显高于大陆法系国家。而债权市场亦是如此,在英美法系国家(地区),债务占 GNP 比例为 68% 大陆法系中法国法系为 44%,德国法系为 98%,斯堪的纳维亚法系为 58%。这四类法系在债务发展规模的比例的排名上,和四类法系下的债权人权利保护指数是一致的。可以看出,投资者保护水平的完善,有助于股票市场和债券市场的发展,以及扩大资本市场的规模。

对于 LLSV 提出的研究,有学者认为:法律理论为研究投资者保护提供了一种新的视角,也因其具有解释力而一度成为国际上研究投资者保护的主流观点和视角,但这种视角过分强调法律的作用,轻视了契约的作用;同时,由于 LLSV 在实证分析中多采用名义指标值,忽视了虽有法律约束但未能有效实施的情况。此外,法律在短时间内难以改变以及难以起到事前保护和主动保护等问题,以上因素都使法律理论在解释投资者保护上存在一定缺陷。①

我们认为,LLSV 的实证研究所呈现的,是法律体系与投资者保护之间的动态关联,法律体系的完善与投资者保护之间呈现正相关性。所谓法律体系的完善,既包括在法律规则体系的自身完善,也包括良好的执法系统,而不是单纯以“纸面上

---

① 参见丁妍等:《投资者保护文献综述》,载《中国证券期货》2012 年第 6 期。

的规则”来衡量法律体系的完善。当然，如何在理论上解释这种实证研究的结论尚有疑问，但 LLSV 无疑提供了一种观察法律与投资者保护之间关系的独特视角。

五、行政主导调控机制

我国证券市场建立至今不足 30 年，证券市场规制的理论研究不够深入，契约调控和法律调控未占据主导性地位。从立法和执法情况来看，我国主要是因应证券市场发展的阶段性特点，适时地交织采用各种调控手段，相应地，正在形成的调控机制似乎是一种与境外做法有别的行政主导型投资者保护机制。

行政主导型的投资者保护机制，主要体现为：首先，对于证券发行，证券法规定了相对明确的标准，这既说明“上市公司质量是证券市场的基石”的传统监管理念仍在潜移默化地发挥作用，也说明立法者对发行人市场融资抱有的高度警觉。与发行条件法定化相适应，监管机关会对发行人资格和条件进行严格审查，以尽力排斥质量低劣的证券产品。这种机制或许有助于保护投资者的经济利益，却加重了公众关于监管机关系就已发行证券品质“背书”的社会理解，甚至强化了投资者对证券收益“刚性兑付”的社会理解。其次，对于证券市场价格的剧烈波动，立法者和监管者同样高度敏感。在股票全流通改革完成后，为了避免和减少证券供给大增而引起的市场价格下跌，考虑到原始股东变现形成的市场压力，监管法规创设了各种“股票限售”措施，试图减缓供给量大增而造成股票价格下跌。这种做法或许有助于保护投资者的经济利益，却也强化了证券市场的“行政化”色彩。最后，在事后救济方面，投资者在提起虚假陈述等诱发的民事诉讼时，要受制于最高人民法院司法解释的影响，通常遵循“先完成行政处罚、再启动民事诉讼”的程序，这种诉讼前置程序的设置，节省了投资者举证的难度，但强化了行政处罚优先的观念。除虚假陈述诱发的民事诉讼案件外，在涉及内幕交易和操纵市场案件中，行政处罚优先的观念也在实际影响到对投资者的事后救济。

必须指出，行政主导执法模式偏离了契约和法律控制的经典模式，具有诸多缺点，但很多学者认为这是适合我国国情的特殊产物。一方面，我国证券市场具有“散户市场”特征。截至 2016 年 12 月 31 日，沪深两市上市公司总数为 3052 家。其中，A 股股票总数为 3034 只，总市值为 55.68 万亿元，其中流通 A 股市值为 39.12

万亿元。在我国股权投资者中,散户居多且以中小投资者为主,他们在投资技能、信息获取及权益自我保护等方面存在天然劣势。上海证券交易所2016年年鉴数据显示,我国中小投资者存在着学历偏低、交集频繁、盈利偏低等弊端,这使得我国投资者保护面临其他国家很少遇到的特殊问题。另一方面,我国证券市场具有"股权集中型"特征。在我国证券市场上,典型的股权分散型公司数量较少,股权集中型公司数量居多,其中,既包括家族企业也包括国有控股企业。在股权集中型公司中,公司治理既包括传统的委托代理关系难题,也包括控制股东与中小投资者之间的特殊之委托代理难题。①

面对如此难题,在合理的规范机制尚未论证并形成之前,行政监管措施未必不是解决现实问题的手段之一。然而,必须看到行政主导机制的不足。首先,强势的行政主导,难免花费巨大的行政资源,未必符合"市场付费"原则。其次,行政主导模式,难免"抓大放小",讲究个案的示范效应,难以全面应对市场违法,反倒会迫使投资者向行政机关寻求救济,从而加重了行政监管者的负担。再次,行政机关过于主动承担监管职责,反倒使投资者轻视了自担风险理念,疏于采用自我救济的机制,从而背离了私力救济为主、公力救济为辅的市场运行规则。最后,过于强势的行政主导机制,容易耗损投资者保护其他机制的整体机能,淡化了投资者教育的推行,削弱了股东积极主义的实践,阻碍了私力救济的积极作用,难以发展出清晰的投资者权利架构和公允的保护程序。

我国有学者在借鉴国外研究模式和理论的基础上,进行了一些大胆假设:将证券市场纳入政府的主导下,假设国家根据自身的利益需要,对证券投资者实施相关保护措施,并且在不同的时期进行相应的调整,使其符合国家不同阶段的利益要求,因而,使国家对证券投资者的保护水平处于不断变化的过程中。具有市场敏感性的一些投资者就会根据国家对证券投资者保护水平的变化,而作出相应的应对措施,即当国家对证券投资者保护水平较高时,他们会倾向于收集、处理更多的决策信息,从而使自身获得更大收益;反之,则会抑制投资者的信息收集和处理行为的积极性。② 作为证券市场的投资者,从利益相关性的角度出发,他们必然要关注

① 参见战勇、严太华:《公司治理中多重委托代理悖论与制度辅助兼与冯根福商榷》,载《财经科学》2007年第3期。

② 参见陈向聪:《我国证券投资者保护基金制度面临的挑战及应对》,载《商业研究》2006年第24期。

证券市场的政策措施，证券市场具有一定的敏感性，有的时候一个小小的政策变化也会带来较大的市场变动。因而，证券投资者尤其是中小投资者，往往会密切关注证券市场的信息，通过进行趋利避害的选择，达到维护自身利益的目的。通过此种正反相对比的例证表明，证券投资者保护水平的高低与资源配置效率息息相关。

我们认为，在新型加转轨的市场中，行政主导型模式的存在有其客观原因，但应当明确以法律调控模式为其未来的发展方向，并尽快实现从行政主动模式向法律调控模式的转型。其间，既要夯实投资者的实体权利，又要完善投资者保护的程序规则；既要看到行政主导模式的现时有效性，又要从证券市场健康发展的角度，更多地运用市场化保护手段。

第三节　投资者保护的实践意义

投资者保护是一项系统工程，涉及企业、政府、投资者、中介机构等方面，由于投资者保护也涉及法律制度的文化传统，因而也是一项长期而艰巨的工作。投资者保护已经成为各界的共识，但无论是外部的法律制度完善，还是公司的内部治理机制建立，都不可能一蹴而就，必须注重顶层设计、精心谋划，并且持之以恒，不断完善投资者保护机制，最大限度地保护投资者利益，为我国证券市场的长期健康稳定、可持续发展，奠定坚实的基础。①

一、保护投资者利益

证券市场是资源配置的市场，投资者是市场资金的提供者。证券市场不断发展壮大的重要原因，就在于投资者不断投资参与市场活动，如此，证券市场才能不断发展壮大，只有投资者愿意参与市场活动，证券市场才有存在的价值。② 同时，证券市场也是收益和损失并存的市场，投资者参与市场活动是为了追求投资收益，法

① 参见何德旭、周宇：《中国证券投资者保护机制的创新方向与实现路径》，载《金融评论》2015 年第 1 期。

② 参见吴弘：《证券投资者保护组织的立法思考》，载《东方法学》2008 年第 2 期。

制环境是保障投资者实现投资收益的根本，如果失去了法制保障，证券市场就很容易变为投机的场所，乃至于失去了存在价值。因此，健全证券市场法制，是树立投资者信心、保护投资者利益的最重要机制。

投资者保护的核心，是中小投资者保护。[①] 在证券市场上，投资者分类非常复杂，既包括机构投资者和个人投资者，又包括大额投资者和中小投资者。对于证券法制应当如何保护个人和中小投资者的问题，各界认识未必一致。一方面，证券法制虽然强调平等保护，但机构投资者和大额投资者的资金规模较大，在上市公司乃至市场上的话语权更大，掌握和分析市场信息的能力更强，风险承受能力和自我保护能力也较强，甚至有很强的议价能力，即使不有向机构投资者和大额投资者提供特别保护，其利益也不至于遭受重大不利。因此，从公平角度来看，有向中小投资者提供特别保护的现实需求。另一方面，在股权集中型公司中，公司治理不仅遇到传统的委托代理问题，还容易遇到控制股东损害公司或者中小股东利益问题，若要实现市场正义和公司正义，有必要在认可控制股东优越地位的前提下，为中小投资者提供特别保护。

二、稳定证券市场秩序

市场公平、效率和透明是国际证监会组织确立的证券市场监管目标之一，其核心在于确保证券市场秩序。公平是法律追求的重要价值，要求市场主体地位平等、机会平等和保护平等。证券市场虽无绝对公平，但为了实现相对公平，仍然应当贯彻地位平等、机会平等和保护平等的理念。中小投资者处于相对弱势的市场地位，证券价格更容易受到大型机构的影响，通过施加特别的保护措施，有助于实现总体公平，有助于实现证券市场的稳定。

效率，即资源配置的有效性，是指在给定条件下，没有造成资源的浪费，并且最大限度满足参与者需求的可能性。就证券市场效率而言，它是指最大限度发挥证券市场在资源配置上的作用，满足证券市场参与者的需求。就微观而言，一方面，证券市场汇集了资产交易的信息，形成各类资产的价格信号，引导资金流向最需要

① 参见姚会元、孙玲：《美国机构投资者发展的解析与启示》，载《广东金融学院学报》2006年第4期。

的行业或者企业;另一方面,投资者根据证券市场的价格信号,随时买入证券或者卖出证券,既可以及时止损,也可以获取收益。一个有效的市场,将引导社会资金进入好的企业,进而达到培育实体企业的目的。

证券市场透明度,泛指法律和交易规则和透明度,也包括市场信息的透明度。法律和交易的透明。法律和交易规则的透明,有助于限缩监管者的自由裁量权,增强市场的稳定性和可预见性。信息的透明,有助于投资者研判投资风险,并根据自身情况作出恰当的投资决策。如果缺少法律、信息和市场的透明度,证券市场难免变成投机的市场,甚至变成巧取豪夺他人财富的工具。

证券市场除要遵循公平、效率和透明的原则,还要通过规定市场参与者的权利义务和责任予以落实。需要指出,证券市场关系复杂多样,在客观上需要一种综合的法律救济机制。《证券法》及正在审议的"证券法草案"集中规定了违法行为人的民事和行政责任。其中,有关行政责任的规定较具体,民事责任的规定较为一般和抽象,这与证券市场关系的多样性、民事责任之法律依据各有不同有关。就此而言,在证券法现有框架下,需要针对中小投资者保护,制定单独的法律或者行政法规,以便于维护公平、效率和透明的市场秩序。

三、管理与防范市场风险

市场主体必然面临各种危险事件,如果特定危险事件引起或可能引起市场参与者的财产或利益损失,就属于风险。然而,有些风险是微观或者局部的,有些风险则是宏观和整体的。对于微观和局部风险,投资者可以自行采取各种管理手段予以处理,并自行承担这些风险引起的损害,包括股票价格下跌的风险和损失,以及公司经营亏损乃至破产清算的不利后果。相反,宏观和整体风险会影响投资者损益和市场健康发展,但投资者却难以自行应对,必须由立法者和监管者予以应对。当然,关于微观与宏观、局部与整体的界定标准,在认识上存在差异。

就微观和局部风险而言,监管者要努力提供完备的法律保护体系,积极开展投资者教育,培育投资者的法律意识,增强投资者的风险能力,鼓励投资者依法行使起诉权。对于宏观和整体风险,立法者和监管者从防范系统性金融风险角度,建立系统性风险的识别系统和预防系统,在鼓励金融机构创新的同时,加强对金融机构的监管,完善旨在保护投资者利益的各项规则,减少系统性金融风险发生的概率。

第四节　投资者保护立法的性质

西方证券法制已形成相对稳定的投资者保护基本理论,形成了相对成熟、内容丰富的投资者保护规则。我国证券市场建立至今不过30年,带有新型加转轨市场的属性,可以借鉴而非照搬西方国家的经验。我们面临的问题,不仅是提升市场化程度、增强市场透明度和提升法律调控的能力,而且是结合新兴加转轨市场的特殊问题,提供解决中国问题的中国方案。在如此前提下,亟待解决投资者保护制度的供给问题。

一、投资者保护的制度供给

加强投资者保护,符合立法为民的理念。党的十八届四中全会对立法工作提出了"恪守以民为本、立法为民"的理念。我国法律需求主体对相关法律的需求,决定了国家对相关法律的供给。从法理学来说,法律需求是一种非物质的、非市场性的需要,是一种制度需求,是需求主体对已有法律制度没有(或无法)实现和获取的利益的追求和期望。从当前我国证券市场现状和我国中小投资者法律保护体系来看,我国中小投资者对相关利益的期盼还无法得到合理实现。证券市场开放20多年来,伴随着市场的飞越发展,各种损害中小投资者利益事件层出不穷,在此情形下,维护证券市场稳定、保护中小投资者利益应当受到越来越多的关注,保护中小投资者利益的法律需求也越来越强烈。

加强投资者保护,是学术界的呼吁,也是已达成的社会共识。我国1999年《证券法》将投资者保护纳入立法宗旨,学者的众多作品论及于此。证监会设立了证券投资者保护局,制定了大量涉及投资者保护的规章;批准设立了包括中证中小投资者服务中心有限责任公司、中国证券投资者保护基金有限责任公司,它们以公益性组织的方式,维护投资者合法权益。与此同时,正在修订的《证券法》增加了投资者保护的专章内容,涵盖了包括股东参与事务、强制分红等的内容。由此可见,加强投资者保护已经成为各界的共识。

加强投资者保护，已成为正在践行的国家战略。根据国务院办公厅《关于进一步加强资本市场中小投资者合法权益保护工作的意见》，为了贯彻落实党的十八大、党的十八届三中全会精神和国务院有关要求，应当进一步加强资本市场中小投资者合法权益保护工作。由此，可以清晰看出政策制定者在投资者保护上的考量：

1. 制定、完善中小投资者分类标准

根据我国资本市场实际情况，制定并公开中小投资者分类标准及依据，并进行动态评估和调整。进一步规范不同层次市场及交易品种的投资者适当性制度安排，明确适合投资者参与的范围和方式。科学划分风险等级，体现投资者适当性原则。证券期货经营机构和中介机构应当对产品或者服务的风险进行评估并划分风险等级。推荐与投资者风险承受和识别能力相适应的产品或者服务，向投资者充分说明可能影响其权利的信息，不得误导、欺诈客户。进一步完善规章制度和市场服务规则，严格落实投资者适当性制度并强化监管，违反适当性管理规定给中小投资者造成损失的，要依法追究责任。

2. 优化投资回报机制

引导和支持上市公司增强持续回报能力。上市公司应当完善公司治理，提高盈利能力，主动积极回报投资者。公司首次公开发行股票、上市公司再融资或者并购重组摊薄即期回报的，应当承诺并兑现填补回报的具体措施。完善利润分配制度，上市公司应当披露利润分配政策尤其是现金分红政策的具体安排和承诺。对不履行分红承诺的上市公司，要记入诚信档案，未达到整改要求的不得进行再融资。独立董事及相关中介机构应当对利润分配政策是否损害中小投资者合法权益发表明确意见。发展服务中小投资者的专业化中介机构。鼓励开发适合中小投资者的产品。鼓励中小投资者通过机构投资者参与市场。基金管理人应当切实履行分红承诺，并努力创造良好投资回报。鼓励基金管理费率结构及水平多样化，形成基金管理人与基金份额持有人利益一致的费用模式。

3. 保障中小投资者知情权

增强信息披露的针对性。有关主体应当真实、准确、完整、及时地披露对投资决策有重大影响的信息，披露内容做到简明易懂，充分揭示风险，方便中小投资者查阅。健全内部信息披露制度和流程，强化董事会秘书等相关人员职责。制定自愿性和简明化的信息披露规则。提高市场透明度。对显著影响证券期货交易价格的信息,交易场所和有关主体要及时履行报告、信息披露和提示风险的义务。建立统一的信息披露平台。健全跨市场交易产品及突发事件信息披露机制。健全信息披露异常情形问责机制,加大对上市公司发生敏感事件时信息披露的动态监管力度。

4. 健全中小投资者投票机制

完善中小投资者投票等机制。引导上市公司股东大会全面采用网络投票方式。积极推行累积投票制选举董事、监事。上市公司不得对征集投票权提出最低持股比例限制。完善上市公司股东大会投票表决第三方见证制度。研究完善中小投资者提出罢免公司董事提案的制度。自律组织应当健全独立董事备案和履职评价制度。建立中小投资者单独计票机制。上市公司股东大会审议影响中小投资者利益的重大事项时,对中小投资者表决应当单独计票。单独计票结果应当及时公开披露,并报送证券监管部门。保障中小投资者依法行使权利。健全利益冲突回避、杜绝同业竞争和关联交易公平处理制度。上市公司控股股东、实际控制人不得限制或者阻挠中小投资者行使合法权利,不得损害公司和中小投资者的权益。健全公开发行公司债券持有人会议制度和受托管理制度。基金管理人须为基金份额持有人行使投票权提供便利,鼓励中小投资者参加持有人大会。

5. 建立多元化纠纷解决机制

完善纠纷解决机制。上市公司及证券期货经营机构等应当承担投资者投诉处理的首要责任,完善投诉处理机制并公开处理流程和办理情况。证券监管部门要健全登记备案制度,将投诉处理情况作为衡量相关主体合规管理水平的依据。支持投资者与市场经营主体协商解决争议或者达成和解协议。发挥第三方机构作用,支持自律组织、市场机构独立或者联合依法开展证券期货专业调解,为中小投资者提供免费服务。开展证券期货仲裁服务,培养专业仲裁力量。建立调解与仲裁、诉讼的对接机制。加强协调配合,鼓励有关部门配合司法机关完善相关侵权行为民事诉讼制度。优化中小投资者依法维权程序,降低维权成本。健全适应资本市场中小投资者民事侵权赔偿特点的救济维权工作机制。推动完善破产清偿中保护投资者的措施。

6. 健全中小投资者赔偿机制

督促违规或者涉案当事人主动赔偿投资者，对上市公司违法行为负有责任的控股股东及实际控制人，应当主动、依法将其持有的公司股权及其他资产用于赔偿中小投资者。招股说明书虚假记载、误导性陈述或者重大遗漏致使投资者遭受损失的，责任主体须依法赔偿投资者，中介机构也应当承担相应责任。基金管理人、托管人等未能履行勤勉尽责义务造成基金份额持有人财产损失的，应当依法赔偿。建立上市公司退市风险应对机制，因违法违规而存在退市风险的上市公司，在定期报告中应当对退市风险作专项评估，并提出应对预案。研究建立公开发行公司债券的偿债基金制度。上市公司退市引入保险机制，在有关责任保险中增加退市保险附加条款。健全证券中介机构职业保险制度，完善风险救助机制。证券期货经营机构和基金管理人应当在现有政策框架下，利用计提的风险准备金完善自主救济机制，依法赔偿投资者损失。研究实行证券发行保荐质保金制度和上市公司违规风险准备金制度。探索建立证券期货领域行政和解制度，开展行政和解试点。研究扩大证券投资者保护基金和期货投资者保障基金使用范围和来源。

7. 加大监管和打击力度

完善监管政策，证券监管部门应当把维护中小投资者合法权益贯穿监管工作始终，落实到各个环节。对纳入行政许可、注册或者备案管理的证券期货行为，证券监管部门应当建立起相应的投资者合法权益保护安排。建立限售股股东减持计划预披露制度，在披露之前有关股东不得转让股票。鼓励限售股股东主动延长锁定期。建立覆盖全市场的诚信记录数据库，并实现部门之间共享，健全中小投资者查询市场经营主体诚信状况的机制，建立守信激励和失信惩戒机制，坚决查处损害中小投资者合法权益的违法行为。严肃查处上市公司不当更正盈利预测报告、未披露导致股价异动事项、先于指定媒体发布信息、以新闻发布替代应履行公告义务、编造或传播虚假信息误导投资者，以及进行内幕交易和操纵市场等行为。坚决打击上市公司控股股东、实际控制人直接或者间接转移、侵占上市公司资产，建立证券期货违法案件举报奖励制度。强化执法协作，各地区、各部门要统一认识，密切配合，严厉打击各类证券期货违法犯罪活动，及时纠正各类损害中小投资者合法权益的行为。建立侵害中小投资者合法权益事件的快速反应和处置机制，制定和完善应对突发性群体事件预案，做好相关事件处理和维护稳定工作。证券监管部门、公安机关应当不断强化执法协作,完善工作机制,加大提前介入力度。有关部门要配合公安、司法机关完善证券期货犯罪行为的追诉标准及相关司法解释。

8.强化中小投资者教育

加大普及证券期货知识力度。将投资者教育逐步纳入国民教育体系,有条件的地区可以先行试点;充分发挥媒体的舆论引导和宣传教育功能;证券期货经营机构应当承担各项产品和服务的投资者教育义务,保障费用支出和人员配备,将投资者教育纳入各业务环节,提高投资者风险防范意识。自律组织应当强化投资者教育功能,健全会员投资者教育服务自律规则。中小投资者应当树立理性投资意识,依法行使权利和履行义务,养成良好投资习惯,不听信传言,不盲目跟风,提高风险防范意识和自我保护能力。

9.完善投资者保护组织体系

构建综合保护体系。加快形成法律保护、监管保护、自律保护、市场保护、自我保护的综合保护体系,实现中小投资者保护工作常态化、规范化和制度化。证券监管部门、自律组织以及市场经营主体应当健全组织机构和工作制度,加大资源投入,完善基础设施,畅通与中小投资者的沟通渠道。证券监管部门建立中小投资者合法权益保障检查制度与评估评价体系,并将其作为日常监管和行政许可申请审核的重要依据。完善组织体系。探索建立中小投资者自律组织和公益性维权组织,向中小投资者提供救济援助,丰富和解、调解、仲裁、诉讼等维权内容和方式。充分发挥证券期货专业律师的作用,鼓励和支持律师为中小投资者提供公益性法律援助。优化政策环境。证券监管部门要进一步完善政策措施,提高保护中小投资者合法权益的水平。上市公司国有大股东或者实际控制人应当依法行使权利,支持市场经营主体履行法定义务。财政、税收、证券监管部门应当完善交易和分红等相关税费制度,优化投资环境。国务院有关部门和地方人民政府要求上市公司提供未公开信息的,应当遵循法律法规相关规定。有关部门要完善数据采集发布工作机制,加强信息共享,形成投资者合法权益保护的协调沟通机制。强化国际监管合作与交流,实现投资者合法权益的跨境监管和保护。

二、投资者保护的立法模式

投资者的立法保护模式，境外存在多种：(1)“公司法＋特别法规则”模式。这是欧陆国家较多采用的一种模式，典型者如德国和法国。(2)“证券法＋特别法规则”模式。这是原来日本和韩国采用的保护模式。(3)金融服务法模式。英国于20世纪末制定了统一的《金融服务法》，将混业经营下的投资者保护一并予以规定，这种立法模式也影响到日本和韩国，日本和韩国在参考英国模式的基础上，整合形成了《金融商品交易法》和《资本市场统合法》。(4)“证券法＋特别法＋投资者保护法”模式。这种模式始于美国，最初主要包括《证券法》《证券交易法》《投资者保护法》等，后又制定了《投资顾问法》等特别法。(5)“证券法＋投资者保护法”模式。我国台湾地区在原有“证券交易法”的基础上，于2000年单独制定台湾地区“投资者保护法”，列举规定了投资者主要权利，并主要针对争议解决程序作出特别规定。

(一)境外经验的总结

综合境外经验，立法者在选择立法模式时，受到多种因素影响。

1. 既有的法律体系

除非发生颠覆性事件，各国和地区在选择投资者保护立法模式时，通常要受到既有法律体系的影响。投资者保护固然重要，但投资者保护是结构性保护，除了涉及公司法、证券法、信托法、诉讼法等以外，还涉及民事基本法和诸多特别法，单独制定投资者保护的法律，必须与其他法律相互衔接，兼顾其他相关法律的适用，而不可能废弃或者限缩其他法律的适用。否则，制定投资者保护法看似强调了投资者保护，在客观上却造成了法律体系内部的冲突，反而会减损投资者保护的目标实现。在2008年金融危机后，各国和地区监管理念发生重大变化，投资者保护立法有所加强，形成了一些有益的特别保护规则，甚至衍生出新的保护模式，但对于较少受到金融危机影响的国家和地区，金融危机并未实质性地影响既有立法的惯性。

2. 金融中介的地位

在欧陆和英美等国，金融机构经过长期发展，已成为金融市场的主要参与者，金融机构在提供传统的“经纪”业务的同时，不断发展新的金融服务模式，投资组合理论正在产生深远影响。投资者可以直接购买特定的证券,但多数投资者是向金融机构购买以"投资组合"为基础的金融资产,这种交易形式弱化了"证券经营机构"的功能,强化了金融机构的交易商或者经纪交易商的地位。在这种结构下,投资者与金融机构之间的关系更趋密切,而与上市公司之间的关系却相对遥远。相应地,有关投资者保护的内容,更多地围绕投资者与金融机构的相互关系而展开。有些国家整合既有的证券法并转变到金融服务法,与金融中介的特殊地位直接相关。应当看到,正因金融中介地位的提升和改变,投资者获得金融商品的模式在发生改变,凡是强调金融中介地位的国家和地区,其立法正在从规定"投资者保护"转变为"金融消费者保护",国际证监会组织在其监管原则和目标中,也将投资者扩张到了金融消费者的范畴。

3. 金融创新的影响

金融机构为了实现自身利益,不断创新产品模式、服务模式和交易模式,呈现了与传统的股权和债券投资等不同的新的形态,不断发展各种以受益权为核心的产品和服务,以股权和债券投资为传统模型而建立起来的传统法律规则难以有效适用。随着科技金融的不断发展,又衍生出更为复杂的金融创新形式。针对于此,各国纷纷探索科技金融对于金融法治的影响,陆续制定了一些与科技金融相关的政策和指引;与此同时,与科技金融发展有关的投资者保护问题,显得越发重要。但在相关政策和指引转变为法律规则之前,既有法律规则未必是完全适用的,但在实务上,又不得不从中寻找、发现相关的规范依据,从而使创新往往突破了既有的法律监管框架,甚至给投资者保护带来新的问题和挑战。

(二)我国的立法需求

与境外国家和地区相比,我国证券市场的发展阶段、发育程度、法律架构明显不同,不能照搬境外某个国家或地区的做法,但可以在参考境外经验的基础上,结合我国证券市场和法制的状况,在"公司法 + 证券法 + 信托法"(以下简称"市场三法")的基础上,单独制定证券市场投资者保护法是恰当的,至少就目前而言,单独制定证券市场投资者保护条例是恰当和适时的。

1. "市场三法"奠定了投资者保护的基本框架

根据《公司法》第1条规定,公司法是"为了规范公司的组织和行为,保护公司、股东和债权人的合法权益"的专门立法,其以规范公司的组织和行为为核心,达到保护公司、股东和债权人权益的目的。从我国证券市场实践来看，投资者直接投资的标的主要是公司发行的股票和债券，公司法无疑发挥了基础作用。

根据《证券法》第1条规定，该法是“为了规范证券发行和交易行为，保护投资者的合法权益”的专门立法。就证券发行而言，主要体现为发行人（主要是上市公司）融资行为，也属于公司法所称公司的“行为”，因而与公司法的规范对象存在交叉；就证券交易而言，其在适用公司法关于“股份转让”规定的同时，也应当遵守证券法的相关规定。

就信托法而言，其调整的核心内容是“信任”和“受托人义务”（也称受信义务或受托义务）。一般而言，信托法被认为是专门规范信托公司的法律，但就其所包含的“信任”和“受托人义务”而言，却广泛地适用于上市公司与股东或投资者的关系，以及证券公司与投资者之间的关系，更适用于以投资组合为基础的资产管理活动。

需要指出，“市场三法”虽然有自身的缺陷或局限，但无疑已奠定了我国资本市场法律调控的基础。考虑到资本市场法制的相对稳定性，与投资者保护相关的单独立法，不宜突破这种现实立法框架。考虑到“市场三法”的局限，通过单独制定证券市场投资者保护法，反倒提升“市场三法”的实际效用

2. 投资者保护单独立法的补充作用

各国和地区投资者保护法都是在既定框架下形成的具体规则。法律框架与具体保护规则之间存在相互依存关系。证券法保护框架不同，其投资者保护规则将有所不同。我国应根据自己的体制框架选择单独制定投资者保护法。就我国而言，现行证券法的规定原则性较强，未能充分表达保护投资者利益的宗旨，可以参考美国、欧盟和我国台湾地区等模式，选择单独制定投资者保护法的模式，专门制定投资者保护条款，在坚持证券法基本规则的前提下，主要规定投资者保护机构、团体诉讼制度、争议解决制度、赔偿基金制度，以及与上述内容相关的其他制度。

3. 投资者保护单独立法的必要性

我们认为，单独制定证券市场投资者保护法是必要的。

第一，落实“市场三法”的立法宗旨。“市场三法”分别确立了保护“股东”“债权人”“投资者”“受托人”权利的内容，但“市场三法”过多注重利益平衡的理念，在兼顾公司、发行人和信托公司权利保护的同时，容易冲淡投资者保护的宗旨，甚至

弱化投资者保护的实现。在现实环境下,相关行业更容易对专门立法产生影响,从而偏离投资者保护的宗旨。

第二,"金融三法"系证券市场法制的一般规范。多年来,"市场三法"因循"立法宜粗不宜细"的立法思路,确立了相关的原则性和普适性原则,但无法充分体现"市场三法"的技术性规范属性,难以满足市场关系精细化调整的需求。一方面,市场中的强势主体可以充分利用原则性和普适性规范的"授权",作出不利于投资者的交易安排;另一方面,投资者在遭受损害时,也可以借助原则性和普适性规范寻求社会支持,甚至逃避投资者本应自行承担的市场风险。如在所谓的刚性兑付诸多事例中,监管者一边呼吁打破刚性兑付,一边却在满足投资者刚性兑付的主张,从而架空了法律秩序和规则的可预期性。就此而言,唯有制定更明确、清晰的具体规范,才能推动建立合理的市场秩序。

第三,立法宗旨必须落实在具体规范上。投资者保护虽然是"市场三法"的重要宗旨,该宗旨也有助于解释具体规范的含义,然而,借由立法宗旨而解释具体规范的做法,并非最佳选择,在实践中更将面临诸多障碍。在缺少具体规范时,"保护投资者"的解释空间过大,使解释者获得过多的自由裁量权;在具体规范含义不明时,通过引入"投资者保护",将会面临不同宗旨之间的冲突。就此而言,将投资者保护作为立法宗旨是正确的,但将其作为频繁使用的解释工具,却难以在具体案件处理上达成公平结果,甚至会诱发解释权和裁判权的争议。

第四,投资者保护规则过于散乱是现实问题。投资者保护规则散见于"市场三法",加之该等规则与其他规则相互制约,不仅难以搜寻,也难以准确把握其含义。对于以散户投资者为主的我国证券市场来说,立法机关制定清晰明确的具体规则,是保护投资者利益的当务之急。

第五,正在审议的证券法修订草案已专章写入了投资者保护的内容,但其立法技术存在争议,未来难免影响其实际效用。根据我国2014年审议的证券法修订案,其条款既包括传统证券法的固有内容,也更多涉及公司法的固有内容。以强制分红为例,公司首先要形成分红决议,才有分红方案的实施,然而,无论是分红决议抑或是分红方案的实施,都主要是公司法问题,而不是证券法问题。如果将公司分红纳入证券法,则诱发公司法适用上的新的矛盾和冲突,最终难免又会减损公司法和证券法的实际效用。

三、法律与行政法规之间的选择

为了突出和落实投资者保护的宗旨，协调好与既有法律之间的关系，探索适合我国新兴加转轨市场的立法需求，我国有必要在总结实践经验的基础上，尽快制定证券市场投资者保护法或者证券市场投资者保护条例，强化对投资者的程序性保护、结构性保护和特别保护。

在证券市场投资者保护法或证券市场投资者保护条例的选择上，我们认为应以制定证券市场投资者保护法为宜。在保护法与保护条例的选择上，立法层级和位阶只是考虑因素之一，更重要的是保护法和保护条例在调整范围上存在根本区别。一般而言，保护条例属于行政法规，它必然以设置相关的行为规范为主要任务，无法过多触及与投资者保护相关的裁判规范。从实际需求来说，加强民事救济、强化裁判规范恰恰是当前保护投资者利益的最重要措施，保护法采用制定法律的形式，可以广泛地涵盖与投资者保护相关的各个领域，有助于突出民事救济措施的地位。但考虑到我国立法机关在试验性立法中的传统，也不排除单独制定投资者保护条例。

第二章　我国投资者保护的现状和问题

第一节　我国投资者保护的现状

长期以来,中小投资者是我国证券市场的主要群体,但我国资本市场规则重视企业融资,对中小投资者保护关注不够,存在重融资、轻保护的失衡现象。由于上市公司采取“资本多数决”原则,在“一股独大”的背景下,大股东利用公司决策机制侵犯中小投资者权益的情况不可避免地频繁出现。[①] 保护中小投资者权益,是资本市场运行的内在要求,是维护社会公平正义的有效途径。中小投资者是我国资本市场的主要参与者,其权益保护直接影响资本市场的持续稳定健康发展,必须将维护中小投资者合法权益作为证券监管工作的重心和着力点。[②]

一、我国投资者保护制度的发展历程

随着资本市场的发展,我国投资者保护开始受到重视,国家逐渐建立了相关制度和规则。在证券市场发展初期,国务院、证监会先后颁布《股票发行与交易管理暂行条例》(1993 年 4 月 22 日国务院第 112 号令发布)、《禁止证券欺诈行为暂行办法》(1993 年 8 月 15 日国务院批准 1993 年 9 月 2 日国务院证券委员会发布)等,重视运用行政手段保护投资者权益。随着《公司法》和《证券法》的公布,我国逐步形成以信息披露为核心的投资者保护体系。尤其是《证券法》在规定证券发行、上市、

① 参见肖钢:《保护中小投资者就是保护资本市场》,载《人民日报》2013 年 10 月 15 日,第 10 版。

② 《国务院办公厅关于进一步加强资本市场中小投资者合法权益保护工作的意见》(国办发〔2013〕110 号)。

交易及上市公司收购的同时,针对投资者保护问题作出较具体的规定,明确了上市公司的法律责任。其重要意义在于,我国以证券市场基本法律的形式,明确了投资者保护的立法宗旨并设置了主要的基本规则,将投资者保护规则纳入资本市场法律体系中。证监会相继公布《上市公司股东大会规范意见》《关于在上市公司建立独立董事制度的指导意见》《上市公司治理准则》等部门规章或者规范性文件,促进了公司治理水平的提升,为中小投资者权益提供切实保障。

2003年国务院在《关于推进资本市场改革开放和稳定发展的若干意见》(国发〔2004〕3号)中,明确提出规范上市公司运作,切实保护中小投资者利益的意见。全国人大常委会2003年通过的《证券投资基金法》以及证监会发布的《关于加强社会公众股股东权益保护的若干规定》(证监发〔2004〕118号)均将"投资者权益保护"作为指导思想和重要内容。

全国人大常委会在2005年修订《公司法》和《证券法》时,突出强调了中小投资者权益保护。《公司法》增加了禁止控股股东滥用股东权利的内容,加大了对中小投资者保护的力度,建立了关联股东回避表决制度、股东派生诉讼制度、扩大股东知情权的范围,并对股东大会召集、提案、累积投票等相关制度加以细化。同时《证券法》明确了短线交易的认定及其民事责任的承担,建立了证券投资者保护基金制度,完善了客户交易结算保护制度。

二、投资者权益的综合保护

"保护投资者的合法权益"既是《证券法》的立法宗旨,也是各国公认的证券监管目标。随着《公司法》和《证券法》的实施,我国初步形成了由立法保护、行政保护、投资者自我保护、市场组织自律保护及社会监督保护相结合的投资者保护体系。

(一)立法保护

《公司法》以立法形式确立了股东享有表决权、知情权、利润分配请求权等具体权利,充实了股东权利的具体内容和规则,奠定了投资者保护的基础。《证券法》设置了发行人及其董监高的信息披露义务,规定了违反信息披露义务的法律责任,明确了证券监管机关的法定职责,具体规定虚假陈述、内幕交易、欺诈客户的民事和行政责任。《证券投资基金法》在建立证券投资基金制度的同时,建立了基金持有人的特殊保护规则。针对虚假陈述、内幕交易、操纵市场等犯罪行为,我国《刑法》规定了专门罪名,强化了证券法律的威慑力,彰显了制裁效果。此外,最高人民法院发布《关于审理证券市场因虚假陈述引发的民事赔偿案件的若干规定》(法释〔2003〕2号),并与最高人民检察院共同发布《关于办理内幕交易、泄露内幕信息刑事案件具体应用法律若干问题的解释》(法释〔2012〕6号)。国务院发布《关于推进资本市场改革开放和稳定发展的若干意见》(国发〔2004〕3号),证监会发布《关于加强社会公众股股东权益保护的若干规定》(证监发〔2004〕118号)、《关于在上市公司建立独立董事制度的指导意见》(证监发〔2001〕102号)等,丰富了投资者保护的具体内容。

(二)行政保护

我国近期已形成了"一委一行二会"的分权式金融监管架构,其中,证监会负责证券市场的监管和执法活动。行政保护,主要指证券监管机关在执法中,通过监管市场参与者活动、查处证券违法违规行为等,实现对投资者利益的保护。严格来说,行政保护贯穿于证券发行审核、证券交易和服务监管、公司收购监管等诸多环节,既包括依法作出行政许可,也包括针对证券违法违规者进行的查处。最近数年,证券监管机关在"强监管"理念下,取得了丰硕的监管成果。证监会内设的投资者保护局、行政处罚委员会、稽查局和地方证监局发挥了重要作用。

(三)司法保护

人民法院审理民事、行政和刑事案件,是实现投资者保护的重要形式。自最高人民法院颁布《关于审理证券市场因虚假陈述引发的民事赔偿案件的若干规定》至今,人民法院已审结多起涉及众多投资者利益的虚假陈述诱发的民事赔偿案件,也审结了多起典型刑事案件。同时,人民法院正在探索金融纠纷解决机制,强调诉讼与调解的对接,探索解决群体性纠纷的路径。

(四)自律组织保护

自律组织通常指行业自律组织和证券交易所,有时也指参与证券市场活动的金融组织。投资者自身利益受到损害的,既可以向金融机构的受理该投诉机构投诉,也可以向金融机构所在自律组织投诉,求得解决与相关金融机构之间的争议。证券交易所设有专门监管会员的内部机构,可以受理投资者的投诉;金融机构行业组织也设有受理投诉的内部机构。从实践来看,行业组织和交易所在解决投资者争议时，发挥了重要作用。

(五)投资者自我保护

随着投资者保护观念的提升，立法机关、执法机关、行业组织和投资者日益重视投资者的自我保护机制。一方面，投资者提起诉讼的限制正在逐渐减少，投资者既可以单独起诉，也可以通过代表人诉讼方式提起诉讼；另一方面，我国已建立起适合国情的投资者教育体系。通过投资者教育与服务巡讲等一系列富有特色的制度，提高了教育活动的实际效果，投资者教育的针对性、适用性逐步提高，投资者风险意识和自我保护意识明显增强，投资者自我保护机制日益完善。

(六)社会监督保护

多种保护手段都是必要的，任何单一手段或措施都难以有效达到保护投资者的目的。一方面，社会监督正在受到越来越多的重视，随着信息传播手段的发展，市场透明度日益增强，传统媒体及各种新媒体的作用日渐明显。另一方面，监管机关不断推动社会监督的发展，证监会在持续关注媒体信息的同时，制定了举报人奖励规则，鼓励组织和个人提供违法违规线索，逐渐将社会监督纳入证券市场监管体制。

三、现有保护机制的问题

我国投资者保护已取得很大成绩，研究者则同时指出了存在的问题。根据《证监会官员：投资者保护相关制度存五大不完善表现》①列举为：(1)新股发行制度不尽合理，市场在资源配置中的决定性作用发挥尚不充分；(2)退市机制尚未有效建立，市场优胜劣汰机制没有充分发挥；(3)上市公司分红制度不健全，投资者缺乏稳定回报；(4)对监管机构赋权不足，市场违法成本过低；(5)资本市场民事赔偿机制不完善。《投资快报》发表文章称，投资者保护领域出现的问题，主要是：(1)在监管角度，证券法修改迟缓；(2)投资者保护缺少针对性的规定，投资者保护屡屡失灵；(3)控股股东权力过大，中小股东受损严重。② 中国投资者保护基金公司在“上市公司投资者保护的五大问题和六个政策建议”中，列举了以下问题：(1)上市公司的诚

① 参见黄江东：《投资者保护重在顶层制度设计》，载《第一财经日报》2017年12月20日，A11版。

② 参见肖钢：《投资者保护到底出了什么问题？》，载《人民日报》2013年10月16日，第10版。

信问题需要引起高度重视;(2)股东大会开通网络投票比例仍然偏低;(3)上市公司高管的薪酬约束仍然偏弱;(4)上市公司主动性的投资者关系管理仍然欠缺;(5)上市公司的分红政策规范化仍有较大提高余地。[①] 这些资料和观点总结的是不同时期存在的问题,涉及投资者保护的方方面面,但初步反映了投资者保护面临的整体问题。我们认为,可以梳理如下。

(一)投资者保护的制度框架有待完善

投资者保护首先是制度保护,制度保护则需要建立良好的框架。现有投资者保护规则散落在公司法、证券法、信托法、证券投资基金法以及国务院行政法规和监管机关发布的部门规章中,尚未形成一个完整的体系化规则,具体保护规则被淹没在相关规则中,难以被投资者了解和知悉,难以被社会所认知。我国资本市场崇尚成文法规则,只有打破专业法律的界限,将投资者保护的基础规则一并纳入成文法,才有利于投资者保护。同时,保护投资者的许多重要规则散见于部门规章中,这些规范的效力位阶较低,难以实现有效约束,在实践中容易流于形式,难以落实保护投资者利益的宗旨。相应地,出现了“受理不立案、立案不开庭、开庭不判决、判决不执行”等现象,并成为投资者权益保护中不可忽视的障碍。[②]

(二)上市公司诚信意识有待提高

在我国,多数投资者直接持有上市证券,与上市公司形成了异常密切的联系,投资者利益受损多与上市公司违反诚信有关。如上市公司在信息披露上未能做到真实、准确、完整,在作出相关承诺后未能信守诺言,在决策时未能合理关注中小投资者利益,在投资者关系管理上缺少诚意,在投资回报上缺少合理的制度安排。与此相关,这些问题既与公司文化有关,也与规则缺失、意识落后有关,亟待建立健全上市公司诚信机制。

(三)投资回报机制不健全

据统计,2001年至2011年,我国上市公司现金分红占净利润的比例为25.3%,境外成熟市场通常在40%左右。2006年以来,上市公司平均年化股息率只有1%左右,我国公司股息分派率明显偏低。同时,我国上市公司回报方式单一,甚至存在利用现金分红套现。由于投资回报机制不健全,投资者难以形成稳定回报预期,

---

① 参见中国证券投资者保护基金公司:《上市公司投资者保护的五大问题和六个政策建议2011年度中国上市公司投资者保护总体状况评价和分析》,载《证券日报》2012年11月28日,A03版。

② 参见曹中铭:《打造中国版〈证券投资者保护法〉》,载《董事会》2013年第12期。

炒新、炒小、炒差等投机行为盛行，快进快出现象普遍，这也是中小投资者亏损的重要原因。[①] 由于投资回报机制不健全，证券市场难以形成长期投资理念。这种状况导致投资者偏爱二级市场投资获利、不关心公司长期发展的趋向、忽视上市公司治理，机构投资者不愿意长期持有公司股票等现象。

（四）上市公司治理改善难度依旧

监管机关十分强调上市公司治理，发布了《上市公司治理准则》。然而，由于配套制度缺失，加之产权因素的叠加作用，上市公司治理诸多困境至今难以突破。在上市公司中，旨在削弱控制股东影响力、增强中小股东参与的措施难以有效实施，累积投票和网络投票解决了部分问题，但仅在表决环节发挥了一定作用，而未能深入影响公司治理。在上市公司中，董事对控制股东的依附性仍然很强，董事中立性没有受到关注，独立董事独立性有待加强。

（五）上市公司退市难以落实

上市公司强制退市，减损了公司市值，影响公司利益，也影响投资者利益。但科学合理的退市制度可以增强上市公司的危机感，可以增强投资者的风险意识，从而倒逼公司提升治理水平、激励投资者参与公司事务，形成公司利益和投资者利益的良性循环。监管机从发布《关于改革完善并严格实施上市公司退市制度的若干意见》（以下简称退市意见）至今，强制退市公司寥寥无几，退市意见的淘汰和激励机制未能发挥作用。退市规则在发布后之所以难以落实，在根本上是未能解决中小投资者的退出问题。也可以说，正是由于监管机关顾虑中小投资者的利益损失，上市公司也就不理会退市意见的规则压力。

（六）投资者维权机制不完善

我国虽建立了六种手段并存的投资者保护模式，但还未能与资本市场特殊性很好结合，理论效用未能实际彰显。尤其是在民事救济机制上，投资者维权机制明显乏力。首先，在多数民事损害案件中，受害投资者往往带有人数众多、个别损失较小、总体损失巨大、救济成本高昂的特点；其次，根据现有规定，受害投资者寻求救济时，往往遭遇“诉讼前置程序”的阻挠，即使取消了“诉讼前置程序”的限制，投资者同样面临举证难的困境；最后，在投资者起诉上市公司的案件中，现有体制无

① 参见肖钢：《保护中小投资者就是保护资本市场》，载《人民日报》2013年10月16日，第10版。

法很好解决投资者持股公司赔偿投资者损失的尴尬局面。由于理论上没有提供合理的解决方案,实务操作的困难自然很大,维权机制难以有效发挥促进证券市场健康发展的正向激励作用。

(七)违法成本的负担问题

在非财产性违法成本方面,我国已探索出一套有益方案,如受到处罚者不能再融资,受到市场禁入处分者不得继续任职,列入"失信人员名单"者行为受限等。然而,在财产性违法成本方面,现有机制存在较多缺陷。比如,在行政处罚中,按行政处罚合法性原则的要求,行政处罚不得突破法律规定的上限。然而,即使进行顶格处罚,也仅是剥夺了违法者的不法利益,却没有弥补投资者损失,甚至加重了投资者救济的难度。这个问题涉及三个核心问题:一是行政处罚的目的究竟是维护市场秩序,抑或是保护投资者利益,这是有关行政处罚的基础理论问题;二是行政处罚与民事责任的关系问题,如果罚款或没收财产进入国库,在客观上造成了投资者与监管者之间的矛盾;三是行政处罚的对象究竟是上市公司抑或是直接实施违法行为的自然人,这涉及投资者是否间接承担违法成本的重大理论问题。再如,投资者可以通过诉讼向上市公司及其相关者进行索赔,但证券侵权民事赔偿诉讼存在诉讼成本高、证据获取难、索赔效率低等问题,中小投资者运用诉讼维权的积极性不高。欺诈发行虽然引入保荐机构先行赔付制度,但从实践来看,进展未必顺利,投资者或仍有必要提起索赔诉讼。此外,内幕交易、操纵市场之民事赔偿诉讼尚难以操作。为此,2013年国务院办公厅《关于进一步加强资本市场中小投资者合法权益保护工作的意见》(又称"小国九条")提出了"有关部门配合司法机关完善相关侵权行为民事诉讼制度。"

第二节　重实体保护、轻程序保护

一、现有规定的梳理

《证券法》确立了证券发行和交易必须遵循公开、公平和公正的原则,[①]必须遵

① 参见我国《证券法》第3条。

守法律、行政法规，禁止欺诈、内幕交易和操纵证券市场的行为。[①] 同时，我国《证券法》规定了证券发行和交易的具体规则。发行人、上市公司依法披露的信息，必须真实、准确、完整，不得有虚假记载、误导性陈述或者重大遗漏（《证券法》第63条）；发行人必须按照《证券法》的规定履行信息披露义务，公告或者向有关部门报送法定文件（《证券法》第64～67条）；明确了发行人、上市公司的信息披露资料存在虚假记载、误导性陈述或者重大遗漏，致使投资者在证券交易中遭受损失的，相关主体应承担责任（《证券法》第69条）；明确了国务院证券监督管理机构的监督职能（《证券法》第71条）。

《证券法》对内幕交易行为作出了界定（《证券法》第73条），列举规定了证券交易内幕信息的知情人范围（《证券法》第74条）。对于“内幕信息”的界定，《证券法》第75条采取概括式规定与列举式规定相结合的方法，阐释了“内幕信息”的内涵和外延。该法第76条规定了证券法所禁止的内幕交易的行为方式，并明确了内幕交易行为人对投资者的损害赔偿责任。该法第77条对操纵证券市场行为明确加以禁止，并列举了法律所禁止的操纵市场行为的类型，明确规定了操纵证券市场行为人对投资者的损害赔偿责任。该法第79条明确禁止证券公司及其从业人员实施损害客户利益的欺诈行为，并明确规定了欺诈客户行为人对投资者的损害赔偿责任。

《证券法》第十一章第188～235条明确规定了违法主体所应承担的法律责任。但证券法的规定侧重于行政处罚，强调对违法主体的否定性评价和行政制裁，并未对投资者权益的保护予以重视，尤其是没有明确违法主体对投资者所应承担的赔偿责任，对此将于后文详述。

国务院及证监会等具有行政管理职能的直属机构，根据法律和国务院的行政法规、决定、命令，在本部门的职权范围内制定了一系列的规范性文件，也将与投资者保护有关的实体规范作为重点，对于程序性规范多不涉及。

由此可见，我国现行法律尤其强调对投资者实体权利的保护。《公司法》通过规定股东所享有的具体权利以保护投资者权益，《证券法》通过规定“禁止的交易行为”来避免对投资者权益的侵害，并明确规定违法证券交易行为人应当对投资者承

---

① 参见我国《证券法》第5条。

担赔偿责任,但上述规范并未明确投资者实现权利或者在权益遭受侵害进行维权时所应遵守的程序性规范。如投资者因发行人虚假陈述而遭受损失提起侵权赔偿之诉时应当依据何种程序进行,证券法和有关法规规章并未给出明确答案。如此一来,只能按照《民事诉讼法》规定的一般民事诉讼程序进行。但是,《民事诉讼法》也无法满足证券侵权赔偿诉讼的需要。可见,我国立法和司法实践中一直存在的"重实体、轻程序"的现象在证券投资者保护领域依然存在。

二、程序性保护规范缺位

(一)概述

我国《公司法》第4条规定:"公司股东依法享有资产收益、参与重大决策和选择管理者等权利。"据此,公司股东依法享有资产收益权和参与管理权两项权利。公司法具有团体法性质,股东的参与权须于团体内部,依团体的程序性规则享有和行使。因此,股东参与权能否从抽象的权利转换为现实的权利,除了需要股东行使权利的主观意愿,更主要的是取决于法律是否为股东行使参与权提供实质性的程序保障。参与权的核心是表决权,同时还包括任免权、会议召集权、提案权、质询权等权利。

《公司法》确立了股东参与权的一般原则,规定了股东参与权的具体内容,这对于投资者保护有积极意义。但从组织法来说,只有建立具体可行的程序规范,才能落实股东参与权。我们认为,程序性规则的缺失既可以由公司法予以补充,也可由《证券法》加以弥补;然而,《证券法》针对投资者参与权未作出充分的保障性规定,而是授权证监会制定的部门规章加以解决,从而降低了程序性规范的效力。监管机关指定的诸多指引,要通过上市公司章程才能产生实质约束力,而上市公司并未将相关指引纳入章程,或者未执行指引的要求,在实务上会架空这些规范性文件的实际作用,就此而言,部门规章对于保护中小投资者权益所能发挥的作用极为有限。

(二)表决权

国务院办公厅在《关于进一步加强资本市场中小投资者合法权益保护工作的意见》(国办发〔2013〕110号)中提出:"完善中小投资者投票等机制。引导上市公司股东大会全面采用网络投票方式。积极推行累积投票制选举董事、监事。上市公司不得对征集投票权提出最低持股比例限制。完善上市公司股东大会投票表决第三方见证制度。研究完善中小投资者提出罢免公司董事提案的制度。自律组织应当健全独立董事备案和履职评价制度。”“建立中小投资者单独计票机制。上市公司股东大会审议影响中小投资者利益的重大事项时,对中小投资者表决应当单独计票。单独计票结果应当及时公开披露,并报送证券监管部门。”可见,中小投资者表决权的行使直接关系到其权益的实现和保护状况。但是,现行法律体系中对于投资者表决权实现的保障并不充分,突出表现在以下两个方面。

1. 累积投票权问题

《公司法》规定了董事选任上的累积投票制,但其实际运用仍有相当难度,如将董事会选举实行分类或错开、将董事会分成几组,每组实行不同任期、缩小董事会规模、控股股东故意刁难或无故更换少数派选人的董事等,都会在实质上抵销或者缓冲累积投票权的作用。①

2. 投票权征集制度

《上市公司治理准则》第10条规定了投票权征集制度,“上市公司董事会、独立董事和符合有关条件的股东可向上市公司股东征集其在股东大会上的投票权。”2014年《上市公司股东大会规则》(证监会公告〔2014〕46号)第31条第4款规定:“公司董事会、独立董事和符合相关规定条件的股东可以公开征集股东投票权。征集股东投票权应当向被征集人充分披露具体投票意向等信息。禁止以有偿或者变相有偿的方式征集股东投票权。公司不得对征集投票权提出最低持股比例限制。”通过以上规定可以看出,证监会颁布的规章对于投票权征集的规定较为简略,仅具有指导性意义,而且效力位阶较低,难以发挥应有的功能。

投票权征集缺乏明确具体的规则指引,尤其是信息披露具体规则的缺乏,使股东对征集投票权所欲表决的事项缺乏充分的了解,难以作出客观准确的判断。以美国证监会(Securities and Exchange Commission,SEC)制定的委托书规则为例,其详细规定了委托书征集中的信息披露要求,并对违反信息披露义务进行虚假陈述

---

① 参见刘俊海:《股份有限公司股东权的保护》,法律出版社2004年版,第382~383页;熊海滨等:《股东行为与股东产权公司治理中的股东与股权》,中国城市出版社2002年版,第178~179页。

的行为进行规制;对备案要求、股东提案规则等相应程序明确规定,并制定了一系列格式规范的表格以供征集者使用。我国台湾地区也制定公布了“公开发行公司出席股东会使用委托书规则”对委托书征集所涉及的相关问题进行了详细规定,并附有一系列表格以供征集者使用。我国并未制定专门的投票权征集规则,相关规定仅散见于证监会制定的各种规章中,而且规则简单,仅对投票权征集主体加以列举,要求征集者进行信息披露,但对于信息披露的具体标准则付诸阙如,这导致征集人披露信息时具有相当的随意性,不利于保护投资者的合法权益。

(三)提案权

关于股东的提案权,我国《公司法》和证监会部门规章有所涉及,却存在诸多漏洞和缺失,突出表现在对享有提案权股东的持股比例要求过高,对持股时间却没有规定。我国《公司法》第102条规定单独或者合计持有公司3%以上股份的股东可以提交书面提案。美国《证券交易法》规定1%表决权股份,日本规定持有已发行股份的3%以上股份可以提出提案。而对于持股时间若不加以限制,可能导致提案权的滥用。

除此之外,关于股东提案事项范围边界模糊。我国仅规定提案不违法、有明确议题、属于股东大会职权范围即可,股东提案事项的范围模糊没有边界,且没有设置股东提案事项的除外事项。如此,提案权人会提出内容明显错误、虚假陈述等无价值的提案,甚至出现了一次会议上千条提案的奇闻。美国和德国在有关提案相关的条文中,规定了股东将提案提交给各股东的费用以及将提案列入表决权征集资料提供给各股东的费用由公司负担;英国则规定该费用一般由提案股东负担,且被要求预缴保证金;而我国对于提案股东所需的费用由公司承担还是提案股东承担只字未提。①

三、民事赔偿程序不健全

(一)诉讼救济机制

我国《证券法》第十一章专章规定法律责任,在内容上涵盖民事、行政和刑事责

① 参见赵万一主编:《证券市场投资者利益保护法律制度研究》,法律出版社2013年版,第121~122页。

任,但在48个具体条款中,除第231条涉及刑事责任、第232条涉及民事赔偿优先外,其他46个条文都是关于行政责任的规定。① 与此形成对照的是,在证券法全部条款中,仅10条涉及民事责任,②涉及民事诉讼的条款仅有1条。

2001年9月21日最高人民法院发布《关于涉证券民事赔偿案件暂不予受理的通知》,基本关闭了民事诉讼的通道。2003年2月1日实施的《关于审理证券市场因虚假陈述引发的民事赔偿案件的若干规定》虽然打开了证券诉讼的大门,但仍然限制了投资者提起民事赔偿案件的种类,还设置了以"行政处罚决定或者人民法院的刑事裁判文书"为依据的前提条件,从而限制了诉讼机制的作用。现行证券制度过于关注行政责任,行政责任优先,使民事责任被弱化、虚置,证券诉讼制度应有的投资者保护功能难以有效发挥,市场的力量不能充分释放,市场自我矫正的功能受到极大压制。究其原因,乃证券管理理念的错位,证券诉讼制度的缺失。故此,在证券法中对证券诉讼予以规范,树立公私协同的管理理念,强化私人执行的投资者保护理念,成为完善我国证券管理制度的客观需要。③

诉讼救济是投资者权利保护的最后一道屏障,对中小投资者利益保护起举足轻重的作用。由于证券法未设置专门的民事赔偿诉讼程序,只能依赖《民事诉讼法》和司法解释的一般规定。我国《民事诉讼法》第54条、第55条分别规定了人数确定的代表人诉讼和人数不确定的代表人诉讼两种类型,但两种代表人诉讼都是对共同诉讼进行延伸的结果。证券赔偿诉讼集中体现在最高人民法院《关于审理证券市场因虚假陈述引发的民事赔偿案件的若干规定》(法释〔2003〕2号)第三部分的"诉讼方式"中。该规定第12条规定:"本规定所涉证券民事赔偿案件的原告可以选择单独诉讼或者共同诉讼方式提起诉讼。"第13条规定:"多个原告因同一虚假陈述事实对相同被告提起的诉讼,既有单独诉讼也有共同诉讼的,人民法院可以通知提起单独诉讼的原告参加共同诉讼。多个原告因同一虚假陈述事实对相同被告同时提起两个以上共同诉讼的,人民法院可以将其合并为一个共同诉讼。"第14条规定:"共同诉讼的原告人数应当在开庭审理前确定。原告人数众多的可以推

---

① 我国《证券法》第190条、第191条、第210条和第214条虽对民事责任也有所涉及,但主要是关于行政责任的规定。

② 我国《证券法》涉及民事赔偿责任的条文有:第69条、第76条、第77条、第79条,第171条、第173条、第190条、第191条、第210条和第214条。

③ 参见沈贵明:《证券诉讼的证券法规范》,载《法学论坛》2013年第4期。

选二至五名诉讼代表人,每名诉讼代表人可以委托一至二名诉讼代理人。”从上述规定可以看出,我国目前的证券诉讼方式呈现出多种选择,单独诉讼、共同诉讼、人数确定的代表人诉讼都从司法解释的立法层面得到了确立。

但从司法解释的条文表述上可以看出,该规定认为共同诉讼就是代表人诉讼,而且仅限于人数确定的代表人诉讼这一种方式。该规定没有关注到代表人诉讼虽是建立在共同诉讼制度基础之上,却是一种独立于单独诉讼和共同诉讼的诉讼形式。对代表人诉讼和共同诉讼认识上的混同和偏差,导致代表人诉讼制度特别是人数不确定的代表人诉讼方式形同虚设,群体性纠纷解决机制的设计化为泡影。[①]将人数不确定的代表人诉讼排斥在证券赔偿诉讼方式之外,显然摒弃了代表人诉讼制度用以解决群体性纠纷的基本内核。从实践操作层面分析,投资者的单独诉讼无异于一般的民事侵权案件,这样的诉讼形式在证券诉讼中几乎不能发挥高效解决群体性纠纷的效能,必将又回到高成本、低收益的诉讼非经济的老路。

就多数受害投资者而言,其诉讼标的额零星且分散,加之法院采取了诸多程序与实体上的限制,共同诉讼或是人数确定的代表人诉讼形式,仍然使投资者无法形成强大的团体和合力面对诉讼,在主体权利受到侵害时既不能提供所需要的救济,也不足以威慑、遏制相关市场违法行为。最高人民法院《关于审理证券市场因虚假陈述引发的民事赔偿案件的若干规定》施行后,证券市场群体性诉讼持续上升,但在实际运行中,即便是人数确定的代表人诉讼也被部分法院有意识地进行了限制。这使代表人诉讼方式被排除在证券民事赔偿范围之外。权利的可诉性差,法律形同虚设。法所必备纠纷裁判属性,因欠缺操作的可行性和有效性而被束之高阁。法律规定的混同、法院实践的有意模糊,证券纠纷案件本身的专业性和技术性,导致了大量赔偿纠纷难以被受理或作出裁判。证券投资者群体性纠纷案件面临司法裁判和利益平衡的冲突,也成为法院审判中最棘手的问题。其中,我们也不难揣测法院在其中的利益动机。众所周知,投资者的信心是证券市场发展的基础,在现行证券诉讼模式下,证券市场的发展是以葬送投资者的信心和剥夺投资者利益为代价的,此一市场发展模式很难长期维系。[②]

---

① 参见赵万一主编:《证券市场投资者利益保护法律制度研究》,法律出版社2013年版,第286~287页。

② 参见樊涛、王延川:《商事责任与追诉机制研究》,法律出版社2008年版,第132页。

我们认为,应从两方面着手解决证券纠纷诉讼解决机制问题:一方面,摒弃只有《民事诉讼法》才可规定民事诉讼规则,《证券法》和《公司法》不应规定程序规范的惯性思维。与证券纠纷有关的规则,既可以在证券法中加以规定,也可以单列在《民事诉讼法》之特殊程序中。另一方面,在多数与证券纠纷相关的诉讼中,原告往往都是人数众多的中小投资者,在举证能力和诉讼利益等方面,明显不同于一般民事诉讼,在贯彻保护投资者利益的立法宗旨下,应当作出有针对性的特别规定。

(二)非诉讼解决机制

非诉讼解决机制建立在当事人合意的基础上,它通过非诉讼方式解决纠纷,无须严格适用实体法的规定,当事人拥有较大的灵活处理的空间,对证券市场的影响较小。在我国,证券纠纷的非诉程序主要包括仲裁和人民调解。

仲裁是以当事人达成仲裁协议为前提的。仲裁裁决仅对仲裁协议当事人产生效力,无法约束仲裁协议或仲裁程序以外的当事人,而且也不存在所谓裁判文书的既判力问题。由于证券纠纷中的受害投资者往往人数众多,在实务中几乎难以达成仲裁协议,因此仲裁很难成为解决证券纠纷的方式。但从境外上市公司实践来看,英美法系认可公司章程记载仲裁条款,一旦公司章程记载了仲裁条款,公司股东就可以依照公司章程所载仲裁条款提起仲裁,仲裁机构则可依据公司章程做出裁决,由于股东或投资者权利同时记载于公司章程中,仲裁机构的仲裁裁决在事实上也产生类似于既判力的效果。

人民调解是一种特殊非诉讼程序。按照我国《民事诉讼法》和《仲裁法》,人民法院和仲裁机构在审理案件时,可以采用调解方式处理民事纠纷;在实践生活中,民事纠纷也可以在第三方主持和参与下,以协调方式予以协商解决。人民调解既不同于诉讼或仲裁中的调解方式,也不同于其他第三方主持的调解,而是专指依法成立的人民调解委员会依照《人民调解法》调解民事争议的特殊程序。我们认为,一方面,人民调解虽然主要适用于解决普通民间纠纷,但现行立法并未排斥将其适用于解决证券纠纷,因而,通过扩张解释人民调解组织的含义,可以实现调解解决证券争议的目的。另一方面,北京、上海、河南、黑龙江等10余个省市已经设立了专门的金融审判庭,最高人民法院《关于进一步加强金融审判工作的若干意见》第28条重申,将在金融案件相对集中的地区选择部分法院设立金融审判庭,探索实行金融案件的集中管辖。该意见第26条提出,要"推广证券期货行业、保险行业的诉讼与调解对接机制的成功经验”,并且探索“立案前委派调解、立案后委托调解”制度。

总体而言,采用非诉讼方式解决证券纠纷,已逐渐进入立法、司法、政府和学术界关注的视野,仲裁和调解显示出了强大生命力。我们认为,在经过充分研究和论证的基础上,应当不断充实非诉讼方式解决证券纠纷的内容。

第三节　重一般规范、轻特别规范

一、概　述

我国在专门立法中向来崇尚原则性,旨在为不断变化的实践留有空间,并通过授权性条款解决法律供给不足的问题。在投资者保护上,我国《证券法》同样提供了原则性和概括性条款,这种立法技术保留了弹性,但影响到投资者保护宗旨的落实。

以投资者类型化为例,投资者既可分为机构投资者和个人投资者,也可分为普通投资者和专业投资者,不同类型投资者在资金规模、投资知识、抗风险能力等方面存在很大差异。从境外立法经验来看,不同类型投资者获得的保护强度有所差别,呈现了对个人投资者和普通投资者的倾斜保护。但我国证券法未采用类型化方式,不同类型投资者的受保护程度基本相同,这种做法要么造成保护过当,要么造成保护不足,都难以实现公平的法律价值。

再从内幕交易民事赔偿责任的规定来看,同样存在重一般规范、轻特别规范的现象。我国《证券法》在界定内幕信息及其知情人的含义后,仅在其第76条第3款中规定“内幕交易行为给投资者造成损失的,行为人应当依法承担赔偿责任”,对于内幕交易民事责任的性质、构成要件和责任形式等,《证券法》均未作出规定。这样,由于难以准确界定“造成”的含义,加之“依法”的含义相对模糊,从而使得在实务中极少出现投资者胜诉的案例。由此造成的社会认识是,投资者几乎难以在内幕交易索赔案件中胜诉,极大地限制了投资者的权利。

上述两例旨在说明,仅有一般规定而无特别规定的立法模式,虽然降低了立法难度,却加剧了执法难度,从而实质性地影响到投资者利益。为了改变这种状况,既可以在证券法修改中大量补充特别规范，也可以在投资者保护条例中充实特别规范。

二、投资者分类管理和保护

公司既是法人，也是投资者的集合体。在公司中，投资者“异质性”是客观存在的，不同投资者的投资需求和保护能力是不尽相同的。有的投资者积极参与公司管理，有的掌握公司控制权，有的只期待更多财产利益。事实上，为了适应投资者的“异质性”的存在，在立法上必须对投资者进行分类保护。在实践中，有的投资者会在投资时与公司或者原始股东签订合同作出特别约定，以满足投资者和公司的特殊需求。① 这种特别约定通常是由更具议价能力的投资者提出，公司或原始股东才能够接受，但中小投资者受制于信息的获取和分析能力的限制，受制于知识水平和投资经验的限制，受制于投资规模的限制，反倒无法获得超出一般标准的保护，由此，专业和机构投资者在事实上获得了更多保护，中小投资者则只能获得一般保护。

2013 年年底，国务院办公厅发布《关于进一步加强资本市场中小投资者合法权益保护工作的意见》，该意见第 1 条提出要“健全投资者适当性制度”，要求“证券期货经营机构和中介机构应当对产品或者服务的风险进行评估并划分风险等级。推荐与投资者风险承受和识别能力相适应的产品或者服务”。2016 年 12 月 12 日证监会公布《证券期货投资者适当性管理办法》，将原有法律规范中有关适当性管理的规定加以系统归纳总结，紧紧围绕了解客户、了解产品、为适当客户匹配适当产品这一主线，规定了经营机构的适当性义务，制度具有强制性、持续性、开放性的特点：强制金融机构担负适当性管理责任，持续跟踪投资者信息，动态评估调整；强调在市场信息不对称的情况下，证券期货机构首先“卖者有责”，在买卖双方有适当性纠纷的时候，机构要落实投诉处理的首要责任，负有举证义务。这些制度安排，通过要求机构履行必要义务，有利于从根本上保护投资者的利益。②

---

① 参见朱慈蕴、沈朝晖：《类别股与中国公司法的演进》，载《中国社会科学》2013 年第 9 期。

② 参见文清：《加强适当性管理，保护投资者利益》，载《中国证券报》2017 年 4 月 20 日，A02 版。

三、上市公司退市中的投资者保护

国务院《关于推进资本市场改革开放和稳定发展的若干意见》(国发〔2004〕3号)明确指出“完善市场退出机制要采取有效措施,结合多层次市场体系建设,进一步完善市场退出机制。在实现上市公司优胜劣汰的同时,建立对退市公司高管人员失职的责任追究机制,切实保护投资者的合法权益。”证监会在2014年发布的《关于改革完善并严格实施上市公司退市制度的若干意见》中,清晰地认识到“认真贯彻执行投资者保护的总体性要求,保护投资者特别是中小投资者合法权益,既是退市制度的重要政策目标,也是退市工作的重中之重。要在退市工作的各个环节,认真落实《国务院办公厅关于进一步加强资本市场中小投资者合法权益保护工作的意见》的要求”,并具体回应了上市公司退市面临的重要问题。

我国上市公司退市,分为公司主动退市和强制退市。前者相当于境外所称“私有化”,后者主要包括“重大违法”引起的强制退市、“不满足交易标准”的强制退市和“不符合财务指标”之强制退市。一般而言,主动退市是通过股份的协议收购或决议收购完成的,主要问题集中在公司或控股股东支付的补偿金额;强制退市则是交易所取消上市公司的上市资格,不发生向中小投资者提供协议补偿的问题,但在上市公司因重大违法而强制退市的情况下,则牵涉上市公司、控制股东或董监高向投资者承担赔偿责任的问题。

就此而言,尤其在“重大违法”引发的强制退市中,主要面临三个相关问题:一是“重大违法”责任人应否以及如何向投资者承担赔偿责任;二是强制退市引起的市值损失或者投资者损失,应否以及由何人承担的问题;三是在无法追究他人责任或者他人无法承担责任的情况下,退市引起的损失是否属于投资者的投资风险,并应由投资者自行负担。概括而言,因“重大违法”而退市的场合下,必须妥善解决“赔偿+退市”的问题,否则,证监会《关于改革完善并严格实施上市公司退市制度的若干意见》难免流于形式。

我们认为,在解决“赔偿+退市”问题时,必须坚持“先退市、再赔偿”的逻辑,应当摒弃“先赔偿、再退市”的模式。一方面,退市与否,在于是否持续满足上市条件,在发生“重大违法”的情形下,已触发了上市公司签订的上市协议,当然应当先予退市，至于投资者可否获得赔偿，需要在退市后予以解决。否则，上市协议也就形同虚设，上市标准也就失去了意义。另一方面，在“先退市、再赔偿”的模式下，责任人未必具有赔偿或者偿付能力，投资者在公司退市后未必能够真正获得赔偿，但这恰恰是投资的实质，即投资者应当承担投资风险，绝不应当存在类似“刚性兑付”的问题。

就此而言，投资者保护是公司退市中的重中之重，也绝不应得出投资者必须获得赔偿的结论，必须在坚守退市标准和投资者保护之间，寻求合理的平衡。需要指出，在退市引起的证券赔偿案件中，由于投资者数量众多、总体金额较大、责任主体结构复杂，现有的民事诉讼程序难以有效应对，必须通过创设新的诉讼程序，才能经济、有效地解决争议。

四、股权众筹中的投资者保护

众筹，是指利用网络的传播性，向网络投资人募集资金的金融模式，在募集资金的同时，达到宣传推广效果。作为众筹的重要形式，股权众筹打通了中小微企业融资的“最后一公里”，具有广泛的潜在投资者群体，成为最符合“普惠”理念的互联网金融筹资方式。2014 年证监会发布《私募股权众筹融资管理办法（试行）（征求意见稿）》（以下简称《众筹征求意见稿》），对股权众筹融资的性质、参与主体、自律管理等内容进行了规定。股权众筹平台在拓宽企业融资渠道、支持实体经济发展、完善多层次资本市场体系建设的同时，也对股权众筹投资者的权益保护带来了挑战。但该《众筹征求意见稿》存在以下问题：①

（一）信息披露的要求较为粗放

《众筹征求意见稿》对于融资者的职责仅作出原则规定，信息披露的规则较为简单，仅要求融资者进行适度的信息披露。借鉴美国和英国关于股权众筹信息披露的规定，较为合理的信息披露模式是“信息披露等级制度”，在节约中小微企业财务成本的同时，要求筹集资金规模超过一定数额的融资项目进行完备的信息披露，

---

① 参见程晋：《股权众筹投资者权益保护的思维变革与制度完善——如何构建有效的股权众筹投资者保护机制》，载《金融发展研究》2015 年第 4 期。

实施差异化管理。

(二)投资者的变现成本较高

《众筹征求意见稿》禁止股权融资平台提供股权或其他形式的有价证券的转让服务。这种做法抑制了私募股权众筹二级市场的发展,在理论上,只开放一级市场却限制二级市场,堵塞了私募股权众筹投资者的退出渠道,增加了投资者的变现成本。

(三)未充分利用现有的征信系统

根据我国《个人信用信息基础数据库管理暂行办法》的规定,个人信用报告目前仅限于中华人民共和国境内设立的商业银行、城市信用合作社等金融机构、人民银行、消费者使用,股权众筹融资平台并非合法使用者。因此,首先应当鼓励私募股权众筹行业形成行业内部征信体系并制定统一的信用评价标准,建立"黑名单"互换机制;其次应积极促进其与外部征信系统的对接,实现信用信息在不同行业间的沟通,进而加强股权众筹融资平台对融资者信用状况的了解,实现对于投资的风险控制。

第四节　重行为规范、轻裁处规范

一般认为,根据规范对象的不同,法律规范可以划分为行为规范(或行为规则)和裁判规范(或裁判规则):行为规范以一般公众为约束对象,用以指引公民行动;裁判规范以司法人员为约束对象,目的是指导司法人员的裁判活动。总体上,我国公司法和证券法领域中的大部分规范均属于行为规范,裁判规范尤其是民事责任规范较少。条文统计显示,《证券法》有关民事责任的规定仅有10条,关于民事证券诉讼只有第47条。民事责任立法采用"行为人造成损失,行为人应该承担赔偿责任"的立法模式,对损害投资者利益行为的行为认定、行为人、主观要求、损失计算、赔偿范围等具体问题未作规定,[①]《证券法》缺少裁处规范,投资者保护的规定过于原则,可操作性不强,急需最高人民法院发布司法解释。但由于受制于立法与司

① 参见赵万一主编:《证券市场投资者利益保护法律制度研究》,法律出版社2013年版,第83页。

法的分工原则，现有司法解释无法满足裁判需求，从而导致投资者诉讼难、胜诉难、补偿难的局面，无法满足保护投资者权益的现实需求。

2014 年《证券法（修订草案）》增设第八章“投资者保护”，并专章归纳了投资者保护的部分内容。但从修订草案的内容来看，该部分仍然未能很好地协调公司法与证券法的关系，其在内容上偏重于原则性和宣誓性规定，不仅在行为规范的供给上不足，在裁判规范上也缺乏具有价值的贡献。我们认为，《证券法》应当全面增加有关民事赔偿的具体规定。

一、内幕交易民事责任及法条修订

内幕交易行为，是指有关证券发行和交易的内幕人员和非法获得内幕信息的非内幕人员，以获取利益或减少损失为目的，利用内幕信息进行证券发行和交易的行为。内幕交易者在交易中利用了内幕信息，从而转嫁了损失或获得利益，而使尚不知悉这一信息的对方当事人在同一交易中蒙受了损失。各国证券法为了维护交易公平都规定了内幕交易行为的民事责任。如美国的《内幕交易和证券欺诈执行法》规定，允许一个同时交易者对内幕交易者提起损害赔偿之诉。其理由是获取内幕信息与他人交易，证券交易双方客观上获取信息来源不均等，因而，交易是在不公平的条件下完成的，属于不公平竞争。[①]

我国《证券法》第 76 条规定：“证券交易内幕信息的知情人和非法获取内幕信息的人，在内幕信息公开前，不得买卖该公司的证券，或者泄露该信息，或者建议他人买卖该证券。持有或者通过协议、其他安排与他人共同持有公司百分之五以上股份的自然人、法人、其他组织收购上市公司的股份，该法另有规定的，适用其规定。内幕交易行为给投资者造成损失的，行为人应当依法承担赔偿责任。”上述条文规定证券交易内幕信息的知情人和非法获取内幕信息的人不得进行内幕交易，否则应依法承担相应的赔偿责任；但是却未明确行为人、举证责任、损害赔偿范围，在司法实务中不具有可操作性。

内幕交易只是使行为人获得了利益，但是否造成了股民的损害尤其是哪些特

① 参见韩松：《违反证券法的民事责任及其立法完善》，载《法律科学》1995 年第 4 期。

定投资者的损害是很难确定的,因此难以确立内幕交易的民事责任。应将内幕交易的主体确定为从事内幕交易的行为而遭受损害的反向交易人员。具体而言只有那些善意地从事反向买卖的投资者,才能成为请求权的主体。如果他们应当获利而没有获利,不应当受损而招致了损害,就可以要求从事内幕交易的人赔偿损失。

由于内幕信息实际上也是一种公司财产,所以在董事等公司高级管理人员,泄露内幕信息,获取不正当利益时,公司也可以以其违反了诚信义务,侵害了公司财产为由,要求董事等从事内幕交易的人员承担赔偿责任。在确定请求权主体时,也应当考虑时间问题,只有将自内幕交易发生到该内幕信息公开之日买进或者卖出的所有投资者包括在请求权主体内,才能更好地保护投资者。受害人在因内幕交易行为遭受损害的情况下,要证明内幕交易与其遭受的实际损失之间具有因果联系常常十分困难,因此可以采取举证责任倒置的办法,即由受害人举证证明知情人员利用了内幕信息并使其遭受损害,而要由被告证明原告的损害完全是因为自身的判断错误等原因造成的。也就是说,被告要证明被告的行为与原告的损害之间没有因果联系。①

立法应明确内幕交易损害赔偿金额的计算方法。通常是依据内幕人交易对股票的交易价格与内部信息公开后,且经过一段合理期间足以认为此信息已被市场完全消化后一个交易日中,该股票的收盘价格所存在的差额进行计算。在美国为信息公开后的"合理时间"的价格差额;在加拿大定为公开后20个营业日收盘平均差价。我国在立法时可以借鉴上述具体做法。②

二、操纵市场民事责任及法条修订

操纵市场的行为是指从事证券交易的任何单位或个人利用资金、信息优势或滥用职权操纵市场价格,制造市场假象,诱导或致使投资者在不了解事实真相的情况下作出投资决定,损害投资者利益的行为。许多国家的证券法都规定了操纵市场行为的民事责任。如美国1934年《证券交易法》第9条第7项规定操纵者应向参

---

① 参见王利明:《我国证券法中民事责任制度的完善》,载《法学研究》2001年第4期。

② 参见王昆江:《论我国证券内幕交易立法的进一步完善》,载《河北大学学报》2000年第3期。

加交易而受损害者负赔偿责任。日本《证券交易法》也规定,从事假象买卖、操纵市场行情者,应当依该违法行为形成的价格,向在有价证券市场上买卖该有价证券或办理委托买卖遭受损害者,负赔偿责任。

我国《证券法》第77条规定:“禁止任何人以下列手段操纵证券市场:(一)单独或者通过合谋,集中资金优势、持股优势或者利用信息优势联合或者连续买卖,操纵证券交易价格或者证券交易量;(二)与他人串通,以事先约定的时间、价格和方式相互进行证券交易,影响证券交易价格或者证券交易量;(三)在自己实际控制的账户之间进行证券交易,影响证券交易价格或者证券交易量;(四)以其他手段操纵证券市场。操纵证券市场行为给投资者造成损失的,行为人应当依法承担赔偿责任。”上述条文规定从事内幕交易行为给相对人带来损失应承担赔偿责任,但是却未具体规定行为人应当承担违约责任还是侵权责任;如果是侵权责任,缺乏必要的裁处规范。

就证券市场中的违法违规行为而言,如果确实涉及合同责任,则受害人完全可以根据合同法的规定获得补救。根据合同的相对性规则,合同的一方当事人只能向与其有合同关系的另一方当事人承担责任。违约责任虽和证券交易有关,但仍然应当属于合同法的调整范围。对投资者来说,在二级市场上购买股份、买卖股票,一般与上市公司不直接发生合同关系。尤其是在集中竞价的证券交易中,每日参与买卖之人甚多,买卖双方通常并无直接接触,而是通过各自证券经营机构在集中的竞价机制中撮合成交的。在此情况下,只能适用侵权责任,因为侵权损害赔偿可以赔偿受害人所遭受的全部实际损失。[①] 因此,在证券法中规定证券侵权责任即可。

在操纵市场的情况下,应当区分两种情况:一是操纵者与受害者之间具有交易关系,即受害者是从操纵者手中买入或卖出股票的,在此情况下,受害者可以寻求合同上的救济。二是操纵者与受害者之间不存在交易关系,即受害者不是从操纵者手中买入或卖出股票的,对此情况,主要通过侵权责任来为当事人提供救济。然而,侵权行为的受害者也应当加以明确界定,即只应当限定在股价被操纵期间高买低卖的股民。如果股民不是在股价被操纵期间购买的股票,或者其在被操纵期间

---

① 参见王利明:《我国证券法中民事责任制度的完善》,载《法学研究》2001年第4期。

低买高卖的,则不能认定为受害者。

关于行为人过错,受害人很难根据其行为的外部特征推定其过错存在。由于操纵市场表现形态多种多样,行为外观容易与正常交易行为混同,违法特征并不明显,加之近年来操纵手法日趋隐蔽,科技含量越来越高,使判断过错的标准和方法也日趋复杂化、多元化、专业化,过错的举证和证明难度不断加大,远远超出了作为市场弱者的受害人的能力范围。因此,证券立法应将操纵行为视为特殊侵权行为,适用过错推定归责。受害人只要能够证明所受损害是侵权人的行为所致,即推定侵权人存在过错并应承担民事责任。当操纵行为对证券市场行情造成重大影响并足以误导投资者时,由法律直接推定因果关系存在,使操纵人承担倒置的举证责任,除非操纵人能提供反证推翻该推定,否则投资信赖及因果关系即为成立。[①]

三、欺诈客户民事责任及法条修订

欺诈客户的行为,是指在证券代客买卖中,证券公司及其从业人员,以欺诈手段侵害客户(投资者)利益的行为。如将代理业务与自营业务混合操作,违背客户指令而为买卖,不在规定时间内向客户提供证券买卖书面确认文件,诱导客户进行不必要的证券买卖,在客户账户上翻炒证券等。

我国《证券法》第79条规定:"禁止证券公司及其从业人员从事下列损害客户利益的欺诈行为:(一)违背客户的委托为其买卖证券;(二)不在规定时间内向客户提供交易的书面确认文件;(三)挪用客户所委托买卖的证券或者客户账户上的资金;(四)未经客户的委托,擅自为客户买卖证券,或者假借客户的名义买卖证券;(五)为牟取佣金收入,诱使客户进行不必要的证券买卖;(六)利用传播媒介或者通过其他方式提供、传播虚假或者误导投资者的信息;(七)其他违背客户真实意思表示,损害客户利益的行为。欺诈客户行为给客户造成损失的,行为人应当依法承担赔偿责任。"上述条文规定,欺诈客户应承担赔偿责任,但是未规定行为人应承担违约责任还是侵权责任。在行为人应承担侵权责任时,该法未规定举证责任应如何分配,缺乏可操作性。

---

① 参见甘德健:《试析操纵证券市场民事责任的构成要件》,载《商场现代化》2007年第15期。

一般来说,欺诈客户主要是合同责任,应当由合同法调整,但在例外情况下可能会涉及侵权责任。例如,为牟取佣金收入,诱使客户进行不必要的证券交易,尽管证券公司及其从业人员也违反了基于委托合同所应当承担的诚信义务,但是它毕竟诱使客户与他人从事证券交易而并不是与自己从事证券交易,受害的客户基于合同很难向证券公司及其从业人员提出请求,在此情况下,使他人遭受财产损害,实际上是侵害他人的财产权,所以受害人可以基于侵权行为诉请赔偿。可见,对此种行为也可以在例外情况下规定侵权责任。就证券侵权而言,可以将欺诈行为作为侵权对待。因为证券侵权民事责任是一种法定的责任,行为人所违反的是一种由证券法所规定的法定义务。将证券欺诈作为侵权处理,属于民事侵权的一种例外。[①]

根据《民事诉讼法》和最高人民法院的有关司法解释在民事诉讼中“谁主张,谁举证”。在证券欺诈赔偿案件中,要求投资者就行为与结果之间存在因果关系进行举证是非常困难的,因而很难保护投资者的合法权益。因此,建议在涉及此类案件时采用举证责任倒置的举证规则。

四、虚假陈述民事责任及法条修订

虚假陈述行为,是指证券发行人、证券公司、证券交易服务机构、证券交易所、证券业协会等机构及其从业人员、工作人员,对于有关证券发行和交易及其相关活动的事实、性质、前景、法律等事项作出不实、严重误导或含有重大遗漏的、任何形式的虚假陈述或者诱导,致使投资者在不了解真相的情况下作出证券投资决定的违法行为。虚假陈述行为违反证券法规定,损害投资者的合法权益,行为人应对投资者承担损害赔偿的民事责任。如日本《证券交易法》第 18 条第 1 项规定,有价证券注册申报文件如对重要事项有虚假记载,或欠缺应记载的重要事实,或缺少为防止误解应记载的重要事实时,申报注册者应对因募集或销售而取得该有价证券者承担赔偿损失责任。

我国《证券法》第 69 条规定:“发行人、上市公司公告的招股说明书、公司债券

① 参见王利明:《我国证券法中民事责任制度的完善》,载《法学研究》2001 年第 4 期。

募集办法、财务会计报告、上市报告文件、年度报告、中期报告、临时报告以及其他信息披露资料,有虚假记载、误导性陈述或者重大遗漏,致使投资者在证券交易中遭受损失的,发行人、上市公司应当承担赔偿责任;发行人、上市公司的董事、监事、高级管理人员和其他直接责任人员以及保荐人、承销的证券公司,应当与发行人、上市公司承担连带赔偿责任,但是能够证明自己没有过错的除外;发行人、上市公司的控股股东、实际控制人有过错的,应当与发行人、上市公司承担连带赔偿责任。”总体来说,上述条文规定过于原则,未明确具体的责任承担形式,难以对行为人形成威慑力。

2003年最高人民法院出台《关于审理证券市场因虚假陈述引发的民事赔偿案件的若干规定》,对虚假陈述行为的认定、受理和管辖、诉讼方式、归责与免责事由、共同侵权行为、损失认定等作了详细的规定,投资者权益保护有了切实可行的依据。

五、擅自发行证券的民事责任及法条修订

我国《证券法》第210条规定:“证券公司违背客户的委托买卖证券、办理交易事项,或者违背客户真实意思表示,办理交易以外的其他事项的,责令改正,处以一万元以上十万元以下的罚款。给客户造成损失的,依法承担赔偿责任。”该条文规定禁止证券公司违背客户的委托买卖证券、办理交易事项,或者违背客户真实意思表示,办理交易以外的其他事项的行为,否则将处以责令改正和罚款的行政处罚和赔偿的民事责任。此条款的缺陷在于未明确规定行为人应承担违约责任还是侵权责任。如果应承担侵权责任,责任形式过于单一。

第五节　重行政监管、轻市场自律和社会约束

我国自20世纪90年代初开始制定规范证券市场关系的法律法规,几乎同时建立了沪深证券交易所。就法律法规的内容而言,我国早期立法目的除了包括提高证券流动性以外,尤其强调促进企业融资。随着人们对证券市场及法治认识水平

的逐渐提升,后期立法和监管体制开始重视投资者保护。我国投资者保护水平自1995 年至今快速发展,我国投资者立法保护水平经历了一个由低到高的过程,与英美法系发达国家的差距不断缩小。[①]

与欧美等证券市场发达国家相比,我国在制定实施证券法制中,存在重行政监管,轻市场自律和社会约束的状况。导致这种状况的重要原因是,我国证券市场最初是由政府主导设立并运行的,存在行政监管强于私力救济的观念和做法。这使得我国在总体上形成了以市场机制、政府监管、法律制度为基础,融合立法保护、司法保护、行政监管、社会监督、投资者自我保护、自律组织保护在内的投资者保护机制,但主要依赖行政监管、私力救济不足的局面没有实质改变。

一、行政监管及其优劣

行政监管的核心,是借助行政性监管机构的执法和监督,实现规范证券市场秩序的目的。行政监管有如下特点:首先,行政机关执法和监督的实质是行政执法必须坚持依法行政的原则,必须在法律规定和授权范围内实施监管,不得超越法律和授权进行执法和监督。欲使公法规制发挥实际效果,必须依赖于公法规范的完整性和明确性,否则行政监管容易产生越权执法。其次,行政机关在执法和监督中拥有自由裁量权,容易减损市场主体的民事权利,站在维护民事权利角度,应当采用外部控制(主要包括立法和司法控制)以及监管机关的内部控制,约束执法机构和人员行使自由裁量权的行为。最后,为了保证执法的公平性,减少差异化执法和选择性执法,必须设置裁量基准,“裁量基准是以规定行政裁量的行使为内容的行为规范,一般以行政机关的规范性文件为裁量体,是一种较为程式化的和相对统一的要求,而不是行政执法人员依据自身经验意识做出判断或者依据个别领导指示进行的执法活动”。[②]

行政监管是通过行政机关的执法活动实施的,行政执法会遇到各种阻力和障碍,但相较于民事主体而言,行政机关具有较高的权威性,易得到市场参与者的响

① 参见李响:《我国证券投资者立法保护水平及其国际比较》,载《求索》2005 年第 7 期。

② 曾平:《论行政自由裁量权的控制》,载中国法院网:http://www.chinacourt.org/article/detail/2015/10/id/1726801.shtml,最后访问日期:2018 年 3 月 29 日。

应和配合,有助于查实违法行为,能在短期内大幅提高执法效率。与此同时,我国采用相对人起诉行政机关的行政诉讼模式,未采用行政机关起诉相对人的模式,行政机关即使承担了较重的举证责任,但相对人很难推翻行政处罚和决定,这种模式提高了执法威慑力,提升了行政执法实际效用。在市场参与者法律意识较弱的现实环境下,行政监管具有很强的实用性。伴随监管机关“强监管”哲学的提出,行政机关借助在市场监测上的特殊优势,不断创新执法手段,在查处证券违法领域取得了丰硕的成果。再配合监管机关强化信息披露制度、加强日常监管等举措,我国证券市场秩序明显改善,投资者保护程度显著提高。

需要指出,行政监管带有明显的不足乃至缺陷。在理论上,投资者与其他市场参与者之间是存在民事关系的,相关争议是可能在当事人之间予以解决的,未必都需要监管机关和行政执法的介入。然而,一旦监管机关介入投资者与其他市场主体之间的利益争议,将形成民事争议与行政执法争议并存的局面。投资者通常希望行政执法的强势介入,目的多在于迫使相对人承担更多责任,行政机关在立案查处时,本不应太关注个别投资者利益受损的情况,而应首先关注市场参与者是否实施不法行为,或者是否可能损害市场秩序。只有当市场参与者损害了众多投资者利益或者市场秩序时,或者具有损害的可能性时,行政机关介入才具有足够的正当性。反之,如果市场参与者只损害到个别投资者或个别利益,未伤及众多投资者利益或者市场秩序,行政机关直接介入就有可能出现公器私用的问题。

在实践中,强调行政监管也遇到诸多实际问题,主要问题集中于监管机关负担过重,投资者维权成本过高和执法效率较低。首先,监管机关职责沉重。2015年证监会12386热线收到投资者投诉2.3万件,举报中心收到举报1.4万件,信访近3000件,大量争议纠纷集中涌向监管机关,承办部门压力很大。其次,行政执法难免与民事纠纷纠缠不清。由于投资者过度倚重行政执法,在侵权事件多发、投资者司法维权途径有限的情况下,众多投资者往往采用信访、投诉、举报等形式,敦促要求监管部门维护自身权益,并时有群访闹访缠访、反复投诉、多次投诉、多部门投诉等现象发生,监管部门工作压力更加繁重。最后,证券市场行政监管具有滞后性、弱效性。行政监管为事后监管,政府通过行政命令强行调控,解决证券市场中各种问题,但是不能从根本上彻底解决问题。另外,监管部门力量有限,不能及时发现一些违法违规行为。

我们认为,行政监管并非越严格越好,监管程度的高低对市场发展至关重要。适度监管可以最大限度地优化资源配置,保障投资者合法权益。若行政监管过严或者过松都会降低市场效率。在实践中,如何把握监管强度是十分困难的。因此,投资者保护不能仅依靠大量行政监管,必须重视行业自律组织和公益组织监管、社会监督、投资者自我保护等私力救济的作用。

二、市场自律

在广义上,市场自律分为有组织的自律和社会约束的自律两种形态。通常所称自律即为前者,指自律组织在法律规定范围内,通过签署和执行组织章程或者协议等方式,凭借自律组织成员赋予的适当权力,对自律组织成员及相关当事人参与证券发行、交易及相关活动进行监督、检查、指导和处理的管理行为,也称为自我管理或者具体的自律。这种狭义上的自律组织包括证券交易所和证券业协会。社会约束的自律则是抽象自律,其他社会组织在法律允许限度内合理地采取影响证券市场参与者的各种督促措施,以补充自律监管不足。社会约束不依赖于既存的、法定的自律组织,但却发挥着约束证券市场参与者的功能,可被视为证券市场自律的特殊形式,证券公司内部控制从业人员的安排和制度,即可被视为自律监管。

行政监管通常将证券市场行为分为合法与非法、守信和失信,具有刚性监管特征,更多的是借助惩罚或者惩戒方式对付逾越法律底线的人。但行为若未逾越法律底线,行政监管往往就失去了威慑力。多数学者更愿意将自律监管称为一线监管,但这种旨在说明自律监管与政府监管关系的表述,似乎无法清晰地表达自律监管自身的功能特性。我们认为,自律监管是服务性监管,自律监管的其他特征均派生于自律组织的服务职能。自律组织在向市场参与者提供服务时,很自然地附着在证券发行和交易活动的各层面,这使自律监管具有全面监管、专业监管、深度监管、柔性监管和预防性监管的功能属性。

自律监管不是法治的对立物,而是法治自身的组成部分。自律监管不是政府监管的对立物,而是能够与政府监管良好配合的监管制度。我国证券市场是政府推动型市场,市场化水平较低,政府监管成为证券市场的主要监管力量,膨胀的行政监管必然会遏制自律监管职能的有效发挥。我国证券市场的产生及发展完全不同于英美国家,在政府启动的市场中,政府监管已自然取得了监管的优势地位,自律组织在多数情况下是被动地接受强大的政府监管存在的事实,而无意设定自己的监管手段与目标。缺乏自律组织监管传统,是我国证券市场的重要特点。英美国家的情况则根本不同,在以自律组织为主实施证券监管的长期实践中,已初步形成了比较完善的自律监管体系。政府监管手段出现后,只是将那些适于政府监管的职权转移出去,或者将关乎证券市场安定或防范危机的问题转移给政府,而自律组织监管依然是证券市场监管的基础。我国证券市场监管在最初是没有自律组织监管内容的,自律监管是在政府监管逐渐收缩权力过程中形成的,在没有特别危机发生的情况下,政府收缩监管权力的过程是缓慢的,政府不仅要培植证券市场,还要培植自律监管组织。

有组织自律以存在着某种自律组织为前提,以自律组织成员失信为条件,且以自律组织愿意向失信者施加压力为要素。从各国证券市场情况来看,同时满足这些条件的,只有证券交易所和证券业协会。证券公司都愿意成为证券交易所的会员,原因是只有会员通常才享受到证券交易所提供的交易席位,或者只有会员才能优惠于其他组织获得交易席位。会员资格与交易席位是两个不同概念:会员资格是指因接受自律组织章程,加入自律组织并取得会员资格的人;交易席位是指因为租赁或者交费协议而取得的交易席位。因会员资格而取得席位者,自然也可以因会员资格的丧失而失去席位;因租赁取得席位者,会因遵守交易所规则而取得席位,也会因不遵守规则而被提前终止席位。但在最重要的意义上,交易席位决定着是否有投资者愿意在证券公司开户,只要撤销了交易席位,也就相当于剥夺了证券公司的客户。对于主要依赖证券经纪业务为生的证券公司,取消席位或者会员资格,将成为致命打击。因为担心会员资格或者交易席位内取消,证券公司才愿意接受来自证券交易所的监督,证券交易所的自律才真正显现出约束力。

1995年我国证监会加入证监会国际组织,该组织于1998年9月发布《证券监管的目标和原则》,其中规定自律原则为:监管体制应该充分利用自律组织,并根据市场的规模和复杂程度,使自律组织在各自擅长的领域内负起一线监管的责任;自律组织应该接受监管者的监督,并在执行相关权力和责任时遵守公平性、保密性原则。2002年10月7日国际证券交易所联合会第42届年会决定吸纳我国深沪两个证券交易所为该组织正式会员，依该联合会所推荐的市场准则的规定，证券交易所对上市公司的上市申请要进行严格的审查，以使其完全符合交易所的上市条件，并要求和监督上市公司就对其构成实质性影响的业务和财务状况、上市金融产品的性质、风险以及潜在的投资价值等进行及时和充分披露。联合会的会员有义务尽快在其业务运行中实施联合会的推荐意见，并保证与这些推荐意见看齐或超出推荐意见的标准。总之，必须改变证券交易所在现行监管体制下“默默无闻”的局面，赋予证券交易所更多的自律监管权力。

三、社 会 约 束

国家立法机关除应充分发挥证券交易所和证券业协会的自律功能外，还要有意识地培育各类社会监管力量。2001 年 10 月刘姝威在内部刊物《金融内参》上发表 600 字短文《应立即停止对蓝田股份发放贷款》，由此发现蓝田公司虚假陈述案。许多学者认真分析过该案的意义，但我们认为，该案最重要意义莫过于提出了证券市场的社会监督机制问题。

实践证明，发现问题有时会比解决问题更加困难，或者说发现问题是解决问题的基础。强制信息披露、自律组织监管、政府监管机构审核、社会监督、新闻媒体和司法裁决等都是证券市场失信状况的发现机制。无论这些组织或人员基于何种动力而发现和披露失信现象，都有助于治疗证券市场诚信缺失的疾患。如果发现机制不健全，强制信息披露机制、自律组织监管、社会监督机制、新闻媒体运行和司法裁决程序等都依赖于政府监管，就很容易将许多失信现象隐藏下来。失信长期积累起来，总会在某个临界点最终爆发并引起更大的社会动荡，并根本地影响证券市场的诚信秩序。

政府监管机构发现失信是正常现象，为社会公众的基本但期望政府监管机构承担失信发现功能的想法是不成熟的。首先，在民主观念深入人心的现代法治社会，话语权成权力，要求公众简单地重复官方语言不符合现代法治要求，各种社会组织和成员都有权表达自己的意见，政府监管者并非唯一的发现机构。其次，政府监管机构介入监管是有条件限制的，并非所有失信案件都满足实施政府监管的条件，政府监管机构介入不当甚至可能引起证券价格的异常性波动。根据调查结果显示,凡有报道称证监会进驻某上市公司调查时,无论是例行调查或者专案调查,总会或多或少地影响到公司股票价格走势。另外,政府监管经费理论上来自国家财政,监管经费和人力有限、调查成本偏高,因此很难保证充分监管。社会监管成本则被分解由各个社会组织和成员承担,社会监管者甚至因此而得到好处和利益补偿,而无须由国家财政负担相关费用。

在培育社会监管力量方面,立法者和政府监管者都面临着新的考验。无秩序的社会监管容易导致谣言四起,容易滋生操纵市场以及其他侵权行为。社会约束具有某种程度的市场自发性,无法禁止而只能善加引导。如果引导或者约束不当,极易对证券市场产生消极影响,进而损害投资者利益和证券市场秩序。立法者及政府监管者必须开启社会监管之门,但要实现对社会监管的适当约束,让社会监管扬长避短,重要手段之一就是推动有组织社会监管的发展。这包括发挥中介组织、行业协会、新闻媒体、专业研究机构的功能,尤其是推动投资者保护组织甚至推动投资者保护法的制定。

举这样的例子似乎是恰当的:城市交通路交叉口会设立红、黄、绿三种信号灯。绿灯表示可以通行,这是对符合规则者提出的告示,相当于说明证券参与者在守法经营;黄灯则表示等候,是提醒人们下面是禁行的红灯,发挥着自律监管的职能。红灯相当于法律底线,逾越限制,就构成违法并将受到处罚。政府监管、自律监管和社会约束机制呈现同样的梯级效力关系,司法及行政监管效力最高,自律监管效力次之,最后才是社会约束机制的效力。在某种意义上,社会约束机制更接近于道德约束机制。即使行为失当者受到社会的消极评价,只要没有违反法律法规或者自律规范,也就无法受到明确的行为约束。

第三章　投资者保护的境外经验

第一节　境外经验概况

境外投资者保护涉及以下主要内容：一是投资者自力救济。公司法和证券法通常给予中小投资者一定“特权”，如累积投票制等。二是在上市公司内部，围绕股东会表决机制、董事会的独立性和/或监事会监督机制，不断提升内部治理的水平，保护投资者权益。如相对限制大股东表决权，充分实现小股东的表决权，引入独立董事及强化董事忠实勤勉义务等。三是加强监管，实行股票发行审核制或者注册制，强化信息披露，实施反欺诈规则，规制内幕交易和市场操纵等。四是对于证券纠纷，允许选择适用诉讼、仲裁、调解和解等手段，尤其关注集团诉讼及调处机制。本章聚焦于第三、第四个问题。

美国证券市场起步较早，投资者保护法规较为成熟，监管理念和监管法规较为完善。在规则体系上，主要包括《蓝天法》《证券法》《证券交易法》《投资公司法》《投资顾问法》《威廉姆斯法》《内幕人交易制裁法》《私人证券诉讼改革法》《证券诉讼统一标准法》《多德—兰克法案》等。在规则上，美国在上市公司证券发行和交易的信息披露上，有极严格的要求；同时，通过案例积累，对内幕交易和市场操纵等司法认定形成了较完善的标准，处罚体系完备且较严厉。在监管体系上，美国从单纯的法院监管发展为证监会监管、交易所监管、法院监管相结合的多元监管体系。在投资者保护基金上，美国设置了证券投资者保护基金制度，保障投资者在证券商因破产或陷入财政危机而失去偿付能力时能够得到赔偿。此外，在纠纷解决上，美国建立了包括诉讼、行政和解、调解和和解、仲裁和集团诉讼等多元争议解决机制。

英国在投资者保护方面,尤其关注信息披露和内幕信息的规制,并取得了成功经验。英国成立了证券投资者保护基金,设置专门机构实施证券投资者保护计划,并提出了一系列细节性的规则。法国和德国参照欧盟在投资者保护方面的相关指令,在信息披露及管制内幕交易和市场操纵规制方面,部分参照了美国经验。德国实施存款保护和投资者赔偿计划,主要采用团体诉讼形式解决证券纠纷,以推动投资者维权。日本参考英国经验,制定了《金融商品交易法》,设立投资者保护基金,通过向一般客户赔偿,并可以向证券公司和其他服务商提供索赔。对于证券纠纷,日本构建了诉讼程序以外的新型金融诉讼外纠纷解决(Alternative Dispute Resolution,ADR)制度,即金融诉外制度。

我国台湾地区先于2002年通过“证券投资人与期货交易人保护法”,设立保护机构、确立双方当事人争议调处程序、团体诉讼的引进及保护基金运用管理,然2008年金融危机后,2011年我国台湾地区参考英国《金融服务及市场法》和新加坡将金融业纷争调解中心,于2012年年底通过“金融消费者保护法”,强化金融服务者的义务,细化金融消费争议的处理程序,并就保护基金的设立、资金来源、运用等作了详尽规定。依据“证券投资人与期货交易人保护法”还设立了“调处委员会”,确立了调处机制。

总结境外投资者保护的制度,可以发现:(1)完善的证券市场监管体系非常重要,尤其是在信息披露、内幕交易规制、市场操纵规制方面;(2)设立专门的证券投资者保护机构,有利于在证券商无力偿还时先行偿付投资者,保障投资者信心,维护投资者权益;(3)纠纷解决的多元机制,以美国为典型的证券集团诉讼制度可以极大地降低救济成本,提高中小投资者寻求救济的积极性,在投资者保护方面效果显著。但是,域外做法也存在一系列问题:(1)披露的有关信息内容、内幕交易及市场操纵的判断,需要有进一步细化的标准,且在不同背景下的证券市场存在较大区别,相应标准也应当与相应的证券市场相适应;(2)证券投资者保护专门机构须确保资金来源及资金的妥当运用,对可以获得偿付的投资者予以相应的资格限制及偿付金额限制;(3)多元的证券纠纷解决机制须依赖于诉讼、诉讼外制度的整体发展,与一国纠纷解决的大环境息息相关。

第二节　英国和美国经验

一、英 国 经 验

1996年英国宣布改变证券市场传统分业监管模式，转向集中统一监管机制，于1997年成立金融服务局（Financial Service Authority，FSA），[①]逐步强化政府对证券市场的管制，旨在建立起以自律管理为基础、政府监管为指导的证券市场风险监管体系。同时，为了有效地保护中小投资者，英国颁布了《1986年金融服务法案》和《2000年金融服务与金融市场法》，于1998年至2001年2月实施投资者补偿计划（Investor Compensation Scheme，ICS），2001年2月以后成立金融服务补偿计划有效公司（Financial Services Compensation Scheme，FSCS），针对在英国认可的市场买卖的股票、单位信托、期货和期权以及个人养老计划的个人投资者、小型企业和信托进行损害赔偿。

（一）投资者保护基本制度

1. 信息披露制度

根据英国《2000年金融服务与市场法》第80条，公司发行上市时须在上市公告书中履行基本的披露职责，上市公告书必须载有投资人及其职业顾问合理要求并合理预期在其中发现的全部信息，以评估证券发行人的资产和负债、财务状况、利润与亏损和前景展望，以及证券所附的权利。在制定上市公告书并提交主管机关后，如发生对上市公告书载有的任何事项有影响的重要变化或者新出现重大事项，发行人必须依照上市规则，对该变化或新事项制定补充上市公告书，提交主管机关

---

① FSA现在已成为两个独立的监管机构，金融行为管理局和审慎监管机构。英国金融行为监管局（Financial Conduct Authority，FCA）监管英国的金融服务行业，目标是保护证券投资者，确保行业保持稳定，促进金融服务提供商之间的健康竞争。英国审慎监管局（Prudential Regulation Authority，PRA）是英国央行的一部分，负责对银行、建筑协会、信用合作社、保险公司和主要投资公司的审慎监管。

批准,如获得批准,则予以公布。①

针对董事的自我交易,英国施加了披露义务。1985年英国《公司法》规定,董事只要与公司签订了有直接或间接利益的合同,就必须承担在公司董事会上宣布其自身利益情况的义务。若董事不履行披露义务,将面临被罚款的处罚。②

2. 对内幕交易的规制

英国早在1933年《刑事审判法》中就定义了内幕信息:(1)涉及特定证券或者特定证券法行为,而不涉及一般证券或一般的证券发行人;(2)明确且准确的;(3)尚未公布的;(4)如果公布,将有可能对证券价格产生重大影响的。③ 1939年制定《防止欺诈法》(后经1958年和1983年两次修订)规定了禁止内幕交易的规则。20世纪80年代后,英国进一步加强了对内幕交易的监管,将违反禁止内幕交易规则的行为,规定为刑事犯罪。对于内幕人,英国法首先禁止其利用内幕信息从事相关证券交易。其次禁止其鼓励其他人从事与内幕信息相关的、价格受影响证券的交易。最后除因履行职务所需要者外,知悉内幕信息的内幕人不得向他人披露该内幕信息。另根据英国《公司法》,董事从事股票交易时,必须事先通知公司,由公司通知证券交易所,将交易的记录向股东和公众公开,对拒绝通知或提供虚假信息的董事,要进行惩罚。④

(二)证券投资者保护基金

1. FSCS机构简介

英国先后于1986年和2000年颁布了《金融服务法案》和《金融服务和市场法》,将原先在多个领域中实施的金融业赔偿计划予以统一,并于2001年成立金融服务补偿计划有限公司(Financial Services Compensation Scheme Limited,FSCS),建立起统一的金融投资者保护制度。FSCS是英国授权金融服务公司客户的补偿计划,当金融服务公司失败或破产时,FSCS给予补偿。FSCS监管所涵盖的,包括

① 中国证券监督管理委员会编译:《英国2000年金融服务与市场法》,法律出版社2014年版,第130~131页。信息披露有豁免情形,即如果披露该信息将违反公共利益,或对发行人严重不利,或对通常预期会购买这种证券或对其进行交易的人没有必要披露该信息。参见中国证券监督管理委员会编译:《英国2000年金融服务与市场法》,法律出版社2014年版,第132~133页。

② Lawrence C. B. Cower, *Gower's Principles of Modern Company Law*, 5th ed., 1992, p. 564. 转引自朱从玖:《投资者保护国际经验与中国实践》,复旦大学出版社2002年版,第132页。

③ 参见林少伟:《英国现代公司法》,中国法制出版社2015年版,第716页。

④ 参见朱从玖:《投资者保护国际经验与中国实践》,复旦大学出版社2002年版,第175页。

FCA 和 PRA 授权的公司进行的业务。

(1)FSCS 成员构成及资金来源

《金融服务和市场法》规定,FSCS 的会员为英国金融服务局批准的所有经营投资业务的公司。在赔偿计划资金的收取上,按照不同机构进行划分,每个机构向赔偿计划缴纳费用,当该领域产生赔偿时,则动用该业务领域所缴纳的费用进行补偿。同时,英国还按照实际成本制定每个领域的收费标准。赔偿计划将金融机构划分为五类,分别是接受存款业务、销售保险业务、投资业务、保险中介服务及抵押贷款业务。金融服务局针对这几种业务领域分别设立了付费小组,根据实际成本和该领域的经营情况制定收费标准。其中,接受存款业务的,按照金融机构被保护存款累计数额的 0.3% 收取会费;销售保险业务的,按照保险公司每年业务净收入的 8% 收取会费;从事投资业务的,会费收取总额为每年最高 4 亿英镑的额度;从事经纪业务者的会费,不超过全年收入的 0.8%;抵押贷款业务会费不超过全年收入的 0.8%。赔偿所需资金来自对所有被认可证券投资公司的征收,以及违约证券投资公司读赔偿计划的补缴款。赔偿计划一般每年向被认可的公司征收一次资金。①

(2)内部治理及组织结构

FSCS 董事会由 10 名董事组成,其中,1 名执行董事为首席执行官,9 名非执行董事为独立董事,董事会主席由非执行董事担任,经英国财政部批准,任期 4 年,期满可连任。董事采取轮换制方式,任期第二年至第四年各轮换一批董事。董事会负责制定公司的运营战略、赔偿计划资金的使用等。董事会下设 5 个专门委员会,包括存款、保险、投资、金融及审计,负责代表董事会做出决定,配合经理层执行工作,向董事会负责。赔偿计划经理层由首席执行官和各个部门构成,其中,首席执行官下设赔偿计划执行部门和赔偿计划支持部门两大类,每一部门又各自分为几个小部门,包括执行部门所属的存款、保险和投资部门,支持部门所属的法律、信息策略、客服、资格审查部及办公室。这些部门共同运行,负责金融赔偿计划的日常管理运行。②

① 参见 FSCS 官网:https://www.fscs.org.uk/what-we-cover/eligibility-rules/。

② 同上。

(3)FSCS的保护范围和赔偿对象

赔偿计划对投资者在下述两种情况下遭受的损失进行赔偿:一是由于证券公司错误的投资建议或低劣的投资管理而使客户遭受的损失;二是证券公司倒闭时无法偿还投资者的资金。赔偿对象包括个人投资者、小型企业和信托,大型企业和金融公司不在赔偿范围之列。赔偿计划负责赔偿的投资范围包括股票、单位信托、期货和期权以及个人养老计划,保护范围涵盖存款、投资业务、家庭理财(从2004年10月31日起的业务)、保险单和保险经纪。从2005年1月起,也开始保护旅游连接保险的被保险人。

FSCS明确了受保护者的条件限制:(1)投资者本身必须是适格债权人,不包括金融机构或大型企业,保护对象只限于个人投资者及小型企业;(2)必须是金融领域中金融机构所造成的投资者损失;(3)保护范围限于赔偿计划中所规定的5项业务之内,即存款、保险销售、投资、经纪及抵押业务。①

(4)赔付情形

根据FSCS规定,向投资者提供的赔付分为两种:一是证券公司破产倒闭无法及时履行赔付投资者的义务;二是证券公司自身管理失误及投资决定错误引起的投资者损失。当金融赔偿计划公司认为证券公司无法偿还应付投资者资金时,将宣布此公司处于违约状态,赔偿计划公司会通过详细调查来确认客户是否可以获得赔偿。赔偿计划公司首先会要求投资者在申请表中详细陈述与证券投资公司的相关事项,从而确认证券投资公司对客户的建议是否属于属实,客户是否因采纳这些建议而蒙受损失。

(5)限额赔付制度

FSCS实行限额赔付制度。PRA的规则涵盖与存款和人寿以及一般保险相关的索赔。FCA的规则涵盖了与上述其他类型业务相关的索赔,可以在FCA手册的“补救”部分找到其内容。② 投资者获得的实际赔偿水平将取决于其索赔基础。赔偿限额是每个公司每个人和每个索赔类别。如果在FSCS开始运作之前向保险人或无力偿债的银行提出索赔,或者如果索赔是针对在FSCS开始运作之前被宣布为

---

① 参见FSCS官网:https://www.fscs.org.uk/what-we-cover/eligibility-rules/。

② 参见FSCS官网:https://www.fscs.org.uk/what-we-cover/about-us/。

违约的投资公司提出索赔的,则有不同的限制和规则。

最高赔偿额为:(1)存款:每家公司每人85,000英镑(对于从2017年1月30日起宣布违约的公司的索赔)。每家公司每人85,000英镑。从2015年7月3日起,FSCS将为银行、建筑社团或信用合作社(如果失败)提供100万英镑的临时高额保护金额。(2)投资:每家公司50,000英镑(对于从2010年1月1日起宣布违约的公司的索赔)。每家公司50,000英镑。家庭财务(例如按揭建议和安排):每家公司每人50,000英镑(对于从2010年1月1日起违约的公司的索赔)。每家公司每人50,000英镑。(3)保险业务:保护金额没有上限。(针对从2015年7月3日起宣布违约的企业的索赔)长期保险金受益100%。强制保险,专业保险和某些投保人的索赔,保险单或疾病或虚假的索赔受保护100%。保护90%的其他类型的索赔没有上限。(4)一般保险咨询和安排:保护90%的索赔没有上限。强制保险为100%(2005年1月14日或以后进行的业务)。[①]

2. FSCS触发机制

根据不同性质的金融业务,触发条件有所不同:

(1)存款。当获得授权的存款接受者(如银行,建筑协会或信用合作社)无法或可能无法偿还存款人时,触发FSCS机制。共同账户持有人有权要求赔偿。

(2)一般保险。当无法或不可能向获得授权的保险公司(例如,已经被暂时清算或管理)提出索赔的,触发保单持有人的保护。

(3)长期保险(如养老金和人寿保险)。当无法或可能无法向获得授权的保险公司(例如,已经被暂时清算或管理)提出索赔的,触发保单持有人的保护。

(4)一般保险咨询和安排。当无法或可能无法向获得授权的公司(如已被暂时清算或管理)提出索赔的,FSCS将保护投保人。就未予清偿的索赔,FSCS可以退还保险费或赔偿金。按照规定,如果赔偿不足,或者客户没有被告知合同中的相关免责条款进而导致保险人拒绝该索赔,或者发生欺诈的,FSCS可以提供赔付。

(5)投资。如果获得授权的投资公司无法支付索赔,FSCS将提供保护。例如,因为投资建议不善、投资管理不善、不实陈述所造成的损失,以及当获得授权的投资公司停业,不能退回投资或金钱。所称投资,包括股票、单位信托、期货和期权、

① 参见FSCS官网:https://www.fscs.org.uk/what-we-cover/compensation-limits/。

个人养老金计划和抵押贷款等长期投资。

(6)家庭理财(如抵押)咨询和安排。在客户不知道存在不同类型的抵押贷款、客户不明确所抵押的具体细节而遭受损失,客户被要求转换抵押贷款而未获得充分解释而受到损失的,客户被建议取消抵押贷款并因此遭受亏损等情形下,可能引起 FSCS 职权范围内的赔付。①

(三)金融服务与市场裁判所

根据《2000 年金融服务与市场法》,英国设立金融服务与市场裁判所(以下简称裁判所)。裁判所有权在相关决定通知或监管通知送达之日起 28 日内,或依照该法第 132 条规定的其他期间内处理争议。对于所诉事项,裁判所可考虑涉及主要内容的任何证据,而无论管理局是不是在重要期间获得该证据。裁判所对所诉事项作出裁决时,必须将该事项发回管理局,并附带裁判所认为适当的指示,以使裁决生效。对于因监管通知而诉至裁判所的事项作出判决时,裁判所不得指示管理局采取可能会要求发出决定通知的行动。裁判所对所诉事项作出裁决时,可以对管理局的监管规定或监管程序提出建议。②

在启动裁判所处理之前,投资者可申请法律援助。《2000 年金融服务与市场法》规定,司法大臣可以按照法规,就规范裁判所程序相关法律援助条款,建立计划。FCA 必须在司法大臣决定的时间向其支付司法大臣就裁判所审理的法律程序中,根据法律协助计划提供法律协助的预期或实际费用而不时确定的金额。裁判所诉讼后,诉至裁判所事项中的一方当事人经许可,可以上诉至上诉法院或苏格兰高等民事法院。③

二、美国经验

自 1792 年纽约股票交易所成立以来,美国投资者保护制度从最初自主制定“梧桐树协定”开始,再到政府证券监管,大致经过了《蓝天法》《联邦证券法》《证券

---

① 以上资料整理来源于 FSCS 官网:https://www.fscs.org.uk/what-we-cover/eligibility-rules/when-is-fscs-cover-triggered/。

② 参见中国证券监督管理委员会编译:《英国 2000 年金融服务与市场法》,法律出版社 2014 年版,第 202~213 页。

③ 同上书,第 208~209 页。

交易法》《投资公司法》《威廉姆斯法》《内幕人交易制裁法》《私人证券诉讼改革法》《证券诉讼统一标准法》《多德—弗兰克法案》等阶段,证券投资者保护制度在多年发展进程中不断完善,相对比较成熟。

(一)证券监管模式

在1934年以前,美国主要通过法院和国会监督证券市场,实行"纯粹法院"监管模式,而不采用行政监管模式。根据1934年美国《证券交易法》,美国设立了SEC,确立了"行政与法院配合"的监管模式。1934~1975年,美国一直保留着证券交易所的自律权力,形成了自律监管与SEC监管相结合的监管体制。在此之后,美国强化了SEC的监管权。《证券交易法修订法案》授予证监会更多权力:(1)有权制定信息披露规则并监督和确保其执行,以及解释《证券法》和《证券交易法》;(2)有权立案调查证券违法行为、发出传票、搜集证据、调取嫌疑对象的银行与证券账户记录,并有权对违规者进行处罚;(3)有权直接对市场操纵者、内幕交易者和其他欺诈者提出民事诉讼。

不过,刑事诉讼仍由司法部所属的检察官负责。证监会通过集中监管,平衡股东与上市公司之间的信息不对称,保护中小投资者权益。但这种单一的集中监管存在成本高、监管效率低、易产生监管寻租等缺陷。为了解决这些问题,美国通过法律修改,逐步形成证监会监管、交易所监管、法院监管和证券交易委员会监管相结合的多元监管体系。在该监管体系中,具有高度独立性的证券交易委员会虽不隶属于总统、国会或最高法院的任何一个部门,但在功能上又分别受到行政立法和司法机关的牵制。如果对任何违法者的罚款超过一定数目,美国证监会必须向法院起诉经过民事诉讼程序。此外,国会有权召集证监会官员出席听证,审查证监会的任何规则和决策。[①]

(二)投资者保护基本制度

1. 信息披露制度

在美国的证券发行和上市制度采注册制。根据《1933年证券法》,发行人在证券发行前,必须按照法律规定向SEC申请注册,并将有关资料予以公开。只要按照

---

① See Arthur B. Laby, "Models of Securities Regulation in the United States", *Fordham International Law Journal*, Vol. 23, Symposium Issue, 2000, pp. S20 - S40;[美]路易斯·罗恩、乔尔·赛里格曼:《美国证券监管法基础》,张路等译,法律出版社2008年版,第1~18页。

法定程序进行注册,就能取得发行证券的资格。SEC不对发行人本身的资质作出限定,也不规定证券公开发行的实质条件,而是要求拟发行证券的公司对其公司情况和拟发行的证券情况进行可信的全面披露,SEC只对发行人提供的申请文件的真实性、充分性、完整性进行审查,防止发行人公开的信息出现虚假、错误、遗漏或误导。①

与注册制相配套,在监管模式上,美国自《1933年证券法》开始,就确立了证券发行、上市到交易等各个环节的充分、完全的披露信息。严格来说,美国《1933年证券法》和《1934年证券交易法》的基本内容都是信息披露。《1933年证券法》确立了证券监管的两条原则:一是向中小投资者提供与公开发行有关的财务资料或其他信息;二是不管法律是否要求发行的证券必须注册,都禁止证券发行中存在任何误导、欺诈和虚假陈述。

美国《1933年证券法》主要针对发行作出规定,除个别豁免证券外,任何证券在公开发行前,均必须向SEC登记,发行人在提交的注册声明中,需要披露的重要信息包括:(1)发行人的财产和业务状况;(2)拟发行证券的主要条款及其与发行人其他资本证券的关系;(3)发行人的管理状况;(4)独立的会计师审计的财务声明。②如果SEC对信息披露的充分程度没有异议,那么20天后登记自动生效;如果有异议,SEC有权要求登记人补充披露,登记生效时间顺延。在提交登记声明之前,发行人不得销售证券,也不得发出要约;在提交登记声明到登记生效的等待期内,发行人可以发出要约,但不得销售证券,只有在登记生效后才能实际销售证券。如信息披露不真实,还将承担民事和刑事责任。

《1934年证券交易法》主要针对证券交易作出规定,该法要求上市公司必须向证券交易所和SEC进行登记而成为所谓的"报告公司",承担披露和报告义务。1964年修正案将其适用范围扩大到从事柜台交易的公司,根据要求,凡是总资产在1000万美元以上且股东人数在500人以上的公司,以及依据《1933年证券法》进行过登记发行的公司,都必须登记为报告公司。报告公司必须定期向SEC提交年报(10-K表)、季报(10-Q表)和临时报告(8-K表),披露其经营、财务和管理

① 参见《美国1933年证券法》,张路译,法律出版社2006年版,第35~42页。
② 同上书,第59~63页。

状况。[①]

2001 年以来美国市场出现了一系列财务丑闻，引起了轩然大波和市场动荡。为了防止上市公司财务丑闻不再发生，重建投资者信心，确立证券市场赖以生存的诚信基础，2002 年美国出台《萨班斯法案》。该法沿承《证券法》和《证券交易法》的立法理念，根据市场发展及现实需要，从形式和内容上对公司治理和财务审计做出重大调整和修改。根据《萨班斯法案》，美国设立了公众公司会计监管委员会，通过加强信息披露和财务会计处理的准确性、确保审计师的独立性以及改善公司治理等，以加强对会计业的监管，并针对上市公司信息披露提出了更严格的标准，要求上市公司必须更加及时地披露导致公司经营和财务状况发生重大变化的信息，从而强化了对投资者权益的保护。[②]《萨班斯法案》标志着美国证券监管从披露转向实质性管制。可见，美国市场的繁荣与信息披露诚信制度相辅相成，对信息披露进行严格监管是证券监管的核心，是有效监管发行公司的重要措施。《萨班斯法案》实施至今，实务界和学术界的批评不断，其限制了美国公司的竞争力是核心争议。最近数年，建立在《萨班斯法案》基础上的强监管体制正在逐渐松动，主张修改乃至废止《萨班斯法案》的意见受到重视。

2. 反欺诈制度

《1933 年证券法》是美国历史上颁布的首部联邦证券法律，其对新股发行做出严格规制。此后，根据 1934 年《证券交易法》，美国设立了 SEC，作为独立的统一管理全国证券活动的最高管理机构，强化对二级市场的规范，旨在提供最大的投资者保护及最小的市场干预，该法还严格禁止市场操纵和欺诈，从而成为日后打击证券犯罪的主要依据。《1933 年证券法》有关证券发行之反欺诈条款，主要包括该法第 5 条、第 11 节、第 12 节和第 17 节(a)款。

(1)该法第 5 条规定，禁止向 SEC 注册登记以前进行任何形式的证券销售活动，且严格限制在注册登记生效以前的促销活动，以及禁止在注册登记生效以前的促销活动，根本目的在于保证投资者能够获得足够的信息，以利于其作出合适的投

---

① 参见《美国 1934 年证券交易法》，张路译，法律出版社 2006 年版，第 206 ~ 209 页。

② 参见中国证券监督管理委员会编译：《美国〈2002 年萨班斯—奥克斯利法〉》，法律出版社 2015 年版，第 87 ~ 95 页。

资决策。①

(2)该法第11节(a)款规定,当登记文件包含“对重大事实的不真实陈述或隐瞒应报告的或为使该登记文件不被误解所必要的事实”,证券购买者有权起诉,除非能够表面购买者购买这种证券时已经知道存在错误陈述或隐瞒,否则“任何获得这种证券的人”都可根据该法第11条提起诉讼。② 该条赋予投资者对包括发行人、主要财务及会计主管以及所有对登记文件部分内容负责的董事、承销商、会计师或其他专业人员要求赔偿的权利。

(3)该法第12节第(1)款规定,任何违反第五节登记要求发出邀约或销售证券的人,都必须对该证券的购买人承担责任,即使一份招股说明书在起草准备时已真实地包含了所有SEC要求的全部内容,而且也已送交给购买人,购买人仍可以根据该款以该招股说明书并非生效的登记文件为由起诉。该法第12节第(2)款规定,任何人如果通过该包含有重大虚假陈述或遗漏的招股说明书或口头传达方式而进行证券要约或出售,应对其购买者负有撤销合同或赔偿金的责任。

(4)该法第17条第(a)款规定了反欺诈的一般性原则,禁止在证券买卖过程的各种欺诈行为、重大虚假陈述和重大遗漏。③《1934年证券交易法》第10节规定,任何人不得直接或间接利用州际商务工具或邮件或全国性证券交易所的设施,以任何形式的操纵或欺骗方法,违反SEC基于维护公众利益或保护投资者权益而制定的必要的规则,买卖上市或非上市的证券。④

3. 对违法行为的处罚

短线交易、内幕交易和操纵市场的行为人,应当承担民事责任,还可追究其刑事责任。在民事责任方面,《1933年证券交易法》第16条规定,公司董事、监事、经理、大股东将其所持有股票于买进6个月后卖出,或卖出6个月内买入,其利益归公司所有。公司如不提出该项请求,公司股东可以代为行使请求权。⑤《1934年证券交易法》规定,对倒、合谋交易、连续交易引诱他人买卖证券、恶意传播信息、传播虚假误导资料等系被禁止的行为。操纵市场者应当赔偿其造成的损害,受害者有权

① 参见张育军:《投资者保护法律制度研究》,人民法院出版社2006年版,第272~274页。
② 《美国1933年证券法》,张路译,法律出版社2006年版,第160~176页。
③ 同上书,第75页。
④ 《美国1934年证券交易法》,张路译,法律出版社2006年版,第206~209页。
⑤ 同上书,第78~85页。

请求损害赔偿。

就内幕人的刑事责任,《1933年证券法》第32节及《1934年证券交易法》第32(a)节规定了内幕交易之刑事制裁。在证券市场上,内幕交易、证券欺诈严重扰乱正常的市场秩序,侵害投资者权益,但因处罚力度太小,违法风险和成本太小,导致内幕交易屡禁不止。[①] 为了加强对内幕交易的规制,美国国会于1984年制定了《内幕人交易制裁法》,加重了对故意违法者的刑事责任和行政处罚。为了加强对违反内幕交易法律规则者的起诉,美国于1988年制定《内幕人交易与证券欺诈执行法》,1995年《私人证券诉讼改革法》修订了《证券交易法》第20条、第21条,规定了证券交易委员会有权对违反《证券交易法》任何一条或其项下规则或条例的任何内容的帮助或教唆行为者提起诉讼,并对损害赔偿的责任分担作出规定。为实施1955年《私人证券诉讼改革法》,防止持股人规避《私人证券诉讼改革法》,国会还通过《1988年证券诉讼统一标准法》,进一步完善了对善意作出合理预测性信息披露的发行人的保护。

(三)证券投资者保护基金制度

1970年美国国会通过了《证券投资者保护法》(Securities Investor Protection Act,SIPA),并依据该法案,建立了一个证券业的非营利性的会员组织—证券投资者保护基金(Securities Investor Protection Corporation,SIPC),据此成立了证券投资者保护公司。SIPC采独立运作模式,即成立独立的投资者赔偿或保护公司,由其负责投资者赔偿基金的日常运作,并接受SEC的监管。SIPC成立的目的是为符合条件的证券经营机构和自营商的顾客提供保险保护,使这些顾客在其证券商因破产或陷入财政危机而失去偿付能力时能够得到赔偿,从而使投资者的利益能得到有效保障。[②] 总而言之,SIPC是美国投资者保护系统的重要组成部分。虽然一些联邦和州的证券机构和自律组织处理投资欺诈案件,但SIPC的重点是不同和狭隘的,即将证券投资者的现金和证券留在破产或其他陷入财务困境的证券经纪公司

---

① 参见《美国1933年证券法》,张路译,法律出版社2006年版,第118~129页;《美国1934年证券交易法》,张路译,法律出版社2006年版,第746~753页。

② (1)风险补偿功能,即补偿遭受损失的证券投资者,消除投资者的恐慌心理;(2)危机处置功能,加速处置陷入危机的证券公司,采取有效措施促成问题证券公司迅速推出市场;(3)危机防范功能,在市场正常时期,为投资者提供稳健的投资安全预期。参见洪艳蓉:《证券投资者保护基金的功能与运作机制基于比较法的制度完善》,载《河北法学》2007年第3期。

手中。①

根据SIPC的要求,所有按照美国《1934证券交易法》第15(b)条依法注册的证券经营机构、自营商、全国性证券交易所的会员,均为其会员,会员按照经营毛利的5‰交纳会费,以此建立统一的投资者保护基金。这些资金平时主要用于投资美国政府债券来取得利息收入,至2001年年底累计了7.9亿美元,SIPC在银行还有高达10亿美元的融资额度,资金充足。②

在组织结构上,该公司董事会由7位董事组成,其中,2位分别由财政部和美联储从其管理人员或者雇员中指派,另外5位董事经参议院批准后,由美国总统委任。为了保证董事会的代表性及预期职能的有效发挥,5位董事中的3位,应当来自证券业,其余2位来自社会公众。③ SIPC专门设置了社会公众型的董事席位,董事会正副主席都必须由平民化的社会公众人物担任。这种分散化的人员构成和以业内力量为主的管理层,可以保证基金决策的中立和维持基金运作与市场的契合度。④

SIPC主要负责监督证券经营机构破产、遇有财务困难、投资者资产丢失时的清算。在按照"证券投资者保护法"清算时,SIPC和法院指定的受托人尽快退回客户的证券和现金。在限制范围内,SIPC通过保护每位证券投资者最高50万美元的证券资金以及25万美元限额之内的现金补偿,加快返还证券投资者损失的资金。在美国,SIPC启动的客户保护令申请效力居于优先地位,将中止正在进行的对证券公司的未决破产程序或类似程序。在取得法院颁发保护令之后,SIPC可以启动清算程序,计算证券公司资产,优先清偿客户权益并决定是否动用基金补偿投资者。SIPA清算类似于美国破产案。清算是根据"证券投资者保护法"和适用的美国破产法和程序在联邦破产法院进行的。SIP从CSEC等证券监管机构或金融业监管机构(Financial Industry Regulatory Authoricy,FINRA)等证券自律机构接获转介时,启动清算程序。当公司发生故障并且客户账户中缺少现金和/或证券时,进行转介并进行清算。在开始清算时,SIPC要求法院委托一名受托人清算该公司并保护其客户。在较大的情况下,受托人通常是具有破产和证券法经验的律师。在较小的

① 参见张育军:《投资者保护法律制度研究》,人民法院出版社2006年版,第486页。

② 参见《美国1934年证券交易法》,张路译,法律出版社2006年版,第381~401页。

③ 参见洪艳蓉:《证券投资者保护基金的功能与运作机制——基于比较法的制度完善》,载《河北法学》2007年第3期。

④ 参见黎四奇:《对我国证券投资者保护基金制度之检讨与反思》,载《现代法学》2008年第1期。

情况下,SIPC 可能被任命为受托人。在最小的经纪公司的失败中,SIPC 直接向客户提供直接付款程序。在清算程序开始之前,SIPC 不会与经纪人参与客户纠纷,其既不是政府机构也不是监管机构。①

SIPC 可以防止客户在陷入经济困难之 SIPC 成员经纪公司中持有的现金和证券损失。SIPC 保护的最高限制为 50 万美元,其中包括 25 万美元的现金限额。当客户账户缺少资产时,经纪公司的大多数客户受到保护。受保护的客户不限于美国公民,对非美国公民与美国公民同样对待。SIPC 的保护程度是有限的,SIPC 可以在经纪公司清算开始时向客户恢复其账户中的证券和现金,SIPC 不能保护证券价值下降。SIPC 不保护销售无价值股票和其他证券的个人,不保护对经纪人不良投资建议或推荐不当投资所涉及的债权。需要指出,SIPC 保护与联邦存款保险公司(Federal Deposit Insurance Corporation,FDIC)提供的保护不同,SIPC 不保护任何安全性的价值。股市投资受市值波动的影响,SIPC 不是用来对抗这些风险的。正因如此,当股票、债券和其他投资的价值下跌时,SIPC 反而可以替代损失的股票和其他证券。②

国会没有授权 SIPC 打击证券欺诈。SIPC 不是美国政府的机构或机构,无权对其成员证券经营机构进行调查或规范,SIPC 也不是向保险银行储户提供保障的 FDIC。③ 索赔工作步骤如下。

(1)向客户发送申请表。接受 SIPC 委托办理事务的受托人,应当向在过去 12 个月内在经纪公司开立账户的每个客户发送索赔表格和说明。

(2)客户提交索赔表。为了满足 SIPC 保护的资格,投资者必须在通知规定的期限内并按照说明书的规定,将完成并签署的索赔表格退回给受托人。未能在期限内提出索赔的,可能导致投资者的全部或部分索赔的损失。索赔表格或签名附件应该描述经纪公司未支付的现金和证券;还应该提供任何支持索赔的文件,包括证券经纪报表的副本、交易确认书及投资者与证券经营机构的通信。如果对证券经营机构处理账户有所不满,投资者应在索赔表中加入投诉副本。

(3)受托人评论声明。受托人应当在投资者索赔与经纪公司账簿和记录之间

① 参见 SIPC 官网:http://www.sipc.org/for-investors/when-sipc-gets-involved。

② 参见 SIPC 官网:http://www.sipc.org/for-investors/what-sipc-protects。

③ 参见 SIPC 官网:http://www.sipc.org/about-sipc/sipc-mission。

进行比较。受托人可能要求投资者提供更多信息。投资者对经纪公司的欠款以及经纪公司对投资者欠款之净差额,称为投资者"净权益"。如果投资者欠付经纪公司的任何金额(例如,从保证金贷款),该欠付金额将从经纪公司欠投资者的金额中予以扣除。如果经纪人欠付投资者经纪账户中的证券和现金以外的其他项目,如不良投资建议造成的损害赔偿金,该金额不包括在投资者"净资产"金额中。SIPC不保护客户免受侵权型损失。损害赔偿被列为一般债权人的索赔。为了让受托人便于计算投资者获得的SIPC补偿额,受托人将按照"申报日期"对投资者证券进行估值,这通常是清算开始之日。

(4)受托人问题确定函。如果投资者提出索赔请求,受托人应当审查投资者的索赔,并决定是否允许或拒绝投资者的索赔。受托人将向投资者发出"确定函",说明补偿或者拒绝补偿的理由。如果投资者不同意受托人的决定,则有权自确定函之日起的30天内,以书面形式向法院提出反对意见。该确定函应将如何反对予以提示。

(5)收到现金和证券的初始交付。如果投资者同意受托人的确定函,投资者将被要求签署某些文件,以认定投资者接受索赔额。投资者签署并向受托人返回所签署的文件,索赔款将通过现金或证券予以支付。在可能的情况下,应当将客户拥有的证券退还给客户,使其处于与清算前相同的位置。如有需要,还可以使用SIPC资金在公开市场上购买替代证券。虽然替代证券的数量等于申请日期的账户内证券数量,但由于市场变化,替代证券的价值有可能减少。在其他情况下,证券的价值可能会有所增加。在某些情况下,也可能无法交付投资者账户中的部分或全部证券。

(6)如果投资者净资产超过SIPC限额,该投资者或客户可能会收到额外补偿。索赔额超过50万美元的客户,有可能获得额外分配,但是否分配则取决于受托人是否从经纪公司的取得其他财产。客户资产的分配,将依据投资者净权益及其索赔而确定。如果投资者对索赔额仍不满意,投资者可以享有一般债权人的超额索赔。但如果投资者的索赔额全部由SIPC保护满足,投资者将不会收到客户资产的分配。①

---

① 例如,如果受托人能够收回40%的客户资产,而且缺少60%的客户资产,客户将被视为如下:客户A有一项价值25万美元的证券索赔。客户A将收到其证券(或25万美元现金)。40%的价值将来自客户资产,60%来自SIPC提供的资金。客户B拥有价值1,000,000美元的证券。客户B将从SIPC提供的资金中获得价值50万美元(或50万美元现金)的证券。客户B还将收到价值40万美元(40万美元的40%)的客户资产。客户B总共收到90万美元,而剩下的10万美元将会有一般债权人索赔。

（四）多元的证券争议解决机制

为了保护投资者权益，美国建立了灵活、高效、多元的争议解决机制。绝大部分争议都是通过ADR机制解决的。诉讼外解决机制主要包括行政和解、调解、仲裁和集团诉讼和解等，这些方式灵活、程序简便，降低了争议解决成本，提高了效率，减少了诉讼风险。投资者诉讼途径，主要是投资者集团诉讼和股东代表诉讼。其法律依据是《证券法》《证券交易法》《联邦民事诉讼法》《1995年集团诉讼公平法》。

1. 集团诉讼

集团诉讼是在衡平法基础上发展起来的诉讼形式，经过数世纪演变，已从判例中抽象出来，形成一个完整体系。在证券违法案件中，受害人人数众多，多数民事诉讼都采用集团诉讼，又因集团诉讼律师费较高，律师积极性很高。[①] 集团诉讼的巨大威慑力，形成了对违法者形成的强大外在监督力量。

集团诉讼，是指一个或数个代表人，为了集团全体成员的共同利益，代表集团全体成员提起的诉讼。法院对集团做出的判决，不仅直接参加诉讼的集团或其成员具有约束力，对没有参加诉讼的主体，也具有约束力。美国1848年《菲尔德法典》最早规定了集团诉讼，部分州采用了这种诉讼形式。1853年美国联邦最高法院第一次公开判定了集团诉讼案件，从而在美国正式建立了集团诉讼制度。

《美国联邦民事诉讼规则》第23条规定，集团诉讼的先决条件是集团中的一个或者数个成员，在下列情况下，可以作为集团全体成员的代表起诉或应诉：（1）集团成员人数众多，以至全体成员进行共同诉讼在实行上存在困难；（2）集团成员存在法律上或事实上的共同争议；（3）诉讼代表的请求和抗辩能够代表集团的典型请求和抗辩；（4）诉讼代表可以公平且适当保护集团全体的利益。[②]

美国《1955年私人诉讼改革法》对集体诉讼进行了一定改进，尤其是确立了首席原告的条款，即赋予在案件中具有实质性重大利益的机构投资者以首席原告的身份，通过首席原告条款，可以将证券欺诈集团诉讼的起诉权和控制权由集团律师

---

① 实际集团诉讼一般都由专业的诉讼律师牵头召集并一手经办，受害投资者通过首席原告代表集团参与诉讼，不需亲自参加诉讼。如果胜诉，代理律师从获得赔偿的金额中支出一定比例的费用作为律师费，如果败诉，受害投资者还可通过事先在代理协议中订立的免交代理费条款而免交律师费。

② 参见陈桂明、吴如巧：《美国联邦民事诉讼程序的新发展及其启示》，载《甘肃政法学院学报》2011年第1期。

转移到投资者手中。该法第101节增加了《1933年证券法》第27节,并增加了《1934年证券交易法》第21节D款。根据规定,依据这些法律提起集体诉讼的任何原告都要保证是自由自愿提起诉讼,并且排除利用诉讼不正当购买公司股票的行为。[①] 该法第101节还规定,对集体诉讼的潜在当事人要进行恰当通知,以及合并类似的诉讼案。联邦法院必须挑选最合适的原告代表诉讼,确认原告的发现程序是保密的,一般的发现程序应到截止任何驳回起诉的动议。原告与被告达成的和解应当公开,从而使集体诉讼当事人均能对其进行评价。[②]

集团诉讼的基本程序包括:(1)诉讼的提出。一般由律师发动。(2)通知。名义上由法院通知,但一般由集团律师拟定和发送,旨在向不出庭成员提供正当程序保护,保证集团成员自主决定如何行使诉讼权利。(3)和解。美国集团诉讼多以和解结案,但和解须经法院批准后生效。(4)执行。集团诉讼和解协议的执行就是将和解金额支付律师费和诉讼开支后,将剩余利益分配给集团成员。法院负责和解协议执行的监督。(5)选择退出。在集团诉讼确认程序阶段,以及在集团诉讼和解程序阶段,集团成员可以行使退出集团诉讼的权利,但必须符合法院确定的时间和方式,在最后期限之前以书面行使告知法院其退出集团诉讼的,集团成员在退出集团诉讼后,在有关诉讼时效规则的限制下,仍可以其他行使主张其权利。[③]

2. 美国证券仲裁制度

美国证券仲裁产生于1817年美国纽约证券交易所,最初只是作为解决证券交易所会员之间纠纷的一种手段。1987年以前,投资者根据《1933年证券法》提起损害赔偿仲裁申请的,即使其与证券经营机构之间达成了开庭前的仲裁协议,也不能进行。直到1987年"谢尔森诉麦克马洪案"(Shearson v. McMahon)中,联邦最高法院推翻了之前的判例,此后,大多数证券纠纷均可以依据争议前的仲裁协议进行仲裁,在此之后,判例再将证券纠纷的仲裁范围扩大到交易所会员与非会员之间的证券交易纠纷以及会员机构内部的劳资关系纠纷。[④] 目前,在美国证券业中,证券业通常会为证券公司提供包含仲裁条款的标准合同,依据标准合同中的仲裁条款,客

---

① "Private Securities Litigation Reform Act of 1995", http://www.lectlaw.com/files/stfo4.htm。转引自朱从玖:《投资者保护国际经验与中国实践》,复旦大学出版社2002年版,第267页。

② 参见朱从玖:《投资者保护国际经验与中国实践》,复旦大学出版社2002年版,第277页。

③ 参见张育军:《投资者保护法律制度研究》,人民法院出版社2006年版,第781~782页。

④ 参见马其家:《美国证券纠纷仲裁法律制度研究》,北京大学出版社2006年版,第1页。

户和证券经营机构之间的纠纷可以采用仲裁方式解决纠纷。

在仲裁机构的设置上,美国仲裁协会以及证券业自律组织自主设立的仲裁机构,均属于民间组织,因而,存在多种仲裁机构。美国证监会于 1987 年 9 月 10 日向证券业仲裁协会的建议之一,就是在仲裁协议中增加美国仲裁协会为仲裁机构。仲裁机构不受证监会监管。证券业协会(SIA)要求其成员(综合证券公司)在与客户达成的争端前仲裁协议中,将美国仲裁协会作为一个替代的仲裁机构,证券业协会制定的标准合同也包括美国仲裁协会。美国仲裁协会开展证券仲裁业务,给各种证券业自律组织带来积极的竞争。在自律组织仲裁机构案件过多的情形下,美国仲裁协会还可以起到安全阀的作用,也提高了仲裁的公正性。

至于可仲裁的纠纷范围,根据纽约证券交易所 1817 年章程,只有股票纠纷才能交付仲裁。随着证券仲裁实践与判例法的发展,仲裁范围日渐扩大。目前,美国证券仲裁机构受理的案件范围广泛,包括:(1)投资人与证券经营机构之间的委托合同纠纷;(2)投资人与证券投资顾问公司之间因投资顾问行为发生的争议;(3)投资人与证券经营者之间因融资融券发生的争议;(4)经纪交易商相互之间的纠纷;(5)发行人与承销商之间因承销合同产生的争议;(6)经纪交易商与证券交易所之间的纠纷。[①]

美国证券争议仲裁的基本程序是:

(1)申请与受理。如果有仲裁条款,一方当事人向仲裁机构提交仲裁申请,即可以启动仲裁条款,申请人应当同时签署服从仲裁的协议并缴纳费用。仲裁申请最迟必须在引起争议事件发生之后 6 年内提交。

(2)仲裁庭的组成。仲裁委员主任任命组成 1 个仲裁庭的候选仲裁员人选。对于普通争议,若争议金额少于 1 万美元,只任命 1 名仲裁员实行独任仲裁,该仲裁员一般为公共仲裁员,除非当事人有不同要求;如果争议金额较大,应组成 3 名仲裁员组成的仲裁庭,其中,2 名仲裁员应是公众仲裁员,1 名为专业仲裁员。候选仲裁员必须披露其履历、工作经历及可能的利益冲突。

(3)开庭。开庭日期和地点将由仲裁委员会主任安排,至少 8 个工作日之前告

---

① See Marc I. Steinberg, "Securities Arbitration in the United States", *Yearbook of International Financial and Economic Law*, Vol. 2, pp. 251 – 280.

知当事人。开庭程序一般包括:仲裁员和证人宣誓;各方简要陈述案情和事实,但可以弃权;申请人陈述事实,出示证据;被申请人陈述事实,出示证据;证人宣誓,接受当事方的交叉质询,回答仲裁员提出的问题;被申请人可以提出反请求;当事人辩论;各方作总结陈述;开庭结束后,仲裁庭告知其庭后程序。

(4)裁决。仲裁员应当在仲裁庭庭审结束后30日内作出裁决,裁决通常采用书面形式并由多数仲裁员签名。①

第三节　法国和德国经验

一、法 国 经 验

(一)法国证券监管模式

法国金融主管部门众多。2003年颁行《金融安全法》规定设立金融市场监管局(Autorité des marchés financiers,AMF),负责金融市场的监管与调控。在向社会公众发行金融工具时,或者当金融工具在受规管市场或者多边交易系统中进行交易时,AMF对于该金融工具拥有监管和调查权,并根据调查形成的报告予以评估,并在必要时向受调查和监管的当事人发出控告理由通知,以保护投资者免受内幕交易、操纵市场和虚假陈述造成的损害。②

根据法国《货币与金融法典》以及AMF《一般规则》,任何已经实施或试图实施内幕交易、操纵市场以及虚假陈述等违法行为的人,无论该行为发生在法国还是外国,只要涉及的金融工具被法国的受规制市场或者多边交易系统中被接受进行交易,或者是在这些交易场所中接受其进行交易的要约已经提出,而这些交易场所受到有关保护投资者免受内幕交易、操纵市场以及虚假陈述等违法行为侵害的法律、法规的规制,均可受到AMF的处罚。③

在处罚上,AMF考量违法行为的严重性以及违法所得予以确定,针对不同主体

① 参见张育军:《投资者保护法律制度研究》,人民法院出版社2006年版,第321~323页。

② 参见[法]安娜·多米尼克·梅维尔:《法国金融法》,姜影译,法律出版社2014年版,第69页。

③ 同上书,第75页。

的处罚方式有所区别。对于投资者服务的提供商、证券交易所、结算所及证券投资基金等机构,处罚方式主要是警告、纪律处分、暂时或永久撤销其职业资格、暂时或永久禁止其从事全部或部分的业务。对于其他自然人,处罚委员会可判处一定数额罚金。

(二)证券投资者保护基本制度

法国于1967年颁布《67－833特别法令》,成为欧洲首个引入内幕交易法定监管的国家。其后,法国颁布《货币和金融法典》及《金融市场管理局一般条例》,部分条款规定了内幕交易的刑事制裁。[①] 1989年欧洲理事会制定欧洲共同体1989年第842号《内幕交易指令》(以下简称1989年指令),用以协调内幕交易法规,该指令规定各成员国必须引入内幕交易法定规则。1989年指令第2条禁止任何拥有内幕信息并对此信息的性质完全知情的人从中获利。1999年欧洲委员会公布《金融服务行动计划》,强调现有的关于内幕交易的指令需要有关于市场操纵的指令进行补充。据此,2003年《市场滥用指令》根据《欧共体条约》第251条规定,废止了1989年指令涉及内幕交易、信息披露以及市场操纵三项内容的条款。法国在证券市场对投资者利益保护的相关规定,基本引入了欧盟相关指令。

1. 内幕交易规制

根据2003年《市场滥用指令》第1(1)条,内幕信息被界定为尚未公开、与一个或多个该衍生工具直接或间接相关,并且根据该等衍生工具的交易市场所公认的市场惯例,市场用户能够获取的确切信息。值得注意到的是,2003年《市场滥用指令》并未禁止内幕人从中获利,而是规定:若对行为人追究刑事责任,还要考虑到被告人的主观故意。[②]

根据法国规定,凡因职业等原因而能够获得内幕信息的人,在向公众公布之前,利用内幕信息,直接或者间接从事上市证券之交易,即构成犯罪。另外,内幕人员及其配偶或子女所持有的股票,必须登记在公司账簿和证券交易所管理委员会

① 参见[挪威]马德斯·安登斯、[英]弗兰克·伍尔德里奇:《欧洲比较公司法》,汪丽丽、汪晨、胡曦彦译,法律出版社2014年版,第436页。

② Christopher Cruickshank, "Insider Trading in the EEC", *International Business Lawyer*, Vol. 10, Issue 11 (November 1982), pp. 345－347; [挪威]马德斯·安登斯、[英]弗兰克·伍尔德里奇:《欧洲比较公司法》,汪丽丽、汪晨、胡曦彦译,法律出版社2014年版,第439页。

并予以公布。违反规定,同样要承担民事和刑事责任。①

2.信息披露制度

根据2003年《市场滥用指令》,成员国要确保金融工具发行人尽可能及时地将与发行人直接相关的所有内部信息公之于众。其第6(1)条规定,成员国应当确保其国内的发行人在适当的期限内,在互联网上公布所有必须公开的内部信息。第6(2)条规定了暂时中止信息披露的正当情形,并规定:在推迟披露不会导致公众误解,且发行人能够确保此信息保密性的情况下,发行人可以推迟信息披露。第6(9)条规定,各成员国应当要求任何筹划金融工具交易的专业人员一旦有理由怀疑某项交易可能构成内幕交易或者市场操纵时,应当毫不迟延地通知金融中介机构和证券交易所,再由金融中介机构和证券交易所通知证券监管部门。②

根据法国国内法,董事自我交易时,也需要披露。1966年法国《商事公司法》规定,无论是直接还是间接的自我交易,董事都必须告知董事会并经其同意。但董事只需要向董事会告知存在自我交易即可,无须披露利益的本质和程度。③

3.市场操纵规制

根据2003年《市场滥用指令》第1(2)条,市场操纵不仅包含误传信息,还包括滥用市场支配地位干扰市场机制的行为。该指令第1(2)(a)条为达成此类交易或发出交易指令的人证明其如此行事是基于合法正当的理由,并且这些交易或交易指令符合相关受监管市场中公认的市场管理的情况提供了对于市场操纵行为的一项抗辩理由。该指令第22条规定,成员国可以自由选择对那些制造或传播有关金融工具或金融工具发行人的研究结果或其他推荐性、建议性的投资策略的人最为适当的监管方式,也包括适当的自律监管机制。④

① James Lightburn, Jones Day Reavis, "Insider Trading in France", *International Financial Law Review*, Vol. 7, Issue 1(January, 1988), pp. 23 – 27;朱从玖:《投资者保护国际经验与中国实践》,复旦大学出版社2002年版,第175页。

② 参见[挪威]马德斯·安登斯、[英]弗兰克·伍尔德里奇:《欧洲比较公司法》,汪丽丽、汪晨、胡曦彦译,法律出版社2014年版,第440~441页。

③ 参见朱从玖:《投资者保护:国际经验与中国实践》,复旦大学出版社2002年版,第133页。

④ 参见[挪威]马德斯·安登斯、[英]弗兰克·伍尔德里奇:《欧洲比较公司法》,汪丽丽、汪晨、胡曦彦译,法律出版社2014年版,第442~443页。

二、德国经验

20 世纪 70 年代以前，德国保护投资者的规定主要集中在《德国民法典》《德国商法典》《股份公司法》等规范中，保护力度相对较弱。20 世纪 70 年代以来，受欧盟法影响，德国逐渐适应经济全球化的趋势，开始考虑投资者保护并颁布一系列法律。

1998 年 5 月德国颁布《加强企业监督和透明度法》，对企业负责人风险管理和年度决算报告的法律法规进行了调整，以改善和加强企业的风险管理和监督体系。该法律主要适用于资本投资公司和上市公司，其适用范围也可延伸到其他公司形式。该法律主要内容包括：(1) 扩大董事会风险管理责任；(2) 扩大风险公开的义务；(3) 加强董事会就未来业务计划向监事会汇报的义务；(4) 加强监事会的监督职能，提高召开监事会的频率；(5) 要求监事会和年度决算会计师加强合作，扩大监事会报告义务；(6) 增加监事会成员选举时向股东推荐书中提供的信息；(7) 扩大会计师的职责。①

其他法律制度包括证券投资者保护基本制度、存款保护和投资者赔偿计划、团体诉讼等。

(一) 证券投资者保护基本制度

1. 信息披露制度

德国《交易所法》第 41 条规定了信息披露制度，对于已获准上市交易的有价证券发行商，有义务向该领域的管理层提供为正常履行职责而有关有价证券获准交易和上市的所有必需信息，管理层可以要求已获准上市交易的有价证券发行商以适当的形式在适当期限内发布保障交易所正常交易及公众利益所必需的信息。②

德国对董事自我交易的披露规则来源于董事的忠实义务，要求在有利益冲突的情形下，董事有义务对其同事或监事会披露完全的信息，特别情形下还需要披露相关交易的内容及有关情形。如果董事违反规定进行自我交易给公司造成损害，公司可对其提起损害赔偿诉讼，符合一定条件的股东也可对其提起诉讼。③

---

① 参见张育军：《投资者保护法律制度研究》，人民法院出版社 2006 年版，第 891 ~ 892 页。

② 参见中国证券监督管理委员会编译：《德国证券法律汇编》，法律出版社 2016 年版，第 232 ~ 233 页。

③ 参见朱从玖：《投资者保护国际经验与中国实践》，复旦大学出版社 2002 年版，第 137 页。

2. 内幕信息规制

德国《股份法》概括地规定,公司董事、监事泄露或利用内部信息进行交易、牟取利益的,需要承担民事责任及刑事责任。规制内幕交易的规范,一是1976年证券交易所和银行订立的自律规范,即《在证券交易所上市或公募中股票之内部人交易准则》;[①]二是德国1994年《有价证券交易法》。该法第14(1)条禁止"利用内幕信息为自身或他人利益或代表他人买卖内幕证券",禁止"未经授权向他人报告内幕信息或提供获取的途径",禁止"利用内幕信息建议他人购买内幕人证券或以其他方式诱使他人如此交易"。该法第15(1)条规定,金融工具的境内发行人必须立刻公布直接涉及其本身的内幕信息,而且必须向企业登记簿传送该信息以便保存。[②]

(二)存款保护和投资者赔偿计划

德国于1998年1月颁布《存款保护和投资者赔偿法案》,加上既有的各类银行自发设立的存款保护计划,共同构成了存款者保护体系。该法案规定:所有私法和公法下的存款机构及证券公司必须参与强制赔偿计划,私人存款机构、公共存款机构以及其他从事投资、经纪、资产管理、自营和承销等业务的非存款信用机构,必须参加强制性保护计划。德国依此建立的存款投资者赔偿体系,将赔偿范围扩大到存款信用机构和金融服务机构提供的投资服务领域,包括基金、证券、衍生工具和货币市场工具。[③]

存款保护和投资者赔偿计划的主要职责包括:制止有损于赔偿计划正常执行及赔偿基金的各种行为,检查赔偿计划的偿还能力、流动性和所需资产的可获得性,审查赔偿基金的数额、投资状况及偿还情况,裁决制止赔偿计划过程中的异常行为等。[④] 为了更好地进行赔偿,德国银行联邦协会还成立了一私人有限公司来负责证券交易公司的赔偿计划,即贷款重组公司。

在资金来源方面,法案规定,赔偿计划所需资金来自会员缴纳的份额。联邦财政部对份额的缴纳作了具体规定:份额有年份额、特别份额和借款三种形式;会员必须在每年9月30日前缴清份额;如果赔偿计划现有资金足以赔偿,经银行监管当

① 参见朱从玖:《投资者保护:国际经验与中国实践》,复旦大学出版社2002年版,第175页。
② 参见中国证券监督管理委员会编译:《德国证券法律汇编》,法律出版社2016年版,第348~359页。
③ 参见张育军:《投资者保护法律制度研究》,人民法院出版社2006年版,第494~496页。
④ 同上书,第495页。

局同意后,可减少或停止份额缴纳。①

在赔偿范围方面,包括投资者对因证券交易等投资业务而发生的损失,受保护的来自会计报表和注册债务债券的求偿权等。赔偿数额一般是为清偿额的90%,每个投资者享受的最高赔偿上限是20,000欧元。在计划赔偿金额时,存款的数量包括本金和至赔偿日的累计利息,股票的市值是指股票在赔偿日的市值。一般都对投资者保护基金设定一个资金数量的上限或设定费用征收持续的时间,如德国即规定,若赔偿基金现有资金足以支付投资者的债权请求,在监管当局同意后,则会员机构可减少或停止缴纳会费。②

在赔偿程序方面,主要是:(1)当债务人破产时,债权人必须在一年之内向赔偿计划提出民事赔偿请求;(2)赔偿计划负责审查债权人提出的书面请求,并确认其合法性;(3)银行监管当局裁决是否赔偿并在联邦公告栏上公告;(4)赔偿计划必须在确认赔偿之日起的3个月内向债权人支付款项。

(三)团体诉讼

与美国的集团诉讼不同,德国法重视团体的诉讼价值。按照德国学者的解释,德国系将具有共同利益的众多主体提起诉讼的权利,“信托”给公益社团,公益社团认为符合其章程和设立目的的,可以接受委托并代表团体成员提起诉讼,法院判决直接针对该社团作出,胜诉判决对该团体成员产生事实的既判力,即团体诉讼。

德国团体诉讼赋予某些诉讼主体以诉权资格,使其可以代表团体成员提起、参加诉讼,独立享有、承担诉讼上的权利义务,并可以独立作出实体处分。(1)团体取得诉讼之原告资格,其依据是赋予有关行业自治组织起诉权的特别立法。(2)团体诉讼的原告仅限于享有权利能力的公益团体。即不是由多数当事人充当原告。(3)团体诉讼原告起诉,乃基于团体法人自身的实体权利,而非代理会员,也不属于担当诉讼。(4)团体诉讼的原告仅能提起请求法院判令被告终止一定行为或者撤回一定行为的诉讼,不包括损害赔偿的诉讼。(5)团体诉讼原告胜诉判决具有效力扩张性,即团体成员均可以引用团体诉讼原告的胜诉判决,主张判决对其有拘束力。③

---

① 参见张育军:《投资者保护法律制度研究》,人民法院出版社2006年版,第495页。

② 参见黎四奇:《对我国证券投资者保护基金制度之检讨与反思》,载《现代法学》2008年第1期。

③ 参见彭真明等著:《证券欺诈民事救济制度研究》,中国社会科学出版社2008年版,第257~260页。

第四节　日本经验

日本在经历金融泡沫化后,出现了大量金融消费争议。日本借鉴英国《金融服务暨市场法》、美国《金融服务现代化法》和欧盟投资服务法制,对原有金融法制进行改革,于2006年出台《金融商品交易法》,以保护一般投资者,缓和与金融服务业者地位之间不对等的情形。《金融商品交易法》统合《证券法》《银行法》《金融期货交易》《保险法》等法规,使金融商品、金融服务业者及投资者保护对象作分类规定,强化投资人保护基金的使用规则与运行方式,为提供参考。此外,日本金融领域诉外制度也较有特点。

一、立法背景

日本金融改革划分成两个阶段:第一阶段是以稳定金融秩序、消除不良债权为主要方向,时间大约是从1996年至2004年。第二阶段是2004年之后以金融自由化和国际化改革为主要方向。

(一)金融改革第一阶段

日本第一阶段改革主要是由1996年时任首相桥本龙太郎(Hashimoto Ryutaro)发起,该金融改革试图通过行政、财政、社会保障、金融体系、经济构造、教育等六大改革,在未来建立一个具有"自由、公平及国际化"效能的金融市场,以跳脱金融空洞化的现状。其改革内容有以下四项。

1. 扩大投资者的产品选择范围:建立完善的投资信托环境,全面解禁衍生性金融商品,允许银行营销保险商品,允许发行资产抵押证券(Asset-Backed Securities,ABS),借此,促进债权流通,实现国内外资本的自由交易。

2. 促进金融服务业的竞争及服务质量:开放控股公司制度,证券公司设立由许可制改为原则登录制,实现证券公司业务多样化,买卖股票手续费率实现自由化。

3. 改善交易及促进市场活跃:改善柜台市场的流通性,允许证券公司办理未上市、未上柜公司股票业务。

4. 建立可信赖的交易制度及法规：强化合并财务报表制度，建立完备的金融商品会计标准，强化金融检查体制等。[①]

但第一阶段金融改革即面临重大考验，日本泡沫经济破裂造成了巨额和大量的不良债权，日本金融体系处于崩溃边缘。于是，日本国会于1998年10月通过了《金融再生法相关法案》和《金融机制早期健全措施法》，旨在解决巨额不良金融债权问题。自1997年以后，金融商品营销贩卖纠纷时常发生，主因是金融服务业者未向一般投资者作出完整说明或告知，或者是作出不实告知；另外，当时行业规则和救济规则不明确，也导致纠纷多发。为了完善金融服务基础，日本大藏省金融制度调查委员会及证券交易审议委员会提出《关于日本金融体系之改革》答复书及《证券市场之综合性改革》的报告书，其中，有学者主张制定一部横跨各类金融领域的金融服务法规。

受各界反对声浪影响，兼之顾及立法效率，日本最终以制定《金融商品贩卖法》作为妥协，完成了金融监督一元化。《金融商品贩卖法》主要规定了金融商品贩卖行为类型、定义、金融商品贩卖业者的行为规范和责任。该法规定的主体是金融商品贩卖业者，在解释上，它也包括从事损害保险事业的保险代理人及经纪人、人身保险业务员及证券外务员等。

（二）金融改革第二阶段

日本在《金融商品贩卖法》颁布后不久就发现，该法无法规范所有金融商品，且性质类似的金融商品适用不同法规，背离功能监管理念。因此，日本开始进行第二阶段金融改革，其目的在于：（1）加强投资人保护；（2）建立公正、透明化的金融市场；（3）增加日本金融市场的竞争力并成为国际性金融市场。

为了创新金融法律体系及有活力与效率的金融市场，提供国民多种选择的金融商品，日本参考英国《金融服务暨市场法》（Financial Service and Markets Act 2000）、美国《金融服务现代化法》和欧盟投资服务法制，启动了金融法制改革。2005年7月日本金融厅提出投资服务法草案及其基本架构与内容规划，消除了银行、证券、保险、信托等金融行业的区别，即将符合投资服务资格的企业纳入投资服

---

① 周行一、郭维裕、徐政义：《从日本〈金融商品交易法〉来探讨中国台湾地区未来金融市场发展方向》（非出版物），台湾政治大学商学院投资人研究中心，2008年12月。

务主体,并对投资者负责。2006年1月日本爆发活力门事件、[①]村上世彰(村上基金总裁)投资公司违法内线交易等损害证券市场公平性之情事频传,日本当局警觉应加强金融市场管理的严谨性,认为该法规尚有诸多漏洞,因而日本加紧进行检讨。

同年3月,日本金融厅汇整修订各方意见后,向国会提交了一份法案,旨在对各种金融商品销售与劝诱投资者行为作出全面规定,并正式命名为《金融商品交易法》。与投资服务法不同,"该法将证券交易法、金融期货交易法等[②]关于不同金融商品的现行法律相整合,以完善横向性的投资保护规则。而因活力门的影响,在新法加入信息披露、提高不法行为惩罚的相关内容",日本参议院在2006年6月7日通过《金融商品交易法》,该法于2007年9月30日正式实施。

二、主体和客体

(一)金融商品的定义

为了尽力涵盖所有的金融商品,日本《金融商品交易法》设定了三项金融商品的认定指标:一是具有金钱出资、金钱等偿还的可能性;二是与资产或者指标等相关联;三是负担风险而可期待具有较高的经济效用。[③] 在上述标准下,日本《金融商品交易法》第2条规定的金融商品主要有三类:

1. 狭义的有价证券。包括国库券、地方债、特殊债、资产流动化基础上的特殊

① "活力门事件"又称为"Livedoor shock事件"或有专家学者称为"Livedoor事件"。2006年1月16日16时左右,检方宣称的具体搜查事由是活力门公司进行了虚假交易。2004年10月活力门公司控股75%的日本价值点击公司与金钱生活出版社进行等价交换,将金钱生活出版社变为自己的全资子公司。此外,价值点击公司在同年11月的结算短报中,虚增业绩,以推动股价上升。2006年1月23日东京地方法院检察院以堀江贵文董事长、负责财务的官内亮治董事、兼任关联企业活力门市场公司总经理的冈本文人董事以及子公司活力门金融公司总经理中村长也等人涉嫌违反《证券交易法》为由,将四人逮捕。搜查行动的次日17日开始,包括活力门公司相关的股票在内,东京股票市场的科技网络类股票出现暴跌。但是,通过分析当天股价变动图,可以看到狭义上的活力门危机在当天上午就已结束。13点过后,部分大企业的股票也开始下落,整个市场开始陷入恐慌性抛售的混乱局面,这是广义上的活力门股灾。2006年1月17日下午,Livedoor证券公司宣布将活力门公司及其关联公司的担保能力调整为0级。这一消息又引起了持有活力门股票的投资家的抛售狂潮。Livedoor的这一无先例的无预告紧急变更担保能力的做法,也是引起股市暴跌的一大诱因,因此日本国内外的投资家及相关人士也将这次股市风波称为Livedoor shock事件而未将矛头指向活力门。

② 受整合的法律包含日本银行法、金融期货交易法、学校债、医院债、证券交易法、商品基金法、抵押证券业法、保险业法及其他投资相关管制法律。

③ 神田秀树监修,大崎贞和、武井一号、有吉尚哉监修、编著:《金融商品取引法的要点解说》,财团法人金融财政事情研究会,2006年7月10日,第23页。

公司债、公司债、对特殊法人出资的证券、协同组织之有限出资证券、新股认购证书、新股预约券证券、各种投资信托收益凭证、商业本票、抵押债券、选择权证券、存托凭证,以及其他以行政命令指定的具有流动性的证券和证书。

2. 表彰有价证券的权利。泛指表彰前述狭义有价证券的权利,或者虽然没有发行有价证券但适用于有价证券的权利。

3. 准有价证券。包括信托受益权、外国信托受益权、行政命令限定的无限公司与两合公司社员权、合同公司的社员权、集合投资计划份额、外国集合投资计划份额以及其他以行政命令限定的权利。

(二)金融商品交易业的定义①

金融商品交易业,原来分别适用不同法律予以调整,日本《金融商品交易法》横跨金融各行业,现已成为一个整体化的金融法。在日本《金融商品交易法》废除了原来的证券交易法、期货交易法等专门立法后,在业态上采用了新的分类方法,将金融商品交易业分为金融商品交易业(financial instruments firms)与金融商品中介业(financial instruments introducing brokerage firms)。其中,金融商品交易业再分为:第一类金融商品交易业;第二类金融商品交易业、投资顾问与代理、投资管理业。(见表3-1)

表3-1　日本金融商品交易业分类

<table>
<tr><td colspan="3">金融商品交易业</td></tr>
<tr><td colspan="2">金融商品交易业</td><td>金融商品中介业</td></tr>
<tr><td>第一类金融商品交易业</td><td>第二类金融商品交易业、投资顾问和代理业、投资运用业</td><td>第一类金融商品交易业、投资运用业和持牌金融机构</td></tr>
<tr><td>日本《金融商品交易法》第2条第1款</td><td>为日本《金融商品交易法》第28条第2款、第3款、第4款</td><td>日本《金融商品交易法》第2条第11项</td></tr>
</table>

(三)投资人的定义和分类

为了避免对经营者施加过度限制,造成市场的不健康和提升市场交易成本,金交法斟酌不同投资者的不同类型,提出了经营者应当遵循严格程度不同的行为规范。

① 川东宪治:《金融商品取引法》2006年10月,第21页。

日本《金融商品交易法》先将投资者分为专业投资者和一般投资者,再根据专业投资者与一般投资者之间的动态变化,予以第二级分类。(见表3－2)[①]

表3－2　日本《金融商品交易法》对投资人的分类

<table>
<tr><td rowspan="2">专业投资人</td><td>(1)不得变更为一般投资人之专业投资人</td><td>*经认可机构投资人
*日本政府机关
*日本银行</td><td>适用对专业投资人之规范</td></tr>
<tr><td>(2)得选择变更为一般投资人之专业投资人</td><td>*上市公司
*一定规模以上之公司</td><td rowspan="2">有选择性</td></tr>
<tr><td rowspan="2">一般投资人</td><td>(3)得选择变更为专业投资人之一般投资人</td><td>*非属上述(1)(2)之公司
*符合一定条件之个人</td></tr>
<tr><td>(4)不得变更为专业投资人之一般投资人</td><td>个人(不符合上述条件者)</td><td>适用对一般投资人之规范</td></tr>
</table>

基于上述分类,日本《金融商品交易法》规定的行为规范是有弹性的。在经营者与一般投资者进行交易时,基于保护投资者的立场,应当全面适用日本《金融商品交易法》的各种行为规范;在经营者与专业投资人进行交易时,因无特别保护专业投资者的必要,有关经营者应在缔约前履行书面交付义务等填补信息非对称的行为规范,予以排除适用。换言之,为了兼顾投资者保护和确保市场交易顺畅的双重目的,根据一般投资者与专业投资者的保护态样和程度的差异,经营者进行相关金融商品交易业务行为时,应当遵守不同程度的行为规范。

三、金融商品交易业者的行为规范

对于金融商品交易业者的行为规范,日本《金融商品交易法》将其区分为两部分:一是一般(共通)行为规范;二是适用于特定经营者的行为规范。前者适用于所有经营者对一般投资者,仅在适用于专业投资者时,规定内容稍有不同;后者为日本《金融商品交易法》继受《信托法》和《投资信托法》的规定,针对投资顾问业、投资运用业、有价证券管理业等金融服务业者所专门设置的特殊规定,同样,此等特

① 参见陈茵琦:《日本金融管理法制改革新趋势日本金融商品交易法简介与启发》,载《证券暨期货月刊》第24卷第8期。

殊规定在适用于专业投资者时,规定的内容也稍有不同。(见表3-3)

(一)共通的行为规范

1. 对客户的诚实公正义务

日本《金融商品交易法》第36条规定,金融商品交易业者及其从业人员在向客户开展业务时,应当秉持诚实及公正。

2. 标识的揭示义务

日本《金融商品交易法》第36条之2系有关标识公告的规定,该条款继受自金融期货交易法第66条。根据规定,经营者要在每个营业所、事务所、大众易见的场所张贴内阁府令指定样式的标记。第2款规定,除了金融交易业者以外,不可张贴此类的标记。

3. 禁止出借名义

日本《金融商品交易法》第36条之3系名义借贷的禁止规定,其继受自《证券交易法》第35条。根据规定,金融商品交易业者不得让他人使用自己的名义从事金融商品交易。

4. 禁止管理公司债

日本《金融商品交易法》第36条之4系公司债管理者的禁止性规定。对于公司债或附担保公司债的受托公司而言,其本身就是代表公司债债权人利益并与公司债发行人进行交涉的受托人,其与公司债发行人或者从事金融商品贩卖的经营者之间存在利益冲突的嫌疑,因此,对于从事有价证券相关的经营者,不能是公司债的管理者或负担保公司债《信托法》第2条第1项规定之信托契约的受托公司。

5. 广告的规定

日本《金融商品交易法》第37条第1款规定,金融商品交易经营者对于所从事金融商品交易业的内容进行广告宣传或其他内阁府令指定的类似行为,或是针对不特定多数人为对象而实施广告行为时,应就下列事项为积极之表示:

(1)金融商品交易业者等之商号、名称或姓名。

(2)金融商品交易业之真实情形、登录之号码。

(3)关于金融商品交易业其内容之事项,依政令规定造成对客户判断产生影响之重要事项。

日本《金融商品交易法》第37条第2款亦有禁止规定,即进行广告宣传或者其他内阁府令指定的类似情形时,禁止作与事实显然不符的表示或显然足以使人误解之表示,即禁止广告的夸大不实。

6. 交易的事前明示义务

日本《金融商品交易法》第37条之2规定,金融商品交易经营者接受顾客从事有价证券买卖或店头衍生性金融商品交易的要求时,应再次对顾客明示经营者是否以自己为相对人而进行买卖或交易,或者媒介、代办、代理该买卖或交易的成立等事项。

7. 合同签订前的书面交付和合同交付时的书面交付义务

日本《金融商品交易法》第37条之3规定的是关于合同交付前的书面交付义务,根据规定,经营者在与客户缔结契约之前,应事先将载有以下7项内容的书面文件交付客户。

(1)金融商品交易业者等之商号、名称或姓名即其住所。

(2)金融商品交易业之真实情形、登录之号码。

(3)金融商品交易契约之概要。

(4)手续费、报酬或其他有关金融商品交易契约关于应支付给客户对价之相关事项。

(5)关于客户开展的金融商品交易行为,由于利息、通货价格、金融市场行情或其他指标有关之联动所可能产生损失时其事实情形。

(6)如前述之亏损可能超过委托金额时其事实情形。

(7)除前述(1)~(6)情形外,关于金融商品交易业其内容之事项,依政令规定造成对客户判断产生影响之重要事项。借由事先将书面交付义务,使投资人足以形成正确之投资判断。

日本《金融商品交易法》第37条之4规定的是合同交付时的书面交付义务,即是规定在合同交付时需依内阁府令规定做成书面交给客户。

8. 无条件解约权

日本《金融商品交易法》第37条之6特别引入了合同缔结后的无条件解约权。即客户于书面受领后,依内阁府令所限定的期间内,可以随时解除契约。

9. 经营者的禁止行为

(1)禁止不当劝诱。日本《金融商品交易法》第38条第1款、第2款规定,在签订或者劝诱签订金融商品交易合同时，不得对客户提供虚假讯息；不得向客户提供对不准确的事项作肯定的判断或误导客户的信息。

(2)禁止不请自来的行销方式。日本《金融商品交易法》第38条第3款系就金融商品交易合同缔结之劝诱的规定，根据规定，经营者不得向未提出要求的顾客，以上门拜访或电话进行金融商品交易契约缔结之劝诱行为。就金融商品交易合同的缔结，不得未先确认顾客有无受领该劝诱之意思而为劝诱。顾客受领金融商品交易合同缔结之劝诱的意思表示，表示不缔结该金融商品交易合同的，经营者不得继续劝诱。然而，该款虽然有助于投资人预防损害，却降低了金融商品交易经营者推广金融商品的机会，因此，日本学者有认为此适用应为谨慎。①

(3)禁止再劝诱的行为。日本《金融商品交易法》第38条第4款、第5款规定，一旦接受劝诱的顾客，已经表示不再或不愿缔结合同后，禁止再对顾客进行劝诱行为。其适用范围限于充分斟酌该金融商品交易合同的内容及其他事情后，政令指定的对保护投资者有必要的合同。另在《特殊商事交易法》中，亦有禁止经营者对投资人以电话行销方式再劝诱的规范。

(4)兜底条款。日本《金融商品交易法》第38条第6款属于兜底条款。根据该条款，除了上述各款列举的行为外，还包括内阁府令指定的将造成投资者保护不足、损害交易公正或破坏金融商品交易经营者信用等行为。

10.禁止损失补偿

日本《金融商品交易法》第39条第1款规定，禁止经营者之以下行为：

(1)事前损失保证之邀约与约束之禁止(第1项)。对于有价证券买卖或其他交易、衍生性金融商品之交易，禁止就该有价证券或衍生性金融商品交易造成顾客损失，或未产生预期利益时，以自己或第三人为损失填补为目的，或者以补足预定利益而对该顾客或第三人提供财产上利益为目的，向客户或其指定之人进行补偿的约定。

(2)事后损失填补之要约或约束之禁止(第2项)。关于证券买卖等交易，因证券等交易造成顾客损害的，经营者本人或第三人补偿全部或部分损失的，或者为了

① 参见川口恭弘：《金融商品取引法における行为规制》，载《金融法务事情》第1779号，第29页，2006年8月25日。

增加该客户利益而向该客户、其指定之人作出承诺,或者约定由第三人向客户补偿财产利益,为禁止之行为。

(3)损失填补之实行之禁止(第3项)。关于证券买卖等交易,以填补因该有价证券所生之全部或部分损失,或补足客户利益为目的,对于顾客或第三人提供财产上利益,或使第三人提供该利益的,为禁止之行为。

11. 适合性原则

日本《金融商品交易法》第40条规定,为了使金融商品的投资符合客户意愿及实际情形,经营者在进行金融商品交易时,应当顾及客户的知识、经验、财产状况及其金融商品合同的目的,不可有被认为不适当的劝诱行为而使投资者欠缺保护。

12. 最佳方针执行义务

日本《金融商品交易法》第40条之2规定,经营者对于顾客就证券买卖及衍生性金融商品交易发出的指令,应当依行政命令所定内容,订定以最佳交易条件执行之方针与具体方法,并应将该最佳执行方针予以公示,并依该方针执行与证券交易相关的指令。

13. 执行两种以上业务时所禁止之行为

经营者存在兼业情形,为了避免发生利益冲突,经营者在执行业业务时,禁止下列行为:

(1)利用接受投资建议之客户所为的证券买卖或其他相关交易之情报,或利用投资运用业所为之证券买卖或其他相关交易之情报,劝诱他人为买卖证券或其他交易的委托。

(2)为了获得投资建议业及投资运用业以外的业务所生之利益,依其所执行之投资建议业务中的交易方针、交易金额、市场状况,而建议不必要的交易;或依其所执行之投资运用业中的投资运用方针、所运用财产金额、市场状况,而执行不必要投资运用的交易。

(3)除前二款行为以外,其他由内阁府令所定之其他对于投资人保障不周、有损交易公正性或有碍于金融商品交易业信用的行为。

表 3-3　日本《金融商品交易法》对金融商品交易业者的行为规范

一般行为规范	一般投资人适用	专业投资人适用
对客户的诚实公正义务	是	是
广告的规定	是	否
交易的事前明示义务	是	否
合同签订前(时)的书面交付	是	否
无条件解约权	是	否
禁止不请自来的行销方式	是	否
禁止再劝诱的行为	是	是
禁止损失补偿	是	是
适合性原则	是	否
最佳方针执行义务	是	是
执行两种以上业务时所禁止之行为	是	是

(二)特定行业之特别行为规范

除上述通用行为规范外，日本《金融商品交易法》另就投资顾问业和投资运用业之经营者的特殊行为规范，予以明确规定。(见表 3-4)

1. 投资顾问业

(1)忠实义务(duty of loyalty)。日本《金融商品交易法》第 41 条第 1 款规定，经营者对于客户，应当忠实为投资建议。

(2)善管义务(duty of care)。日本《金融商品交易法》第 41 条第 2 款规定，经营者对于客户，应以善良管理人的注意为投资建议。

(3)禁止利益相反之交易行为及损失填补。日本《金融商品交易法》第 41 条之 2 规定，经营者开展投资咨询业务的，不得有下列情况：

①向客户提出建议，意图为其他客户的利益而给予有害特定顾客利益的交易内容。

②对于特定金融商品、金融指标或期货，金融商品交易业者利用价数额的变动，意图以自己或第三人利益为目的，给予不具正当性来源的建议。

③建议客户在异常条件下交易，且该异常条件下之交易将损害客户利益。(但符合第 1 项中所列举的行为除外)

④利用已接受建议的客户所进行交易的相关资讯，为自己计算，进行证券买卖

及其他交易或衍生性金融商品交易。

⑤为填补接受其建议的客户所生全部或部分客户的损失,或为增补已接受其建议之客户且已交易的客户利益,对于客户或第三人提供财产上的利益,或使第三人提供该等利益。

⑥除前述各款规定外,依内阁府令规定欠缺投资人保护、有害公平交易或使其丧失金融商品交易业的信用行为。

(4)禁止有价证券卖出。依该法第41条之3规定,经营者在进行投资咨询业务时,不得将客户作为交易向对方,或者为使客户进行第2条第8款第1项至第4项所列行为①。但作为第一种金融商品交易所进行交易或是其他政令指定的场合,不在此限。

(5)禁止金钱或有价证券之寄托。依第41条之4,经营者除依证券等管理业务办理或相当于依政令规定办理者外,在办理投资建议业务时,无论基于何种事由,均不得收受顾客金钱、证券寄托,或依政令规定使经营者的关联人为客户保管金钱或证券。

(6)禁止金钱或有价证券之借贷。依第41条之5,经营者办理投资建议业务时,不得提供金钱、证券的借贷;就客户以外之第三人为金钱、证券的借贷时,不得为中介、代办及代理。但经营者为第156条之24第1款规定的信用交易,不在此限。

表3-4

投资顾问业的业务行为	一般投资人适用	专业投资人适用
忠实义务、善管义务	是	是
禁止利益相反之交易行为及损失填补	是	是
禁止金钱、有价证券之寄托及卖出	是	否
禁止金钱、有价证券之借贷	是	否

2. 投资运用业

(1)忠实义务(duty of loyalty)。第42条第1款规定,经营者对于客户,应负忠

① 参见日本《金融商品交易法》第2条第8款的规定:该法中金融商品交易业是指,符合下列行为及其他政令所规定的金融机构所经营的,符合下列行为及其他政令所规定的金融机构所经营的、符合第12项、第14项、第15项及第28条第8款各项所列情形除外中任意条件的行为。同法第2条第8款第1项:有价证券的买卖(符合衍生品交易的情形除外)市场衍生品交易及外国市场衍生品交易。

实义务。

(2)善管义务(duty of care)。第 42 条第 2 款规定,经营者对于客户,应尽善良管理人之注意义务。

(3)禁止利益相反之交易行为及损失填补。第 42 条之 2 规定,经营者为投资运用业务时,不得为下列行为。但是,为第 1 项及第 2 项所列行为时,依内阁府规定,并无欠缺投资人的保护,有害交易公平,或使其丧失行业信用之行为者,不在此限。

①使用与自己或董事、执行董事间之交易内容。

②营业财产相互间,使用进行交易之内容。

③内容有关特定金融商品、金融指标或期权,金融商品交易业者利用依交易的价格、指标、数值或回报数额的变动,意图以自己或权利人以外之第三人的利益为目的,使用不具正当性来源的交易内容。

④投资内容有异于一般交易条件的特殊条件进行交易,且该条件有害客户利益之交易内容。

⑤利用关于投资交易的资讯,为自己计算,进行有价证券买卖及其他交易行为。

⑥为补偿营业财产之使用交易所生全部或部分客户的损失,或追加由营业财产之使用交易所生权利人的利益,对于该权利人或第三人,提供财产上的利益,或使第三人提供(填补因事故所生一部或全部损失者除外)。

⑦除前述各项所列规定以外,依内阁府令规定欠缺投资人保护,有害公平交易,或使其丧失行业信用之行为。

(4)自己执行之义务(duty of delegate)。依第 42 条之 3 规定,在运用权限方面,于资产运用(基于资产运用委托契约、投资完全委任契约、投资信托等以及关于低流通性有价证券或准有价证券)之合同,得将进行投资运用行为权限之全部或部分,委托其他金融商品交易业者,但是以进行投资运用业务者为限。

(5)分别管理义务(segregation)。依第 42 条之 4,经营者办理投资使用业(限于第 2 条第 8 款第 15 项①所列行为的业务),应依内阁府令规定,将营业财产与自

① 参见日本《金融商品交易法》第 2 条第 8 款第 15 项规定:基于金融商品等的分析为基础的投资判断为主,有价证券及衍生品交易相关权利对应投资,尤烈权利或其他政令规定权利拥有者出资或获得其筹措的资金及其他财产的管理行为。(1)第 1 款第 14 项所列有价证券及同款第 17 项所列有价证券所表示的权利。(2)第 2 款第 1 项及第 2 项所列权利。(3)第 2 款第 5 项及第 6 项所列权利。

己固有财产及其他营业财产分别管理。

(6)禁止金钱或有价证券之寄托。依第42条之5,除依有价证券管理业务使用或相当于政令规定所为者外,经营者进行投资使用事业时(在此限于第2条第8款第12项所列行为之使用业务①),无论任何事由,不得收受客户金钱、证券的委托保管,或依政令规定使与该金融商品业者有密切关系之人,保管客户的金钱或有价证券。但当投资运用业务时,在同款第1项至第4项所列之情形,经营者对该委托保管是针对交易的解决极为必要,不在此限。

(7)禁止金钱或有价证券之借贷。依第42条之6,经营者为投资使用业务,不得借贷金钱、证券,或向客户以外的第三人为金钱、证券之借贷等,为中介、代办及代理。但金融商品交易业者为第156条之24第1款规定的信用交易或依政令规定,对客户为借贷金钱、有价证券,不在此限。

(8)运用报告书之交付义务。依第42条之7,经营者关于营业财产,应依内阁府令规定定期做成营业报告书,交付就该营业财产可得知之权利人。但依该内阁府令的规定,纵未交付权利人报告书,对权利人之保护亦不生妨碍者,不在此限。

具体总结如下。(见表3-5)

表3-5

投资运用业的业务行为	一般投资人适用	专业投资人适用
忠实义务、善良管理人注意义务	是	是
禁止利益冲图行为	是	是
禁止金钱、有价证券之寄存	是	否
禁止金钱、有价证券之借贷	是	否
运用报告书交付义务	是	否

3. 证券管理业

(1)善管义务。依第43条,经营者对于顾客,应以善良管理人之注意义务,进行有价证券等管理业务。

① 参见日本《金融商品交易法》第2条第8款第12项:缔结以下契约、以该契约为基础,基于以金融商品的价值等的分析为基础的头判断的有价证券及衍生品交易相关权利所对应的投资、资金及其他财产的管理行为:(1)与投资信托及投资法人相关法律第2条第13款规定的注册投资法人缔结的同法第188条第1款第4项规定的资产的管理相关委托契约。(2)上一号所列之外,当事人一方,由对方委托基于金融商品的价值等的分析而做出的投资判断的全部或一部分的同时,基于该投资判断,为了对方而为投资行为所设必要权限的委托内容契约。

(2)分别管理义务。依第43条之2及第43条之3,对于分别管理方面,日本《金融商品交易法》规定,经营者对于接受顾客寄托保管之有价证券,应该要确实且规律的管理,并且与自己之固有财产分别管理。

(3)限制提供客户的有价证券为担保之行为。依第43条之4,对于提供顾客有价证券担保行为之限制方面,经营者对于为顾客之计算自己所占有之有价证券,或接受顾客寄托保管的有价证券供担保之情形或借贷者,应依内阁府令,应得该顾客之书面同意。

具体总结如下。(见表3－6)

表3－6

有价证券管理业的业务行为	一般投资人适用	专业投资人的适用
善良管理人注意义务	是	是
分别管理义务	是	是
限制提供客户的有价证券为担保的行为	是	否

(三)法律的责任

日本《金融商品交易法》在提高不法操作市场散播谣言、假造财务报表等行为的最高刑期和罚金以外,更借由课征金、民事和刑事责任等,强化市场的监督功能,加强金融商品贩卖业者未履行重要事项时对消费者之损害赔偿责任。

1.课征金制度

日本《金融商品交易法》第六章之2规定课征金的罚款制度,课征金实际属于附加的罚款,而其处罚目的有二:一是系返还已得之不法利益,二是抑制违法行为的出现。然而,值得注意的是,课征金并非对所有的违法行为进行处罚,课征金规范的行为,包括公开信息有虚伪不实之记载,公开信息包含初次发行时之公开与继续公开,以及其他三种不法交易,即内线交易、市场操纵、散布流言或诈欺。

(1)关于公开信息的虚伪不实记载,信息揭露义务违反包括初次发行之时公开义务与继续公开义务。该法规定,发行者若对于重要事项有虚伪记载的发行揭露书件,基于该发行揭露书件,因募集或出售而取得或出售有价证券,内阁总理大臣应命令该发行者缴纳课征金。①

(2)在内幕交易方面,违反内线交易课征金之计算,主要是以进行内幕交易买卖有价证券时之价格和重大消息公开后有价证券之价格之差额,乘以交易之数量,计算应课征之金额。②

(3)在市场操纵方面,关于操纵市场应课征之金额,除了违法行为而获得的直接利益外,应加上于违法行为结束后一个月内从事相反买卖而获得之利益。

(4)散布流言或诈欺方面,以散布流言或使用诈术的行为影响有价证券之交易价格而进行买卖的情形,分为两种情形计算其课征金额:其一为若散布流言或诈欺行为提高有价证券之市场交易价格,并以该较高之价格出售有价证券者;其二为若散布流言或诈欺行为降低有价证券之市场交易价格,并以该较低之价格买进有价证券者。③

2. 民事责任

在民事责任方面,是对公开信息有虚伪不实之记载有所增订。有关发行市场信息揭露之责任程度,发行公司人员等之责任乃过失责任,但发行公司本身为无过失责任。即在企业所揭露的信息有不实记载的情形时,即使发行公司本身并无故意或过失,仍不得以其无过失而主张免责。

3. 刑事责任

在刑事责任方面,也包括公开信息有虚伪不实之记载,以及其他三种不法交易的行为,也就是内幕交易、市场操纵、散布流言或诈欺。

在公开信息有虚伪不实之记载,关于有价证券申请书、有价证券报告书、公开

① 其课征金额均以募集或出售该有价证券总额之1%为基准,若该有价证券为股票,则以2%为基准。对于发行人之董监事也有所规定,若董监事知道有价证券申报书之重大事项有虚伪记载,且有利用该虚伪不实申报书而出卖自己持有的有价证券时,也要成为课征对象,以相当卖出价额之1%为课征金之数额,若该有价证券为股票,则为2%。内阁总理对于发行人所发之课征金命令,以二者较高者为课征金数额,一为300万日元,二为该有价证券之市场价值乘以0.03‰。另外在半年报或临时报告书部分,则为前述有价证券报告书有虚伪不实时课征金数额之1/2为标准。

② 内线交易课征金的具体之计算方法有二:一为重大消息公布前6个月以内卖出有价证券之情形,但是重大消息为负面情报时,应以卖出时的价格扣除重大消息公开后的价格,乘以交易之数量,即为应课征金额。二为重大消息公布前6个月以内买进有价证券之情形,而重大消息为正面情报时,应以重大消息公开后的价格扣除买进时的价格,乘以交易之数量,即为应课征之金额。

③ 前者应以违法行为结束后1个月内出售的价格扣除该违法行为之前之价格,乘以其交易之数量计算课征金额。后者应以违法行为开始前之价格扣除违法行为结束后1个月内买进之价格,乘以其交易之数量计算课征金额。

收购申请书的不实记载，日本《金融商品交易法》规定若有以上行为，处10年以下有期徒刑，或对个人科以1000万日元以下罚金，另对法人可科以7亿日元以下罚金。

关于有价证券申请书等就重要事实有虚伪不实记载时之罚则，包括有价证券申请书、有价证券报告书、公开收购申请书以及大量持股申报书等，日本《金融商品交易法》规定处以5年以下有期徒刑，对个人科500万日元以下罚金，对法人则可另科5亿日元以下罚金。

日本《金融商品交易法》规定若有不公平交易、散布流言、诈欺或操纵市场行为时，处10年以下有期徒刑，或对个人科以1000万日元以下罚金，另对法人可科以7亿日元以下罚金。而如果有内线交易行为时，处5年以下有期徒刑，或对个人科以500万日元以下罚金，另对法人可科以5亿日元以下罚金。

四、金融领域诉外制度

2008年12月日本金融厅下设的金融审议会发布《关于金融领域的裁判外纷争解决制度的理想方案》报告书并认为，以往的替代性金融纠纷解决方式“从实施主体的公正性、中立性以及实效性来看并不保险，难以得到纠纷当事人的理解与信赖”，因此，该报告从金融ADR机构的性质、业务范围、权限、义务、程序，以及金融ADR的法律效果等方面，为构建新型的金融ADR制度提出了全面的建议。

为了强化相关纷争解决机构之间的联系、实现客户投诉透明化及纷争解决支援程序、充实客户投诉及纷争解决支援之遵循体制、积极公开发表客户投诉及纷争解决支援之实绩与改善包括宣传活动等之消费者取得管道为基础，《修改金融商品交易法等法律的改正案》于2009年3月6日提交日本国会审议，并于2009年6月17日正式通过。该法案在尊重日本传统的“分业式”的金融纠纷解决机制的前提下，对《银行法》《金融商品贩卖法》《保险业法》《信托业法》等16部法律的相关条文进行了修改，明确规定在银行、证券、保险等金融各行业实行替代性的纠纷解决方式。至此，日本金融ADR制度正式以法律的形式确立。

（一）纠纷解决机构的选定

依日本《金融商品交易法》第156条之39，主管机关得依以下人员的申请，指定

其进行纷争解决之业务:

1. 法人(包含非法人团体而设有代表人或管理人者,但不含依外国法令设立之法人及其他外国团体)。

2. 非属依照日本《金融商品交易法》第156条之61第1项或其他法律规定而被取消资格者或被取消资格后未逾5年者。

3. 非属因违反该法或律师法或与此相当之外国法令而受罚金之刑罚,该刑罚之执行已终了或已无受刑之执行的情事未逾5年者。

4. 负责人有下列情形之一者,不得进行纷争解决业务:

(1)受监护或辅助宣告者;

(2)受破产之宣告,尚未复权者;

(3)受有期徒刑以上之刑之宣告,其刑之执行终了或已无受刑之执行的情事未逾5年者;

(4)依照日本《金融商品交易法》第156条之61第1项或相当于该法律之外国法令规定(在该外国)(受行政处分)被取消资格,取消日前30日之法人负责人,自取消之日起未逾5年者;或依其他法律及相当于该法律之外国法令(在该外国)(受行政处分)被取消关于纷争解决之业务,取消日前30日之法人负责人,自取消之日起未逾5年者;

(5)违反该法、律师法或与此相当之外国法令而处罚金,其刑之执行终了或未受其刑之执行未逾5年者。

5. 有足够之财会及技术基础而得适切地实施纷争解决业务。

6. 其职员构成并无影响纷争解决业务实施公正性之虞。

7. 关于纷争解决业务之章程系符合法令且依该法律规定得认为纷争解决业务系公正且适切地实施。

8. 于听取意见之结果(对金融商交易关系业者说明业务章程之内容),关于程序实施基本契约解除事项、其他契约内容、业务章程内容提出异议之金融商品交易关系业者之数量于金融商品交易关系业者总数所占比例未逾行政命令之规定。[①]

---

① 参见廖大颖、博奕铭、范瑞华等:《日本金融规范一元化之立法模式与发展动向》(非出版物),"财团法人台湾金融研训院",2009年12月。

（二）金融纠纷解决委员的选定

依日本《金融商品交易法》第 156 条之 50 第 3 项第 1 款至第 5 款纷争解决委员中应至少一人符合其一所列条件：

1. 从事律师职务 5 年以上；

2. 从事金融商品业务 10 年以上；

3. 行政命令制定之关于消费生活中消费者与经营者间之意见咨询者，或具有其他消费生活事项之专业知识经验者；

4. 该主张为《司法代书法》第 3 条第 1 项第 7 款规定之纷争时，同条第 2 项规定之司法代书，从事同项规定之简易裁判诉讼代理等相关业务期间 5 年以上者。

5. 其他行政命令依前述各款所规定者。

（三）金融纠纷解决程序

1. 日本金融 ADR 制度运行的基本流程

（1）投诉处理程序。消费者可以向指定纠纷解决机构申请处理投诉，指定纠纷解决机构在受理投诉处理申请后，给予建议，进行必要调查，并通知金融机构投诉的内容，及时处理和解决。

（2）纠纷解决程序。当事人（消费者或是金融机构）可以向指定纠纷解决机构申请纠纷解决，指定纠纷解决机构在受理纠纷解决申请时，可选任纠纷解决委员。

（3）双方无法达成和解时，纠纷解决委员制定特别调停案，金融机构根据特别调停案解决纠纷。

值得注意的是，依日本《金融商品交易法》第 156 条之 45 第 1 项，规定程序实施基本契约履行义务，即金融商品交易关系业者若无正当理由而不履行依程序实施基本契约所负之义务，纷争解决机关会将其名称、商号及其不履行之事实公布，并向内阁总理大臣报告。

纠纷解决的结果对于一般和解案，当事人可以反悔。然而该制度为确保纠纷解决的实效性，纠纷解决委员可以根据程序进行的状况和消费者的意愿，提出对当事人具有一定约束力的和解案，即特别调解案。

接受特别调解案是以指定纠纷解决机构和金融机构间的合同为依据，不履行合同并不直接导致行政处罚，但为确保金融机构业务的有效运营，政府部门会对其进行监督。除非消费者没有接受和解而提起诉讼且尚未撤诉以及其他和解不成立的情形,否则金融机构必须接受和解案。但是若纠纷当事人是经营者,因其在信息量等方面和金融机构相差不大,纠纷调解委员也可只作出一般和解案。

2. 特别调停案

特别调停案于纷争解决程序中,金融纠纷机构委员得斟酌事件性质、当事人的合意可能提出特别调停案,依日本《金融商品交易法》第156条之44第2项第5款与同条第6项除有下列情形之一外,金融商品交易关系业者应为承诺:

(1)作为当事人之金融商品交易关系业者之顾客不接受该特别调停案。

(2)于该特别调停案提示时,未提起以解决该纷争为目的之诉讼,金融商品交易关系业者知悉顾客接受该特别调停案之日起1个月内提起关于该请求之诉讼,且至知悉起1个月止未撤回诉讼。

(3)于该特别调停案提示时,已提起以解决该纷争为目的之诉讼,金融商品交易关系业者知悉顾客接受该特别调停案之日起1个月止未撤回该诉讼。

(4)金融商品交易关系业者知悉顾客接受该特别调停案之日起1个月止,就金融商品交易相关纷争进行纷争解决程序,当事人间依《仲裁法》第2条第1项规定已达成仲裁合意,或不按该特别调停案而成立和解或调停。

(四)费用

根据日本《金融商品交易法》第156条之42条和同法第156条之44,主要内容如下。

1. 利用此等纷争解决机构解决纷争所生费用,可分为两种类型:第一种类型是负担金,按加入"指定纷争解决机构"之金融商品业者,基于其与该指定纷争解决机构间所缔结之"程序实施基本契约"给付与系争纷争解决机构之费用;第二种类型为报酬,即系争金融商品业者与其顾客(两者合称为当事人)利用此等纷争解决机构解决纷争时,须给付给系争机构之费用。

2. 指定纷争解决机构之业务规程中,须载明上述负担金及报酬等费用此等事项,并明订其金额、算定方法或给付方法,且此等费用之算定不得显属不当。除此之外,指定纷争解决机构必须在纷争解决程序开始之前,以书面方式或提供记载此等信息之电磁记录方式与当事人即金融商品业者之顾客,说明该顾客须给付之费用内容。

(五)纠纷解决机构的监督

主管行政机关在指定纠纷解决机构后,可要求其定期提交业务报告,并对其进行现场检查,以此来强化对纠纷解决机构的日常监督。这种监督与检查并不针对具体案件的处理,而是从公平性、中立性及保密性等方面对纠纷解决机构的业务实施状况进行综合把握。另外,在必要时,主管行政机关还可要求纠纷解决机构对业务运营进行适当改善。当查明纠纷解决机构不能满足指定条件或以不正当的方式取得指定或者出现其他严重违法的情况时,主管行政机关还可取消其全部或部分业务资格。①

五、投资人保护基金

日本规定了投资人保护基金,在日本《金融商品交易法》中设有专章规定,法律明确规定设立、目的以及主客体的要求,但条文大多生涩难以理解。根据日本《金融商品交易法》第四章之2,第79条之20至第79条之77,将投资人保护基金(Japanese Investor Protection Fund,JIPF)介绍如下。

(一)保护基金的设置

1. 设立目的

(1)目的

依日本《金融商品交易法》第79条之21规定,投资者保护基金的目的是通过对第79条之56第1款规定的一般顾客的支付②和其他业务来保护投资者,从而维持证券交易的可信赖性。其使命是确保对投资者的保护,从而通过向一般客户赔偿实现证券交易的可靠性,并向证券公司和其他服务提供合格索赔。

(2)规范对象

依日本《金融商品交易法》第79条之27第1款,金融商品交易业者亦须作为会员加入基金,即所有在日本境内设有总部、分支机构或销售办事处的证券公司以及

① 参见刘颖:《日本金融ADR制度:发展与评价》,载《现代日本经济》2012年第4期。

② 日本《金融商品交易法》第79条之56第1款规定:一般顾客已经依据前条的对于基金的通知公告后,向金融商品经营者提出偿还请求,当基金发现该金融商品经营者难以根据内阁府条例规定的立即支付金额时,应金融商品经营者的一般顾客的请求,投资者保护基金应该按照内阁府条例和财政部的条例计算的金额偿还。在此所称的一般顾客是依同法第79条之20规定为进行有价证券关联的交易者。

通过互联网进行交易的证券公司,依法要求交易业者成为JIPF成员。

依日本《金融商品交易法》第79条之20和同法第79条之26规定,将基金保护的主客体关系限制于日本《金融商品交易法》第28条第8款规定的有价证券相关联的交易的关系。简言之,有资格获得JPIF补偿(Compensation)的对象,仅限于客户委托证券有关业务或证券商进行的商品衍生工具业务。

2. 基金的来源

依日本《金融商品交易法》第79条之64第1款规定,金融商品交易业者为了补充投资者保护基金,根据业务规则中的相关规定,必须向其所属的基金支付负担金;依同法第79条之66第1款规定,当金融商品经营者没有在业务规定的支付时限内支付负担金时,应该向所在基金缴纳延滞金。

根据业务规则的规定,投资者保护活动所需金额为500亿日元。当投资者保护基金的余额低于500亿日元时,会员(证券公司)必须按照基本计算金额每年支付50亿日元负担费。截至2015年,投资者保护基金的余额为568亿日元,且自2003年以来,JIPF尚未收取任何负担费。

3. 基金的保管运用

投资者保护基金只能投资于总理兼财政部部长指定的政府债券、银行存款和其他工具。

(二)保护基金的资金运用

1. 保护基金的用途

依日本《金融商品交易法》第79条之49所规定,投资者保护基金开展以下业务:

(1)第79条之56第1款规定对一般顾客的支付。

(2)第79条之59第1款规定的资金贷与。

(3)第79条之60第1款规定的裁判上或裁判外的行为。

(4)第79条之61规定的迅速返还顾客资产业务。

(5)负担金的征收与管理。

(6)根据金融机构等更生程序特例等相关法律。

(7)上述各款所列业务的附属业务。

由于日本规范证券公司需将投资者的资产单独管理,即证券公司须严格把自己的财产(货币、股票、债券和其他证券)和投资者资产(customer assets)分开管理。因此,即使证券公司破产,原则上也不会影响客户资产,客户可以要求破产的证券公司返还资产。

2. 保护基金的赔偿

(1)赔偿程序

①会员通知

依日本《金融商品交易法》第79条之53第1款所列各项规定,归纳条文简述之,即如果证券公司注册被撤销或其交启动破产程序、再生程序、重组程序或特别清算程序的申请书,作为JIPF成员的证券公司,则必须立即通知JIPF。

②会员审核

JIPF审计通知该证券公司确认委托资产,JIPF进行审计,以确认通知其是否通过与自己的资产分开管理来保留客户的资金和证券。法院再发布临时管理令,禁止处理通知会员的财产,并任命临时管理人。

③决定赔偿和通知投资者

JIPF确定需要补偿后,客户提交文件要求付款。如果该证券公司无法或很可能无法退还客户委托的款项和金额,JIPF决定作出补偿,并发布公告,付款困难。投资者根据报刊公告或通知客户通知的期限、地点、方式和其他要求,向JIPF提交要求付款的文件。

④支付补偿金

JIPF根据通知会员的记录检查要求付款的客户文件,确定JIPF支付的金额,并支付赔偿金。每投资者最高赔偿1000万日元,并根据补偿金额从投资者那里获得作为赔偿标准的赔偿。

⑤参与破产程序

破产管理人与JIPF的薪酬确定流程并行发起通知会员的清算程序。

请求超过1000万日元的客户可能有权收取额外的分配。JIPF向破产受托人确认客户资产的状态,准备请求超过1000万日元的客户名单,并提交给法院。

(2)赔偿认定及限制

①符合资格的客户

JIPF所涵盖的投资者是个人和非专业投资者的法人。需要注意的是,即使对于一般客户,以其他人名义执行交易的客户的资产也不在补偿范围之内。此外,破产的证券公司的高级管理人员和其他高管也不在有资格获得赔偿的客户中。

②符合资格的交易

有资格获得赔偿的金融商品交易,仅限于证券公司就证券相关业务进行的第一类金融工具业务交易委托。即使在同一证券公司进行的交易中,与外汇交易相关的客户资产(外汇交易)和其他未包含在证券相关业务中的交易也不在JIPF范围内。

虽如前所述,原则上证券公司的资产管理属于“分开管理”,但若由于某种原因,破产的证券公司不能顺利地退还客户资产,JIPF将为未结算的金融和证券(市值)顾客支付最高1000万日元。然而JIPF赔偿仅涉及在证券公司破产的情况下不能退还客户单独管理的资金和证券的损失,须强调的是,即使在破产时由客户委托给破产证券商的证券价格下跌存在估值损失的情况下,JIPF仅对当时有关证券的市场价值提供赔偿,并不赔偿估值损失,即市场价值与投资主体之间的差额。

第五节　韩国经验

韩国中小投资者保护适用《资本市场与金融投资业》(以下简称韩国《资本市场法》)、《银行法》和《保险法》,2012年提出的《金融消费者保护法(草案)》尚未通过,存有统合规范上的困难与障碍。本节主要梳理规范证券业的韩国《资本市场法》的主体、客体与行为规范,并辅以与仍在审议中韩国《金融消费者保护法(草案)》的比较,以期能借鉴韩国经验。

目前韩国金融消费者保护的相关立法,主要以2007年通过的《资本市场法》为主,虽能称为一部继日本《金融商品交易法》和英国《金融服务及市场法》后,较完善的法律规范,但仍有欠缺与不完善之处,因此截至2014年7月对于该法有进行修改,且早先于2012年韩国政府向国会提交了《金融消费者保护法(草案)》法案,但仍在审议中尚未通过,[①]因此本文将主要以韩国《资本市场法》作投资者保护的相关

① 参见金香兰:《韩国金融法现况与修法动向》,载《韩国发展报告》,2014年。

梳理，辅以《金融消费者保护法(草案)》所加强保护的重点。

一、立法背景

韩国《资本市场法》于2007年8月3日颁布，自2009年2月4日起施行。相隔2年的目的是使受规范或受保护者提前理解条文。按照韩国政府对该法立法理由的说明，韩国《资本市场法》制定的目的是促进资本市场的金融创新和竞争力，使韩国资本市场跃升为东北亚的金融中心，为韩国不断产生拥有竞争力的投资银行提供制度上的支持，同时提升对投资者的保护水平并增强资本市场的可信度。为此，韩国将之前的规制资本市场的《证券交易法》《期货交易法》《间接投资资产运用业法》《信托业法》《综合金融公司法》《韩国证券期货交易所法》6部法律大胆地予以整合，制定了统一的对世界具有重要影响意义的韩国《资本市场法》。[①]

通常认为，韩国以往有关资本市场的金融监管法规已不能支撑与资本市场相关的金融业的发展。具体体现在以下几个方面。

1. 过去韩国的证券公司、期货公司、资产运用公司及信托公司等金融公司，分别依各个不同的法规成立，致使每个法规所适用的规范也不一样。因此，如果金融公司不同，虽从事相同的金融功能，但却适用不同的法规，以致监理套利(regulation arbitrage)与投资人保护呈现空白现象。

2. 韩国证券公司可经营有价证券与衍生性商品的种类，依过去的法规，系以正面列示同意为原则，导致销售或中介新型金融商品的范围受到限制。

3. 韩国对证券业、资产运用业、期货业、信托业等与资本市场相关之金融业间兼营业务，皆有严格的限制，因此若欲提供多样化服务(包括投资银行业务、财富管理、证券服务、本金投资等)，相较于发达国家投资银行或法规，其竞争力提升亦受限。[②]

4. 韩国未完全具备先进化、有体系的投资人保护制度，因此对金融投资商品之

---

① 参见董新义：《韩国资本市场法的立法理念和核心内容》，载中国金融服务法治网：http://www.financialservicelaw.com.cn/article/default.asp? id=1878，最后访问日期：2018年6月15日。

② 英国制定了《金融服务与市场法》、2001年澳大利亚制定了《金融服务改革法》、新加坡于2001年颁布《证券期货交易法》，日本也相继制定《金融商品交易法》(2006年)。这些国家的金融法制的变革，其目的都是促进本国金融市场的发展，提升本国金融业的国际竞争力。因此，这些国家的金融法制的变革在一定程度上刺激了韩国。

不公平交易难有适当对策,使投资人对资本市场的信任感降低,并有所疑虑。

韩国《资本市场法》由总则、金融投资业、证券的发行与流通、不公平交易的规制、集合投资机构、金融投资业关联机关、韩国交易所、监督和处分、补充规定、罚则,共10编、449个条文构成,许多法律规定都具有开创性。更为重要的是,韩国《资本市场法》的制定,为韩国制定英国式的金融服务法迈出了坚实的第一步。由此可以看出,韩国的金融法领域已经形成韩国《资本市场法》、银行法律和保险业法的法制格局,这似为韩国最终出台整合银行法律、保险业法和《资本市场法》的金融消费者保护法作了铺路。

二、主体和客体

(一)金融投资商品的定义

1. 韩国《资本市场法》

依照韩国《资本市场法》第3条第1款规定,该法所称"金融投资商品"是指为了获得利益或者避免损失,在现在或者将来特定的时间内,通过约定支付金钱或者其他具有财产价值的物品而取得的权利,而且具有为取得此权利已经支付,或理应支付的金钱等总额(属于总统令规定的销售手续费等金额的除外)的风险能超过同样因是述权利而已回收,或者可能回收金钱等总额(包括总统令定的解约手续费等金额)的风险(以下简称投资性)。但有下列情形的除外:

(1)以韩元标识的可转让存款凭证。

(2)未将信托财产的处分权授予受托人的信托之受益权(处分权为韩国《信托业法》第46条至第48条规定的权限除外)。

同法第3条第2款规定,钱款所称金融投资商品,分为以下几类:

(1)证券。

(2)衍生商品。

①场内衍生商品。

②场外衍生商品。

2. 韩国《金融消费者保护法(草案)》

韩国《金融消费者保护法(草案)》将"金融商品"区分为四类:

(1)存款性商品。存款性商品并未在《银行法》规定一般定义,就一般解释论而言,其是指在金融公司委托保管金钱,随约定收取尾金钱及利息的金融商品。

(2)投资性商品。投资性商品,是指为了获得利益或者避免损失,在现在或者将来特定的时间内,通过约定支付金钱或者其他具有财产价值的物品而取得的权利。而且具有为取得此权利已经支付,或者应支付的金钱等总额的风险可能超过同样因上述权利而已回收或者金钱等总额的风险。(《资本市场法》)

(3)保障性商品。保障性商品,是指以保障风险为目的,对于偶然发生的事件,约定给与金钱以及其他的报酬收受代价。(《保险业法》)

(4)贷款性商品。贷款性商品,是指从金融公司接受金钱,在一定时间内,以使用代价支付本金以及利息等金钱的金融商品。(《银行法》)

(二)金融投资业者的定义

1. 韩国《资本市场法》

韩国《资本市场法》第 8 条规定,该法所称"金融投资业者",是指获得金融委员会的认可或者在金融委员会注册,从事该法第 6 条第 1 款所列各项金融投资业务的营业者;而韩国《资本市场法》第 6 条规定,该法所称"金融投资业"是指以营利为目的,持续、反复进行的营业行为,包括以下行业:

(1)投资买卖业。该法所称的投资买卖业,是指无论以谁的名义,都是为自己谋取利益,从事金融投资商品的买卖以及证券的发行或者承销,或者对这些行为进行要约邀请、要约、对要约进行承诺的行业。

(2)投资中介业。该法所称的投资中介业,是指无论以谁的名义,都是为他人谋取利益,从事金融投资商品的买卖、对该买卖进行邀约劝诱、要约或者对要约进行承诺。或者对证券的发行或者认购进行要约劝诱、要约或者对要约进行承诺的行业。

(3)集合投资业。该法所称的集合投资①业是指从事集合投资业务的营业。

(4)投资咨询业。该法所称的投资咨询业,是指针对金融投资商品的价值或关

① 集合投资,是指通过向两人以上进行投资劝诱筹集的金钱等,或者韩国《国家财政法》第 81 条规定的盈余资金在不受投资者或者各基金管理单位日常运用指示的前提下,通过取得、处分或者其他方式运用具有财产价值的投资对向资产,并将其结果向投资者或者各基金管理单位分配。

于金融投资商品的投资判断①提供咨询服务的营业。

(5)全权委托投资业。该法所称的全权委托投资业,是指通过投资者的委托授权、获得对金融投资商品进行投资判断的全部或部分权利,以及根据不同投资者的需求,取得、处分或者以其他的方法运用金融投资商品的营业。

(6)信托业。该法所称的"信托业"是指从事信托业务的营业。

2. 韩国《金融消费者保护法》

韩国《金融消费者保护法》销售行为适用对象是:

(1)银行法规定的银行。

(2)资本是法规定的投资买卖业者、投资中介业者、投资咨询业者、集中投资业者、全权委托投资业者,及信托业者。

(3)保险业法规定的保险公司。

(4)相互存款银行。

(5)信贷专业金融业法规定的信贷专业金融公司和兼营信贷业者。

该法所适用的对象限于韩国《金融委员会设立法》的金融公司,而不包括《邮政储备及保险法》国家经营的邮局储备及保险。

该法以行为类型区分为:

(1)金融商品直接销售业者,是指签订金融商品合同者劝诱签订金融商品合同或者要约进行承诺的行为,即自己运营金融商品直接销售的人。

(2)金融商品销售代理及中介,是指从事代理或中介进行金融商品合同营业者,该法并未不区分代理人和中介人。

(3)金融商品咨询业者,是指以获利为目的,持续而反复地进行从事咨询商品价值或者是金融商品购买决定的人,需要注意的是,若是对不特定多数人发布信息,例如,出版物、刊物、广播电视等不属于此,具有相同功能的金融商品的销售适用相同规制。

(三)投资人的定义

1. 韩国《资本市场法》

从韩国《资本市场法》立法规定来看,专业投资者和一般投资者的划分根据投

① 投资判断,是指对种类、项目、取得、处分及取得、处分的方法、数量、价格、时期等进行判断。

资者对金融投资商品是否具有专业知识，其拥有财产规模的多寡，以及对风险承受能力的强弱等。

(1)一般投资者

主要是指非专业投资者，一般投资者可以是自然人投资者也可以是法人投资者。专业投资者得到金融投资公司的同意时，可以适用一般投资者的保护原则。与此相反，为了防止金融投资公司滥用投资者保护规定，韩国资本市场法禁止金融投资公司将一般投资者适用于专业投资者的保护原则。①

须注意的是，上市公司在有一种情况下是被视为一般投资者来加以保护的，即当证券上市公司从事场外衍生金融商品交易，向金融投资企业书面通告其将接受专业投资者的待遇时，它才能被作为专业投资者来对待，否则其均应作为一般投资者来对待。

(2)专业投资者

依韩国《资本市场法》第 9 条第 5 款规定，专业投资者主要是指国家、韩国银行，以及总统施行令所确定的金融机构、证券上市公司及资本市场法总统施行令规定的其他主体。

但不满足前述条件的个别投资者持有的资产规模达到 50 亿韩元以上并开设投资账户已超过 1 年以上时，也可视为专业投资者。②

须加以注意的是，即使在分类上属于专业投资者，但是如果其属于总统令(总统令第 10 条第 1 款)第 8 条规定的人，若其向金融投资企业发出表明自己希望得到一般投资者待遇的书面通知，同时金融投资企业也同意此要求的情况下，该投资者是可以被视为一般投资者的(《资本市场法》第 5 条第 5 款但书部分)。更重要的是对于投资者的书面通知，金融投资企业除非有正当理由，否则必须同意。如机构投资者属于专业投资者，但是机构投资者认为其风险承担能力不足的，可以向金融投资公司申请适用一般投资者的待遇；相反，金融投资公司不得主动对一般投资者适用专业投资者的待遇。③

---

① 参见南玉梅：《金融改革浪潮下的韩国资本市场法——以投资者保护制度为中心的考查》，载《宁波大学学报》(人文科学版)2015 年第 4 期。

② 参见《韩国资本市场法施行令》第 10 条第 3 款第 17 项。

③ 参见董新义：《韩国〈资本市场法〉上投资者保护基本制度研究》，载《证券市场导报》2011 年第 6 期。

2. 韩国《金融消费者保护法(草案)》

韩国《金融消费者保护法(草案)》区分为一般金融消费者和专门金融消费者两种,区分方式准用《资本市场法》和《保险业法》,在此不加以赘述。

三、金融商品交易业者的行为规范

1. 韩国《资本市场法》之共通行为规范

(1)诚实信用原则与利益冲突回避义务

该法第37条第1款规定金融投资业者应遵守诚实信用原则,公平地经营金融投资业。第2款则指金融投资业者在从事金融投资营业的过程中,若无正当理由,不得牺牲投资者的利益以换取自己利益或者让第三人谋利。

该法第44条第3款规定利益冲突回避可总结为,违反金融投资业者和共通规则的由高管承担连带责任,能够证明已给予投资者合理注意提示的,或者投资者在进行金融投资商品买卖或者其他交易时,已知上述违法行为的,不承担赔偿责任。

(2)说明义务

该法第47条规定,销售或者劝诱须向投资者说明内容、风险、投资的商品性格性质等内容,通过签名、记名和盖章、录音或者其他方法获得一般投资者的确认。第3款规定,金融投资业者在进行说明义务时,对投资者合理的投资判断,或者相关金融投资商品的价值能够产生重大影响的事项应当进行如实说明且不得有遗漏、不得作出虚假或者扭曲的说明。

(3)顾客调查义务

通过面谈或者咨询等方式清楚了解投资者的专业程度投资目的以及财产等个人信息,通过签名、记名和盖章、录音录像等方式予以记录。

(4)适合性原则与适当性原则

该法第46条及第46条之2规范适合性即是适当性,而适合性是伴随适当性原则而来,前者不赘述,后者是指当顾客没有受到投资劝诱,顾客因自己的投资取向不适合的高风险性金融商品时,不能适用适合性原则的保护,而在金融消费者欲购买自己不适合的产品时,依据其投资目的、财产状况及投资经验等信息,通过签名、记名和盖查、录音录像或者其他方法确认履行告知义务。

(5)禁止不当劝诱

该法第45条规定,业者在进行投资劝诱时,不得从事下列行为:

①告知不实内容。

②对于不确定事项,提供确定性的判断或者告知其引人误解的内容。

③未经投资者的投资劝诱,采取拜访、电话等实时对话方式。

④投资者已作出拒绝受妨碍投资劝诱的意思表示,继续坚持向其劝诱投资的行为。

(6)格式合同条款

金融投资业者制定或者变更格式合同条款时,应通过官方网站等予以公示。

(7)投资广告规制

仅有金融投资业者才得以进行金融投资商品的广告,且广告内容内容须包含投资业者名称、内容及投资风险等。金投资业者除了弥补损失和保障获利的情形以外,在进行投资广告时,不得有填补损失或者保障获利而误导投资者的标示。

2. 韩国《金融消费者保护法(草案)》

韩国《金融消费者保护法(草案)》按照金融商品类型,具体规定了金融商品销售业者应遵守的事项。由于该法案大致上是萃取自如《资本市场法》《银行业法》《保险业法》,且尚未施行通过,本书以概念分别归纳。

(1)适合性原则

如韩国《资本市场法》所述,金融销售业者在劝诱金融消费者时,不应投资劝诱对其不适合的金融商品,在此不加以赘述。而该法认为对于四类金融商品都应遵守之。

(2)适当性原则

如韩国《资本市场法》所述,然而该法是将其扩大化,对于损失风险较大的保障性商品和投资性商品,金融公司认为该一般金融消费者不适合购买保障性商品及投资性商品的,应当向一般金融消费者告知该商品风险,获得一般金融消费者的确认。

(3)说明义务

如韩国《资本市场法》,是诚实信用的附随义务,金融公司应考虑金融商品的特点、风险程度、企业的经验及能力,向金融消费者明确说明金融商品的特点、主要内容及风险,具有保护顾客的义务。

(4)禁止签订约束性金融商品合同

此是参考2010年修订的韩国《银行法》的禁止不公正营业行为。韩国《金融消费者保护法(草案)》因此规定,禁止签订相关金融商品合同中,利用信息不对称的优势,强迫签订其他金融商品合同等行为。

(5)禁止不当劝诱

韩国《金融消费者保护法(草案)》类似于韩国《资本市场法》,列举并禁止一般的不当劝诱行为。

①对于不确定事项,提供确定性判断或者告知其引人误解的内容。

②告知不实金融商品的内容。

③已知对金融商品内容的一部分,并不告知金融消费者的行为。

④对于金融商品内容的一部分,不与明示比较对象及标准,或者没有客观的根据,告知该商品的优秀点或者有利购买该商品的行为。

不仅是金融商品销售业者的劝诱行为,对于金融商品咨询业者和执行咨询行为时也适用此规定,且无论是否为一般金融消费者皆然,进一步加强了该法的行为规制。

(6)广告相关遵守事项

在此是指禁止不利于金融消费者的合理判断或者损害公平的交易秩序,应执行公平和明确的广告金融商品,且条文内容还包含了积极性规制事项与不应存在的消极性规制事项。

(7)出具合同文件

为了使金融消费者更理解合同的内容,金融商品业者与金融消费者订立合同时,具有立即向金融消费者出具合同文件的义务。在此需注意的是,与资本市场法不同的是,该交付义务和韩国《资本市场法》第59条的书面交付义务不同,前者是立即交付,后者则是事后交付。[①]

---

① 参见崔宰俐:《关于韩国金融消费者保护法的研究》,复旦大学法学院民商法系2014年硕士学位论文,第23页。

四、金融领域诉外制度

韩国的监管体系是以金融监督院为主的统合性的监管制度，面对金融领域的诉外调解制度，官方的途径有二，分别为金融监督院的金融纠纷调整委员会以及韩国消费者院的消费者纠纷调整委员会；非官方途径亦有二，分别为韩国交易所的市场监督委员会以及韩国金融投资协会。

官方途径以金融纠纷调整委员会为最高的纠纷调整机构，相较于消费者纠纷调整委员会，仅有在消费者选择向消费者保护院申请救济时，金融消费者的金融纠纷调整才可以在消费者纠纷调整委员会解决。

韩国《资本市场法》中并未有章节详细规定金融的诉外调解制度，第 377 条第 10 款将自律纠纷调解机制归为韩国交易所的业务范围内；同法第 405 条第 1 款将自律纠纷调解交由市场监督委员会，第 405 条规定："欲从事该法第三百七十七条第十项规定的纠纷的自律调解业务的人，制定必要的纠纷调解规则。"然碍于能力不足，并未能将自治规则详尽翻译，因此援参考我国学者译文，以韩国金融监督院的《金融纠纷调解细则》（以下简称调解细则）为主要梳理。

（一）金融纠纷解决委员的选定

梳理调解细则第 4 条规定，委员会由 1 名委员长和含会长之总数不超过 30 名的委员所组成，委员的资格条件要求具有：

（1）具有法官、检察官或律师执业资格者。

（2）现任或曾任依据消费者保护法设立的韩国消费者保护院级消费者团体的高管者。

（3）在金融机构或者金融相关机构、团体工作 15 年以上者。

（4）具有金融专业知识及经验者。

（5）具有执业医生资格的医生。

（6）其他具有纠纷调解经验，且金融监督院院长认为必要者。

调解细则第 10 条第 3 款规定："为了处理监督院级委员会受理的案件，金融监督院院长认为有必要的，可以向专业委员进行咨询。"第 2 款限定专业委员的资格条件须由具有执业医生资格的医生、损害评估师及其他院长认为有必要的人员担任。

(二)金融纠纷解决程序

1. 调解细则的调解程序

(1)调解申请书面的提交

调解细则第11条第1款规定,金融有关机构、存款人等金融用户及其他利害关系人,发生金融纠纷时,可向院长提出纠纷调解申请,申请人在向院长提出申请时,应提交调解申请书。第3款亦规定,监督院院长在收到陈情书、请愿书等其他信访资料时,对其认为得以适用本细则进行调解的,无论其名称或形式如何,都应及时提交调解申请书处理。

(2)监督院长的纠纷处理

调解细则第17条规定,在提交给委员会之前,金融监督院院长有权就以下情况作出劝告和解或是不移交委员会而直接作出处理或是移交有关机构处理。

①已经向法院提起诉讼获者提出调解申请后提起诉讼的。

②根据有关法律或者客观证据材料等、劝告和解或调解已经没有实际利益的。

③申请人在收到第15条规定的补充要求后,没有正当理由且未在指定的时间内补充材料,或者由于住所不明等原因,补充要由经2次送达后被退回的。

④与调解申请内容不具有直接利害关系的人提出调解申请的。

⑤申请人出于不当目的而提出调解申请的。

⑥申请人没有适当理由撤销调解申请的或者就同一内容再次提起调解的,或者以假名提起调解申请的。

⑦当事人主张不一致,或者证据采纳困难、事实很难确定或者与刑事侦查案件有直接关系的。

⑧当事人的主张内容不当,或者参照有关法律、调解先例、法院判例确定不被受理的。

⑨与金融商品交易没有直接关系,或者需要刑事侦查机关的刑事侦查或是需要作出完全法律上判断等,调解申请的内容被认定不适合作为纠纷调解对象的。

梳理调解细则第16条规定,监督院院长得以在调查案件事实时,认为有其必要的,可以让监督院的职员以事实调查及查询或者要求有关人员出席等方法进行调查,或者要求当事人对事实予以确认或提交有关材料等。除此之外,在进行调查时,若院长认为有必要时,应当在现场调查3日以前以有线通信、电子邮件、文件等上提前将调查目的、内容、时间等通知相对人,以作为对相对人的保护。

(3)委员会的纠纷处理

调解细则第22条规定,出现下列情形之一的,院长应当制作委员会提交案件概要并附相关材料一并提交委员会。

①监督院院长认为根据第17条的规定不宜直接作出处理或者移交其他部门处理的案件。

②不适合进行第20条规定的和解劝告的案件。

③经过第20条规定的和解劝告后,自案件受理之日起30日内当事人仍未达成和解案件。

依调解细则第23条规定,委员会得为了审查案件的需要,请求监督院院长对该案进行调查或收集相关材料,且监督院院长并无拒绝的权利,须立即进行调查或收集。

在进行审查时,同法第24条规定,委员会在必要时,得以邀请当事人、其他利害关系人、鉴定人、参考人等出席会议并陈述意见,较特殊的是,同条第3款给予当事人及其他利害关系人可以申请出席会议的权利。

(4)纠纷调处的决定

调解细则第25条第1款规定,委员会应当在案件被提交之日起60日内进行审议并作出调解决定。但是若申请事项符合第17条第1项各项之一,委员会的调解已经没有实际利益的,可以作出驳回决定。

(5)监督院长的再审议请求

调解细则第27条规定,委员会的决议事项有违反法律法规的规定或是明显不符合公共利益的,院长可以提出再审议请求,并附再审议理由等。值得注意的是,因不符合公共利益难以判断,因此同条第2款规定,若监督院院长认为违反公共利益而申请再议,应当依第7条第1款规定的成员的2/3以上出席并经出席人员2/3以上的同意后,始可重新审议。

(三)金融纠纷的成立与再调解

1. 调解结果的通知与成立

调解细则第28条规定,监督院院长应该将委员会的决议内容附委员会的调解决定书或驳回决定书通知当事人;但是,若支持申请人请求的案件,还应将下列事项一并通知当事人。

(1)接受调解决定的,应当在收到调解决定通知之日起20日内做出接受的意思表示,否则将视为调解不成立。

(2)当事人双方接受调解决定内容的,应到监督院制作调解书或者在调解决定书上签名或盖章并提交给监督院。

(3)如果当事人双方接受调解决定内容,调解成立的,依法具有与法庭上和解同等的法律效力。

需注意的是,调解细则第29条第6款,金融相关机构不接受调解方案的,应向院长提出其理由。由此可以认为,本细则仍相当程度上倾斜于保护弱势的消费者。

2. 再调解申请

调解细则第31条规定,有下列事由之一的,当事人可以对委员会的决定提起在调解申请。但如果当事人在申请调解之初,已经主张过该事由或明知有该事由却未主张的除外。

(1)出现在调解当时未提出且对调解结果有重大影响的新事实。

(2)发现作为调解证据的文书、证人证言、参考人陈述等材料系伪造或变造,是虚假材料的。

(3)作为调解依据的法律、判决等发生变更的。

(4)对调解结果有重大影响的事项,委员会未作出判断的。

(5)应回避的委员未回避的。[①]

第六节　中国台湾地区

关于中小投资者保护,中国台湾地区先于2002年设立"证券投资人与期货交易人保护法"设立保护机构、确立双方当事人争议调处程序、团体诉讼的引进及保

① 参见《韩国金融监督院〈金融纠纷调解细则〉》,董新义、杨康译,载《金融服务法评论》2015年第1期。连动式债券,又称为结构式债券。

护基金运用管理，然而2008年金融危机雷曼兄弟的倒闭，连动债[①]造成大量中小投资者权益受损，且碍于难以认定连动债是否为证券或期货而无法受到保护。因此，2011年中国台湾地区参考英国《金融服务及市场法》和新加坡金融业纷争调解中心，于2012年年底通过台湾地区“金融消费者保护法”，本节将以“金融消费者保护法”为主要说明梳理，再辅以其未有规定而台湾地区“证券投资人与期货交易人保护法”（以下简称“投保法”）有规定的特殊规范作重点整理。

一、制定背景

2008年金融危机时，购买雷曼兄弟连动债的民众并非直接和雷曼兄弟做买卖交易，而是借由银行机关的销售方式，进行理财投资，然而雷曼兄弟的倒闭，造成当时购买连动债的消费者求偿无门，主因在于所称连动债是否为台湾地区“证券交易法”保护的范围在实务上具有争议，且在2002年时，中国台湾地区颁布的“投保法”能否将此种创新的金融产品归入其保护范畴，也存有疑虑。实务上和学者大多数否认了利用“证券交易法”和“投保法”的适用。因此，在金融领域中，相较于证券公司等组织处于弱势的中小投资者的保护出现灰色领域。

中国台湾地区于2011年6月3日第七届台湾地区立法机构第7会期第16次会议中“三读”通过制定了“金融消费者保护法”，为尽可能全面保护台湾地区金融消费者的合法基本权益，更指望能有效处理金融消费争议与纠纷争端，寻求金融消费者与金融服务业间的“双赢”局面，重建金融消费者对台湾地区金融市场之信心及兴趣，提升金融消费者的知识概念，以诱导教育金融服务业者提升金融服务的水平，促进金融市场持续与健全发展，便主要参考英国《金融服务及市场法》（Financial Services and Markets Act，FSMA）及英国金融公评人（Financial Ombudsman Service Ltd.，FOS）和新加坡金融业纷争调解中心（Financial Industry Dispute Resolution Centre Ltd.，FIDREC）制度制定，在面临全球化与国际化的竞争趋势与市场冲刺中，保有蓄积能量与激发潜力的重要基础，回应台湾当局致力发展提升金融服务业产

① 连动式债券，又称为结构式债券。所谓的连动式债券，主要是结合了固定收益产品及衍生性金融商品，当中的固定收益产品以债券商品为主，在衍生性金融商品部分，则可以联结汇率、利率、期货、选择权、股价指数或一篮子股票等；一般而言，连动式债券多以外币计价的方式投资于海外债券。

量与质量之政策目标,积极升华金融服务业在发展中之能见度及爆发力。①

除此之外,为降低中小投资者利用诉讼程序向法院起诉的程序复杂性,对于已发生的金融消费纠纷争议事件,能够以法律位阶,明白订定一个公平透明合理且有效率的金融消费争议处理机构,同时设立财团法人属性之金融消费争议处理机构,由台湾当局以5年编列预算捐助,以每年2亿元新台币,连续投入5年共10亿元新台币,明定争议处理机构之经常性基金来源,更确保评议机构的独立性和中立性。因此,台湾地区金融监管机构希望能将更具有争议或难以处理的案件以司法救济的方式解决。换言之,台湾地区金融监管机构借ADR机制作为筛网,希望降低法院负担。据2010年统计的粗略估计,当时已有3万多件金融消费争议待解决,而在“财团法人金融消费者评议中心”(以下简称“评议中心”)完成确立后,便在两年内将案件量处理至5000件上下,由此可知诉外诉讼程序是非常具有效益性的。

二、主体和客体

(一)金融服务业者的定义

根据台湾地区“金融消费者保护法”第3条,在界定金融服务业时,应当关注以下两点。

1. 其所称金融服务业是广义概念。金融服务业包括银行业、证券业、期货业、保险业、电子票证业,及其他经主管机关公告之金融服务业。其中,电子票证业的范围,依照台湾地区“电子票证发行管理条例”予以确定;电子票证的发行机构,仅限于经主管机关许可,依该“条例”经营电子票证业务之机构。

2. 台湾地区“金融消费者保护法”授权监管机关厘定金融服务业的具体范围。即其所称银行业、证券业、期货业及保险业的范围,由“行政院金融监督管理

① 参见刘其昌:《金融消费者法之分析》,载《台湾银行季刊》2012年第63卷第4期。

委员会组织法”第2条第3项[①]规定。证券交易所、证券柜台买卖中心、证券集中保管事业、期货交易所及其他经主管机关公告之事业虽然通常也称为金融服务业，但该等服务业不与投资者直接接触，因此，不属于该法所称的金融服务业。

(二)金融消费者的定义

根据台湾地区“金融消费者保护法”第4条，金融消费者，是指接受金融服务业提供金融商品或服务者。但不包括：(1)专业投资机构；(2)符合一定财力或专业能力之自然人或法人。前项专业投资机构之范围及一定财力或专业能力之条件，由主管机关定之。

1. 专业投资机构的界定

专业投资机构即使接受金融服务业提供的金融商品或者服务，也不属于金融消费者。根据台湾地区“金融消费者保护法”第4条第2项的规定，专业投资机构，系指：(1)台湾地区境内外之银行业、证券业、期货业、保险业、基金管理公司及当局投资机构；(2)台湾地区境内外之台湾当局基金、退休基金、共同基金、单位信托及金融服务业依“证券投资信托及顾问法”“期货交易法”或信托业法经理之基金或接受金融消费者委任交付或信托移转之委托投资资产；(3)其他经主管机关认定之机构。

2. “符合一定财力或专业能力”的自然人

根据台湾地区“金融消费者保护法”第4条第2项的规定，所称“符合一定财力或专业能力之自然人”，系指依下列各款规定之一所定，以专业投资人或专业客户身份，接受金融服务业提供金融商品或服务，于该笔金融商品或服务范围内之自然人：

(1)台湾地区“境外结构型商品管理规则”。

(2)台湾地区“信托业营运范围受益权转让限制风险揭露及营销订约管理办法”。

(3)台湾地区“银行办理衍生性金融商品业务内部作业制度及程序管理办法”。

---

① 银行业，是指银行机构、信用合作社、票券金融公司、信用卡公司、信托业、邮政机构之邮政储金汇兑业务与其他银行服务业之业务及机构。证券业，是指证券交易所、证券柜台买卖中心、证券商、证券投资信托事业、证券金融事业、证券投资顾问事业、证券集中保管事业、都市更新投资信托事业与其他证券服务业之业务及机构。期货业，是指期货交易所、期货商、杠杆交易商、期货信托事业、期货顾问事业与其他期货服务业之业务及机构。保险业，是指保险公司、保险合作社、保险代理人、保险经纪人、保险公证人、邮政机构之简易人寿保险业务与其他保险服务业之业务及机构。

(4)台湾地区“票券金融公司办理衍生性金融商品自律规范”。

(5)台湾地区“证券商受托买卖境外有价证券管理规则”。

(6)台湾地区“财团法人证券柜台买卖中心证券商营业处所经营衍生性金融商品交易业务规则”。

(7)台湾地区“财团法人证券柜台买卖中心杠杆交易商经营杠杆保证金契约交易业务规则”。

(8)台湾地区“财团法人证券柜台买卖中心外币计价国际债券管理规则”。

三、金融消费者的保护

(一)金融服务业者的责任

台湾地区“金融消费者保护法”第7条至第10条概括规定了金融服务业者的义务。

1. 公平平等及诚信原则

台湾地区“金融消费者保护法”第7条属于基本原则的规范,且亦可在该条发现倾斜保护金融消费者的趋势,主要规范契约的诚实信用及公平平等原则,更在第3项加重了金融服务业者的义务,将原为双方民事行为的契约一般人注意义务提升至应负担尽善良管理人责任,也更有效地保护契约关系中的弱势一方。

2. 广告不实的禁止

台湾地区“金融消费者保护法”第8条本属于广告不实的保护,规定金融服务业在刊登、播放广告及进行业务招揽或营业促销活动时,不得有虚伪、诈欺、隐匿或其他导致他人误信之情事,并应确保其广告内容之真实,其对金融消费者所负担之义务不得低于前述广告之内容及进行业务招揽或营业促销活动时对金融消费者所提示之资料或说明。前项广告、业务招揽及营业促销活动之方式、内容及其他应遵行事项之办法,由主管机关定之。

台湾地区“金融消费者保护法”第8条第3项规定,金融服务业不得借金融教育倡导、引荐个别金融商品或服务。是为避免在台湾地区“金融消费者保护法”颁布之前,台湾地区的许多广播节目和电视都会有些许的推荐商品,但是大多数未经过专业评析或包含诈欺劝诱,亦有“做庄”的可能,造成欲一夜暴富的民众蜂拥购买,结果有好有坏,但为了避免金融争议的产生,台湾地区"金融消费者保护法"对此加以规定。

3. 适合性原则(Know Your Customer,KYC)

台湾地区"金融消费者保护法"第 9 条属于适合性原则的规范,金融消费商品卖方需了解其客户的承担风险程度如何,在台湾地区"金融消费者保护法"实行以前,台湾地区就已利用行政命令要求必须适用适合性原则,目前实务上多将金融消费者区分为三种,由承担能力弱到强分为保守型、稳健型、积极型,各个金融服务业者又会在三型之中区分各三级。

4. 说明义务(Know Your Product,KYP)

台湾地区"金融消费者保护法"第 10 条属于金融服务业者负说明义务的规定,在台湾地区"金融消费者保护法"施行前,已有行政命令将说明义务列入规范,但碍于当时台湾地区金融监管机构并未有特定的形式要求,因此当时多以给予金融消费者单以签名为主,是否有进行说明使金融消费者充分理解内容有所疑问。

5. 保守秘密

台湾地区"金融消费者保护法"第 19 条属于保守秘密规定,为保证金融消费者的申请权益、个资保护等,就金融消费者于争议过程所提出之申请及各种说明资料或协商让步事项,除已公开、依规定或经该他方当事人同意者外,不得公开。

(二)违反义务之损害赔偿

根据台湾地区"金融消费者保护法"第 11 条,金融服务业违反前二条规定,致金融消费者受有损害者,应负损害赔偿责任。但金融服务业能证明损害之发生非因其未充分了解金融消费者之商品或服务适合度或非因其未说明、说明不实、错误或未充分揭露风险之事项所致者,不在此限。我国台湾地区林国全教授认为,本条适用推定过失责任,即金融消费者仅需提出其受有损害,将举证责任转移至金融服务业者,金融服务业者负有证明无过失,才得以主张免责,由此更倾向于保护金融消费者,亦与我国台湾地区"消费者保护法"所规范的相同,均采用举证责任倒置。

(三)加强监督手段

根据台湾地区"金融消费者保护法"第 12 条,金融服务业应将第 8 条至第 10 条规定事项,纳入其内部控制及稽核制度,并确实执行。一般认为,该条所针对的,是主管机关将广告不实之禁止、适合性原则及说明义务的履行情况列入内部控制和稽核制度,以加强金融服务业者的行为规范,避免主管机管难以有效管控所有金融服务业者,为避免心有余而力不足的情形。

四、金融消费争议处理

我国台湾地区"金融消费者保护法"第13条至第30条,系关于金融消费争议处理的规则,也是最有创新性的规定。根据该规定,"评议中心"及其评议程序,既不同于诉讼,也不同于和解和调解,是一种具有特殊约束力的新型争议解决方式。

(一)"评议中心"设立

依台湾地区"金融消费者保护法"第13条第1项规定,为公平合理、迅速有效处理金融消费争议,以保护金融消费者权益,设立我国台湾地区的诉讼外争议处理机构"评议中心"。

1. 主要任务

(1)处理金融消费争议

2010年前产生的金融消费争议约有3万多件,而在台湾地区"金融消费者保护法"明文规范程序后,评议中心将许多较普遍的金融消费争议予以妥善处理,2013年时已经降为5000多件,相较于要求金融消费者直接提起司法救济的烦琐,"评议中心"能简化案件的复杂。目前"评议中心"委员会内部的委员皆具有律师资格,且多为学术界的教授,评议委员具有相当高的专业能力,能将案件以法律的视角妥善地判断处理,使该法的适用更能贴近金融消费者的实际需求。

(2)办理金融消费教育倡导

台湾地区"金融消费者保护法"第13条第4项规范:"争议处理机构除处理金融消费争议外,并应办理对金融服务业及金融消费者之教育倡导,使金融服务业与金融消费者均能充分了解正确之金融消费观念及金融消费关系之权利与义务,以有效预防金融消费争议发生。"我国台湾地区学者认为,目前仍难看出实益效果,大多仍是将教育信息或"问与答"放置于"评议中心"的网站上,较不易有针对未来的金融消费者做事前教育的效果,仅能将信息被动地置于网站上,供民众参考,而在事后救济的再教育中,可以利用处理金融消费争议而做事后的教育倡导,降低金融消费争议的发生。

2. 经费来源

(1)台湾当局编列预算及其孳息

依台湾地区"金融消费者保护法"第 14 条第 1 项规定,"评议中心"为财团法人,其设立财产由台湾当局编 5 年预算,以每年 2 亿元新台币,分 5 年编列预算捐助,共 10 亿元新台币,制定该条时认为应以"使用者付费"的概念,由金融服务业者捐助,但若为纯粹的民营机构,会使台湾地区立法机构担忧无法进行监督,因此由台湾当局编列预算,使其成为准官方组织,运行更得到更好的监管。

(2)金融证券经营者年费及服务费

依台湾地区"金融消费者保护法"第 14 条第 2 项规定,"评议中心"得设基金,若"评议中心"单纯倚靠当局捐助的财产或基金产生的孳息是难以运作的,制定者采纳了"使用者付费"的概念,第 14 条第 2 项第 2 款规定,向金融服务业收取年费。

(二)"评议中心"组成

依台湾地区"金融消费者保护法"第 17 条规定,"评议中心"需设立评议委员会,置评议委员 9 人至 25 人,根据 2017 年"评议中心"官方网站查询,目前共 21 人,大多数为各高校法学院教授,亦有包含其他领域的专业人员,基本上都需有台湾地区律师资格。而我国台湾地区"投保法"中设有"证券投资人保护中心","评议中心"所聘请的委员,只有少数为证券专业评议人员,大多为银行、保险专业的委员。

(三)"评议中心"行为规范

(1)保守秘密

依台湾地区"金融消费者保护法"第 19 条第 2 项规定,"评议中心"或评议委员对所知悉金融消费争议之资料及评议过程,除另有规定或经争议双方之同意外,应保守秘密,除为保护金融消费者的个资,亦是使评议委员更能根据中立评断案件事实,妥善处理双方当事人的争议。

(2)公平合理原则

依台湾地区"金融消费者保护法"第 20 条规定,"评议中心"受理申请评议后,应斟酌事件之事实证据,依公平合理原则,超然独立进行评议。

(四)财团法人金融消费者评议中心处理程序

根据我国台湾地区"金融消费者保护法"第 21 条至第 29 条,评议中心所处理的程序大致分为三个阶段:

1. 申诉

依台湾地区"金融消费者保护法"第13条第2项,金融消费者就金融消费争议事件应先向金融服务业提出申诉,金融服务业应于收受申诉之日起30日内为适当之处理,并将处理结果回复提出申诉之金融消费者,金融消费者向争议处理机构提出申诉者,争议处理机构之金融消费者服务部门应将该申诉移交金融服务业处理。

2. 调处

依台湾地区"金融消费者保护法"第23条第2项,金融消费者申请评议后,争议处理机构得试行调处;当事人任一方不同意调处或经调处不成立者,争议处理机构应续行评议。目前主管机关希望能利用调处阶段可以将80%的案件完成协调,因此"评议中心"会优先将申诉后具有金融消费争议的案件处理。且依照第23条第5项,调处成立者应作成调处书;调处书之作成、送达、核可及效力,准用第28条及第30条规定,且与评议后的结果书具有同样效果。

3. 评议

(1)书面审理原则

依台湾地区"金融消费者保护法"第24条第1项,金融消费者申请评议,应填具申请书,载明当事人名称及基本资料、请求标的、事实、理由、相关文件或资料及申诉未获妥善处理之情形。依台湾地区"金融消费者保护法"第26条第1项,评议程序以书面审理为原则,并使当事人有于合理期间陈述意见之机会。第26条第2项评议委员会认为有必要者,得通知当事人或利害关系人至指定处所陈述意见;当事人请求到场陈述意见,评议委员会认有正当理由者,应给予到场陈述意见之机会。

由上可知,评议委员会的评议审查原则上以书面为主,在例外情形,评议委员会能请当事人当场陈述意见,但相反的,若当事人欲请求出面陈述的机会,评议委员会得以拒绝之。

(2)评议程序

①预审阶段

依台湾地区"金融消费者保护法"第25条规定,争议处理机构于受理申请评议后,应由评议委员会主任委员指派评议委员三人以上为预审委员先行审查,并研提审查意见报告。在依台湾地区"金融消费者保护法"第27条,预审委员应将审查意见报告提送评议委员会评议。

②评议阶段

根据台湾地区“金融消费者保护法”，评议委员会应公平合理审酌评议事件之一切情状，以全体评议委员1/2以上之出席，出席评议委员1/2以上之同意，作成评议决定。评议委员会之评议决定应以争议处理机构名义作成评议书，送达当事人。当事人应于评议书所载期限内，以书面通知争议处理机构，表明接受或拒绝评议决定之意思。评议经当事人双方接受而成立。依台湾地区“金融消费者保护法”第29条第2项规定，金融服务业于事前以书面同意或于其商品、服务契约或其他文件中表明愿意适用台湾地区“金融消费者保护法”之争议处理程序者，对于评议委员会所作其应向金融消费者给付每一笔金额或财产价值在一定额度以下之评议决定，应予接受；评议决定超过一定额度，而金融消费者表明愿意缩减该金额或财产价值至一定额度者，亦同。

需要注意，台湾地区“金融消费者保护法”第29条第2项规定，若金融消费者接受评议结果，则可依台湾地区“金融消费者保护法”第30条规定送请法院核可，与判决有同一效力。然而评议结果是否可以拘束金融服务业者呢？在我国台湾地区的规则制定的过程中，业者有认为双方的权利不对等的情况，因此金融服务业者认为，若在依定额度下可以接受，金融服务业者有选择权，选择其是否需要接受此评议结果，但主管机关“有自信”让金融服务业者会接受，因为如果他不先事先接受，以后增资等需申请的项目，主管机关都不让其通过；除此之外，若90%的金融服务业者签了同意，10%的不同意会造成金融消费者不再和其购买，就会造成同侪效应。目前主管机关将一定额度设定在100万元新台币以下，但若申请人愿意把额度缩减至金融服务业者的额度，“评议中心”也需要接受。

依照上述，若甲为金融服务业者、乙为金融消费者，在评议程序开始的时候，甲签订表明愿意适用一定额度以下的同意评议决定书，设评议结果为“甲需赔偿乙90万元新台币”，则依上述同意书，甲应予接受；设评议结果为“甲需赔偿120万元新台币”但乙认为仅需要赔偿100万元新台币即可补偿自己的损失，乙可以将额度减至金融服务业者的额度，则甲应予接受，“评议中心”也需接受。

（五）“评议中心”判决书效果

台湾地区“金融消费者保护法”第30条规定，争议处理机构可以由金融消费者申请将评议书送请法院核可,而"评议中心"应于受理前述申请之日起5日内,将评议书和卷证送请争议处理机构事务所在地管辖法院,而法院判定该评议书内容未抵触"法令"、不违背公序良俗或不具其他不能强制执行的原因的情况下,应予以核可,表现对于司法权的尊重,并要将核可的评书送达当事人及其代理人,且依台湾地区"金融消费者保护法"第30条第4项规定,该评议书具有和民事确定判决同一效力,当事人就该事件不得再行起诉或依台湾地区"金融消费者保护法"申诉、申请评议。

五、台湾地区"投保法"的调处机制

根据台湾地区"投保法"第22条到第27条,调处机制有以下几个要点。

(一)调处委员会的设立

依台湾地区"投保法"第22条第2项设立调处委员会,置7人到15人,其组织及调处办法,[①]由主管机关定之。

(二)调处的程序

1. 程序的发动

不同于台湾地区"金融消费者保护法","投保法"第22条规定证券投资人或期货交易人与发行人、证券商、证券服务事业、期货业、交易所、柜台买卖中心、结算机构或其他利害关系人间,因有价证券之募集、发行、买卖或期货交易及其他相关事宜所生民事争议,得向保护机构申请调处。换言之,调处是由投资人所发动的纷争解决机制,由证券投资人或期货交易人主动提出,"投保法"中虽未明文规定申请调处之形式要件,但台湾地区"财团法人证券投资人与期货交易人保护中心"(以下简称"投保中心")备有既定格式之调处申请书,故虽无书面之要式相关规定,然实务

① 依台湾地区"证券投资人及期货交易人保护机构调处委员会组织及调处办法"第2条以下之规定:Ⅰ.设置调处委员会,置委员7人至15人;其中1人为主任委员,由保护机构董事长兼任。Ⅱ.委员应具备下列资格之一:(1)曾任证券、期货或金融机构业务或行政管理工作经验合计5年以上,并曾任业务部门之主管或荐任职以上之职务者。(2)曾任法官、检察官或曾执行律师、会计师业务5年以上者。(3)曾任台湾地区境内外仲裁机构仲裁事件之仲裁人5年以上者。(4)曾任台湾地区教育事务主管部门认可之台湾地区境内外大专院校法律、会计或财务等相关系所助理教授以上职务5年以上者。Ⅲ.为了确保多元之专业,前项各款人数,各不得超过全体调处委员人数之1/2。

上原则上均是以书面提出申请。

2. 调处的成立

依“投保法”第 25 条规定：“调处事件经双方当事人达成协议者，调处成立。调处事件，达成协议有困难者，调处委员会得斟酌一切情形，求双方当事人利益之平衡，经全体委员过半数之同意作成调处方案，并定四十五日以下期间劝导双方当事人同意；必要时，得再延长四十五日。当事人未于前项所定期间内为不同意之表示者，视为双方当事人依调处方案调处成立。”由条文表述可知，若向“投保中心”申请调处且经调处成立者，即得解决，然倘若双方当事人达成协议有困难者，得由调处委员斟酌情形另定调处方案，视当事人是否接受，若不接受，即是调处失败，便有可能进入诉讼程序。

3. 调处书的法律效果

依“投保法”第 26 条第 1 项规定：“调处成立者应作成调处书。”且“投保中心”应于调处成立之日起 7 日内，将调处书送请管辖法院审核，调处书经管辖法院核定后，“投保中心”应于收受法院核定之调处书之日起 7 日内，将调处书送达当事人。调处书之调处内容与“法令”抵触而未经法院核定者，保护机构应于收受法院之通知日起 7 日内，将其理由通知当事人。

依“投保法”第 26 条第 2 项，经法院核定之调处，与民事确定判决有同一之效力。在此需强调，此处与“金融消费者保护法”不同的是，在“投保中心”成立调处后，不论当事人有无申请，“投保中心”皆应将调处书送请管辖法院审核。

4. 小额争议

依“投保法”第 25 条之 1 规定：“关于小额证券投资或期货交易争议事件，经证券投资人或期货交易人向保护机构申请调处，相对人无正当理由，不于调处期日到场者，调处委员得审酌情形，依申请人之请求或依职权提出调处方案，并送达于当事人。”

本条设计了在小额证券投资或期货交易争议事件时，对于不到场相对人课以不利益，可以加快纷争之解决以及实行性，相对人不到场所生之效果规定于第 25 条之 2：“当事人对前条第一项之方案，得于送达后十日之不变期间内为不同意之表示；未于期间内提出者，视为已依该方案成立调处。”唯应补充说明者，多少额度以下之案件属于小额争议？依“投保法”第 25 条第 4 项，小额争议的额度由主管机关定之,按"金管证交字第0980034324号函",小额证券投资或期货交易争议之额度为100万元新台币以下。

六、保护基金

对于我国台湾地区应否设有金融消费者的保护基金(Fair Fund)或称为投资人保护金,"金融消费者保护法"未为规定,"投保法"却有明确规定。即保护基金仅运用于证券投资人或期货交易人的情况,保护对象并非包含所有金融消费者。

(一)保护基金的设置

1. 设立准则

"投保中心"系依照"投保法"第5条设立,且依"投保法"第6条规范设立保护基金,保护基金由保护机构进行管理运用。

2. 基金的来源

依"投保法"第18条规定,保护机构为利业务之推动,应设置保护基金,设立之经费来源,初期应由主管机关指定证券及期货交易市场相关机构捐助一定财产。保护基金除设立时之捐助财产外,另为利于保护机构业务之推动,尚有每月之提拨收入,包括证券交易所、证券柜台买卖中心及期货交易所从其经手费收入提拨5%,证券商按受托买卖有价证券成交金额提拨0.00285‰;期货商按其前月份受托买卖契约别成交契约数分别拨1.88元、1.1元、0.11元之款项。

依"投保法"第18条第3项,保护基金累计至50亿元新台币时,台湾地区金融监管机构得命令已提拨超过10年之证券商、期货商暂时停止提拨上述款项。前数提拨比率或金额之订定,主要系考量各证券及期货机构提拨金额占营业收入比例应相当。若保护基金不足以支应偿付投资人或交易人之因证券商或期货商因财务困难违约而无法给付正常交割的款券或保证金及权利金等之用途时,保护机构得经主管机关核准后,向金融机构借款。预估保护基金于10年内可累积至50亿元新台币。①

① 参见张素文:《现行证券投资人及期货交易人保护制度评析》,载《证券暨期货月刊》2004年第22卷第6期。

3. 基金的保管运用

依“投保法”第19条，应将保护基金以购入台湾当局债券或存入金融机构之方式保管，该中心订有“基金及保管运用作业要点”执行有关保护基金之保管与运用，2010年年底保护基金保管于银行存款及台湾当局债券约占75%，运用于自用不动产、上市或上柜公司股票及金融债券等约占25%。自“投保中心”成立以来，尚未发生保护基金偿付案件，保护基金多用于保护机构提起诉讼或仲裁所需之裁判费、裁定费等，保护基金孳息多用于保护机构之业务支出及其他必要费用。

（二）资金的运用

1. 保护基金的用途

依“投保法”第20条，保护基金之动用，以下列各款为限：

（1）依“投保法”第21条规定，偿付证券投资人或期货交易人之用。

（2）保护机构依“投保法”执行业务之支出及其他必要费用。

（3）依“投保法”规定提起之诉讼或提付仲裁所需之费用。

（4）其他经主管机关核准之用途。

2. 动用保护基金偿付的情形

按“投保法”第21条第1项明文规定，证券投资人及期货交易人有下列情形时，保护机构得动用保护基金偿付之：

（1）证券投资人于所委托之证券商因财务困难失却清偿能力而违约时，其于证券交易市场买卖有价证券并已完成交割义务，或委托该证券商向认购（售）权证之发行人请求履约并已给付应缴之价款或有价证券，而未取得其应得之有价证券或价款。

（2）期货交易人于所委托之期货商因财务困难失却清偿能力而违约时，其于期货交易市场从事期货交易，而未取得其应得之保证金、权利金，及经期货结算机构完成结算程序后之利得。

另依中心“保护基金偿付作业办法”之规定，保护基金之偿付有其限制，即对每家证券商或期货商之每一证券投资人或期货交易人一次之偿付金额，以100万元新台币为限。对每家证券商或期货商之全体证券投资人或期货交易人一次之偿付总额上限，以证券商或期货商最近1年或最近3年平均提拨保护基金数额（取其数额高者为准）之1000倍为准，并不超过10亿元新台币为偿付总额上限。但前计算金额最高未达1亿元新台币者,以1亿元新台币为准,由“投保中心”视市场状况及保护基金之提拨情形调整之,并申报“证券暨期货市场发展基金会”核定。①

七、团体诉讼

我国台湾地区和大陆情况相似,均属于散户居多的市场,然而,对于同一事实原因而引起的共同损害的情形,若利用个别的求偿会造成司法程序的负担及司法资源的浪费,且在举证和诉讼费用等因素上,是行有余而力不足,难以收集大量资料。因而,我国台湾地区参考美国《证券投资人保护法》之立法例并引进外国团体诉讼制度之精神,再参考台湾地区“消费者保护法”第50条及“行政诉讼法”第35条于第28条规定,允许保护机构为维护公益投资人,于其章程所定目的范围内,对于造成多数证券投资人或期货交易人受损害之同一证券、期货事件,得由20人以上证券投资人或期货交易人授予诉讼或仲裁实施权后,以自己之名义起诉或提付仲裁。

(一)“投保中心”诉讼实施权之权限

“投保法”第28条规定,“投保中心”为保护公共利益,得由20人以上之证券投资人或期货交易人授予诉讼或仲裁实施权后,以该机构名义提付仲裁或起诉;然实际债权人仍为证券投资人或期货交易人,而关于舍弃、认诺、撤回、和解之行为,关系当事人之权益甚巨,证券投资人或期货交易人自得予以限制,故“投保法”第31条规定:保护机构就证券投资人或期货交易人授予诉讼或仲裁实施权之事件,有为一切诉讼或仲裁行为之权。但证券投资人或期货交易人得限制其为舍弃、认诺、撤回或和解。

如证券投资人或期货交易人对诉讼之判决不服,亦得于保护机构上诉期间届满前,撤回诉讼实施权之授予,自行提起上诉。鉴于证券投资或期货交易团体诉讼事件有其专业性、技术性,为使证券投资或期货交易团体诉讼事件之审理能符合相关规范及社会公平正义之要求,2009年“投保法”修正时,增订第28条之1,法院为审理团体诉讼,得设立专业法庭或指定专人办理之规定。

---

① 参见谢兰军、张国梁、朱耀龙:《证券及期货投资者权益保护研究》,兰州大学出版社2009年版,第11页。

（二）“投保中心”的诉讼实施权之优惠

为实现“投保中心”的公益性，“投保法”第33条规定，扣除诉讼程序必要费用后，“投保中心”不得请求报酬，并避免加害者轻易脱产造成证券投资人或期货交易人之损失无从获得实质满足；依“投保法”第34条规定保护机构得向法院声请免供担保之假执行，并得暂减免部分裁判费，“投保中心”仍需先释明在判决确定前不为执行，恐受难以抵偿或难以计算之损害后；“投保法”第36条规定法院应依其声请宣告准予免供担保之假执行。

依“投保法”第35条，“其诉讼标的金额或价额超过新台币三千万元者，超过部分暂免缴裁判费。他造当事人提起上诉胜诉确定者，预缴之裁判费扣除由其负担之费用后，发还之。前项暂免缴之裁判费，第一审法院应于该事件确定后，依职权裁定向负担诉讼费用之一造征收之。但就保护机构应负担诉讼标的金额或价额超过新台币三千万元部分之裁判费，免予征收”。是有鉴于团体诉讼是集合多数受害人，损害赔偿金额可能巨大，依有关裁判费用征收规定征收之裁判费用负担过重，原定为金额标的需达到1亿元新台币，然而为降低“投保中心”的负担，故2009年“投保法”修正时，将暂减免裁判费标准由原先诉讼标的金额或价额逾1亿元新台币部分调整为超过3000万元新台币部分，另相关执行程序所需费用亦有暂免缴之适用。

第四章　证券投资者

第一节　概念界定与比较

一、投资者的基本概念

我国《证券法》采用了“证券投资者”(以下简称投资者)的术语,但未界定其含义。一般而言,投资者,是指具有一定的资金来源,从事以证券为介质或手段的投资性活动,对投资收益享有所有权并承担投资风险的证券市场主体。[①] 为了准确理解证券投资者的概念,有必要对投资者的基本特征作如下分析。

首先,投资者将资金投入到证券市场,以证券作为投资介质或手段。我国《证券法》对证券没有作出直接的定义,而是通过列举方式规定了证券的具体类型。《证券法》第2条规定,证券包括股票、公司债券、国务院依法认定的其他证券、政府债券、证券投资基金以及证券衍生品种。股票,是指股份有限公司发行的,用以证明股东所持股份的凭证,也是最重要的证券类型。公司债券,是指公司依照法定程序发行,约定在一定期限还本付息的有价证券。政府债券,是指中央政府或地方政府为筹措财政资金,以政府信誉为基础,按照法定程序向投资者发行的、承诺到期还本付息的债权债务凭证。基金通过发行基金单位,集中投资者资金,由基金托管人托管,由基金管理人管理和运用资金,从事证券和产业投资。证券衍生品种,是指以股票、债券等基本证券为基础,设计衍生出来的证券产品,主要包括股指期货、

① 参见陈洁:《投资者到金融消费者的角色嬗变》,载《法学研究》2011年第5期。

股指期权、国债期货、股票期货、权证、存托凭证等。按照证券种类,证券市场分为股票市场、债券市场、基金市场以及衍生证券市场,其中衍生证券市场主要包括期货市场、期权市场及其他衍生证券市场。将资金投资于证券市场的主体都是证券投资者,因此尽管我国《证券法》并没有提及期货或期权,期货投资者、期权投资者也属于证券投资者,也应当纳入证券投资者的保护。

其次,投资者基于其投资行为对投资收益享有所有权并承担投资风险。2007年韩国《资本市场法》将"投资"定义为:为了获得利益或避免损失或风险管理,有可能损失本金或者损失超过本金或者承担追加支付义务,并在现在或将来的特定时期,约定转移金钱等,从此所获得的权利。[①] 投资者将资金投入证券市场购买有价证券,在持有证券期间获得与其承担的风险相对应的回报收益。在证券市场中运行机制中,证券投资必然伴随着风险,风险是收益的代价,而收益则是承担的风险的回报。所以,在证券市场的投资活动中,投资者理应为自己的带有投资风险的投资行为负责,接受市场机制决定的任何投资结果,这就是"买者自负"原则。

最后,投资者既包含自然人,也包括法人或其他组织。我国《证券法》并没有对证券投资者的主体资格作出限制,自然人、金融机构、基金管理公司、投资公司等均可以作为投资者。一般来说,依投资者的身份(投资者是否为自然人)可以将证券投资者分为机构投资者与个人投资者。机构投资者是指自有资金或者从分散的公众手中筹集资金专门进行有价证券投资活动的法人机构。个人投资者是指从事证券投资的社会公众个人,是证券市场最广泛的投资者。从域外实践来看,为了保护小额投资者的利益,有时采用金融资产规模予以分类。

二、投资者与客户

我国《证券法》同时提及"客户"这一术语,其与"证券公司"无一例外地出现在同一个条文中。一般来说,客户,是指接受证券经纪、证券投资咨询、证券资产管理等证券投资服务的自然人、法人或其他组织。[②] 客户是相对于服务提供者而言的,

---

① 参见张付标:《证券投资者适当性制度研究》,对外经济贸易大学民商法学2014年博士学位论文,第17页。

② 参见孔健:《论证券投资服务客户的分类保护》,广西大学法学院2012年硕士学位论文,第3页。

通常指接受他人提供的服务的组织或者个人。客户关系,是指服务提供者和接受者之间的权利义务关系。投资者是相对于上市公司等被投资者而言的,因为投资者将其资金用于购买证券,即是向证券发行人投入资金,从而享有收益并承担风险。投资者和客户是针对不同的参照对象、从不同角度提出的,“客户”更强调与证券服务提供者的相互关系,“证券投资者”更强调与证券发行者之间的相互关系。最重要的客户关系就是证券公司与投资者之间的关系,对于证券公司来说,通常客户就是投资者。

三、投资者与股东

股东是相对于公司的概念,指基于对公司的出资或其他合法原因,持有公司资本一定份额、依法享有股东权利并承担义务的组织或个人。在我国,公司分为有限责任公司和股份有限公司,股东在公司中所持有的权益,分别称为股权和股份。投资者既可以基于出资而成为股东,也可以因受让股权或股份而成为股东。投资者主要是证券法上的概念,也可以称其为证券的权利人。如果投资者持有的是股票,其在实质上就是股东;如果投资者持有的是公司债券,该投资者即为公司债券持有人;如果投资者持有其他证券,则应视其持有的证券类型而有相应的称谓,如基金份额持有人、委托人等。

股东是公司组织法上的概念,股东投资于公司并与公司之间形成组织法关系,因而股东是在与公司的相对关系中存在的概念,在与公司的关系中,主要遵循民主机制和“多数决定”的原则。投资者的概念不强调投资者与公司或发行人之间的组织关系,而强调投资者之证券持有人的身份以及自由交易权,与股东之间存在交叉。

四、投资者与交易者

一般而言,投资者是公司法和证券法上的常用概念,交易者主要是期货法领域的概念。在历史上,由于存在金融现货与金融期货的分业模式,以及公司法、证券法与期货法并存的分别立法模式,多数国家和地区在立法上采用了两套不同的术语系统。在这种传统模式下,投资者是缴纳出资并获得有价证券的人,交易者是支付款项(主要指保证金)并获得合同权利的人。支付保证金不同于缴纳出资,因而,在立法上促成了证券与期货、投资者与交易者的区分。

证券通常被认为是发行人采用的融资工具,在立法上,既需要发行制度,又需要交易规则。发行制度旨在直接满足发行人的融资需求,交易制度旨在实现有价证券的转让和交易。但在期货领域中,交易标的不具有融资属性,而仅是交易的标的,因而,期货法并无与"发行"有关的概念和制度。具体而言,期货法中既没有发行的概念,也没有发行的规则和制度,更没有与违反发行规则相关的一系列救济措施。相反,因为期货的交易标的实乃"合约",期货交易参加者的盈亏主要取决于合约价格的波动,不存在期货交易参加者需将资金交付他人管理的内容。因此,期货不同于证券,期货交易不完全同于证券交易,证券法上的投资者也不等同于期货法上的交易者。

正因如此,在分别立法和分业监管模式下,投资者与交易者是并存的概念,分别出现在不同的法域。但伴随金融混业和金融市场统一立法的发展趋势,有些国家和地区开始在投资者和交易者上,构建一个更抽象的概念,即金融消费者,试图在金融市场上形成投资者和交易者的同等对待。

五、投资者与存托凭证持有人

经国务院批准,中国证监会于 2018 年 6 月 4 日通过、6 月 6 日施行《存托凭证发行与交易管理办法(施行)》(以下简称存托凭证管理办法),明确提出了"存托凭证持有人"的术语。根据存托凭证管理办法第 2 条,该办法所称存托凭证,是指由存托人签发、以境外证券为基础在中国境内发行、代表境外基础证券权益的证券。相应地,存托凭证持有人即为持有存托人签发的存托凭证的人。

按照关于存托凭证的规定,存托凭证代表了境外基础证券的权益,在本质上也是证券;存托凭证管理办法将存托凭证持有人归类于投资者,并专门规定了投资者保护的相关内容。值得注意的是,存托凭证持有人只是持有存托凭证的人,但不是境外基础证券的持有人,相应地,也不是境外基础证券发行人的股东。然而,根据存托凭证管理办法第 3 条规定,境外基础证券发行人,应当保障对中国境内投资者权益的保护总体上不低于中国法律、行政法规以及中国证监会规定的要求,并保障存托凭证持有人实际享有的权益与境外基础证券持有人的权益相当,不得存在跨境歧视。

六、投资者与消费者

我国《消费者权益保护法》第2条规定:消费者为生活需要而购买、使用商品或接受服务,其权益受该法保护;该法未作规定的,受其他有关法律、法规保护。这是《消费者权益保护法》对其调整范围所做出的界定。消费者这一概念是与经营者相对应的,消费者是指以非营利目的购买商品或者接受服务的人。①

根据该定义,消费者有三个特征:(1)消费者是指购买商品或者接受服务的人。(2)消费者购买商品或接受服务时非以营利为目的。在市场中,消费者是与生产者、商人相对应的,消费者购买商品或接受服务的目的是满足自己的各种需要,任何人购买商品或接受服务只要不是为了将商品或服务转售出去,不是为了再次投入市场交易,就应当视为消费者。(3)消费者是指购买商品或接受服务的个人,不包括单位。金融消费者是属于消费者的子概念,属于消费者群体,《消费者权益保护法》也未将金融服务领域排除在外。对于金融消费者能否纳入消费者保护范围之中,在多数学者对消费者的定义中,"生活消费"被视为行为人的目的因素,因而在定义金融消费者时,对于"金融消费"能否被纳入"生活消费"产生了争议。消费者是与经营者对应的概念,那么金融消费者是与金融服务商对应的概念,通过揭示金融消费者与服务商的相互关系,已足以揭示金融消费者的一般属性,无须再考虑该等消费是生活消费还是金融消费。② 从这个意义上来说,金融消费者,是指购买或使用金融机构提供的产品,享受金融机构提供的金融服务的社会成员。③

世界范围内的消费者运动萌芽于20世纪30年代后期,发展于20世纪50年代,到20世纪60年代才形成消费者权利的概念,而金融消费者概念从理论探讨走

---

① 参见王利明:《消费者的概念及消费者权益保护法的调整范围》,载《政治与法律》2002年第2期。

② 参见叶林:《金融消费者的独特内涵——法律和政策的多重选择》,载《河南大学学报》(哲学社会科学版)2012年第5期。

③ 参见郭丹:《金融消费者之法律界定》,载《学术交流》2010年第8期。

向立法实践，更是20世纪末21世纪初的事情。[①] 2008年金融危机后，金融消费者保护成为各国金融监管改革的重要内容，全球范围内掀起了金融消费者保护立法的浪潮。欧盟于2009年通过了"欧盟金融监理改革计划"，美国于2010年通过了《多德—弗兰克华尔街改革与消费者保护法》，英国于2012年通过了《2012年金融服务法》。我国现行法律并没有对"金融消费者"的界定，首次在规范性文件中出现"金融消费者"是在2006年银监会发布的《商业银行金融创新指引》。[②]

对于金融消费者与证券投资者的关系，投资者和金融消费者是不同法律关系中的概念，投资者是相对于被投资者的概念，而金融消费者是相对于金融服务商的概念。在投资关系中，投资者只能向被投资者主张权利，其风险主要源于被投资者或公司的经营状况，而在金融服务关系中，金融消费者只能向金融服务商主张权利，其风险主要源于金融服务合同约定的条款或金融服务商的违约情况。由于证券投资者在投资过程中不得不面对证券公司，接受其提供的产品或服务，而金融消费者购买或使用了金融机构提供的产品，或者接受了金融机构提供的金融服务的。因此，在接受证券公司的产品或服务的意义上，证券投资者与金融消费者的概念是发生了重合的。

投资者与金融消费者在面对金融机构时，都处于相对弱势的地位，法律在对于投资者和金融消费者的倾斜保护上的价值取向是一致的。而且，金融中介商提供的金融服务原本只是作为投资者实现投资目标的投资手段，但随着金融市场的发展、金融产品与业务的创新，被物化为金融产品，并且通过不同投资要素的排列组合形成日渐复杂的金融衍生品。利用这些金融产品进行投资的投资者离投资对象越来越远且陌生，导致原本作为投资手段的金融衍生品异化成了投资目标，因而很多投资者投资的对象演变成了金融机构的金融产品或服务，证券投资者和金融消费者的界限也随之在某种程度上趋于模糊。

---

① 参见廖凡：《金融消费者的概念和范围：一个比较法的视角》，载《环球法律评论》2012年第4期。

② 参见《商业银行金融创新指引》第18条的规定：商业银行开展金融创新活动，应遵守职业道德标准和专业操守，完整履行尽职义务，充分维护金融消费者和投资者利益。

第二节　证券投资者的分类

类型化方法是法学研究和制度设计的重要手段。类型化方法是根据一定的标准对特定领域的事物进行分类,使之从抽象到具体;在此基础上,对分类进行补充和完善,使之从粗糙到细致。通过类型化方法,可以提炼和认识各个类型的共同特征以及各类型之间的差异,为法律平等理念下"相同条件相同对待、不同条件不同对待"的分类处理方法提供依据,为体系化的制度设计建构基础。在证券市场上,投资者存在多种形式,实际类型众多。不同类型投资者在风险识别和信息处理能力上存在差别,在风险预防和承受能力上存在差异,在发生不法侵害时,其受损程度和救济措施也有所差别。站在保护投资者的立场上,既需要全面保护各类投资者的规则和制度,也需要设定针对特定类型投资者的保护规则和制度,以达到兼顾投资者保护和行业发展的双重目标。就此而言,投资者分类,是投资者保护的重要前提和基础。

一、机构投资者与个人投资者

按照投资者身份,可将其分为机构投资者和个人投资者,这是我国投资者分类的主要标准。机构投资者指用自有资金或者从分散的公众手中筹集的资金专门进行有价证券投资活动的法人机构。[①] 其中,投资标的也可扩张至各种投资计划。在西方国家,以证券收益为其主要收入来源的证券公司、投资公司、保险公司、各种福利基金、养老基金,及金融财团等,被统称为机构投资者。在中国,机构投资者主要指证券公司、保险公司、符合国家有关政策法规的各类投资基金以及合格境外机构投资者等资产管理机构。机构投资者资金雄厚,专业性和抗风险性强,通常具有投资管理专业化、投资结构组合化、投资行为规范化的特点,比较注重理性投资和长期投资,是证券市场上的主要投资者。

---

① 参见范健:《商法》,高等教育出版社2007年版,第271页。

个人投资者,是指从事证券投资的社会公众个人,是证券市场最广泛的投资者。个人投资的主要目的是追求资本的保值和增值,个人投资者相对注重本金的安全性和资产的流动性。单个个人投资者由于受资本和投资能力的限制,其投资额一般不是很大,但个人投资者数量众多,个人投资者资金总额很大。同时,个人投资者相互分散,欠缺专业知识,抗风险能力较差。

二、专业投资者与普通投资者

以投资者的风险识别能力和承受能力作为标准,可将投资者分为专业投资者、普通投资者或一般投资者。以投资为营业或投资判断能力较强的投资者为专业投资者,其他为普通投资者。专业投资者的确定采取定性与定量相结合的方法,考量的因素包括投资者的性质、财产状况等客观因素和投资者的专业知识能力、经验以及风险承担能力等主观因素。①

我国证监会2016年公布的《证券期货投资者适当性管理办法》第7条将投资者分为普通投资者和专业投资者。该办法在第8条以列举的方式规定了专业投资者的5种类型,②默认有些专业性机构及其理财产品具有较高的风险理解能力和承受能力而将其直接认定为专业投资者,而对于自然人、其他的法人或组织的专业投资者身份的认定,设定了一定的资产水平或投资金额、相应的投资经历等条件。专业投资者之外的投资者是普通投资者,而普通投资者与专业投资者在一定条件下可以相互转化。该办法第11条规定符合第8条规定的第(4)(5)类专业投资者条

---

① 陈洁:《投资者到金融消费者的角色定位》,载《法学研究》2011年第5期。

② 《证券期货投资者适当性管理办法》第8条规定符合下列条件之一的是专业投资者:(1)经有关金融监管部门批准设立的金融机构,包括证券公司、期货公司、基金管理公司及其子公司、商业银行、保险公司、信托公司、财务公司等;经行业协会备案或登记的证券公司子公司、期货公司子公司、私募基金管理人等;(2)上述机构面向投资者发行的理财产品,包括但不限于证券公司资产管理产品、基金管理公司及其子公司产品、期货公司资产管理产品、银行理财产品、保险产品、信托产品及经行业协会备案的私募基金等;(3)社会保障基金、企业年金等养老基金,慈善基金等社会公益基金,合格境外投资者,人民币合格境外投资者;(4)对于法人或其他组织,需要同时具备最近一年末净资产不低于2000万元、最近一年末金融资产不低于1000万元、具有2年以上证券、基金、期货、黄金、外汇等投资经历的条件;(5)对于自然人,需要同时具备两个条件:首先,金融资产不低于500万元,或者最近3年个人年均收入不低于50万元;其次,具有2年以上证券、基金、期货、黄金、外汇等投资经历,或者具有2年以上金融产品设计、投资、风险管理及相关工作经历,或者属于第(1)类专业投资者的高级管理人员、获得职业资格认证的从事金融相关业务的注册会计师和律师。

件的自然人、法人或其他组织可以书面告知经营机构选择成为普通投资者。而符合一定资产条件和相关专业知识的普通投资者可以向经营机构申请转化为专业投资者,但符合条件的普通投资者能否成功转化为专业投资者取决于经营机构的同意与否,可见经营机构(向投资者销售证券期货产品或者提供证券期货服务的机构)在决定投资者的类别归属上具有一定的影响力和自主决定权。另外,该办法规定可以向专业投资者转化的普通投资者仍然是具备一定的资金实力、投资金额水平、投资经历、相关投资经验,以及投资专业能力等条件的,没有脱离专业投资者与普通投资者分类标准的核心即投资者的风险识别能力和承受能力。

中国证券业协会《证券公司投资者适当性制度指引》第10条将投资者分为专业投资者与非专业投资者。同时,该指引的第11条还规定了专业投资者的认定程序以及专业投资者与非专业投资者相互转化的条件。

上海证券交易所2013年发布的《上海证券交易所投资者适当性管理暂行办法》第6条按照财务状况、证券投资知识水平、投资经验、风险承受能力等情况,将投资者分为专业投资者和普通投资者。上海交易所对投资者的分类将一些专业性机构直接认定为专业投资者,虽然其分类标准是"财务状况、证券投资知识水平、投资经验、风险承受能力",但并未设定诸如资产水平、收入水平、投资财产金额、相关投资经历年限等具体的指标,而是将认定专业投资者的权利赋予了上海证券交易所的会员单位。

证监会、交易所、证券行业自律组织对证券投资者的分类或多或少地存在类别名称、分类指标上的差异,但都强调通过评估投资者的专业能力、资产能力、风险识别和风险承受能力,进而将专业投资者从投资者中剥离出来。因而,专业与普通投资者的分类是弹性的。在认定专业投资者时,往往将金融机构及其理财产品、养老基金、社会公益基金等专业性机构直接认定为专业投资者,而对于将自然人以及专业性机构以外的法人或其他组织认定为专业投资者的身份则设定了一系列的指标。这些指标包括投资者的收入与资产水平、金融资产水平、相关投资经历等,根本上是为了评估投资者的投资风险识别能力和承受能力,进而对不同风险识别能力和承受能力的投资者的证券投资活动提供不同程度的限制和保护。

三、境内投资者与境外投资者

以投资者的国籍或者注册地,可将投资者分为境内投资者和境外投资者。境内投资者,是指具备中华人民共和国国籍的自然人,以及在中国境内注册的法人和合伙企业等。境外投资者,是指通过我国证券市场直接持有证券的境外组织和个人。

对于境外投资者,我国曾经引入合格境外机构投资者(Qualified Foreign Institutional Investors,QFII)机制,即外国专业投资机构到境内投资的资格认定规则。根据《合格境外机构投资者境内证券投资管理办法》的规定,合格境外机构投资者,是指符合规定条件,经中国证监会批准投资于中国证券市场,并取得国家外汇管理局额度批准的中国境外基金管理机构、保险公司、证券公司、其他资产管理机构。在合格境外机构投资者机制下,投资境内资本市场的境外人员必须通过经认证的合格机构进行证券交易,以便政府进行外汇管制和宏观调控,减少外来资本流动对国内经济和证券市场的冲击。

对于境内资金前往海外资本市场进行投资,我国规定了合格境内机构投资者制度(Qualified Domestic Institutional Investors,QDII)。根据《合格境内机构投资者境外证券投资管理办法》的规定,合格境内机构投资者是指符合条件,经证监会批准在境内募集资金,运用所募集的资金进行境外证券投资管理的境内基金管理公司和证券公司等证券经营机构。设立 QDII 机制的目的是让国内投资者直接参与国外的市场,获取全球市场收益,鼓励国内企业走出国门,创造更多外汇需求,使人民币汇率更加平衡、更加市场化。

四、中小投资者

2013 年 12 月国务院办公厅出台《关于进一步加强资本市场中小投资者合法权益保护工作的意见》,以投资者需求和合法权益保障为导向,针对长期以来投资者保护存在的突出问题,构建了资本市场中小投资者权益保护的制度体系。为了落实该意见提出的完善组织体系,探索建立中小投资者自律组织和公益性维权组织的要求,证监会成立中证中小投资者服务中心这一公益性维权和服务组织,专司中小投资者合法权益保护工作。可见,我国目前以维权能力将投资者划分为中小投资者以及其他投资者,并对中小投资者进行倾斜保护。不过,我国立法尚未形成"中小投资者"的统一概念。①

从实践来看,我国通常将中小投资者列举为:

1."50万元"投资额的统计标准

虽然我国并无中小投资者的一致解释,但沪深证券交易所在调查统计中,通常以"50万元"出资额作为统计口径。例如,根据深交所在《2016年个人投资者状况调查报告》中提出:从投资者结构来看,2016年投资者结构仍以中小投资者为主,77%的受访投资者证券账户资产量在50万元以下;新入市的投资者中,超过9成投资者的证券账户资产量低于50万元。②

2."300万元"证券类资产净值

根据《全国中小企业股份转让系统业务规则(试行)》和《全国中小企业股份转让系统投资者适当性管理细则(试行)》的规定,个人投资者可以参与新三板市场的开户,但开户标准之一是,个人投资者需要有2年以上的证券投资经验,或具有会计、金融、投资、财经等相关专业背景。以投资者本人名下账户在全国中小企业股份转让系统、上海证券交易所或深圳证券交易所发生首笔股票交易之日为投资经验的起算时点;同时,要求投资者本人名下前一交易日日终证券类资产市值在300万元人民币以上。证券类资产包括客户交易结算资金、股票、基金、债券、券商集合理财产品等,信用证券账户资产除外。

3."5%以下"的持股比例

根据沪深交易所《上市公司规范运作指引》的规定,在股票市场上,中小投资者与中小股东的概念是基本一致的。对于中小投资者,沪深证券交易所《上市公司规范运作指引》第2.2.7条在对股东大会单独机票机制予以规定的同时,作出了如下解释:"中小投资者是指除公司董事、监事、高级管理人员以及单独或者合计持有公

① 有的场合将证券资产低于50万元的投资者称为中小投资者,有的场合将除上市公司董、监、高以外的持股低于5%以内的投资者称为中小投资者,如此等等,不一而足。

② 深交所:2016年投资者结构仍以中小投资者为主,载和讯网:https://stock.hexun.com/2017-03-16/188513900.html,最后访问日期:2018年8月21日。

司 5% 以上股份的股东以外的其他股东”。[①]

4. 公司法与证券法

根据《公司法》第 101 条,符合一定持股条件并持有股份有限公司股份 10% 以上的股东,依法享有自行召集和主持股东大会的权利;根据该法第 102 条规定,单独或者合计持有公司 3% 以上股份的股东,可以在股东大会召开 10 日前提出临时提案并书面提交董事会。上述规定,在一定意义上表达了公司法关于中小股东的含义。在《证券法》中,多个条款提及发行在外股份的 5% ,说明立法者将该 3% 或者 5% 作为投资者分类的重要标准。

由此可见,我国现行法律关于中小投资者含义的界定,主要考虑的是投资者持股比例或者投资数额。一方面,现有立法没有刻意关注股份集中度因素,事实上也很难基于股份集中度而规定不同的持股比例或投资者数额,就此而言,股份集中度虽然与持股比例乃至“实质权力”之间存在密切牵连,但制定法显然难以分别作出规定。但在实务中,有时又必须斟酌股份集中度与持股比例的关系,才能更好地界定中小投资者的外延。另一方面,针对持股比例以及投资数额作出不同规定,通常都与相关条款的规范目的有关,也与不同比例或数额的经济性有关。若规定股东自行召集和主持股东大会会议的持股比例较低,虽会鼓励股东自行召集和主持会议,进而激励公司主动召集和主持会议,但也可能诱发“多头股东会会议”乃至“多头决议”现象的出现,进而影响公司决策的秩序和效率。

我们认为,中小投资者是一个概括性的政策概念,在某些情况下具有相对确定的法律含义,在某些情况下则具有很强的社会性和很大弹性。在监管方面,按照法律规定标准认定的中小投资者通常具有明确的特殊权利,监管者应当遵循法律规定认定中小投资者的含义。在司法方面,由于纠纷或争议产生于特定环境和场合,裁判者需要在法定标准的基础上,结合法律规范的目的以及纠纷或争议发生的具体情况,在个案中作出妥当认定。

---

① 《上市公司规范运作指引》第 2.2.7 条。

第三节　投资者适当性

一、投资者适当性的含义

对于投资者适当性,根据国际清算银行、国际证监会组织、国际保险监管协会在2008年联合发布的《金融产品和服务零售领域的客户适当性》,其定义是"金融中介机构所提供的金融产品或服务与客户的财务状况、投资目标、风险承受水平、财务需求、知识和经验之间的契合程度"。国际证监会组织在2013年1月《复杂金融产品分销的适当性要求(最终报告)》中,将"适当性"解释为:中介机构在销售金融产品的过程中应当遵守的标准和规定,并据此评估所出售的产品是否符合客户的财务状况和需求。销售行为包括向客户提供投资建议、管理个人投资组合和推荐公开发行的证券,评估项目既包括客户的投资知识、投资经验、投资目标、风险承受力(包括资本损失的风险)、投资期限等,也包括客户定期追加投资、提供额外抵押,以及理解复杂金融产品的能力。

投资者适当性问题从提出到最终落实,经历了较长的发展。20世纪40年代,美国自律组织在总结金融危机中银行倒闭而导致消费者利益受损的情况,最先提出了与投资者适当性相似的行业自律规范,随着投资者适当性在内容上的逐渐丰富,以及投资者适当性效力的逐渐确认,特别是随着2008年金融危机诱发的投资者利益受损案件大量增多,每次金融危机最终都伴随着投资者利益受损。由于大量投资者诉讼案件涌入法院,法官必须在既有的法律框架下作出合理裁判。

在最初的判决中,美国法官广泛援引1934年《证券法交易法》第10-5b条作出裁判。该条款明确规定:任何人利用任何州际商业手段或设施、邮件,或利用任何全国性证券交易设施所实施的,与任何证券买进或卖出有关的下列行为均为非法:(1)使用任何计划、技巧和策略进行欺诈的;(2)进行不真实的陈述或遗漏实质性的事实,这一实质性的事实在当时的情况下对确保陈述不具有误导性是必要的;(3)从事任何构成或可能构成欺诈他人的行为或商业活动的。上述规定被称为美国证券法上的"反欺诈一般条款"。在该条款中,"证券的买进或卖出"以及有关

“行为”，既包括证券发行也包括证券交易和相关服务，证券公司向投资者提供经纪服务中同样要受该条款的约束。在基础意义上，美国证券法反欺诈一般条款的广泛适用，迫使证券公司加强内部治理，进而提升了“适当性”之自律规范的法律效力。就此而言，“投资者适当性”虽然是由行业组织首先提出的，但在根本上是由反欺诈一般条款转化而来的规则，也可以说是反欺诈一般条款倒逼出来的规则。

投资者适当性最初是一项道德或商业义务，后来逐渐发展成为一种具有强制力约束的义务，再后来才逐渐丰富内容并形成了一个规则体系，进而取得了“投资者适当性制度”的称谓。投资者适当性规则的目的在于调整投资者和证券公司之间的关系，在提升证券公司行为合理性和专业性的同时，向投资者提供倾斜保护，扭转二者之间地位不对等的实质局面，弥补契约之不足。投资者适当性制度的理论基础源于代理理论和特殊情况理论。代理理论最初被美国证券交易委员会采用。该理论认为代理商只要与被代理人建立一种受托关系，无论其是否收取佣金，都需尽力为被代理人利益行事。证券公司在从事证券经纪业务时与投资者之间是代理关系。作为客户的代理人和受托人，证券公司对客户有忠实和注意义务。适当性义务蕴含于代理商信息提供义务中，当证券公司发现投资者欲购的证券不适当，包括存在与投资者目的不合适或者经济实力无法承受等情况时，应将相应产品信息告知投资者，并及时与其沟通。特殊情况理论是指交易双方中，一方基于另一方的信赖而承担的特殊义务。其实质源于信义义务理论，即古老看护人的职业道德标准。该理论认为，当一方为另一方的唯一依赖，且被信赖方明知且愿意接受时，被依赖者应以对方利益最大化为行为准则。①

我们认为，投资者适当性规则虽有不同的理论基础，其核心却在于证券公司是否对投资者承担“受信义务”。证券市场复杂多变、证券品种繁杂多样、投资风险大小不一，相对于掌握充足信息和具备较高专业知识的证券公司，投资者投资能力有限。为了保险起见，投资者会依赖证券公司，寄予证券公司信赖和信心，证券公司因此承担了信赖义务，必须使自身利益服从于客户利益，为了客户利益的最大化行事。

投资者适当性规则也与证券公司可以采用多种委托方式的实践有关。必须指

① 参见翟艳:《我国投资者适当性义务法制化研究》，载《政治与法律》2015 年第 9 期。

出,境外多数证券市场都采用证券间接持有模式,即投资者证券记载于证券公司名下,证券交易必须借由证券公司发布指令才能完成。换言之,接受委托指令的证券公司虽然应当履行委托指令,但在名义上是由证券公司买入或卖出证券。证券公司违反委托指令买入或者卖出证券,虽然不影响证券市场的交易,却构成对投资者受托义务的违反,证券公司应当依照约定承担损害后果。在我国,由于采用证券直接持有模式,投资者从事证券交易虽然也要借由证券公司的交易通道,但因投资者指令直接进入交易系统,交易平台确定地知晓投资者交易指令的内容,并据此达成交易,从而改变或者弱化了证券公司受信义务的含义。由于证券公司介入证券交易的方式发生改变,在公开市场交易中,很难出现与域外证券公司违反受信义务相同的情况。在这种情况下,投资者适当性规则的实质含义也发生了巨大改变。

应当指出,投资者适当性与合格投资者制度是密切相关的两项制度,不能讲投资者适当性规则等同于合格投资者制度。合格投资者制度发端于美国的私募发行制度,2002 年我国证监会制定的《合格境外机构投资者境内证券投资管理暂行办法》将合格投资者制度引入我国。我国《证券投资基金法》第 88 条规定,合格投资者,是指达到规定资产规模或者收入水平,并且具备相应的风险识别能力和风险承担能力,其基金份额认购金额不低于规定限额的单位和个人。实质上,合格投资者制度是一种市场准入制度,符合一定标准和条件的投资者方被准予进入某一特定市场、参与某一特定业务或者购买某一特定产品。投资者适当性强调的是证券中介机构对投资者的了解、评估和风险提示等义务,关键是将适当的产品推荐和销售给适当的投资者。也就是说,合格投资者制度是通过评估市场风险和评价投资者来设定进入市场或产品的门槛,将不合格的投资者完全排除在市场之外,而投资者适当性制度重点在于对不同的投资者提供不同的法律保护,要求证券中介商针对不同的客户给予不同程度的信息披露和保护标准。另外,合格投资者的认定条件和筛选程序一般由法律强制性规定,而投资者适当性制度中证券产品是否适合投资者一般由证券公司判断。

二、投资者适当性的内容

投资者适当性是证券中介机构应当负担的义务。欧盟将其定性为证券中介机构的法定义务,美国将其视为证券中介机构的信义义务且将义务主体拓展至证券中介机构的工作人员。[①] 美国金融业监管协会整合了美国证券交易商协会和纽约证券交易所的自律规则,于 2011 年 5 月发布的监管通知规则 2111 和规则 2090 将投资者适当性的义务主体从证券经营机构扩展至其注册工作人员。在我国投资者适当性制度的规定中,尚未将证券机构的投资人员视为投资者适当性的义务主体。在《证券期货投资者适当性管理办法》中,经营机构即向投资者销售证券期货产品或提供证券期货服务的机构,是投资者适当性义务的负担主体。

在成熟的证券市场体系中,投资者适当性是“买者自负”原则的补充,投资者适当性理应只适用于投资者对证券公司具有信赖且处于弱势地位的领域。欧盟《金融工具市场指令》对投资公司在从事不同的业务时承担的适当性测试责任有不同的规定。在提供资产组合管理和投资建议服务时,需要进行适当性测试,向零售客户获取客户或潜在客户对该类型产品或服务相关投资领域知识和经验以及其资产状况和投资目标,投资公司再根据这些信息评估其提供的产品或服务与该客户的投资目标相符,并且投资风险限定在该客户可承受的范围之内,而对于执行相关交易指令的场合,无须获取客户的资产状况、投资目标、投资经验和知识等信息。换言之,当投资公司在执行客户相关交易指令的场合时,不需要承担投资者适当性的义务。在我国,国务院《证券公司监督管理条例》第 29 条规定证券公司履行投资者适当性义务的场合是资产管理业务、融资融券业务、销售证券类金融产品。中国证券业协会制定的《证券公司投资者适当性制度指引》提出的投资者适当性制度的适用范围是证券公司向客户销售金融产品,或者以客户买入金融产品为目的提供投资顾问、融资融券、资产管理、柜台交易等金融服务时。而在证监会颁布的《证券期货投资者适当性管理办法》中,向投资者销售公开或非公开发行的证券、公开或非公开募集的证券投资基金和股权投资基金、公开或非公开转让的期货及其他衍生品,或者为投资者提供相关业务服务的,适用投资者适当性制度。尽管我国上述的三个文件对投资者适当性制度适用范围的表述不同,但都将适用范围集中在销售证券或者以销售证券为目的而提供服务的场合,即投资者对证券公司提供的信息具有较多依赖的场合,是符合投资者适当性制度设置初衷的。

---

① 参见张付标、刘鹏:《投资者适当性的法律定位及其比较法分析》,载《证券市场导报》2014 年第 5 期。

证券公司承担的投资者适当性义务,应当包括以下四项内容:

(1)投资者分类,即根据投资者的资金实力、知识储备及风险承受能力确定投资者的类型。投资者分类是确定投资者适当性原则的基础,只有确定了投资者的类型,才能选择适合他们的证券产品或服务。① 大多数国家都对证券市场的投资者进行了分类,并根据具体的情况确定了客户分类的标准。我国《证券期货投资者适当性管理办法》依据投资者的性质、财务状况、投资知识与经验以及风险承担能力将投资者分为普通投资者与专业投资者。

(2)了解客户,是指证券公司在提供产品或服务时应当全面了解投资者的情况,了解客户的身份、财产与收入状况、证券投资经验和风险偏好、诚信合规记录等情况,对投资者的风险识别和承受能力进行合理评估,并对投资者的信息予以记载和保存。

(3)了解产品或服务,指证券公司对向投资者提供的产品或服务的信息进行深入的分析和科学有效的评估,对产品或服务依据有关的规定和标准进行了风险等级的划分。

(4)适当性推荐,即证券公司根据评估的客户的风险承受能力和产品或服务的风险等级,提出明确的适当性匹配意见,充分揭示证券产品或服务的风险,将适当的产品或服务销售或提供给合适的投资者。

三、投资者适当性规则现状与建构

在我国,投资者适当性规则最早出现在银行业监管文件中,适用于货币市场。② 在证券市场立法中,我国《证券法》未明确提出投资者适当性的概念和范围,但国务院《证券公司监督管理条例》显示了投资者适当性规则的部分内涵。③ 较为完整的

---

① 参见武俊桥:《证券市场投资者适当性原则初探》,载张育军、徐明主编:《证券法苑》(第3卷),法律出版社2010年版,第134页。

② 2005年银监会颁布的《商业银行个人业务管理暂行规定》规定,商业银行在利用理财顾问服务向客户推介投资产品时,应了解客户的风险偏好、风险认知能力和承受能力,评估客户的财务状况,提供合适的投资产品由客户自主选择,并应向客户解释相关投资工具的运作市场及方式,揭示相关风险。

③ 2008年国务院颁布的《证券公司监督管理条例》第29条规定:证券公司在从事证券资产管理业务、融资融券业务,销售证券类金融产品时,应当按照规定程序,了解客户的身份、财产与收入状况、证券投资经验和风险偏好,并以书面和电子方式予以记载、保存,而且证券公司应当根据所了解的客户情况推荐适当的产品或者服务。

投资者适当性规则的建立，与我国陆续推出创业板市场、股指期货交易市场和融资融券交易方式密不可分。[①] 目前，我国投资市场“已初步建立起以信息披露及适当性评估为主要内容的适当性体系”，[②]证券业在融资融券、股指期货、创业板及质押式回购等领域均制定了投资者适当性规则体系。

我国投资者适当性制度与我国证券公司融资融券业务、创业板市场、股指期权市场的推出紧密相关。融资融券业务、股指期权市场、创业板市场是证券市场业务创新形式，因交易中杠杆率过高，或因市场特点不同，导致投资者入市面临极大风险。为了保护投资者和稳定市场秩序，这些业务和市场在推出时就引入了相应的投资者适当性制度。这样的规则体系缺乏统一的投资者适当性制度，为了应对市场创新带来的风险，每推出一项新业务、几乎都要制定相应的投资者适当性制度，对投资者适当性的要求散见于各种证券产品、市场、业务的规范性制度中。而每项规则仅针对特定的市场、产品、业务进行调整，不同规则具有较高的重合度，也存在缺乏统一标准带来的差异，导致立法分散、资源浪费，缺乏体系性。由此可见，我国现行适当性规则体系呈现出“散、乱、软”的特征：效力层级低下，以部门规章的形式发布，约束力有限；个别行业个别调整，个别业务个别规定，存在重复交叉现象，立法分散、缺乏体系；缺乏配套的纠纷解决机制。

2012 年 12 月中国证券业协会发布的《证券公司投资者适当性制度指引》和上海证券交易所 2013 年发布的《上海证券交易所投资者适当性管理暂行办法》，对我国证券市场投资者适当性制度制定统一的管理标准作出了积极的探索。然而，证券公司既是中国证券业协会的会员又是上海、深圳证券交易所的会员，尽管二者都进行了建立证券市场统一的投资者适当性制度的尝试，但当二者的规则存在一定的差异时，证券公司又面临着执行何种规则的困境。另外，二者的规则对投资者没有约束力，投资者在适当性制度中的权利义务缺乏明确的具有法律效力的规定。

为了解决散见于各市场或业务的法规或自律规定的问题，明确经营机构的适当性义务，统一清晰的监管底线要求，证监会制定了统一的适当性管理制度，于

① 参见曾洋：《投资者适当性制度：解读、比较与评析》，载《南京大学学报》（哲学·人文科学·社会科学），2012 年第 2 期。

② 赵晓钧：《中国资本市场投资者适当性规则的完善——兼论〈证券法〉中投资者适当性规则的构建》，载《证券市场导报》2012 年第 2 期。

2016年12月发布了《证券期货投资者适当性管理办法》。该办法首先明确了投资者适当性制度的适用范围,即向投资者销售公开或非公开发行的证券、公开或非公开募集的证券投资基金和股权投资基金、公开或非公开转让的期货及其他衍生品,或者为投资者提供相关业务服务的。在该办法第3条提出了投资者适当性的主要内容:向投资者销售证券期货产品或者提供证券期货服务机构应当遵守法律、行政法规、本办法及其他有关规定,在销售产品或者提供服务时,勤勉尽责,审慎履职,全面了解投资者情况,深入调查分析产品或服务信息,科学有效评估,充分揭示风险,基于投资者的不同风险承受能力以及产品或者服务的不同风险等级等因素,提出明确的适当性匹配意见,将适当的产品或服务销售或者提供给适合的投资者,并对违法违规行为承担法律责任。根据该规定,投资者适当性包括"了解客户""了解产品或服务""适当性推荐"三项内容。

在具体制度上该办法形成了依据多维度指标对投资者进行分类的体系,统一投资者分类标准和管理要求。将投资者分为普通投资者和专业投资者,对专业投资者有着明确的范围划分,如经金融监管部门批准设立的金融机构及其发行的理财产品等,而专业投资者之外的投资者均为普通投资者。要求经营机构应制定投资者分类的内部管理制度及流程,普通投资者的分类应综合考虑投资者的收入来源、资产状况、债务、投资知识和经验、风险偏好、诚信状况等因素。在特定条件下,普通投资者和专业投资者可以互相转化,也就是说,经营机构对投资者的分类是动态的、持续的,并非"一刀切"。满足特定条件的普通投资者也可申请成为专业投资者,但经营机构应当履行附加的评估程序,并向其说明对不同类别投资者履行适当性义务的差别,警示可能承担的风险。

在产品分级制度中,明确了产品分级的底线要求和职责分工,建立了层层把关、严控风险的产品分级机制。规定经营机构应当了解产品或服务信息,对产品或服务进行风险分级并制定分级内部管理制度,明确划分风险等级的考虑因素。规定由行业协会制定并定期更新本行业的产品风险等级名录,经营机构可以制定高于名录的实施标准。建立了监管部门确立底线要求、行业协会规定产品名录指引、经营机构制定具体分级标准的产品分级体系,既给予经营机构必要的空间,又有效防止产品风险被低估而侵害投资者权益。

在适当性义务上,强化了经营机构对普通投资者的适当性义务,规定普通投资者在信息告知、风险警示、适当性匹配等方面享有特别保护。经营机构向普通投资者销售高风险产品或提供相关服务，应当履行特别的注意义务，不得向普通投资者主动推介不符合其投资目标或风险等级高于其风险承受能力的产品或者服务。经营机构与普通投资者发生纠纷的，经营机构应当提供相关资料，证明其已向投资者履行相应义务。此外，还要求经营机构向普通投资者进行告知、警示时应全程录音录像或采取电子确认的方式进行留痕，经营机构应每半年开展一次适当性自查并形成自查报告，以及经营机构应妥善保存适当性资料。

同时，《办法》规定了监管自律机构在审核关注产品或者服务适当性安排、督促适当性制度落实、制定完善适当性规则等方面的职责。对每一项义务都制定了相应的罚则，要求监管自律机构通过检查督促，采取监督管理措施、行政处罚和市场禁入措施等方式，确保经营机构自觉落实适当性义务。

《证券期货投资者适当性管理办法》对建立我国证券市场投资者适当性制度的统一标准具有重要意义。在投资者分类、证券产品分级、经营机构与投资者的权利义务的明确以及违规惩罚性措施等方面都作了科学细致的规定，既为证券公司在履行投资者适当性义务时提供了一定的标准和依据，又为不同产品或服务的证券公司制定更加详细的投资者适当性管理制度提供了空间。

第五章 投资者的权利

第一节 投资者权利的概述

我国《公司法》和《证券法》均提及"投资者(股东)权利",但未针对"投资者权利"作出统一规定,而是根据具体语境,分别规定了投资者或股东的多种不同权利。同时,《公司法》和《证券法》都针对"投资者(股东)权利"作出了规定,但侧重点明显不同。公司法上的投资者或股东权利,主要是针对公司、公司控股股东以及公司管理者而言的;证券法上的投资者权利,则分别针对其他多种市场参与者而言的。因此,在界定投资者权利的含义时,应当斟酌具体情况而定。

一、投资者权利的法域性:组织法与交易法

股东与公司,及其与控制股东或公司管理者之间,系组织法(团体法)上的关系。这种组织法关系要受到制定法的约束,同时要遵守公司依法制定的组织规则,包括公司章程及旨在公司管理规则。我国公司法规定,公司章程对于公司、公司董监高和股东具有法律约束力;同样,依照公司章程而形成的各种管理规则也形成了对公司、董监高和股东的约束。公司在组织决策上遵循"资本多数决定"的原则,在公司股东无法达成一致意见时,应当按照多数表决权形成的意思作为公司意思,少数派股东必须遵守基于"资本多数决定"而形成的决议,这在客观上限制了股东权利,或者限缩了股东作为一般财产主体的权利,形成了新型的股东权利架构。

投资者权利,可以广泛包括投资者在公司法上的权利,但证券法的实质是证券

交易法,所称投资者权利主要指与交易、转让等相关的权利,一般不涉及投资者的组织法权利。需要指出,证券法所称交易或者转让,同样是广义概念,即与买卖类似的权利,也包括融入或融出证券,还包括证券质押,甚至包括咨询服务和资产管理等。就此而言,投资者权利包括与利益归属相关的权利,也包括旨在转移利益而形成的各种权利,在界定投资者权利时,必须兼顾合同法或交易法的属性,而不应拘泥于组织法属性。

二、投资者权利的结构性:多样性和复杂性

投资者身处证券市场,从事各种证券交易活动,自然与其他市场参与者形成不同性质的法律关系,进而享有相应的投资者权利。然而,证券市场是一种结构性的市场,证券市场关系是一种"结构性、复合性的交易关系",有别于通常所说的交易或买卖。一般交易或买卖是基于当事人的自由意志而发生的,通常存在于特定相对人之间,借助一般合同法,可实现规范交易的效果。即使当事人签订的是无名合同,借由合同和合同法的解释,也能大致满足交易的需求。

证券市场是多方主体参与的市场,交易关系呈现了结构性和复杂性的特点。依照时间递进顺序,在证券发行环节,存在投资者与发行人、承销商、服务机构等主体之间的复杂关系;在证券交易环节,存在投资者与证券经纪机构、结算登记机构、证券交易所及其他投资者之间的复杂关系;在证券服务环节,存在投资者与证券经纪机构、技术服务机构、咨询服务机构、资产管理人之间的复杂关系。上述多种主体之间形成多种相互牵连的复杂关系,仅凭一般合同法,无法有效予以调整。因此,在界定投资者权利时,不仅要尊重不同性质的法律关系,还要兼顾不同法律关系之间的相互影响。就此而言,投资者权利是一个内部要素相互影响的权利束,带有结构性和复合性的特点,而非一种单一属性的民事权利。

三、投资者权利的属性:个人权利与市场秩序

界定投资者权利的重要前提是准确把握投资者权利与证券市场秩序之间的关系。关于民事权利的众多解释,但均以个人权利为其理论前提。按照个人权利的

分析逻辑,民事主体享有最大限度的自由,立法者仅在合理范围内施加必要限制,凡法律未予限制者,民事主体皆有行动的自由。在此前提下,若将投资者权利类比于个人权利,则可民法中导伸出投资者的广泛权利,投资者权利的边界仅在于法律的明文限制。在这种权利观念下,任何与私人权利抵牾的限制都会受到质疑。然而,投资者权利应否仅从个人权利入手予以讨论,抑或是否存在秩序的分析维度,是一个值得讨论的问题。

投资者权利当然包含了个人权利的属性。无论立法者建立证券权利归属的认定标准,抑或立法者坚持证券的自由转让原则,无不体现个人自由的价值,在极端意义上,裁判违法者向受害者赔偿损失,也体现了个人权利的存在价值。然而,在证券市场上,单纯的权利维度观察,与真实的证券市场格格不入,大量存在的监管规则说明,投资者绝不是像一般民事主体那样拥有广泛的自由和权利。事实上,投资者权利已不再像民事权利那般"地位显赫",其中,秩序已成为界定投资者权利的重要维度,甚至成为约束投资者权利的重要机制。在微观层面上,诸如零股转让规则、主要股东限售、涨跌停板规则、协议转让受限等,都是对转让自由原则的限制。在宏观层面上,根据证券法关于"维护社会经济秩序和社会公共利益,促进社会主义市场经济的发展"的宗旨,立法者和监管者更愿意从资源配置、市场效率和促进经济等角度规范市场,这其中就隐含了在个人权利分析上的秩序维度。以对待市场投机为例,虽然多数学者反对市场投机,但仍有法经济学者却认为投机具有一定程序的合理性。面对南辕北辙的学术纷争,在现实中,立法者不得不作出选择和衡量,最终结果是,既然无法消除投机,但至少应当限制投机。

有学者坚持权利维度的主张未必是错误的,在一定意义上,权利维度的论证,有助于澄清、划定监管过度的边界,否则,一旦市场充斥了权力的肆意,不仅难以保护民事权利,市场也会失去资源配置的功能。学者坚持秩序维度同样是合理的。与传统市场不同,证券市场的交易标的看似是类似于有体物的证券,但其实质内容却是价值和风险,就此而言,证券是没有使用价值的财产形式,无法满足交易者的生活需要,却可能成为分配财富的工具。正因投资者权利存在权利与秩序两个不同的分析维度,才必然在证券市场上重新定义投资者权利的含义。

中国证券市场的建设始于国家推动,充斥了秩序与权力的色彩;发展和规范证券市场的双重观念,左右了证券市场的兴衰。对于"新兴加转轨"的证券市场来说,强调个人权利本位是有迫切需要的,但若试图消除秩序的价值,会给证券市场带来灾难性后果。准确界定投资者权利是困难的,就自然成长型的市场而言,投资者权利范围更广泛,就行政主导型的市场而言,投资者权利范围则相对狭窄。

即使存在上述种种立场分歧,从实定法规范角度划定投资者权利的边界,是十分必要的。张育军曾提出,投资者身份和不同投资者在证券投资各个阶段上的权益是不同的:(1)作为普通自然人和法人,即潜在投资人的基本权利;(2)作为证券交易人的基本权利;(3)作为证券持有人的权利。① 我国现行《证券法》侧重于规范各金融机构的运行秩序以及对其进行有效的监管,如完善证券交易制度、完善上市公司收购的规定、明确对投资者损害赔偿的民事责任制度等,但缺乏对投资者的民事权益的具体规定,从而容易使投资者权利淹没在大量的监管法规中,削弱了投资者权利在规范市场秩序中的促进意义,甚至容易背离投资者保护的宗旨。

第二节　投资者权利——实体性权利

投资者权利,是投资者在其投资证券而形成的法律关系中所享有的、为法律所确认的权利的总和。② 按照证券交易的核心逻辑,首先,投资者要了解投资客体的信息,即产生知情权。其次,投资者需要把资金和证券托管到证券经营机构、证券登记结算机构处,便于保管和交易,于是就出现了财产安全权。在买卖和交易中,投资者需要公平交易权、自主选择权。此外,经营者不可避免地在各个环节获取了投资者大量信息,从而派生了投资者的信息安全权;投资者要投资,需要具备一定的证券市场基础知识,于是催生出受教育权。最后,如果投资者的前述权利受到了侵害,应当有寻求救济的权利,救济权随即应运而生。考虑证券市场的特殊性,我们认为,在前述权利中最为核心的权利为知情权、信息安全权以及救济权。郭丹教授提出,投资者权利应以知情权为基础,救济权为保障。③ 在前述权利中,救济权更多涉及程序性权利,其他权利主要是实体权利。只有当投资者实体性权利受到侵

① 参见张育军:《投资者保护法律制度研究》,人民法院出版社2006年版,第49页。

② 参见廖凡:《金融消费者的概念和范围:一个比较法的视角》,载《环球法律评论》2012年第4期。

③ 参见郭丹:《金融服务法研究金融消费者保护的视角》,法律出版社2010年版,第72页。

害时,救济权才会发挥作用。

一、知　情　权

投资者知情权,系指投资者在金融商品交易之前、之中、之后所享有的,要求发行人或经营者向其全面、准确、及时地披露相关信息的权利。就实定法规范而言,投资者知情权表现为发行人信息披露义务及经营者说明义务,在法律适用上涉及公司法和证券法的规定。

(一)知情权的法律规范

在公司法领域中,股东知情权,是指股东享有了解和掌握公司经营管理等重要信息的权利。需要留意的是,最高人民法院《关于适用〈中华人民共和国公司法〉若干问题的规定(四)》将有限责任公司股东的知情权归入固有权,[①]即不得通过章程或者协议等形式予以剥夺。我国《公司法》在第97条关于"股东有权查阅公司章程、股东名册、公司债券存根、股东大会会议记录、董事会会议决议、监事会会议决议、财务会计报告,对公司的经营提出建议或者质询"的规定中,虽未明文将股东知情权规定为固有权,但考虑到两类公司股东知情权的实质相似性,以及股东知情权奠定了股东其他各项权利的基础,应当将各类公司股东的知情权一并纳入固有权。公司法规定的股东知情权,主要围绕两项内容:一是公司章程和决议等管理文件;二是公司财务会计文件。股东通过查阅、了解公司管理文件和财务会计文件,全面了解公司运营状况,提出相关质询和建议,发表意见或作出投票,进而监督公司及其管理者的活动。

在证券法领域中,投资者知情权指投资者知晓投资标的、交易价格、交易过程、监管政策等信息的权利。其中,在证券发行中,投资者是通过发行人履行信息披露义务而实现知情权。投资者知情权与股东知情权在本质上是相同的,发行人信息披露义务与公司告知义务是同源的。在证券交易中,由于证券经营具有专属性,投资者买卖证券必须借助经营者才能完成,在投资者与经营者之间,必然形成一种高

---

① 参见《关于适用〈中华人民共和国公司法〉若干问题的规定(四)》第9条关于公司章程、股东之间的协议等实质性剥夺股东依据《公司法》第33条、第97条规定查阅或者复制公司文件材料的权利,公司以此为由拒绝股东查阅或者复制的,人民法院不予支持的规定。

度信赖内容的合同关系，旨在规范投资者和经营者关系的实定法必须将知情权作为该等合同关系的核心内容。

（二）知情权的经济学理论

信息不对称理论是由三位美国经济学家乔治·阿克尔洛夫、迈克尔·斯宾塞和约瑟夫·斯蒂格利茨通过各自的研究所提出的理论，该理论是对于传统经济学理论假设的置疑。① 传统经济学理论通常假设市场交易的双方拥有完全的信息，即市场参与者都在拥有相同的信息条件下进行交易。在现实市场中，由于社会化分工的客观存在、专业化程度的提高以及获取信息需要付出的成本，社会成员获得信息的差异日益扩大，信息不对称现象存在于各类市场。

信息不对称，不仅存在于证券市场，也存在于各种市场关系。以现代消费关系为例，经营者对其生产的商品或提供的服务，拥有较为全面的信息，加之现代商品的专业性与技术性含量越来越高，消费者可以凭借长期积累的经验与感官来获取部分交易信息，但很难正确全面地了解商品或服务的内容，故消费者在交易中的弱势地位越发明显，消费者权益受到侵害的情况也日渐增多。再以金融商品交易为例，投资者与经营者之间，既可能是委托关系，也可能是交易关系，该法律关系之内容是特殊的权利义务关系，客体则是证券或者与证券相关的活动。金融商品作为特殊的标的或客体，既具有一般商品的属性也不同于一般商品。金融商品，脱离了使用价值，其价值高低往往与挂钩的权利价值变动相关，带有很强的专业性和复杂性。尤其是，随着权利证券化和证券无纸化的出现，金融商品在外形上失去了一般商品的基本属性，发行人"生产"的股票是看不见、摸不到的，证券的品质、规模、价值或价格等因素主要反映了发行人的资本运营信息、盈利状况、预期利益等，而投资者在决定交易时所依赖的则是这些信息的组合。②

有论者指出，在金融投资领域，比信息不对称更为突出的信息缺陷是信息不完全。信息不对称关注的是信息在市场参与者之间分布的状态是否均衡，信息不完全则更关注市场信息本身是否真实、充分等涉及信息质量效用方面的要求。③ 换言

---

① 参见陈其、娄承耀：《2001年诺贝尔经济学奖获得者及其理论贡献简介》，载《中国财政年鉴》2002年第1期。

② 参见范健：《商法》，高等教育出版社2007年版，第22页。

③ 参见沈伯平：《信息不完全、信息不对称与资本市场规制》，载《上海经济研究》2005年第11期。

之,市场参与者仍会因其出身背景、经历、环境、性格、财富等不同在计算能力、信息分析能力、风险预测能力、认知能力上存在差异,导致市场参与者仅掌握公共知识整体中的片段,对某一现象或信息进行片面解释,发生信息对称状态下的信息不完全性,使有限理性主体自然而然进行一些非理性的交易行为。①

在信息不对称与信息不完全之下,容易引发证券经营者的道德风险与逆向选择。前者,经营者在设计金融商品时,会利用金融商品的高度专业性与复杂性,尽量免除自身责任,隐瞒不利于己的信息,甚至制造、扭曲信息,或者提供不实信息以误导投资者,进而加剧了经营者和投资者之间的地位不平等。后者,如果允许经营者减轻自己责任,或者承担较低的责任,则会纵容经营者肆意损害投资者利益。就市场而言,这种状况容易产生"劣币驱逐良币"现象,从而降低金融商品的质量,直接或间接损害金融市场的发展。

信息不对称和信息不完全虽然是客观现象,但基于公平正义的价值观念,应当采用多种机制,尽力削减信息不对称或不完全带来的威胁。其中,在立法上提出投资者知情权并围绕知情权构建一套适合的制度体系,强使经营者承担更多义务,是各国普遍采用的做法。需要强调,投资者知情权不仅是一种单独的权利类型,在事实上,它与实定法规定的投资者其他权利相互牵连。以投资者教育为例,经营者无论直接从事投资者教育,抑或是在营业中对投资者分类,都与投资者知情权存在关联。当然,确保投资者知情权,还要受制于保护成本。因此,如何平衡经营者与投资者的权益,以避免矫枉过正或者过度保护,是投资者保护研究中的重要课题。

(三)知情权的法学理论:信义义务理论

知情权作为民事权利的特殊形态,主要存在于公司法和证券法领域。学者普遍认可投资者享有知情权,甚至将其视为投资者的基础或基本权利,却很少探究投资者知情权的法理基础。既有学说要么从承认知情权的意义角度予以论述,要么从公法上的知情权予以借鉴。我们认为,多角度观察投资者知情权是有意义的,但就规范意义而言,必须努力发掘投资者知情权存在的独特法理,如此,才能准确把握投资者知情权的含义,避免间接损害投资者知情权的情况。

在规范意义上,权利是法律关系的内容,若欲探究投资者知情权的法理基础,

① 参见林越坚:《金融消费者:制度本源与法律取向》,载《政法论坛》2015年第1期。

需从法律关系着手,不应过分计较投资者受损的实际情况。从法律关系角度来说,投资者与其他市场参与者之间形成错综复杂的法律关系,在与不同参与者之间形成的不同法律关系中,发现投资者知情权的法理基础也是多角度的,但应当努力发现各种法律关系中的共通理论。我们认为,从发展至今的理论来说,信义义务(fiduciary duty)①是解释投资者知情权的较好理论。通说认为,信义义务最初是衡平法上的义务,旨在揭示委托关系之受托人向委托人承担的忠实义务与勤勉义务。当然,这种解释会带来诸多疑问乃至抨击,如在没有衡平法传统的法制体系下,是否就没有信义义务,或者是否就失去了保护投资者知情权的根基?在没有信托法制的法律体系下,是否就没有信义义务,或者在德国等国家是否就无所谓保护投资者知情权问题?在投资者与相对人之间没有具体的合同时,是否真的存在信义义务?是否存在"无洽商合同,即无约定义务"的分析逻辑。

1. 信义义务与上市公司中的两权分离

投资者虽是上市公司资产权益的所有者,却不直接管理公司事务,也不享有经营权,相反,投资者系将经营权交给其选任的董事或监事,董事会则会选聘经理负责公司的日常经营活动,从而形成了一系列复杂的授权链条。贝利和米恩斯在1932年出版的《现代公司与私有财产》一书中,通过分析美国200家大公司,发现绝大多数公司是由并未握有公司股权的高级管理人员控制的。其分析结论为:现代公司已发生了"所有与控制的分离",公司实际已由职业经理组成的"控制者集团"所控制。钱德勒还认为,股权分散的加剧和管理的专业化,使拥有专门管理知识并垄断了专门经营信息的经理实际上掌握了对企业的控制权,导致企业所有与企业经营的"两权分离"。在两权分离的架构下,未必存在通常意义上的合同,却存在事实上的授权与被授权关系;作为被授权的董事和经理也行使着自主办理授权事务的情形。

在股权集中型公司中,由于历史上形成的股东推荐董事、董事聘任经理的模式,董事和经理往往是由控制股东推荐的人员担任,在客观上形成了董事和经理与部分股东之间的特殊联系,某些公司董事或经理甚至充当着控制股东或推荐股东

① 在信义义务的术语选择上,学术界有多种不同称谓,包括但不限于受托人义务、受托义务、受信义务、信赖义务、诚信义务等。上述称谓的含义和侧重点稍有不同。

的代理人。即使如此,也可以循着两个路径予以考虑:一是无论董事或经理是否是由控制股东推荐的,其仍应作为公司和公司财产的受托人,董事或经理不应因其深受控股股东影响而免于承担受托人的信义义务;二是当控制股东采取各种手段排挤董事或经理,甚至在事实上掌管了公司事务时,可以推定控制股东实际发挥受托人的作用。无论哪种情况,对于脱离了投资者直接控制的财产或者权益来说,总是存在一个真正的受托人。相应地,凡是持有、掌管他人财产和权益的人,均应承担信义义务。

2. 信义义务与证券交易

投资者从事上市证券买卖,必须借由证券经营者的通道并在证券交易所内进行,投资者与证券经营者必须签订委托合同或经纪合同。在历史上,经纪合同在名称上不是信托合同,在审判实践中,法官很少将投资者与证券经营者签订的经纪合同解释为信托合同,也很少将信义义务加诸于证券经营者身上。美国在20世纪30年代制定《证券法》时,开始强调监管,信托被认为是一种好的解释工具;在制定《投资公司法》时,遂将信托观念纳入其中,使证券经营机构承担了类似于信托关系受托人的义务。后期,随着基金信托的出现,证券与信托之间的联系更为紧密。

对比我国《信托法》第2条关于"本法所称信托,是指委托人基于对受托人的信任,将其财产权委托给受托人,由受托人按委托人的意愿以自己的名义,为受益人的利益或者特定目的,进行管理或者处分的行为"的规定,我国证券公司在从事证券经纪业务时,既不存在投资者将股票委托给证券公司,也不存在证券公司按投资者意愿并以自己名义,为受益人利益或特定利益管理或处分财产的问题;因而,证券经营者不等同于信托受托人。然而,即使直接适用信托法存在困难,也无法排除信托观念对证券经纪业务的影响,尤其是不能否认投资者在委托证券公司时存在的信任。因此,即使不存在信托关系,却仍然存在证券公司对投资者承担的信义义务。

3. 信义义务与资产管理

我国证券市场的早期产品主要是股票和公司债券等典型的证券,随着证券交易专业性和技术性的不断增强,委托专业机构从事投资的观念日盛,各类资产管理形式相继出现。近年来,我国契约型私募基金、资产管理计划和信托计划发展迅速,带来了一系列新的问题。我们认为,上述三类金融产品无论名称如何,在性质上更接近于信托产品,皆带有投资者委托专业机构管理资产的属性。尤其是,对于与上述三类金融产品相关的证券投资基金,我国《证券投资基金法》第2条明确认可信托法的适用:“在中华人民共和国境内,公开或者非公开募集资金设立证券投资基金(以下简称基金),由基金管理人管理,基金托管人托管,为基金份额持有人的利益,进行证券投资活动,适用本法;本法未规定的,适用《中华人民共和国信托法》、《中华人民共和国证券法》和其他有关法律、行政法规的规定。”我们认为,证券投资基金不完全等同于三类金融资产,但其法律属性是相同的,按照“实质重于形式”的解释论,使资产管理人承担信托法之受托人义务,在实定法上是合理的。

(四)投资者知情权与自营业务

金融机构在从事自营业务中,与投资者之间形成了“买卖”关系。与民事一般法上的买卖不同,金融机构自营中的买卖,不涉及“有体物”的转移,在实质意义上主要是利益和风险的转移。有学者提出,应依据证券经营者服务的不同而区别对待的意见,即证券经营者在提供金融服务时的交易地位不同,在提供金融商品时,证券经营者处于交易主体的地位,直接向投资者提供金融商品;在提供证券中介服务时,证券经营者仅处于中介地位,其联结证券市场与投资者,为投资者进入证券市场提供交易途径,证券经营者本身并非交易关系的主体。[①]

我们认为,金融机构在开展自营业务时,与投资者之间无显著的“委托”色彩,金融机构实为投资者的交易对手方,而非投资者之受托人。因而,从性质角度出发,将证券业务分为自营业务和经纪业务,并分别寻求不同的法理基础,是合理的。在自营业务中,难以将信息不对称作为赋予投资者知情权的理论依据,将信义义务纳入其中。一方面,在投资者知晓交易对方为金融机构并自愿与金融机构发生交易时,应当视其为了解金融商品品质与风险,并认可金融机构与投资者之间的平等性,在处理相关争议时,除非法律作出特别规定,应当适用民事一般法,这在客观上降低了金融机构的告知义务。另一方面,金融机构既然是投资者的相对方,依照民事一般法,除承担约定义务外,还应依照承担法律和合同规定的“缔约前”、“履约中”和“履约后”的附随义务。若金融机构违反约定或者违反附随义务的,应当依照合同法承担损害赔偿责任。

---

① 参见宗正:《论金融消费者权利构建的两分性》,载《知与行》2016年第7期。

二、信息安全权

(一)信息安全权的概念

投资者自开户至注销账户,不断向经营机构提供个人信息,在交易中也不断形成并提供新的信息;经营者不仅收集、核实、处理投资者的个人信息,还会将投资者个人信息用于自身营业活动,包括建立投资者个人信息的数据系统,研究投资者的投资偏好和风格,判断发现投资者未来投资,乃至在此基础上研发新的金融产品。除常规的证券账户外,部分投资者还可能申请开立期货交易账户、融资融券账户、理财账户以及其他账户,以从事风险较高的证券期货交易活动。按照目前的规定,在开立特殊账户时,经营者还要为投资者进行风险承受力等方面的评估,从而形成更多的复合性信息。

保护个人信息已成为各界普遍接受的观念。学术界一直关注个人信息保护,立法者也顺应个人信息保护的思潮,《民法总则》和《网络安全法》作出了原则规定。如我国《民法总则》第111条规定,"自然人的个人信息受法律保护。任何组织和个人需要获取他人个人信息的,应当依法取得并确保信息安全,不得非法收集、使用、加工、传输他人个人信息,不得非法买卖、提供或者公开他人个人信息"。有学者据此得出结论,即我国已将个人信息权列为具体的人格权。《网络安全法》第40~44条规定了网络运营者承担的个人信息保护义务,开始对个人信息予以综合保护。

在界定投资者信息安全权时,离不开对"投资者信息"的范围、"信息安全"的含义的理解。关于前者,参照罗传钰的观点,投资者信息应当包括投资者四类信息:(1)私人信息,即投资者在买卖证券产品或接受服务的过程中所提供的私人信息,如姓名、身份证号、住所、职业等;(2)账户信息,即投资者在金融机构所开立的账号、开户时间等;(3)交易信息,即投资者与金融机构之间业务往来、所购买的证券产品的记录等;(4)衍生信息,即金融机构对前述信息进行处理分析后得出的结果。[①] 相应地,所谓信息安全,从信息安全的技术性来看,指信息本身和信息传播保

---

① 参见罗传钰:《金融消费者保护监管优化和国际合作》,法律出版社2014年版,第201页。

证完整性、保密性、可用性和真实性,[1]具体而言:(1)完整性,是指非经信息主体授权、不得随意修改和删减信息;(2)保密性,是指在不涉及国家安全与公共利益的前提下,前述投资者个人信息具有绝对的秘密性,投资者有权不予公开;(3)可用性,是指权利人有权支配和利用信息,许可或者不许可他人知悉或利用;(4)真实性,是指信息交换的内容是真实可靠的。[2] 那么,投资者信息安全权,则指投资者的信息本身和信息传播的完整性、保密性、可用性和真实性不受非法侵害。所谓非法侵害,即具体是指非法收集、非法篡改、非法泄露、非法出售、非法提供和未经授权利用等行为。

必须看到,在个人信息上,始终存在个人信息保护和企业正当利用之间的冲突,需要在两者之间作出与时俱进的平衡。对于企业或经营者来说,个人信息既是营业活动中形成的信息累积,也是具有重大价值的无形财富。换言之,收集个人信息是伴随企业经营活动的产物,如企业记载个人信息,使其有可能向客户提供更好的服务。与此同时,企业收集个人信息带有明显的营业性。信息论创始人申农在其著作《通信的数学理论》中提出了建立在概率统计模型上的信息度量。他把信息定义为“用来消除不确定性的东西”,他认为,信息是“使不肯定程度减少的量”,是一种“消除不确定性的东西”。严格地说,“不确定性”就是风险,通过降低或者消除不确定性,有助于降低企业运营的成本和风险。因此,收集并处理个人信息既是企业营业的附属产物,也是企业生存和发展的根基。

(二)法理基础

随着信息技术的发展,使个人信息的批量处理与快速流动成为可能,大大提高了信息利用的效率;同时,信息技术也带来信息传播无序且不受控的现象,个人信息从信息持有者处主动泄露或被窃取的现象越发猖獗,投资者对其自身信息的传播、利用等几乎丧失了控制权,极大地造成投资者内心的不安定感,容易催生金融机构的信用风险,而法律必须对社会现象有所回应。

我国《消费者权益保护法》第二章“消费者的权利”明确规定,消费者在购买、使用商品和接受服务时,享有个人信息依法得到保护的权利。2015 年国务院办公厅

---

① 参见姚建宗:《新兴权利研究》,中国人民大学出版社 2011 年版,第 125 页。

② 参见陈玟桦:《信息安全权研究》,南昌大学法学院 2015 年硕士学位论文,第 11 页。

发布的《关于加强金融消费者权益保护工作的指导意见》中,也提及金融机构应当保障金融消费者的信息安全权。可见,法律已赋予了消费者信息安全权。虽然实定法未明确界定消费者信息安全权的内涵,但通过目的解释可知,之所以要把消费者信息安全权写进法律,是因为泄露公民信息的问题日益泛滥。投资者无论是在服务合同抑或投资合同之法律关系中,均会向相对人透露自己的信息,自然就有信息泄露的风险,因而,投资者应享有信息安全权。

目前,若无信息安全权的特别立法,当投资者个人信息遭到泄露或窃取时,只能通过适用《民法总则》《侵权责任法》保护隐私权以维护投资者权益。但隐私权的保护存在不足。个人信息与隐私的范围不完全相同。个人信息,是可以识别本人的信息的总和,这些信息包括了一个人的生理、心理、智力、个体、社会、经济、文化、家庭等方面,信息安全权所保护的信息是"识别性"的个人信息,包括并不限于保护隐私利益;[①]而隐私权则指自然人享有的生活安宁与信息秘密依法受到保护,不被他人非法侵扰、知悉、收集、利用和公开的一种人格权,[②]只有敏感的个人信息,即涉及隐私的个人信息才属于《侵权责任法》所保护的"隐私"的范畴。

除此之外,信息安全自身具有独特的价值:(1)个人信息具有人格利益和财产利益的双重属性。人格利益,是指个人信息的收集、处理或利用直接关系到信息主体的人格尊严;财产利益则是体现在个人信息具有直接的经济利益,甚至可以直接商品化或者被二次开发利用,成为事实上的财产而被出售、转让。[③] 尤其在金融领域中,证券经营者在为投资者提供服务时,会获取大量投资者的信息,这些信息背后可以挖掘出巨大的经济利益,在特定情况下,这些投资者信息会被直接视为金融资产。(2)根据马斯洛需求层次理论,"安全需求"是人的基本需求,[④]同时,从法理学来说,安全也是法律追求的价值目标。[⑤] 前者在心理学上的安全是一种主观状态上的安全,而后者在法律意义上的安全是一种客观状态上的安全,意味着安定、完整的财产和人格的尊严。[⑥] 在法律缺失的情况下,对投资者信息的争夺在所难免,

① 参见齐爱民:《论个人信息的法律保护》,载《苏州大学学报》2005年第2期。
② 参见王利明:《隐私权概念的再界定》,载《法学家》2012年第1期。
③ 参见刁胜先:《个人信息网络侵权问题研究》,上海三联书店出版社2013年版,第16页。
④ 《马斯洛需求层次理论》,来自百度百科,经科普中国百科科学词条编写与应用工作项目审核。
⑤ 参见朱景文:《法理学》,中国人民大学出版社2008年版,第67页。
⑥ 参见姚建宗:《新兴权利研究》,中国人民大学出版社2011年版,第125页。

如此就会导致社会秩序的混乱,信息安全需要通过法律规定上升为投资者的权利予以保护。具体而言,通过法律对投资者信息安全之法律关系主体作出安排,指引权利义务双方在法律框架内合理合法地利用信息,有助于形成稳定的信息安全状态,以及有序的金融市场环境。

(三)保护框架

信息保护的核心是在投资者信息安全与经营者正当利用之间实现平衡,在法律结构上,应当从投资者权利和经营者义务两个角度入手,界定个人信息的含义、权衡个人与经营者的关系、斟酌现代社会信息化的发展状况。

1. 受保护信息的范围

个人信息是有意义的,对经营者来说,最大规模的个人信息是有价值的。按照这个逻辑,至少在理论上可以将信息分为与特定人有关的信息和与特定人无关的信息。前者如个人基本情况、信用信息、投资信息、行为模式等。后者如众多个人信息汇集而成的信息,这种信息是以个人信息为基础形成的相对独立的信息,其中,即使缺失了某个个人信息,也依然具有价值的信息。换言之,这种信息是以个人信息为基础的信息。虽然很难清晰划清两者的界限,甚至需要裁判者在个案中予以界定,但这种划分标准依然是有意义和重要的。

2. 投资者信息安全

凡是属于投资者个人信息的,在原则上应当直接适用《民法总则》和《网络安全法》。个人信息权的存在为信息安全权的概念提供了正当性。所谓个人信息权,即个人信息控制权的简称,是个人信息本人依法对其个人信息所享有的支配、控制并排除他人侵害的权利;①是一种以控制权为束点的框架性权利,是由许多具体权利有机组成的权利束,包括知情权、决定权、封锁权等。而信息安全权则个人信息权项下延伸出的子权利,是一项以信息安全为权利客体的具体权利。

3. 经营者的义务

刘志坚在“京东金融将保护个人信息安全作为企业的生命线”中表示:第一,通过建立专门的个人信息保护委员会,把客户信息安全放到至高无上的地位。第二,要制定数据保护的战略。第三,一定要有清晰的隐私指南。第四,提供互联网线上

① 参见齐爱民:《论个人信息的法律保护》,载《苏州大学学报》(哲学社会科学版)2005 年第 2 期。

服务的企业需要在业务流程设计上多加考虑:在有效保护个人信息安全的同时,提升客户体验。第五,公司要建立个人信息安全影响评估机制,定期对客户个人信息保护状况进行评估。

4. 公权保护。有关信息保护的规则正在逐渐发展中,目前各国尚未形成完整有效的保护机制。应该看到,随着信息不断向经营者及网络经营者集中,个人信息侵害带有明显的“机制性”侵害的特点。个人信息侵害是由于经营者的经营行为引起的,一旦出现侵害,受害者不仅是某个特定的投资者,还往往是与该加害者相关的众多投资者。在这种机制性侵害中,传统的、以个人诉讼为原型的诉讼保护机制渐渐失去有效性,取而代之的则是公权力介入经营者的经营活动。唯有如此,才能发现并根除侵害的机制性原因。

三、其他权利

(一)财产安全权

财产安全权,是指投资者有权支配个人的账户和资产,不受他人非法侵犯。其中,非法侵犯主要指证券经营者违反保管义务,挪用投资者的交易结算资金、证券、委托财产等情形。

投资者通过经营者买卖证券或者委托资产管理时,按照规定,必须将资金和证券托管给金融机构,基于该托管关系,投资者与托管机构之间形成委托保管关系,随即产生投资者财产安全权。证券经营者在从事经纪业务或定向资产管理业务时,与投资者形成委托代理关系;在从事集合资产管理业务时,与投资者形成实质上的信托关系。无论在何种法律关系中,投资者均为证券所有人,非经投资者同意,不得将证券卖出。必须指出,投资者将资金或证券托管给经营者,对于该种法律关系的性质上,学术界存在不同意见。我们认为,上述托管财产属于信托财产,不属于经营者的自有财产,在法律上应当将两者隔离,应当明确采用“破产隔离”机制,唯此,才能有效保护投资者财产安全。

(二)公平交易权

公平交易权,指投资者在证券交易中得到经营者的公平公正对待,为了保护公平交易权,经营者要协调两类主体之间的关系:一是投资者相互之间的关系,二是投资者与经营者之间的关系。在投资者之间,投资者应当享有获得相同信息、相同交易机会。[①]《证券法》第75条至第78条,对有损投资者公平交易权的内幕交易、操作市场作出禁止性规定,即禁止证券交易内幕信息的知情人和非法获取内幕信息的人,在内幕信息公开前,买卖该公司证券,或者泄露该信息,或者建议他人买卖该证券,以及禁止任何人操纵证券市场。

投资者与经营者之间的公平,指投资者在投资时,经营者不得采取任何方式对客户施加压力,或暗示不当劝诱。具体包含:(1)投资者有权自主选择买入或卖出证券、选择何种服务,证券经营者应当充分尊重投资者的个人意愿。(2)投资者有权在掌握充分信息的基础上,就不同证券产品进行比较后作出投资决定。(3)合同双方对合同内容有正确的理解和认知,没有一方处于认知的劣势地位。

(三)受教育权

受教育权,是指投资者有接受获取金融知识教育的权利。个人投资者通常对金融基础知识缺乏了解,投资分析能力较差,风险意识淡薄。随着金融市场不断发展,投资者面临各种各样复杂的金融工具,与此同时,各种金融衍生品的出现,也提高了投资风险。投资者教育是投资者保护的第一道防线,投资者通过接受相关教育,提高风险识别能力。投资者金融知识水平的提高,无论对投资者抑或证券市场健康发展来说,均有重要意义。

第三节 证券经营者的义务

一、经营者义务的概述

投资者是否享有权利,与投资者权利能否实现是不同问题。在多数情况下,投资者权利的实现,必须借助义务人履行义务。与此同时,投资者权利与经营者义务之间存在制约关系。如果仅从投资者权利入手,推理而来的经营者义务是非常宽泛的,有时会影响到经营者的正常经营。反之,若仅从经营者义务角度反射投资者

① 参见廖凡:《金融消费者的概念和范围:一个比较法的视角》,载《环球法律评论》2012年第4期。

权利,也会出现限缩投资者权利的问题。因而,从投资者权利和经营者义务两方面入手,相对而言,是平衡保护的客观需要。(见图5-1)

权利	义务
知情权 公平交易权	信息披露义务
	商品说明义务
	禁止不当劝诱义务
信息安全权	保障信息安全义务
财产安全权	保障财产安全义务
受教育权	教育义务

权利受到侵害 → 救济权

图5-1　投资者权利义务关系

(一)行为义务与结果义务

在民法上,义务存在多种分类,其中,应当注意行为义务与结果义务的划分。所谓行为义务,是指实施某种行为但无法保证必然出现某种结果的义务;结果义务,则不仅要求行为人实施一定的行为,还要求该行为必然达至某种结果。如买卖合同的出卖人必须交付标的物并转移所有权;医疗合同中的医师只承担尽力救治患者的义务,却无法保证治愈。证券经营者承担的义务,通常只是行为义务而非结果义务。

在界定经营者义务时,应当斟酌金融业特点、关注其与日常生活的差异。金融业是围绕金融商品展开的,与日常生活中的有形物不同,金融商品没有"商品的物理属性",即没有使用价值却有价值。就此而言,所有有体证券或者纸质文书,都只是金融商品价值和风险的载体。正因如此,金融业所称交付,只是借用了日常生活或有体物交付的概念,在根本上,却是收益可能性或者风险的转移。鉴于此,金融经营者承担的义务,应当是行为义务而非结果义务。换言之,金融经营者的义务主要是实施某种行为,而绝非担保或者保证某种结果的必然出现。否则,将背离金融本身的属性。

(二)诚信义务与具体义务

多数学者在研究投资者权利时,倾向于从投资者具体权利或经营者具体义务着手,并将投资者权利或经营者义务分为多种类型。类型化研究有助于清楚地表达,便于实务操作,却无法穷尽经营者义务,从而妨碍投资者利益保护。较为恰当的表达方式,应当是“概括+列举”的方式,而不应重列举、轻概括。同时,由于经营者义务主要是行为义务而非结果义务,在判断经营者是否履行义务的问题上,既要依据法律规定予以判断,又要兼顾法律虽然未予明确规定但结合金融交易的实质而应属于经营者承担的义务。

我们认为,“诚信”“善意”“专业”等抽象标准,虽然不很容易实施,却是衡量经营者履行义务的重要标准。一方面,《民法通则》和《民法总则》等均规定了诚信原则,该原则应当适用于各种民事活动,而非仅适用于日常生活。否则,金融交易就失去了受法律规制的基础。另一方面,金融业是有浓厚专业属性的行业,经营者在从事金融活动时,应当秉持更高程度的“诚信”“善意”“专业”观念,不能使其借助专业属性而损害投资者利益。正因如此,各国保险法普遍采用“最大诚信原则”。各国证券法坚持利益冲突的防范规则,银行法则采用资本管制和存款保险等措施,最大限度保护储户利益。鉴于此,证券经营者应当按照诚信原则,承担更高程度的“诚信义务”。

二、信息披露义务

对于信息披露义务,可将其界定为:发行人或经营者在向不特定多数人推销金融商品时承担的,或者在投资者向其购买金融商品后承担的持续披露信息的义务,该义务旨在让潜在投资者真实、准确、全面了解金融商品的特性,从而有别于针对个别投资者所负的说明义务。投资者知情权、公平交易权的实现,离不开证券经营者正确履行信息披露义务。

我国目前采用分业经营、分业监管(“一委一行两会”)的模式,在投资者保护的法律方面,我国主要法律是《证券法》《公司法》《商业银行法》《银行业监督管理法》《保险法》以及中国人民银行、银保监会和证监会等监管机构制定规章,该等实定法的目的若在于维护金融市场秩序、偏重于监管,则难免忽视投资者保护,甚至导致投资者与经营者之间的信息失衡。我们认为,应当构建旨在保护投资者利益的完整信息披露义务规则,有效保护投资者知情权。

(一)披露客体

对于经营者承担信息披露义务,各界较少分歧。然而,何者属于可公开、应披露的信息,何者属于行业商业秘密而应排除在披露以外,均属于披露客体领域的问题。我们认为,在确定披露客体的问题上,应当秉持的原则是,凡是可能直接或者间接影响投资者投资决定的信息,都属于重大信息而且应当予以披露。信息披露应当围绕着金融商品或服务的基本情况,如商品名称、发行人、发行日期、产品结构、具体投资方向,也应包括收益或风险分析,如商品收益率、风险预计、风险提示、双方当事人的权利义务等。[①] 至于经营者专有技术或者经营信息等,基于保护商业秘密的考虑,可以不予公开或者披露。因此,在应当披露的信息和商业秘密之间,需要建立合理的识别标准,并在适当情况下由主管机关厘定。

(二)披露标准

根据我国证券法并参考域外法律,经营者披露的信息,必须做到真实、准确、完整和即时。日本《金融商品交易法》结合金融交易的特殊性,在真实性、准确性、完整性、即时性和宜解性上,提出了较为具体的标准:(1)在真实性上,要求经营者在广告或介绍时不得进行虚假宣传或者虚假陈述。(2)在准确性上,经营者在信息披露时须先进行初步筛选,过滤不重要且无关的信息,内容均应当是正确无误的,不得具有误导性的。(3)在完整性上,经营者不得仅就金融商品的优点进行披露,至少应当包括金融商品的构成、属性、操作规则、投资建议、风险、可能的收益以及收费标准,且对于金融商品可能造成的亏损及原因等做出完整、全面披露。(4)在即时性上,经营者应在相当时间内,对于所获得的信息进行即时披露。

除此以外,考虑到投资者无法阅读海量信息,为了使投资者更好地获得有效信息,在披露标准上强调信息披露的易读性和易得性。[②] 其中,根据易解性的要求,经营者在发布广告或者作出陈述时,必须使用简单易懂的文字表述,使没有金融专业知识的投资者能够明白商品的本质及风险。根据易得性,投资者取得披露信息的渠道应当为简单、方便,不得成果过高。

---

① 参见熊玉梅:《论金融消费者知情权的保护——以美国CFPA法案为视角》,载《金融与经济》2010年第3期。

② 参见林越坚:《金融消费者:制度本源与法律取向》,载《政法论坛》2015年第1期。

三、说明义务

经营者说明义务是建立信息披露基础上的。按照说明义务,经营者不仅要披露信息,还应对投资者的提问做出必要解释和说明,以使投资者理解该信息的真实含义。经营者及其工作人员在向投资者销售金融商品时,应当履行或促使履行说明义务,并符合两项基本标准:

(一)针对性

目前,我国多数金融立法侧重于从信息披露角度来保护投资者权益,但对于说明义务,却较少触及。实践中,经营者大量使用格式文本代替说明,导致投资者无法准确理解金融商品及其风险,自身权益容易受到侵害。基于针对性要求,经营者对于能够影响投资决策的重要事项,如交易成本、商品风险系数、可能的收益等,应当予以特别说明,对于其他信息精简描述。

针对性要求与投资者适当性之间,是相互配合的。适当性规则旨在避免经营者或其从业人员向投资者推销不适合的金融商品。对应于此,经营者在进行商品推荐前,要收集投资者相关信息,依这些信息向其推荐合适的商品或服务。根据美国证券交易商协会1993年制定的自律规则及此后形成的判决,适当性规则包含两个认定标准:(1)合理基础原则,指经营者有义务研究和说明其推荐的产品,包含但不限于对该产品潜在风险和可能回报的了解;(2)客户个别适当性,即经营者有负责收集客户资讯(包括其财产情况、税负状况、投资目标等)的义务,并针对这些情况推荐适合该客户的投资产品。[①] 收集投资者资讯,可采用询问方式或进行风险评估等方式,将投资者予以分类,评估完成后,再作出投资者是否适合该商品的评价;若不适合,则应拒绝投资者购买该金融商品并向其说明理由。

(二)可理解性

可理解性,指经营者对于不同金融专业知识背景的投资者,应有不同程度的说明义务。即对于一般投资者履行说明义务,应尽量使用简易浅白的文字,避免使用艰涩难懂的专业术语;对于有专业金融知识背景的投资者,可用精简的专业术语进

① 参见张冠群:《金融商品销售适合性原则之法制分析》,载《高大法学论丛》2009年第5期。

行说明。其重点在于让投资者精准理解并转化为自身的评估信息,不能引起投资者的理解偏差。

四、禁止不当劝诱义务

经营者盈利是通过接受投资者委托并收取费用实现的。在投资者投资前,经营者通常会对金融商品的品质、组成、获益前景进行介绍,以劝诱投资者投资,从而达成交易。然而,劝诱有合规与不当之分,合规劝诱重在"如实",即经营者如实向投资者提供证券性质、上市公司等情况,以利于投资者正确作出投资判断;不当劝诱,指提供虚假信息,或经营者使用误导性的方式或语言,使投资者将不确定的事实误认为确定的事实的。[①]

针对不当劝诱,日本《金融商品交易法》、韩国《资本市场法》均有相应规定。金融商品纷繁复杂,普通投资者难以凭自己知识及投资技能分析各类商品,经营者的说明与劝诱作为投资者信息来源的重要渠道,对投资者投资决策具有重要乃至决定性影响,不当劝诱会使投资者陷入错误认识而做出决策,风险巨大。投资者知情权、公平交易权的实现,同样与经营者承担的禁止不当劝诱义务有关。

需要指出,经营者承担信息披露义务、说明义务或禁止不当劝诱义务,不是无限的而是有边界的,该边界应以"足以防范不公正的金融交易"为限度。[②] 具体来说,如果经营者不说明、不披露而不会导致不公平交易,经营者则可免除该义务,如是与业务无关的信息或是普通人能理解的内容,则无须说明。

五、保障信息安全的义务

与投资者信息安全权相对应,经营者应当承担保护投资者信息安全的义务。经营者与投资者之间存在金融交易或者服务关系,其在提供金融商品或服务时,会收集、取得投资者的相关信息。基于法律规定,经营者应当承担保障信息安全的义

---

① 参见彭真明、殷鑫:《论金融消费者知情权的法律保护》,载《法商研究》2011年第5期。

② 范健:《商法》,高等教育出版社2007年版,第87页。

务；根据我国《合同法》，经营者同样承担保护客户信息的合同附随义务。

经营者义务涉及信息处理的各个环节：(1)在信息收集集阶段，应当严格合理性原则，注重真实性和完整性，不得故意删减重要信息。(2)在信息存储和传输阶段，要对信息进行保密处理，以防窃取和篡改；在日常管理中，要做到非经投资者许可或法律授权，不得非法篡改与非法泄露。(3)在信息利用阶段，经营者不得非法出售、提供、利用投资者的信息。投资者信息虽然是经营者掌握的，投资者仍现有该等信息利益，只有经投资者许可，经营者才可在许可范围内利用该等数据和信息。

六、保证财产安全的义务

经营者在受领投资者交付的证券和资金后，应当承担保护投资者财产安全的义务。一般原则是，金融机构应当采取严格的内控措施、科学的技术监控手段，严格区分机构自身资产与客户资产，不得挪用、占用客户资金。

就金融机构来说，《证券法》第79条禁止证券公司及从业人员挪用客户委托买卖的证券或者客户账户的资金，以及私自买卖客户的证券或假借客户的名义买卖证券的行为；根据第139条规定，证券公司的交易结算资金应当存放在商业银行，以每个客户的名义单独管理。对于登记结算机构：该法第168条规定，登记结算机构要确保结算安全，应将各类结算资金和证券存放于专门的清算交收账户，账户内的资产职能用于已成交的证券交易和清算的交收且不得被强制执行。

就业务类别而言，在经纪业务中，投资者委托的保证金是用于支付购买证券的价款，所有权归投资者，托管机构必须为客户的证券进行分账管理，如实进行交易记录，严格按照投资者指令支付价款。在资产管理业务、委托理财中，托管机构必须为各个资产管理计划单独设置账户、独立核算、分账管理，所托管资金不得列入托管机构固有资金；受托人不得将受托财产转为其固有财产；非经投资者同意，不得将资金挪作他用。

七、教育义务

中国人民银行、原银监会、证券会、原保监会、国家外汇管理局于2012年共同发布《金融业发展和改革“十二五”规划》并明确提出,“要通过宣传教育和信息披露,增进公众对现代金融产品的服务和了解,识别相应风险加强金融消费者权益保护教育和咨询系统建设,积极开展金融知识普及宣传工作,提高金融消费者的安全意识和自我保护能力”。可见,投资者教育已经成为国家发展金融业的重要途径。然而,有的金融机构在提供教育义务时,违背教育的本质,而是假借教育之名,行商品宣传和推荐之实,一些教育内容被异化为金融产品的宣传工具。①

经营者履行教育义务,是履行“社会责任”的表现。我国《公司法》明文规定公司承担社会责任,即对客户等利益相关者承担的责任。在金融市场上,投资者是经营者的客户,经营者自应向投资者承担“社会责任”。经营者履行教育义务,也是践行“投资者适当性”规则的要求。经营者评估投资者与特定金融商品的匹配度,在客观上实现了投资者教育的目的,在广义上,经营者履行说明义务等,同样有助于投资者教育。需要指出,投资者教育带有很大弹性,渗透在经营活动的各个层面,金融机构应当树立正确态度,积极组织、参与金融知识普及活动。如可在官网设置专栏、在公司摆放宣传手册;在具体交易活动中,敦促投资者认真对待“风险确认书”等。

八、最佳执行义务

投资者资金和金融商品均交由金融经营者掌管,唯有借助经营者的服务,投资者才能完成金融交易。具体而言,投资者完成交易,必然要经历投资者发出指令、经营者执行指令两个环节。所谓最佳执行,是指经营者在执行客户指令时,应当善尽受托人责任,采用必要且合理的手段和措施,为投资者提供最佳服务。在判断经营者是否“最佳”执行指令,应当遵守指令内容并综合考虑市场价格、交易执行速度、交易成本等。

九、一般性反欺诈条款的设置

证券欺诈在含义上,远比民事欺诈宽泛,泛指在证券市场中发生的各种欺诈行

① 参见张继红:《金融消费者教育问题探究》,载王卫国主编:《金融法学家》(第5辑),中国政法大学出版社2014年版,第420~428页。

为的综合体。随着证券市场规模扩大,交易手段日新月异,证券欺诈在内涵和外延上已经突破传统民事欺诈的范围,与传统民事欺诈相比,证券欺诈具有主体多元化、手段隐蔽化、方式复杂化等特性。无论是在证券法上全面列举证券欺诈,或者借由民事欺诈规则予以规定,皆有不足。从金融市场实践来看,证券欺诈总是随着市场变化、法律更迭、规则变动等而转化为新的形式。考虑到法律必然滞后于现实的实际情况,为了有效对抗不断变异的欺诈形式,贯彻诚信原则,实践公平原则,有必要将反欺诈作为证券法的核心规则。[①]

一般认为,美国《1933 年证券法》的第 10b－5 条是有价值、可资借鉴的反欺诈一般条款。该条款规定,任何人利用任何州际商业手段或设施、邮件或利用任何全国性证券交易设施所实施的、与任何证券买进或卖出有关的下列行为均为非法:(1)使用任何计划、技巧和策略进行欺诈的;(2)进行不真实的陈述或遗漏实质性的事实,这一实质性的事实在当时的情况下对确保陈述不具有误导性是必要的;(3)从事任何构成或可能构成欺诈他人的行为或商业活动的。我们认为,该条款在逻辑上与信息披露规则相配合,内容上以反欺诈为核心,强调反欺诈的相对独立地位,并且可以适用于证券发行和交易等诸多金融活动,因而是一项有参考价值的立法范例。

第四节　救济权——程序性权利

"有权利,必有救济",投资者受到侵害时,有权依据与经营者签订的合同或法律规定,请求并获得救济。需要指出,如果立法仅停留在投资者权利或经营者义务,而未向投资者施以救济时,不仅无法落实投资者权利,也无法迫使经营者履行义务,更无法减少或者消除投资者的损失。因此,确认投资者的救济权,构造简便易行的救济程序规则,理应成为立法者承担的责任。

---

① 参见汤欣:《美国证券法上针对虚假陈述的民事赔偿机制——兼论一般性反欺诈条款制度的确立》,载张育军、徐明主编:《证券法苑》,法律出版社 2010 年版,第 192 页。

一、法理基础

“有权利,必有救济”最早出现在1703年英国“阿什比诉怀特案”中。该案大法官宣称:“如果原告拥有一项权利,他就必然要有维护和保持该权利的方法,如果他在行使权利时遭到侵害,则必须要有救济,对权利的需求和对救济的需求是相互的。一个人得到救济也就得到了权利;失去救济也就失去了权利。”我国学者普遍遵循“权利—义务—责任”的论证逻辑,有学者明确提出“民事权利和民事义务只有与民事责任相结合,权利才能受到责任关系的保护”。①

对于救济权的称谓,我国立法和学术界在使用上不尽一致。有学者使用“求偿权”,有学者采用损害赔偿请求权,有的学者采用救济权。我们认为,可以采用“救济权”或者“金融请求权”的术语。原因在于,求偿权或者损害赔偿请求权的词语,含有损害填补的意义,主要是采用填平原则满足权利人的财产损失。然而,金融商品是一类特殊商品,具体种类复杂多样,价格波动较大;金融交易则是动态和持续过程,带有继续性合同的特点,有别于一次性合同。尤其是在交易规则上,基于买方自担风险的原则,投资者应当自行承担交易风险,因而,需要在技术上分离出风险因素,不能完全照搬民法上损害赔偿请求权的概念,而应尊重金融交易规律,提出适合于金融交易的特殊概念。

投资者权利是一组综合性权利,造成投资者受损的原因是复合性的,而不是单纯的行为—损害的侵害模式,在这种情况下,如果按照合同关系予以救济,则无法全面斟酌投资者受损的原因,要么出现无理由限缩投资者权利的情形,要么出现不合理加重经营者责任的情况。通过立法明确规定经营者因侵害所造成的法律后果,有利于经营者考虑到违法成本和法律的威慑力而更好地履行其法定义务,从而保障投资者各项权能的实现。② 即使投资者与经营者之间存在合同关系,在救济机制上,应当主要从侵权责任法角度予以构建。同时,根据《合同法》关于侵权责任与违约责任竞合的处理规则,投资者可以在违约责任与侵权责任之间作出选择。

---

① 魏振瀛主编:《民法》,北京大学出版社2007年版,第418页。

② 参见李瑞缘:《我国金融消费者隐私权保护机制的制度构建——以个人隐私信息保护为视角》,载《重庆邮电大学学报》(社会科学版)2014年第1期。

二、救济权的具体建构

有论者提出，投资者与经营者解决纷争的过程是一个博弈的过程，双方基于“经济人”的心理，都会就维权成本与效益进行核算、分析，从而作出博弈策略的选择。[①] 在投资者救济机制上，我国存在制度供给的不足、法律保护不完善的情况。在实践中，从投资者投诉、调解再到诉讼的过程中，耗时费力，投资者即使受损，也未必愿意或未必能够提出救济，这种状况反而强化了经营者的投机心态。因此，如何完善金融纠纷多元化解决机制，已成为保护投资者救济权的关键。

（一）程序选择权

“程序选择权”是我国台湾地区学者邱联恭教授提出的，[②]参考其观点，法律应当明文规定民众对国家有实体法上的权利保护请求权及程序法上的裁判请求权。并在一定的范围内，赋予人民程序选择权，人民可据此任意选择一种较能平衡实体利益及程序利益的解决程序，指的是如何在两个功能相当的程序中选择一个更能维护当事人权益的问题，而非选择与不选的问题。民事程序选择权有广义程序选择权与狭义程序选择权。广义的民事程序选择权，是指当事人在法律规定的范围内，自主选择民事纠纷解决方式以及在解决民事纠纷的过程中，选择相关程序事项的权利；[③]而狭义的民事程序选择权则，是指当事人在民事诉讼过程中，在法律规定的范围内，自主选择有关程序及与程序有关事项的权利。本书旨在建构赋予金融投资者多元的纷争解决机制，并不限于诉讼上的权利救济，故应以广义的民事程序选择权为讨论对象。

在我国，随着社会经济发展，金融纠纷案件的类型、数量与过往相比存在很大变化，在形态上也趋于专业化、复杂化，加大了纠纷解决的难度。因此，为了最佳保护投资者利益，考虑到社会资源的有限性，应当建构不同层级、不同类型的多元金融纠纷解决机制，向投资者提供可自行选择的纠纷解决方式，以实现快速、便利、有效解决纠纷的目的。相对而言，民事诉讼可以被视为一种受制于投入产出规律的

---

① 参见刘艳平：《金融消费者权利保护的法律思考》，载《学术交流》2014 年第 11 期。

② 参见邱联恭：《程序选择权论》，三民书局 2000 年版，第 23 页。

③ 参见叶振宇：《证券仲裁程序选择权研究》，载《民商法论丛》（第 12 卷），中国政法大学出版社 2004 年版，第 227 页。

经济行为,在正常情况下,没有理由认为冲突主体愿意用较高的物质耗费通过诉讼去赢得较低的裁判上的利益。[①] 确立投资者的程序选择权,对于保障证券投资者权益,提高投资者的维权意识来说具有重大意义。

在我国争议解决机制中,诉讼、仲裁和调解是三个核心构件,三个构件之间界限分明。其中,诉讼机制规定在民事诉讼法中,采用"二审终审+申诉再审"模式;仲裁机制主要规定在仲裁法中,坚持协议仲裁的原则,当事人未达成仲裁协议的,无法借助仲裁程序解决争议;在诉讼和仲裁之外的调解,是一种非强制性的自愿程序。除非当事人自愿调解,证券纠纷只能交由诉讼和仲裁加以解决。然而,诉讼和仲裁花费不菲,在客观上限制了投资者对纠纷解决机制的利用。即使确立了程序选择权,也无法达到快速、经济、专业处理争议的目的。就此而言,在确立程序选择权的同时,必须首先构建起适合解决金融纠纷的多元化解决机制。就此而言,多元化纠纷解决机制,是投资者行使程序选择权的前提条件。即使最高人民法院和金融监管机构正在建立各种"对接机制",但在法律供给不足、现有渠道各自独立、纠纷之官方与民间组织相互割裂的背景下,达成各种机制有效对接的难度极大。

(二)救济机制的完善

我国救济程序的形成,与传统民事纠纷的特点有关,它延续了传统的思维理念,没有充分考虑金融纠纷的现实特点。观察发现,金融机构之间以及金融机构与企业之间的纠纷金额较大,但在金融纠纷中占比较低。由于金融机构和企业具有较强的议价能力,无须在立法上对某一方予以倾斜保护,故金融机构相互之间及金融机构与一般企业间的金融纠纷,不属于完善救济机制的核心范畴。完善金融纠纷救济机制,应当以案件占比较高的、中小投资者为当事人的金融纠纷考察对象。为了便于表述,我们将投资者与金融机构(尤其是证券经营服务机构)之间的金融纠纷,称为"投资者金融纠纷"。

投资者金融纠纷的特点为:首先,投资者是中小投资者,投资者资金较少、投资经验和知识缺乏、法律意识欠缺、风险承受能力较低。其投资或交易金额虽少,但风险承受能力较低,相对损失更大,容易采用极端维权行动。其次,纠纷处理结果存在不确定性,传统争议解决程序成本较高,中小投资者遭受损失后,难以有效利

---

① 参见杨万:《论当事人民事程序选择权》,西南政法大学法学院2007年硕士学位论文,第10页。

用既有救济程序,既有程序存在失去或降低救济功能的趋势。再次,因同种金融商品及其销售而受损的投资者为数众多,带有“涉众性”特征,投资者整体损失较大,每个投资者损失数额较小,多数投资者无力采用既有救济程序。最后,金融机构采用不公平格式条款,是引发投资者金融纠纷的主要原因,实质争议集中于格式条款的效力及多笔小额损失的补偿。

基于上述,应当考虑以下机制的建设:

1. 投诉/申诉机制

现有申诉机制包含两个内容。一是主要金融机构逐步建立了申诉机制,在公司内部成立了受理投诉的部门。在金融纠纷发生时,监管者也要求投资者先向其经营者提出申诉,若经由当事人双方径行调解解决,就无须诉诸他法。经营者基于对公司形象的考虑,甚至基于监管者压力,往往能够处理大量的投诉和申诉。但当经营者与投资者争议激烈时,投诉和申诉机制并不能得到圆满解决争议,遂有向监管部门或行业协会申诉的必要。二是行业协会和监管部门设立的受理投资者投诉的部门,投资者在向经营者申诉不成后,可以向行业协会或监管部门申诉。经营者行业协会和监管部门之间存在领导、管理与监督关系,在客观上形成了对经营者的压力。至于监管部门,其职责侧重于合法性和合规性监管,我国原“金融三会”已分别设置金融消费者或者投资者保护局,随着“一委一行二会”模式的形成,监管部门作用有所提升。当然,监管机关不是严格意义上的纠纷解决机构。但在监管机关督导下建立一套运作灵活、高效、简便及具有执行力的多元、多层次金融纠纷解决机制,以此作为诉讼的替代机制,还是可能的。

2. 诉讼外纠纷解决机制

从我国情况来看,投资者通过诉讼维权的积极性、可行性不高,若投资者向经营者申诉仍未获得满意答案,则应转向诉讼外的纠纷解决机制。由于金融纠纷多具有高度复杂性与专业性,传统诉讼机制难以有效跟进,法官多半不具备专业的金融知识,难以妥善解决当事人纠纷;加之诉讼过程冗长且烦琐,往往无法即时弥补投资者的损害。因此,为了节约司法资源,提高解决纷争的效率,对于金融交易纠纷,应通过推动双方当事人相互协商解决,而非强调严格适用法律规定,即通过调解、仲裁等非诉讼方式解决之。

我们认为,一方面,可参考我国香港特别行政区的做法,建立纷争调解中心,该中心以“先调解,后仲裁”的方式,协助解决金融纠纷;也可以参考我国台湾地区的评议机制,在符合一定条件时,使评议结果具有法律拘束力。另一方面,随着我国与世界的互动频繁,金融业涉外因素增加,许多金融纠纷是金融仲裁方式予以解决的,仲裁具有快速、高效、低成本等优势,再加上专家断案,仲裁在很大程度上保证了裁决结果的公正性和权威性,仲裁对金融投资者的法律救济意义日益显现。[①] 因此,建立一个透明且独立的金融投资者保护机构,辅以完善金融专业调解制度、金融仲裁制度等,始能建立具有我国特色且符合国情的诉讼外纷争解决机制。

3. 监管督促机制

在诉讼形式之外,好的监管体制有助于向投资者提供有效的救济机制。为了适应投资者解决金融的需求,应当配合建立合理的金融监管模式,督促经营者及时、合理解决与投资者的纠纷。始于澳大利亚的“双峰监管”模式已受到更多关注。我国虽然尚未决定采用该等模式,但原“金融三会”(银监会、证监会和保监会)已成立了消费者保护局和投资者保护局,该监管体制本身就可能形成对经营者的适当压力,进而化解部分金融纠纷。

4. 诉讼救济

“司法救济是权益保护的最后一道防线。”当申诉及诉讼外纠纷解决机制无法妥善处理金融纠纷时,赋予投资者提起诉讼的权利,就成为保护投资者权益的重要机制。考虑到制度供给不足,法律法规不健全,诉讼维权成本过高,管辖不明确等因素,有的投资者在遭受侵害后选择忍气吞声,放弃诉讼救济,损失只能由投资者自己承担,我国应完善金融纠纷司法救济途径的程序问题,如广泛采用举证责任倒置的规则,对于金融交易中因各方原因造成的损失,在有关投资者权益保护法律中特别规定投资者的求偿权,是具有重要意义的。[②]

① 参见方平:《我国金融消费者权益保护立法相关问题研究》,载《上海金融》2010年第7期。

② 参见邓思:《我国金融理财产品消费者法律保护的现状分析》,载《湖北经济学院学报》(人文社会科学版)2014年第3期。

三、诉讼救济结果

（一）赔偿主体

如前所述，投资者购买金融商品，可能产生与发行人之间的买卖关系以及与中介机构（经营者）之间的委托关系。有学者将其称作两种不同性质的金融服务，即金融市场的特殊性使金融经营者在提供金融服务时具备金融商品性服务与金融中介性服务的两种地位。[①] 在提供金融商品性服务时，金融经营者是交易的主体，其直接向金融投资者提供金融商品；在提供金融中介性服务时，金融经营者处于中介者地位，负责联结投资者与其他交易者的关系，经营者本身不是交易关系的主体。基于此，可分为三种情况：

1. 有关证券发行的纠纷

证券发行人构成发行欺诈的，一般属于侵权纠纷，投资者有权要求发行人承担赔偿责任，还可根据中介或者服务机构的履职情况，要求中介或服务机构承担连带责任。与该等诉讼相关的法律依据，主要是证券法及司法解释。在发行人与中介机构承担连带责任的场合下，各方责任人在内部可按责任比例予以分担。

2. 有关证券交易的纠纷

在金融经营者作为交易一方的情况下，投资者与经营者之间存在金融商品交易合同。如果经营者存在违反法律或约定，一般属于合同纠纷。投资者根据其受损失的具体情况，按照合同法规定提起诉请，要求经营者承担赔偿责任。

3. 有关证券中介的纠纷

投资者与中介机构之间一般存在居间等委托合同关系，中介机构违反该等委托合同的，应当向投资者承担违约责任。

（二）惩罚性赔偿的制定

在大陆法系国家，侵权及违约损害赔偿奉行补偿性原则，即补偿受害人因侵权或违约所遭受的财产损失，其所获得补偿数额与受害人遭受的财产损害数额之间大致相当。否则，属于赔偿不足，或者形成不当得利。通常认为，惩罚性赔偿在实

① 参见宗正：《论金融消费者权利构建的两分性》，载《知与行》2016 年第 7 期。

质上是一种私人罚款,具有惩罚性与遏阻作用,与民事赔偿的宗旨相悖。但在英国、美国等国,欺诈等故意侵权早期属于刑事犯罪,法官容忍不法行为人承担高出所造成损失的责任,进而形成了所谓的惩罚性赔偿。即在故意侵害情况下,法官可以责令侵权行为人承担超过其获利,甚至超过受害人实际受损金额以上的赔偿责任。

我国应否引入惩罚性赔偿制度,在历史上存在争议。1994年1月1日实施的《消费者权益保护法》第49条①对商品欺诈及服务欺诈适用惩罚性赔偿首次作出了明确的规定,后又陆续出台了《食品安全法》及《侵权责任法》第五章的产品责任等皆可见惩罚性赔偿制度的身影。可见,法律和司法解释对引入惩罚性赔偿制度,持肯定态度。然而,对于经营者因违反法定义务而造成投资者的损害,应否置入惩罚性赔偿制度,应从惩罚性赔偿制度的立法目予以分析。

1. 惩罚性赔偿旨在惩罚故意侵害行为

经营者具有优势的交易地位,难免采用专业、复杂手段侵害投资者利益,破坏投资者对金融机构的信任,因而,通过引入惩罚性赔偿,可实现对券投资者的倾斜保护。

2. 惩罚性赔偿旨在发挥阻遏功能

与传统商品买卖不同,证券或金融商品没有物理形态,仅有价值变化,经营者掌管投资者证券,却无对价支付,容易诱发道德风险,因而,有必要强化经营者责任,有引入惩罚性赔偿的必要。需要指出,在证券法中引入惩罚性赔偿,应经营者违反法定义务为规制前提,无须拘泥于违约或侵权责任的限制。

3. 惩罚性赔偿旨在惩罚行为人的故意侵害

即应以行为人故意侵害为原则,可以适当扩张至于有严重过错的行为人,但不应包括过失侵权的行为人。需要注意,我国台湾地区“金融消费者保护法”第11-3

---

① 现已改为我国《消费者权益保护法》第55条规定:经营者提供商品或者服务有欺诈行为的,应当按照消费者的要求增加赔偿其受到的损失,增加赔偿的金额为消费者购买商品的价款或者接受服务的费用的3倍;增加赔偿的金额不足500元的,为500元。法律另有规定的,依照其规定。

条[①]规定,惩罚性赔偿包含过失侵权,但过失者承担的惩罚赔偿金额低于故意行为者应当承担的金额。之所以作出这种特殊规定,系考量到证券业属专业性强的行业,直接涉及公民财产利益管理,经营者应当更谨慎。

四、证券经营机构的免责事由

经营者承担赔偿责任,应当满足特殊侵权构成要件,以避免架空投资者自担风险的证券市场法则。该构成要件的核心,首先在于认定投资者利益受损与经营者违反义务之间的因果关系。主张免责的经营者应就其违反规定与投资者受损之间不具有因果关系,负举证责任,即实行举证责任倒置,以达到对投资者的倾斜保护。申言之,依“谁主张,谁举证”原则,投资者就其遭受损害原本具有举证义务,但经营者违反法律规定的行为本身具有违法性,加之证券侵权具有专业性,投资者难以证明损害发生与经营者之间关联。因而,在法条设计上,应当采取举证责任倒置的方式,由经营者就其与投资者损害之间无因果关系承担举证责任。

除因果关系外,若经营者证明损害发生系由不可避免的市场风险所致,也可以作为责任免除的事由。例如,经营者主张同时期其他相类似金融商品均发生亏损,经营者者即可免责。在理论上,市场风险具有隔断因果关系的功能,所谓与损害不具有因果关系,应当限定于:即便经营者违反义务,投资者仍会作出相同的交易选择,进而无法避免损害的发生,经营者可主张免责;反之,若经营者尽到义务,即可能使投资者改变投资决策或者选择不购买金融商品,则应认为具有因果关系,经营者须负损害赔偿责任。然而,在此情况下,经营者仅得对投资者的民事损害主张免责,经营者违反法律规定的,仍需追究其行政责任,监管机关可以采用警告、责令改正、法款、没收违法所得、责令停业或撤销营业执照等,以约束经营者。

---

① 我国台湾地区“金融消费者保护法”第11-3条规定:金融服务业因为违反该规定应付损害赔偿责任者,对于故意所致之损害,法院得因金融消费者之请求,依侵害情节,酌定损害额3倍以下惩罚性赔偿;对于过失所致之损害,得酌定损害额1倍以下之惩罚性赔偿。前项惩罚性赔偿请求权,自请求权人知有得受赔偿之原因时起2年间不行使而消灭;自赔偿原因发生之日起逾5年者,亦同。

第六章　投资者保护的义务体系

第一节　投资者权益保护概述

保护投资者利益，既涉及实质正义，也涉及在证券市场中维护公共利益的问题。“无论是在我国这样的新兴市场国家，还是在诸如美国那样的成熟市场国家，社会公众投资者所代表的利益极其广泛，是一种无可争辩的公共利益。”[①]保护投资者是公司法和证券法的重要目的，该宗旨已被《公司法》和《证券法》共同确认。我国《公司法》第1条规定：“为了规范公司的组织和行为，保护公司、股东和债权人的合法权益，维护社会经济秩序，促进社会主义市场经济的发展，制定本法。”《证券法》第1条规定：“为了规范证券发行和交易行为，保护投资者的合法权益，维护社会经济秩序和社会公共利益，促进社会主义市场经济的发展，制定本法。”[②]我国虽未制定统一的金融商品销售法或金融服务法，但保护投资者（金融消费者）权益理应是金融法制的核心目的。2008年金融危机暴露了轻视金融消费者保护的危害，2010年生效的金融监管改革法案“将改革的重点就是将投资者（金融消费者，包括证券市场的投资者）的利益放在了第一位”。[③]

① 张养军：《投资者保护法研究》，人民出版社2007年版，第676页。转引自赵万一主编：《证券市场投资者利益保护法律制度研究》，法律出版社2013年版，第17页。

② 国际证监会组织在《证券监管的目标与原则》中也将保护投资者确立为证券监管的首要目标。

③ 李文华、邝星：《中国证券监管与证券投资者保护有关法律问题研究——以美国金融改革与投资者保护法案为镜鉴》，载《甘肃社会科学》2011年第2期。

一、投资者保护的三种范式

关于投资者保护，可以通过三个前提不同、逻辑相异、功效互补的维度（范式）进行梳理，即公司法范式、证券法范式和金融法范式。

（一）公司法范式及其评述

在公司法范式中，投资者享有资产收益、参与重大决策和选择管理者等权利。公司法对投资者保护，依靠于信托模式与参与模式。[①] 在参与模式下，股东是社团成员，通过行使股东权利，参与公司治理，积极维护股东自身权益。但是，股东权利大多具有请求权性质，无法仅靠股东自己实现，需要依靠公司和董事、管理层的配合。公司、董事和管理层需要以作为与不作为的方式配合股东权利的实现，公司与公司管理层"既要接纳股东行使参与事务的权利，也要尊重股东起诉公司的权利"[②]。在信托模式下，股东更接近信托法系关系中委托人与受益人的集合体，本身并不积极地参与公司治理。[③] 在这种模式下，对于股东权益的保护，主要通过对董事、高管及控股股东施加忠实义务与勤勉义务等予以实现。

（二）证券法范式

在证券法范式中，突出投资者作为资金提供者的角色。如果说我国《公司法》全面规定了股东权益保护规则。那么，《证券法》主要针对证券融资和交易等特别事项，提供对投资者的特别保护。在证券法范式中，可以分为两套方式。

1. 信息公开

即以公开为中心，通过强制信息披露解决投融资双方信息不对称问题。其依据在于，证券系一种商品，其质量不如普通商品那样直观。买方难以通过低成本方式，高效、迅速判断证券质量，甄别选择合适证券。以股票为例，"股票代表公司的所有权。它的质量和价值取决于公司的价值。你要知道股票的质量和真正价值，

① 对于信托模式与参与模式的表述，参见沈晖：《公司利益的构成因子——以主体的视角观察》，载《财经法学》2016 年第 5 期。

② 叶林：《股东权利及其实现机制》，载《扬州大学学报》（人文社会科学版）2013 年第 5 期。

③ 一般而言，信托人自能要求财产上的权利，但是不能要求管理上的权利。然而公司是一个分权的科层组织，并不排除股东以特定的形式参与治理。因此，信托模式的存在，并非说明股东与公司及董事之间的关系便是信托关系，参与模式与信托模式也并不互斥。

就必须检查它所代表的那个公司的价值,看公司的财务是否健康、经营者是否良好、有没有发展前途"。[①] 一般来说,公众投资者难以凭借自身能力,通过交易谈判获取足够资料,以支撑投资决策。在严重信息不对称的市场中,很难形成大规模融资交易。通过强制信息披露,缓和信息不对称,加强投资者保护,这种方式也被其他领域的研究所证实。[②] 与强制信息披露相配套的,还包括发行、证券中介制度及反欺诈制度。

2. 投资者分类

即建立合格投资者制度,对投资者实施筛选和分类。强制信息披露的成本较高,过高的成本抑制了融资交易,因而,需要一种替代性措施,界定合格投资者是其中最重要的替代机制。通过投资者分类,可以筛选出不需要借助强制信息披露予以保护的投资者,对于这些投资者为融资对象而开展的融资,也就省去了信息披露或者降低了信息披露的标准。

合格投资者主要包括:与发行人存在特殊关系的投资者、投资经验丰富的投资者,以及具较高风险承受能力的投资者。前两类投资者有能力自行取得证券信息,因而无须特别保护。然而,这两类投资者难以通过客观标准予以界定,且人数较少,未必能够满足融资需求。故而,立法逐渐将可以客观量化、人数众多、具有风险承受能力的投资者纳入合格投资者的范围。这使合格投资者的逻辑悄然发生了转变:判断是否具有相当风险承受能力一般采用的是财富标准,即净资产或年收入满足特定的门槛,如《证券期货投资者适当性管理办法》第8条第4款对于专业投资者的规定即为财富标准。[③] 但具有财富并不代表投资者有能力自行取得信息,而仅指其可以承受较高的投资损失。所以,合格投资者制度不是一项投资者保护制度,而是保护投资者的例外规则。

---

① 朱锦清:《证券法学》,北京大学出版社2011年版,第79页。

② 有研究表明,财务会计信息的定价功能和治理功能在投资者保护中发挥着重要的作用,前者有助于降低信息成本,帮助投资者正确定价,形成投资决策,后者有助于降低代理成本,约束内部人的机会主义行为,保护投资者获取投资回报。参见魏明海、陈胜蓝、黎文靖:《投资者保护研究综述:财务会计信息的作用》,载《中国会计评论》2007年第1期。

③ 根据《证券期货投资者适当性管理办法》第8条的规定,符合下列条件之一的是专业投资者:"(四)同时符合下列条件的法人或者其他组织:1. 最近1年末净资产不低于2000万元;2. 最近1年末金融资产不低于1000万元;3. 具有2年以上证券、基金、期货、黄金、外汇等投资经历。"

(三)金融法范式

金融法范式着力于对“金融服务法律关系”中的特定投资者(金融消费者)予以保护。① 在金融法范式中,购买金融产品与服务的投资者与金融中介机构之间的信息不对称进一步加剧,投资者在事实上处于与消费者类似的地位,其更难以通过自身力量保护自己,需要国家法律、监管部门、行业自律组织以及社会监督提供充分、全面、系统的保护。

从股东权益保护的参与模式到信托模式,从投资者保护到金融(证券)消费者保护,反映的是投资者主动性降低、投资者角色分化、相对方义务强化以及保护范围的扩张。在参与式股东权利保护模式中,主要依靠股东行使权利,作为相对人的公司及其高管则是股东实现权利的配合者。金融消费者保护顺应了投资者消极行使股东权利、投资者较多受到中介机构劝诱的影响。需要指出,相对于公司法,证券法与金融法未赋予投资者更多的实体权利,而是主要通过明确投资者的诉权、向相对方施加义务,间接赋予投资者权利。

二、金融法与证券法保护范式之选取

金融法范式着力于对处于金融服务关系中的金融消费者利益的保护。② 此等保护机制与证券法保护机制存在重叠,进而形成金融法与证券法在投资者(金融消费者)保护上的竞争。有观点指出,“金融消费者保护与投资者保护之间存在理念差异、制度差异与保护力度差异”。③ 我们认为,金融法范式与证券法范式不是简单的竞争关系,而可以实现相互补充、相互配合。

(一)倾斜保护

证券法对于中小投资者的保护,以及金融法对金融消费者的保护,都属于倾斜

---

① 参见杨东:《论金融法的重构》,载《清华法学》2013 年第 4 期。

② 同上。

③ 概念之争是指投资行为能否被纳入到消费行为。(1)中小投资者与股票公司等的股票委托买卖和咨询等关系,属金融服务范畴,应纳入金融消费者保护范围;(2)中小投资者与基金公司、银行等委托理财等投资行为,应纳入金融消费者保护范围;(3)中小投资者与上市公司之间因股票买卖而持有公司股票所形成的投资关系,不属于消费行为制度之争是指投资者保护采取的是私力保护制度(中小投资者投资行为责任自负制度),而消费者保护采取的公力保护制度(实行经营者违规行为责任自负制度),进而认为后者保护力度更强。参见赵维加:《论股票投资金融消费者保护》,载《东方法学》2013 年第 3 期。

保护,它突破了买者自负的传统民法原则。一般而言,买者自负的适用前提是信息的对称性、投资者的适当性和监管的正当性。在证券市场中,这三个前提在一定程度上发生了改变:第一,与“传统商品相比,证券具有信息性、专业性、复杂性、高风险性等特殊品质,从而使投资交易具有完全不同于传统商品交易的特征,其具有高度的信息不对称性。”①第二,随着证券市场的发展,越来越多的投资者进入市场,这些投资者在经济实力、专业水平、风险偏好以及投资目的等方面存在差异,有些投资者并非“合格投资者”。第三,我国证券市场“监管体系不完备,监管政策易变,特别是还存在较为严重的监管者与上市公司或中介机构之间的利益输送现象”。② 无论采用何种范式或规范保护投资者权益,都无法改变这三个事实前提。所以,无论采用证券法范式抑或金融法范式,都必须体现对于特定投资者倾斜性保护的价值趋向,如“都要进行倾斜性保护,且基本精神和原则是相通的”,“保护都是适度的”。③

(二)扩张保护

无论是金融消费者立法模式还是证券投资者立法模式,都要扩张现有保护范围,弥补现存漏洞:投资者保护的范围需要从传统的证券发行与证券交易环节,扩充至证券销售与服务环节。如此,才能将中小投资者与证券公司等机构的股票委托买卖和咨询的法律关系、中小投资者与基金公司和银行等委托理财机构的法律关系,纳入投资者保护范围以内。我国证券法制的传统重心在于规范证券的“发行—交易”环节,对于证券销售、服务关注不够。在实务中,“黑嘴”“劝诱”“飞单”等不良现象频发,反映了证券销售与服务环节的监管/法律规范存在漏洞:现行证券法律虽涵盖证券“发行—交易—销售与服务”多个环节,但需要加强对证券销售与服务的监管,通过建立证券公司的准入门槛,明确规范证券经营者的营业行为,可以间接保护投资者利益。

(三)统一保护

无论扩充我国《证券法》的适用范围,将证券销售、服务系纳入《证券法》的调整范围,抑或制定“金融商品销售法”或“金融服务法”,统一调整金融商品的销售及服

① 陈洁:《投资者到金融消费者的角色嬗变》,载《法学研究》2011年第5期。

② 同上。

③ 廖凡:《金融消费者的概念和范围:一个比较法的视角》,载《环球法律评论》2012年第4期。

务,这两种选择都是可行的。然而,在社会环境与共同体的思维模型未发生重大变革时,立法者更倾向于采用循序渐进的改良措施,从而形成了对现存制度的路径依赖。我们认为,扩充《证券法》的适用范围,将证券销售、服务明确纳入《证券法》的调整范围,在时机成熟后,另行制定《金融商品销售法》《金融服务法》或许是更理智的选择。我国《证券法(修订草案)》专章规定了投资者保护,也说明立法机关同样存在路径依赖。

第二节　公力保护与私力保护

本节所称公力保护与私力保护,实质是指两种不同的法律实施机制。毫无疑问,要实现投资者保护的立法宗旨,首先要建立健全投资者保护法律制度。但仅有完善的投资者法律体系并不能自动产生对投资者的有效保护,投资者保护最终要依靠特定的法律实施机制,才能将纸面的法律予以落实。如学者所言,完善的法律条文体系“虽非易事,却相对较易实现”。[①] 纸面上的法律能否得以完善,主要取决于立法机关。我国《公司法》、《证券法》及《民事诉讼法》等基础法律早已颁布。证监会更是颁布了逾百规章文件,其中很多规章都涉及投资者保护。相对而言,完善法律实施机制是更为艰难的工作,必然受到法律、政治及社会等诸多方面制约。

根据法律实施的主导力量不同,可将投资者保护分为公力保护与私力保护。公力保护,是指由政府部门发动并主导投资者保护的实施。私力保护,则指私主体通过民事诉讼等方式发动并主导投资者权益的保护。在证券领域,还存在证券交易所作为执法主导力量的中间形态。

一、公力保护之利弊分析

(一)公力保护的劣势

公力保护模式的劣势在于以下几点。

---

① 缪因知:《中国证券法律实施机制研究》,北京大学出版社2016年版,第40页。

第一,信息收集上的劣势。在收集信息方面,公力执法部门虽然已尽力发现违法违规行为,但在许多情况下,除非投资者举报或揭露,公力执法部门在发现违法违规和不当销售上存在很多困难。

第二,行政资源的有限性。行政执法依赖于行政资源,行政资源最终来自国家财政税收。公共执法强度难免受限于给定的资源规模。

第三,选择性执法。由于资源有限,并且需要斟酌执法效益,公力执法有时会出现选择性执法现象。选择性执法,既包括关注重大案件而忽视其他案件,也包括相反的情形;既包括关注易于执法案件而忽视不宜执法案件,也包括不当采用处罚或监管措施。

第四,公力执法部门职能冲突。执法机关除承担保护投资者利益、执行法律等职能外,有时还承担市场发展职能。在众多职能之间存在冲突时,公力执法难免顾及其他监管目标而忽视投资者保护。

(二)公力保护的优势

第一,公力执法的资源。民事诉讼需要耗费大量时间、人力和金钱。投资者提起诉讼时,对方往往是资金实力雄厚的证券发行人和经营者。此时,有些投资者会基于成本考虑而放弃诉讼。相对而言,公力执法部门拥有较多资金,可以有效支持其执法行为。

第二,公力执法者的专业性。公力执法机构拥有专业人员,执法经验丰富,有助于提升行政执法的专业性。相对而言,我国法院虽然处理了大量金融纠纷案件,但在证券专业领域中,尤其是在特定市场环境下,法院仍有必要继续积累经验。相信,随着金融法院的成立,法官的专业素养有望提高。

第三,集中监管体制的优势。我国已建立证监会统一监管证券市场的执法体制,证监会的执法活动不易受到地方因素影响,公共执法可以达到投资者保护的次优状态。

第四,行政执法与行政诉讼的衔接。执法机关作出行政处罚后,相对人可以提起行政诉讼。在实务上,相对人起诉的情况较少,行政执法有更强的威慑力。

第五,公力执法兼顾事前、事中、事后监管。

二、私人保护之利弊分析

私人执法的优势在于:第一,私人执法不依赖于行政资源,减少了行政资源的支出。第二,投资者作为权益受损的当事人,有发动执法的动力。第三,民事诉讼秉承公开审理原则,[①]可以有效接受社会监督,可以遏制"暗箱操作"。第四,私人执法具有更强的市场相容性。私人执法的发动由平等主体依自己的意志自由提起,作为公权力机关的法院只是处于消极、被动、中立的地位。"作为市场自治、自我调整机制的必然内容,诉讼应当是一种最基本的纠纷解决手段。"[②]

私人执法也存在劣势:第一,有关证券期货的民事诉讼具有很强的外部性,对绝大多数的个体受害投资者而言,其诉讼成本可能远大于收益。基于"搭便车"心理和"集体行动"的困境,[③]个体可能不具有足够的动力进行执法,出现"部分个体投资者明知权利被侵害也放弃起诉"的现象。[④] 与之相对,公力执法具有公共产品的属性。同时,多个私力主体同时执法可能增加失序成本,引发群体性事件。这种失序成本的存在,历来是各国忌惮完全开放证券民事诉讼的重要原因。[⑤] 第二,对于组织内部的高管无法产生足够的威慑。因为民事诉讼通常仅能让组织承担赔偿责任,而不能让具体制定政策的责任人员承担相应的责任。相反,销售所带来的业绩增长则给相关人员带来收益,两相比较,私力执法对于责任人员的约束严重不足。第三,私人执法一般与事后执法相挂钩。[⑥] 即选择私人执法往往意味着允许损害行为或者损害结果的发生。第四,私人执法可能存在滥诉风险。如前所述,证券民事

---

① 我国《民事诉讼法》第 10 条规定,人民法院审理民事案件,依照法律规定实行合议、回避、公开审判和两审终审制度。第 134 条规定,人民法院审理民事案件,除涉及国家秘密、个人隐私或者法律另有规定的以外,应当公开进行。

② 缪因知:《中国证券法律实施机制研究》,北京大学出版社 2016 年版,第 55 页。

③ 陈洁:《〈证券法〉应明确投服中心的功能定位》,载中证网:http://www.cs.com.cn/xwzx/zq/201612/t20161213_5117866.html,最后访问日期:2018 年 6 月 9 日。

④ 张宁、薛珍、于承:《健全投资者保护的民事侵权司法救济机制研究》,载郭锋、宋丽萍主编:《多层次资本市场建设与投资者权益保护》,知识产权出版社 2011 年版,第 19 页。作者皆为证监会工作人员。

⑤ 如美国的集团诉讼可能演变成利益集团,使分散的个人投资者与政府发生冲突,形成中国政府所担心之政治风险。参见钟志勇:《美国证券集团诉讼与我国证券民事诉讼形式之完善》,载《现代财经(天津财经大学学报)》2005 年第 11 期。

⑥ 参见[美]乔纳桑 · S. 梅瑟:《消费者保护的制度类型》,载苏力主编:《法律和社会科学》(2015 年第 1 辑 · 第 14 卷),法律出版社 2015 年版。

诉讼成本和收益不对称,故法律制度在设计时往往通过特别的安排,赋予原告股东更多的便利,让证券民事诉讼不至于流于形式,但这些设计时也会诱发滥诉风险。这点在美国的集团诉讼中体现得非常明显:过于便利的起诉制度让不少投资者与律师将集团诉讼变成敲诈上市公司的工具,进而"损害公司从事商业创新和必要冒险的积极性"。[①] 第五,针对上市公司发动的私人执法,即便可以通过胜诉获得相应的收益,但这些由公司支付的花费最终将由其他股东承担,证券民事诉讼在实际上会异变为股东赔偿股东。[②]

三、公力与私力相结合之保护模式

公力保护与私力保护之间的关系较为复杂,不能用简单的竞争关系加以概括。除竞争关系外,公力保护与私力保护存在相互促进的关系:如证监会行政执法减低了民事诉讼原告的举证难度。有研究表明,SEC的执法行为有助于使民事诉讼更容易实现和解,获得更高和解金额。[③] 同时,具有私人执法性质的民事诉讼是证券监管的有效补充,可以对那些证券监管无暇顾及、无力顾及的证券期货违法行为,进行有效抑制。另外,过度的公力保护对私力保护存在着较明显的抑制作用:如过于依赖证监会的执法将挤压证券交易所与证券业协会等自律组织的执法机制与私人诉讼。"投资人提起证券诉讼必须先经由'前置程序',某程度隐含着以证监会的处罚决定作为法院认定事实之倾向,体现特定的公权意志。"[④]根据实证研究,自2002年开启证券民事诉讼起,截至2013年10月,10年来的案件数量只有65件。[⑤]

在证券诉讼领域,东亚系国家出现了公力与私力相结合的诉讼机制。这些由半官方组织推动的诉讼,在兼顾投资者权益保护的目的同时,又可避免市场混乱。如我国台湾地区"保护中心"、韩国的参与民主人民联盟、日本的股东督查会等。这

---

① 缪因知:《中国证券法律实施机制研究》,北京大学出版社2016年版,第60页。

② 参见郭雳:《美国证券集团诉讼的制度反思》,载《北大法律评论》2009年第2期。

③ See James Cox, "Randall Thomas and Dana Kiku, SEC Enforcement Heuristics: An Empirical Inquiry," *Duke Law Journal*, vol. 53, Issue2 (Novem ber 2003), pp. 737 - 780.

④ 翟洪敏、郑翔、毕颖:《法社会学框架下的证券集团诉讼的制度价值》,载《重庆交通学院学报》(社会科学版)2006年第2期。

⑤ See Robin Huang Hui, "Private Enforcement of Securities law in China : A Ten-Year Retrospective and Empirical Assessment", *American Journal of Comparative Law*, vol. 61, Issue 4 (Fall 2013), pp. 757 - 798.

种诉讼机制结合了公力保护与私力保护的优点，又在一定程度上避免了两者缺点：第一，这些机构为半官方组织，在不同程度上要受到官方意志影响，难以做到完全的独立。但是，作为专门的投资者保护机构，其行动目标较为单一，通常集中于保护投资者权益，产生职能冲突或目标冲突的概率较小。[①] 第二，这些机构在专业性、资源及执法动力等方面优于一般投资者，可以有效避免私人诉讼执法动力不足问题，可以提升证券民事诉讼的效率。第三，这一机制在保护投资者利益的同时，可以有效避免因过于开放民事诉讼而增加的成本，有助于保持证券市场稳定，防止滥诉与群体性事件的发生，因而也容易被接受。第四，这些结构"具有一定的官方色彩，追究责任时，除须考虑填补投资人损害……亦须考虑吓阻不法行为社会功能之强化，而有义务向真正行为人本身追究责任，较私人主导更可达到吓阻不法行为之作用"。[②] 故而，公力与私力相结合的保护方式可能产生双重代理的问题，[③]但仍是一项较为优越的制度安排，其在各国实践中的兴起与兴盛在一定程度上验证了其优越性。

我国《证券法（修订草案）》第 176 条规定，投资者提起虚假陈述、内幕交易、操纵市场等证券民事赔偿诉讼时，当事人一方人数众多的，可以依法推选代表人进行诉讼。证券监管机构认可的投资者保护机构可以作为代表人参加诉讼或者清算程序。人民法院作出的生效判决、裁定，对全体投资者发生效力，但明确表示不受判决约束的除外。这一规定赋予了投资者保护机构代表投资者代表人参加诉讼的权利。在实践中，投资者保护机构主要是指中证中小投资者服务中心。中证中小投资者服务中心作为证监会直属单位，是经证监会批准设立并直接管理的证券金融

① 以我国的中证中小投资者服务中心为例，投服中心的主要职责，包括为中小投资者自主维权提供教育、法律、信息、技术等服务。目前，投服中心通过持股行权、纠纷调解、支持诉讼和投资者教育等渠道，正在日益发挥积极作用，主要体现在：一是示范作用。投服中心积极参与到上市公司治理中，促进上市公司规范运作，示范引领广大中小投资者积极行权、理性维权、依法维权。二是维权作用。投服中心通过开展持股行权、纠纷调解、支持诉讼等工作，维护投资者权益。三是警示作用。投服中心通过呼吁广大中小投资者积极维护自己的合法权益，引发市场各方参与者的积极讨论和持续关注，所形成的强大舆论压力和投服中心身份的双重压力，可以促使上市公司谨慎经营、认真对待投资者权益。四是提升作用。投服中心可以帮助广大投资者提升行权水平和维权能力，提升投资者理性程度，提升投资者的维权信心。参见投服中心：《投资者保护要有制度安排》，载证券时报网：http://epaper.stcn.com/paper/zqsb/html/epaper/index/content_926715.htm，最后访问日期：2017 年 5 月 20 日。

② 王文宇：《台湾地区投资人保护中心的法制与实践》，载郭锋主编：《证券法律评论》，中国法制出版社 2015 年版，第 433 页。

③ 参见[美]乔纳桑·S.梅瑟：《消费者保护的制度类型》，载苏力主编：《法律和社会科学》（2015 年第 1 辑·第 14 卷）法律出版社 2015 年版。

类公益机构,由其代表投资者进行诉讼,是公力保护与私力保护相结合的典范。

第三节 国家保护政策

投资者与证券经营机构存在实质上的不平等,因个体实力、协调成本等原因处于弱势地位的投资者,无法单凭自身力量实现对自己的保护。经济学、政治学及法学理论的发展为国家保护提供了理论支持,广泛存在的投资者权益受损问题也反映了对国家保护的需求。另外,随着金融市场的发展与深化,金融市场对国家经济的影响与日益加剧,投资者信心成为影响金融市场稳定的重要因素。保护投资者利益,强化投资者信心,维护金融市场稳定,促进金融市场发展,成了国家不可推卸的重要任务。事实上,在美国、英国、法国、德国、日本、新加坡等国立法中,已提出多种投资者保护制度。随着2008年金融危机的爆发,争议焦点已不再是国家应否保护投资,而是应采用何种手段保护投资者以及如何强化投资者保护。

保护投资者离不开国家支持,国家不应保持消极中立的立场,而是需要适度的向证券投资者倾斜,主动运用法律与行政、公法与私法等各种手段对投资者进行保护,对上市公司、证券公司等经营机构进行适当干预,在立法、执法、司法等多个方面对投资者提供保护。首先,国家应当制定投资者保护的相关法律、法规及规范性文件,明确赋予投资者特殊权利,对金融机构施加特殊义务,规范其金融服务行为。[①] 这是监管部门与司法机构保护投资者的重要前提。其次,国家应当设立专门机构执行投资者保护法律。这些机构可以分为配合私力保护的司法机构,以及主动开展公力保护的监管部门。再次,支持中介机构执法,发挥证券交易所、期货交易所等自律组织的作用,建立投资者保护基金与投资者保护机构。最后,强化投资者教育,提升投资者风险防范能力。

具体而言,在制定投资者保护的相关法律、法规以及规范性文件时,不仅需要制定《证券法》《公司法》等基础法律,也需要完善《会计法》《广告法》《合同法》,乃

① 如国务院办公厅《关于加强金融消费者权益保护工作的指导意见》规定,金融机构应当健全金融消费者权益保护机制、建立金融消费者适当性制度、保护金融消费者的财产安全权、知情权、自主选择权、公平交易权、依法求偿权、受教育权、受尊重权、信息安全权。

至《刑法》等，使之产生联动效应。例如，随着互联网的发展，新型金融产品的宣传对既有的《广告法》提出了挑战，“《广告法》和《反不正当竞争法》通篇都没有关于金融广告规制的表述，只是能从对一般性商业广告的规制规定中寻找依据”。[①] 需要指出，投资者保护法律不仅指实体法，还包括在诉讼程序和诉讼费用等事项上的特殊制度安排，此如美国证券集团诉讼与股东代表诉讼。即便不设计专门的诉讼制度，也可以通过举证责任倒置等方式保护投资者利益。如韩国《资本市场法》明确规定举证责任倒置及损害额推算制度。[②]

在专门机构的设置方面，首先，考虑到金融法律制度的特殊性，国家需要对传统司法系统进行适当改进。一方面，为了因应金融案件的特殊性，有必要设立金融法院或法庭。普通法官在知识结构上已经难以应对日趋复杂与专业的金融案件，设置专门法院或法庭，有助于促进法官调整知识结构。另一方面，地方法院的财权掌握在地方政府手中，我国与众多大陆法系国家相似，法官并非纯粹中立超脱的裁判者，还兼具公务员身份，[③]容易受到地方政府影响。而金融案件对司法系统的独立性提出了更高要求，应建立起独立于中央与地方政府的司法系统。[④] 其次，考虑到金融市场的特殊性，需要设置“立法权”“司法权”“行政权”合一的监管机构，以实施专业性监管。我国证监会既是执法机关，也有权依照证券法授权，颁布部门规章或发布规范性文件，从而适应了快速变动的金融市场，也弥补了金融制定法规范的不足。

在多元化争端解决机制方面，国家应当支持建立多元化争端解决机制。一方面，在公力执法与民事诉讼之外，国家应当支持证券仲裁（Securities Arbitration）、调解及法院调解等非诉讼性的多元化争端解决机制。多元化争端解决机制可消除单一诉讼制度的劣势，有效应对金融纠纷案件。专业性是多元化争端解决机制的优势。以深圳证券期货业纠纷调解中心为例，该中心 86 名调解员由审计师、会计师、律师、大学教授及公司高管等证券市场的相关人士组成，大多具有富有丰富的实践

① 董新义：《论我国金融广告法律规制的完善》，载《上海金融》2012 年第 4 期。

② 参见董安生、朴淑京：《金融商品的不当销售行为与金融消费者保护》，载《理论界》2012 年第 9 期。

③ 参见缪因知：《法律如何影响金融：自法系渊源的视角》，载《华东政法大学学报》2015 年第 1 期。

④ 参见彭冰：《中央和地方关系中的上市公司治理》，载《北京大学学报》（哲学社会科学版）2008 年第 6 期。

经验或理论知识,[①]能够更好地应对复杂且不断发展的证券期货业纠纷。[②] 另一方面,无论采用以抽象化和涵摄性为特征的概念思维,[③]还是运用请求权基础分析法,法院审判的传统思维在处理证券期货纠纷时显得力不从心:这不仅因为事实认定或法律适用上存在困难,还因为传统思维下的司法判决难以符合当事人期许。仲裁或调解等争端解决机制,可以更好地应对不断变化的金融实践。以仲裁为例,仲裁结果更容易被当事人接受,这不仅因为当事人有权自主选择仲裁员,还因为仲裁员"更重视商业模型、商业习惯、行业规则以及实际效果,更重视归纳法而非演绎法"。[④] 因而,较少拘泥于实定法。在仲裁员秉持中立立场的前提下,裁判结果有相当的合理性。此外,仲裁等争端解决机制不强调对抗性,注重维护当事人的良好关系,程序简洁、成本较低、奉行不公开原则,仲裁有可能成为规则形成的路径,构建出内生性的证券期货法律规则。[⑤]

在投资者教育方面,国家负有投资者教育的职责。通过投资者教育,可以提升投资者的能力与理解,有助于增强投资者自我保护能力,使其在交易中更好地评估风险、应对劝诱、理性投资,进而减少纠纷;在纠纷发生后,投资者可以及时选择有效途径保护自身利益,推动纠纷的解决。我国原"一行三会"(现为"一行两会")在2013年8月共同制定《中国金融教育国家战略》并将其提交给20国集团(G20),体现了国家开始重视金融消费者(投资者)教育。由于投资者教育在投资者权益的预防性保护和防范金融危机中有重要作用,许多国家和国家组织将金融消费者(投资者)教育提升至国家战略高度。[⑥] 必须指出,投资者教育主要是通过各种社会组织实现的,国家需要通过立法,明确投资者保护组织、交易所等组织的投资者教育职

---

① 调解员均为有声望的行业资深人士或资深律师,拥有丰富的专业知识和从业经验。参见《深圳证券期货业纠纷调解中心简介手册》第2页。

② 相应地,证券期货仲裁的仲裁员也具有专业性与权威性,如《仲裁法》第13条规定,仲裁委员会应当从公道正派的人员中聘任仲裁员。仲裁员应当符合下列条件之一:(1)从事仲裁工作满的;(2)从事律师工作满8年的;(3)曾任审判员满8年的;(4)从事法律研究、教学工作并具有高级职称的;(5)具有法律知识、从事经济贸易等专业工作并具有高级职称或者具有同等专业水平的。

③ 参见王美舒:《类型思维下的金融消费者保护制度建构》,载《中州学刊》2016年第2期。

④ 出自叶林教授2017年4月21日在中国人民大学法学院以民法典编撰背景下的民商法关系为主题,在民商法前沿论坛的发言。

⑤ 参见沈伟、余涛:《互联网金融监管规则的内生逻辑及外部进路:以互联网金融仲裁为切入点》,载《当代法学》2017年第1期。

⑥ 董新义:《论金融教育国家战略实施的法治保障》,载郭锋主编:《证券法律评论》,中国法制出版社2015年版,第407页。

责,也可以成立专门负责机构,赋予该等机构全面负责、协调投资者教育工作。根据域外投资者教育情况,国家在投资者教育方面至少发挥着重要的组织作用。(见表6－1)

表6－1

国家	机构、团体	设立年份	主体性质	金融教育相关职能
英国	英国金融服务管理局	1997年	政府	为提高金融素养的方法方案的确立,提供各种金融教育项目
	英国消费者金融教育局	2010年	政府	依据金融法务与市场法设立的独立的、消费者金融教育组织,提供moneymade clear^{TM}服务
	英国个人理财教育组	2000年	民间团体	提供以学年为单位的金融教育标准方案,支持学校金融教育(以学校金融教育为焦点)
美国	美国金融文化和教育委员会	2003年	政府	构筑热线即金融信息网站、确立和树立关于金融教育的国家战略、对金融教育提供者进行咨询和评价等
	美国金融素养总统委员会	2008年	政府	就金融素养的提升向总统提供建议
	JumpMYMtart	1995年	民间团体	提供从幼儿教育到大学教育位置的金融教育机关的联合体(以学校金融教育为焦点)
	NEFE	1997(1992)年	民间团体	非营利金融教育团体
澳大利亚	ASIC	1998年	政府	2008年吸收了金融素养财团的功能,设立和运营"聪明使用金钱"的网站

资料来源:董新义:《论金融教育国家战略实施的法治保障》,载郭锋主编:《证券法律评论》,中国法制出版社2015年版。

此外,投资者保护还需要相关部门的配合。如广播电视和新闻出版监管部门和工商局有权查处违法广告,在其履行职责中发现涉及证券期货广告的,应当将所发现的违法情况告知证监会。[①] 我国存在"场外期货交易"的特殊情况,但因其往往

① 参见董新义:《论我国金融广告法律规制的完善》,载《上海金融》2012年第4期。

伪装成现货交易,在分业监管体制下,就存在如何监管"场外期货交易"的问题。对此,需要各相关市场监管部门的相互配合,而部门之间的联合、配合及合作监管,均需要国家予以统筹与协调。

第四节　上市公司的保护义务

一、概　　述

投资者是上市公司股东,上市公司保护投资者主要是保护股东。公司保护义务应当遵循公司法规范,但受资本市场特殊性的影响,证券法也对公司保护义务作出特殊安排。

公司保护义务分为一般保护义务与特殊保护义务,"前者指公司通常承担的保护义务,后者是公司法针对特别事项承担的保护义务。"[①]该义务在一定程度上源于信托观念和信托法,有所发展。所谓源于信托观念和信托法,不仅指公司和信托具有同源性和相似性,也指以董事和管理层承担了类似信托受托人的义务。所谓有所发展,是指公司保护义务已不是单纯的受托人义务。公司系一个独立的法律实体,既是董事等管理层信义义务指向的对象,也是保护股东的义务主体,呈现了公司和董事向股东承担责任的二元制模式。因此,对于公司保护义务的分析,不能完全基于契约或者合同,而应当引入法定主义调整机制,即公司要遵从制定法的规定。

需要指出,上市公司保护义务呈现两种发展趋势:一方面,公司和董事承担保护义务的对象不再限于股东,而应扩张至所有投资者,如《证券法(修订草案)》第172条即规定了参与模式的债券持有人保护范式。当然,对于其他投资者的保护和对股东的保护之间存在一定的差异。另一方面,上市公司保护义务主要体现在信息报告(或称为股东知情权)方面。在上市公司中,保护义务的范围有所扩张,从公司法衍生到了会计法领域,从行为义务扩展至报告义务。在一般公司中,公司虽负

---

① 叶林:《股东权利及其实现机制》,载《扬州大学学报》(人文社会科学版)2013年第5期。

有主动向股东报告相应信息的义务。[1] 但仍属于公司法上义务,不具有会计责任的内涵。在上市公司中,由于身处规模大、流动性强、股权极度分散的资本市场,宜采用决策有用观的会计目标,让投资者通过自主决策保护自身利益。而在上述条件不能满足时,则采用受托责任的会计目标,通过报告过去已实现业绩,以便考核公司和管理层工作业绩。

二、对《证券法(修订草案)》的分析

"当外部投资者向公司融资时,他们面临一个有时几乎是确定会发生的风险:被控股股东或经理人剥夺(expropriate)而使其投资回报无法兑现(我们把经理人和控股股东称为内部人)。在很大程度上,公司治理就是外部投资者借以防止权利被内部人剥夺的一套机制。"[2]投资者权益保护可以通过改善公司治理实现,公司法是上市公司保护投资者权益的主要范式,证券法范式是上市公司保护投资者权益的重要补充。

公司法范式中的参与保护方式,通过公司配合投资者行使权利,参与公司治理,保障投资者权益。在信托保护方式下,投资者自身不直接参与公司治理,而依靠受托人参与公司治理,并辅以忠实、勤勉义务约束受托人行为,保障投资者权益。在证券法范式下,上市公司通过提升信息披露的质量,如真实性、准确性、完整性以及可理解性,保障投资者权益。《证券法(修订草案)》投资者保护章节规定了上市公司的若干项义务,究其规定,不难发现其主要采用的是公司法的保护范式。证券法范式主要体现于,无论是章程记载还是募集说明书记载之事项,都需要对投资者进行信息披露,可保护投资者在充分知情的前提下的进行自由选择。[3]

我国《证券法(修订草案)》第169条规定,上市公司召开股东大会并作出决议,出席会议的股东所持表决权应当不低于表决权总数的1/3。但是就下列事项作出决议的,出席会议的股东所持表决权应当不低于表决权总数的1/2:(1)按照我国

① 参见叶林、林一:《论公司信息报告制度》,载《河北学刊》2007年第6期。

② 拉菲·拉波塔等:《投资者保护与公司治理》,缪因知译,载《经济社会体制比较》2001年第6期。

③ 证券法范式下的投资者保护,实际上便是保护投资者的知情权。参见朱锦清:《证券法学》,北京大学出版社2011年版,第82页。

《公司法》或者公司章程规定,须经出席会议的股东所持表决权 2/3 以上通过的事项;(2)增加对董事会的授权事项,或者提高对董事会的授权额度;(3)提高董事、监事的薪酬;(4)实施股权激励计划;(5)国务院证券监督管理机构规定的其他事项。该条规定通过对股东大会决议设置门槛机制,缓解内部人对公司的控制,应对内部人的利益输送,完善公司治理,进而保护投资者权益。

该修订草案第 171 条规定了保护投资者的资产收益权,对上市公司施加了细化分配现金股利事项的义务。上市公司应当在章程中明确分配现金股利的具体安排和决策程序,依法保障股东的资产收益权。上市公司当年税后利润,在弥补亏损及提取法定公积金后有盈余的,应当按照公司章程的规定分配现金股利。第 172 条则规定了对债券持有人的保护规定:公开发行债券的,应当按照国务院证券监督管理机构的规定,设立债券持有人会议,并应当在募集说明书中说明债券持有人会议的召集程序、会议规则和其他重要事项。公开发行债券的,发行人应当为债券持有人聘请债券受托管理人,并订立债券受托管理协议。受托管理人应当由本次发行的承销机构或者其他经国务院证券监督管理机构认可的机构担任。非公开发行债券的,发行人可以参照前款的规定,设立债券持有人会议,聘请债券受托管理人。债券发行人未能按期兑付债券本息的,债券受托管理人可以以自己名义代表债券持有人提起、参加民事诉讼或者清算程序。聘请债券受托管理人,是公司法保护范式下的信托模式,通过负有忠实与勤勉义务的债券受托管理人保护债券持有人利益。

三、对投资者资产收益权的保护义务

投资者收益权是一项极具特殊性的民事权利。股东一旦将其财产投资于公司,即失去了对该项财产的所有权,而仅持有公司股份或者股权。该项财产一旦转为公司所有,财产收益也就归属于公司而非股东。因此,股东无法像该财产所有人那样主张公司财产的收益。受制于公司民主制的限制,在人数众多的上市公司中,投资的资产收益依赖于股东大会作出分配利润的公司决议。在股东大会形成利润分配决议之前,投资者资产收益权不过是一项期待权。在公司未召开分配利润的股东大会会议,以及已召开股东大会未形成利润分配决议时,公司无法分配利润。然而,取得收益是投资者投资的主要目的,如何落实投资者的合理期待,就成为保护投资资产收益权的关键。从实践来看，上市公司不同意分配利润的情况比较普遍，公司民主只是公司不分配利润的形式理由，其实质理由为：在公司需要更多投资时，如果公司向股东分配利润，公司又必须通过其他渠道融资。

上市公司既要不断融资又要分配利润，这个看似矛盾的结合体，要通过合理的制度安排予以化解。我们认为，一方面，公司应当通过募集文件和章程向投资者宣誓其股利分配政策，明确分配现金股利的具体安排和决策程序，让投资者对资产收益形成更为合理的预期，投资者基于此预期，自主作出投资与否的选择。另一方面，应当引入“遵循或者解释”的管制规则，即公司应当严格遵循自己发布的股利分配政策，若无法执行股利分配政策或无法实际分配利润，应当正式向投资者说明原因。在外部监管上，基于公司违反股利分配承诺，或违反股利分配政策未予分配，我国监管机关在实务上采用了限制公司再融资的监管政策，学术界对于这种方式存在质疑，但这种监管政策在客观上推动了公司认真履行承诺。

司法可否干预公司盈余分配，是一个极富争议的问题。即公司在满足盈余条件时，却未作出利润分配的分配决议，此时，投资者资产收益权应当如何保障？类似案件虽然发生在有限责任公司领域，而极少在股份有限公司中出现，但其中的原理应当是相同或相似的。我们认为，一方面，法院不能代替公司直接作出利润分配决定，因为利润分配是公司自治事项，并非法院职权范围。另一方面，法院亦不能通过对公司施加赔偿责任的方式驱使公司做出利润分配决议，因为对公司施加的赔偿责任最终往往由股东实际承担，形成公司在形式上承担责任、股东在实质上承担责任之荒谬结论。当然，可以考虑的一种路径是，如果公司董事违反忠实勤勉义务，拒不召集股东大会会议、不提出盈余分配方案，公司股东在满足法定条件的情况下，根据我国《公司法》第 151 条的规定，有权起诉违反忠实勤勉义务的董事，要求其承担赔偿责任。

第五节　经营者的保护义务

一、概　述

随着证券市场发展,金融商品日渐复杂。投资者购买的金融商品既可以是上市公司发行的证券,也可以是证券经营机构开发、销售或者代为销售的其他金融商品。对于公众投资者而言,为了避免单一股票或债券价格涨跌带来的投资风险,其未来购买的金融商品将主要是证券经营机构销售或代销的金融商品,而不是上市公司发行的股票或债券。就此而言,可将投资者购买的金融商品将分为两类:一类是上市公司发行的股票或者债券等“基础证券”,另一类是由证券经营机构基于“基础证券”而开发、销售的衍生性金融商品。随着衍生商品品种、数量的不断增加,证券法不应拘泥于证券发行活动,而应当更关注证券经营机构的产品开发、销售,代销等活动,以及证券经营机构系投资者主要相对方的发展趋势。

证券经营机构与投资者存在多种不同法律关系,由于彼此之间的法律关系性质不同,证券经营机构对投资者承担的义务也有不同,其既要遵循各类证券经营机构共通的行为规范,也要遵守不同业务类型下的特殊行为规范:如在经纪业务中,证券公司需要建立健全投资者适当性制度、客户信息保护制度;在承销和保荐业务中,证券公司对投资者承担了法定保护义务;在资产管理业务中,证券公司负有忠实义务、勤勉义务、分别管理义务以及亲自执行义务;在代销金融产品业务中,证券公司应当对委托人的资格以及金融产品的特点进行审查,并负有向投资者披露信息并揭示风险的义务,在销售过程中证券公司负有对职工的管理义务,防范职工“飞单”现象的发生。

证券经营机构对投资者的保护义务,混合了合同义务、法定义务和社会责任的多种形态。

1. 投资者与证券经营机构之间,存在不同性质的合同关系。这些金融合同无论格式条款、标准条款或者个别协商等形式,但都是投资者证券经营机构处购买金融商品或获得金融服务的直接依据。一般来说,因为证券经营机构属于专业机构,投资者缺少专业知识，证券经营机构通常要向投资者承担更多的解释、说明义务，甚至要承受格式条款的不利解释后果。

2. 证券经营机构向投资者承担的保护义务，是诚实信用原则的具体体现。对于证券经营机构与投资者之间的关系，学术界存在多种解释，大致分为买卖说、合同说、信托说、信义义务说等。我们认为，不同学说在解释不同语境下投资者与证券经营机构之间的关系，是具有一定说服力的。如在资管关系中，不妨采用信托说；在服务关系中，不妨解释为信义义务说；在公司关系中，不妨用忠实勤勉义务予以解释。然而，正因金融商品和服务的复杂性和多样性，证券经营机构向投资者承担的保护义务，难以单纯纳入其中任何一种。与此不同的是，诚实信用原则是一项具有概括性和抽象性的民法原则，其在适用中虽然存在相当难度，却具有更大的包容性和解释力，而且已经被我国民法所接受。为了避免逃逸规范现象的发生，在解释证券经营机构和投资者关系时，不能完全拘泥于合同文本，而应将诚实信用作为最终的解释原则。

3. 证券经营机构保护义务，是证券经营机构社会责任的体现。我国公司法明文规定公司承担社会责任，证券经营机构多采用公司形式，自然应当承担社会责任。证券经营机构承担社会责任，首先意味着证券经营机构不得以约定方式排除该等义务的适用，其次还意味着证券经营机构应当向证券法保护对象，承担保护义务。即不仅要保护与其签订合同的特定主体，还应当保护作为整体的投资者。

4. 证券经营机构保护义务，主要是行为义务，在其转化为裁判规范后，将能够发挥更大效用。然而，我国证券诉讼制度有欠成熟，证券经营机构的行为义务规范难以转化成裁判规范。由于缺少民事诉讼和仲裁的配合，证券经营机构保护义务难以有效落实，未来需要完善民事诉讼和仲裁制度，将这些行为规范转换为裁判规范。

二、经营者的保护义务

证券公司是证券经营机构的主要形式，以证券公司为例，证券经营机构承担以下主要保护义务。

1. 信息披露与风险揭示义务

证券经营机构参与多种证券关系,根据该证券关系的不同,其承担的信息披露义务有所不同。如在证券发行中,证券公司虽然是受托担任承销商,但仍应坚持执业准则和操守,独立承担信息披露义务。在向投资者销售金融商品时,证券公司应当揭示自己是自营商或经纪商,投资者在知晓其身份的前提下,才能有了解金融商品的风险。有学者甚至提出,证券公司与上市公司相比,应承担更高程度的信息披露和风险揭示义务。因为"要求金融经营者不仅应当向消费者传达准确和充分的信息,而且该信息的传达方式必须达到能够为消费者所能充分了解的程度"。①

2. 适当性义务

我国多项规范性文件已经确认了投资者适当性的地位,②所谓的投资者适当性,可以概括为向适合客户销售合适数量的合适产品。按照投资者适当性规则:第一,证券公司应当履行"了解你的产品"的义务,即对产品特性与风险特性有足够了解。第二,证券公司应当履行"了解你的客户"的义务。即对客户及其风险认知和承受能力有足够了解。第三,证券公司应当履行将客户与产品进行匹配的义务。第四,对于不同客户,证券公司应当采用不同销售方式。根据日本《金融商品交易法》,对于以自然人为主的一般投资者,经营者要作出详细的风险说明和风险提示。根据韩国法律规定,在仅违反适合性原则时,尚不足以成立民事损害赔偿责任。③

3. 禁止利益冲突的义务

有学者提出,"在证券投资咨询业务中,最大的问题是利益冲突问题"。④ 以"抢帽子交易"为例,证券经营机构在事先持有证券的情况下,通过对证券价格走势作出公开分析、预测、评价或相关推荐意见,引导投资者或者客户从事证券交易,并在证券价格上涨时,抛售自己持有的证券,以谋取利益。各国均认为"抢帽子交易"系

---

① 于莹、贾同乐:《金融经营者不当销售行为的法律规制——以信义义务为进路》,载《财经理论与实践》2016年第4期。

② 如《证券期货投资者适当性管理办法(征求意见稿)》、中国证监会颁布的《关于建立金融期货投资者适当性制度的规定》、中国金融期货交易所发布的《金融期货投资者适当性制度实施办法》、《金融期货投资者适当性制度操作指引》。

③ 参见董安生、朴淑京:《金融商品的不当销售行为与金融消费者保护》,载《理论界》2012年第9期。

④ 彭冰:《中国证券法学》,高等教育出版社2007年版,第211页。

违法行为,我国遵循此种规制方式,[①]将其纳入操纵市场。需要看到,类似立法有助于公力执法,但投资者利益却难以得到救济。如荐股人员能否通过预先将要荐股的信息告诉其他人,然后收受对方报酬,是否属市场操纵行为?我们认为,明确引入禁止利益冲突的规则,有助于保护证券行业利益,也有助于约束证券经营机构及其工作人员的行为。

4.禁止不当劝诱的义务

证券经营机构当然有权对外宣传其产品和服务,我国虽然缺少直接调整证券经营机构对外宣传产品或服务的法律,但该等宣传无疑要符合诚实信用原则,以适当且合理的方式进行宣传,不得实施商业欺诈等行为,也不得胁迫或者变相胁迫投资者购买金融商品或获得金融服务。与此相应,证券经营机构不得采用不当劝诱方式推广其产品和服务。所谓适当且合理的方式,主要是指征求并尊重投资者的意愿与作出的适当性判断,如果发现投资者不具有投资或参与所劝诱的金融商品交易之资质和能力,则应立即主动停止劝诱并向对方说明缘由。不当劝诱则是指未受邀请的引诱与被拒绝后再次劝诱。实践中,证券公司及其员工的不当劝诱行为已经给投资者权益造成了相当大的损失。以融资融券业务为例,在证券公司获得开展融资融券业务的资格后,其销售人员在利益驱使下会通过反复劝诱的方式,在被拒绝后仍然不断要求既有客户开设融资融券账户,开展融资融券交易。这一行为的危害在股市上行时期仍不明显,在股市下行时,由于融资融券交易的杠杆会成倍放大风险,使投资者损失惨重。

我们认为,若欲落实证券公司的保护义务,一方面,应当澄清证券公司保护义务的理论基础和来源,如此,才能在上述列举的同时,全面把握证券公司承担的保护义务。另一方面,应当明确证券公司违反保护义务的法律责任,从而促使证券公司践行其保护义务。需要指出,一旦证券公司违反保护义务,即可能构成行政责任,但证券公司应否承担民事责任,还要同时满足民法关于民事损害赔偿构成要件的规定。例如,韩国法律规定,对于不当的劝诱销售,需要综合销售产品的风险程度、消费者的投资状况以及销售中的说明与披露程度等因数,判断"劝诱行为对普

① 《证券法》第77条把操纵行为区分为4种类型,包括连续交易、约定交易、洗售交易和其他手段。证监会2007年内部试行的《证券市场操纵行为认定指引(试行)》则进一步将其他手段界分为虚假申报、"抢帽子交易"、特定期间的价格操纵、蛊惑交易、尾市交易等。

通金融消费者认知交易风险的影响是否达到了扰乱其作出正确判断的程度",[①]进而判定其应否承担民事赔偿责任。

三、经营者保护义务的社会化

证券经营机构在开展业务时,必须秉承诚实信用原则。由于证券市场是公开市场,证券公司既要对特定投资者或客户承担保护义务,也要对潜在投资者或者客户承担保护义务,这使该保护义务呈现出社会化色彩。保护义务的社会化,主要指证券经营机构及其工作人员应当站在保护公众利益和证券市场秩序的立场上开展业务,应当自觉约束其行为。尤其是证券经营机构公开作出评价、预测或者投资建议,以及评级机构[②]公开发布信用评级,都具有很强的公共性。这些证券经营机构不仅拥有专业技能,还拥有较高的社会地位,公众对其有极大信赖,证券经营机构必须确保此种信赖不被滥用,因而,法律应当强加证券经营机构的保护义务。同时,尽管证券经营机构会将这些向公众提供的服务定性为评论或意见,[③]甚至证券经营机构并未直接向公众收取费用,但证券经营机构却可以间接获得金钱与非金钱的回报,因此,这种状况也印证了对证券经营机构课以较重责任的正当性。

---

① 董安生、朴淑京:《金融商品的不当销售行为与金融消费者保护》,载《理论界》2012年第9期。

② 当然,评级机构是否应当纳入证券经营机构还存在争议。

③ 参见陈洁:《评级机构侵权责任之构造——以公众投资者因评级错误导致投资受损为视角》,载《法律适用》2012年第3期。

第七章　投资顾问业务中的投资者保护

第一节　我国投资顾问业务概述

在我国,“投资顾问”一词,经常与证券分析师、证券经纪人、理财顾问等概念相混淆。我国现行法律规定的“投资顾问”是一个狭义概念。根据我国《证券投资顾问业务暂行规定》第2条,证券投资顾问属于《证券法》规定之“证券投资咨询业务”的一种基本形式,指“证券公司、证券投资咨询机构接受客户委托,按照约定,向客户提供涉及证券及证券相关产品的投资建议服务,辅助客户作出投资决策,并直接或者间接获取经济利益的经营活动”,“投资建议服务内容包括投资的品种选择、投资组合以及理财规划建议等”。根据该规定和实务做法,证券公司或证券投资咨询机构的咨询业务被拆分为后台、中台和前台三部分。其中,后台是研究所,由从事基本研究的证券分析师构成;中台是投资顾问,他们生产各类投资报告和投资建议;前台也是投资顾问,具体从事投资报告、建议传递等工作,我国投资顾问只能从事辅助性的咨询工作。

在我国现行立法中,投资顾问作为“证券投资咨询业务”的下位概念,专指经营者向客户提供证券及证券相关产品的辅助性的投资建议服务,而不包括资产管理业务。但从实践来看,投资顾问是我国金融界从英美等国先引入,后在学术界展开讨论的新型业务,其实践含义深受美国《1940年投资顾问法》(Investment Advisers Act of 1940)的影响。在该法案中,所谓“investment adviser”系指包含证券咨询和资产管理在内的广义概念,法案规定的投资顾问是指通过智能技术从事的、包含投资咨询和资产管理在内的复合业务。然而,我国证券、期货和基金等经营者皆可依法从事资产管理服务,却分别受到我国《证券法》《证券期货投资咨询管理暂行办法》《期货交易管理条例》《证券投资基金法》的规管。正因如此,性质相同或相似的投资顾问业务因经营者及所适用法规的不同,在规制上存在重大差异,偏离了"业务相似、监管相似"的功能监管方向。我国多数学者忽视了投资顾问含义在国别上的差异,将投资顾问视为"投资顾问"或者"投资咨询"的新形态,而立法未能及时跟进,遂出现立法缺位、规范无据和监管错位的尴尬情况。相应地,这种立法及理论上的认知误差,导致投资顾问业务中投资者保护问题成为难点。

一、我国投资顾问业务类型

新科技不断发展,金融创新日益丰富,投资顾问业鱼龙混杂,我国尚无明确的行业标准,监管意见尚未成型。在借鉴海外立法经验的同时,从宏观上把握我国国情和法律特点,界定投资顾问的功能,夯实对其有效规制的法律基础,统一规范我国投资顾问的行为规范准则及外部监管框架,建立以"大资管"为中心的金融机构表外业务的统一法律规范,消除分业监管下的套利行为,约束经营者的背信行为,促进我国金融市场的健康有序发展。(见图7-1)

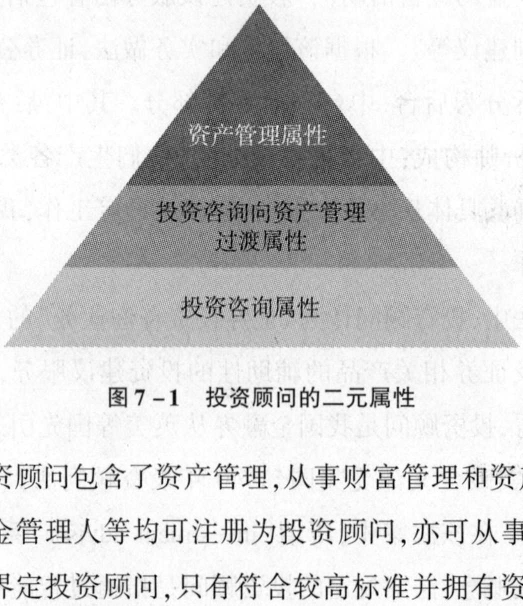

图7-1　投资顾问的二元属性

欧美等国的投资顾问包含了资产管理,从事财富管理和资产管理的证券公司、共同基金和对冲基金管理人等均可注册为投资顾问,亦可从事投资顾问业务。而亚洲多国在狭义上界定投资顾问,只有符合较高标准并拥有资产管理牌照的经营者,才可以从事客户账户的全权委托业务。依据二元功能的界定方法,将新时代下的投资顾问分为咨询型投资顾问、资管型投资顾问及“咨询＋资管”型投资顾问三大类型。(见图7－1)我国目前“投资理财”“理财咨询”等概念混乱，对投资顾问的类型划分细化，有利于准确、清晰地划分各类投资顾问，将其作为规范市场秩序、协调各部门法律的切入点。

1. 咨询性投资顾问

我国的咨询型投资顾问经营者，不仅包括传统金融机构，近年来，大型电商企业、P2P平台、科技公司、咨询公司，均开始涉足此业务，尤其是互联网公司依托于互联网企业的大数据等高新技术、庞大客户基数等优势，为投资者提供更加多样化的投资组合咨询建议。

尤其是，诸多咨询型投资顾问，主要围绕为股票推荐、个股趋势分析、投资策略服务等咨询业务，一部分利用智能科技进行智能荐股，但通常不支持实际操盘。此类投资顾问的法律问题主要集中在“黑嘴”，即假借“投资顾问”之名，实为证券信息操纵，表现为“先建仓、再荐股、后卖出”，利用所谓的“投资顾问”业务，以操纵市场从中谋取个人利益，以“抢帽子”等交易方式操纵股票价格，非法从事证券投资咨询活动、编造传播虚假信息等股市“黑嘴”以及中介机构丧失执业操守的行为，违反《证券法》第77条的有关规定。另外，除“黑嘴”欺诈以外，散布不实信息扰乱市场秩序亦是焦点问题。例如，在著名股市行情分析软件“同花顺”涉嫌传播误导性信息案一中，2017年7月5日，同花顺网站使用网络爬虫软件，抓取有关某某集团董事长郭某某失联的陈旧信息，并将其作为即时新闻发布，使相关股价大跌，对相关板块指数造成明显影响，多只跟踪指数ETF基金回撤明显，严重扰乱证券市场秩序。

在证监会《关于加强对利用“荐股软件”从事证券投资咨询业务监管的暂行规定》(以下简称“投资咨询暂行规定”)中，将“荐股软件”定位于具备证券投资咨询服务功能的软件产品、软件工具或终端设备，证券投资咨询服务功能包括提供涉及具体证券投资品种的投资分析意见或者预测具体证券投资品种的价格走势，提供具体证券投资品种选择建议，提供具体证券投资品种的买卖时机建议，提供其他证券投资分析、预测或者建议。其第2条还规定，向投资者销售或者提供“荐股软件”，并直接或者间接获取经济利益的，属于从事证券投资咨询业务，应当经中国证监会许可，取得证券投资咨询业务资格。

关于我国的“黑嘴”等问题的规制方法，可以借鉴2018年1月3日生效的《欧盟金融工具市场指令Ⅱ》(Markets in Financial Instruments Directive Ⅱ,MiFID Ⅱ)。经过近8年的酝酿,MiFID Ⅱ的一项重要目标是加强投资者保护,为此MiFID Ⅱ力图要求投资公司采取多种不同的方式,为客户谋求最佳利益。MiFID Ⅱ影响较大的改革主要包括以下几个方面:第一,更加全面和严格的最佳执行要求。第二,强调进行独立的投资建议服务,并强制要求研究报告单独收费。第三,监管机构被赋予产品干预权力,即有权禁止或限制在特定情况下某些产品的销售、分销和交易。

该法规中引起业界最大轰动的核心内容是研究报告和经纪业务的分离,MiFID Ⅱ强制投资银行就研究和经纪服务分别收费,以避免利益冲突。强调进行独立的投资建议服务,并强制要求研究报告单独收费。MiFID Ⅱ中对从事投资建议服务的机构强调履行充足的信息告知义务,以避免利益冲突。欧盟还试图使市场上的各项费用更加公开透明,要求提前分项告知客户需支付的各项费用。尤其是要求银行或券商的交易佣金与投资研究服务费用分开,卖方机构必须单独为研究服务制定收费标准,禁止免费向客户提供研究报告。

MiFID Ⅱ中涉及的研究报告相关规定,对规范我国咨询型投资顾问业务的投资者保护规则十分具有参考价值,主要集中在以下几点:第一,研究报告单独收费,交易佣金与投资研究服务费用分开。第二,卖方机构必须单独为研究服务制定收费标准,禁止免费向客户提供研究报告。第三,从事投资建议服务的机构强调履行充足的信息告知义务,避免利益冲突。

2. 资管型投资顾问

资管型投资顾问,系具有资管金融牌照的金融机构,为投资者提供的兼具“投资咨询”与“资产管理”为一体的“一站式”(one-stop)金融服务。在以资产管理为本质业务的投资顾问业务中,投资者是委托人,投资顾问经营者是受托人,其根据委托人之委托,代其管理资产并进行投资组合,交易风险则由委托人自担。其中的第一阶——投资咨询业务,并非独立的业务形态,而是第二阶——资产管理业务的投资劝诱,目的系诱使投资者购买其资管组合产品。所以,从我国目前投资顾问市场发展来看,诸多投资顾问都属于此种类型,但是无论是理论界或监管层、抑或是法律规范,大多将其仅视为单纯的投资咨询业务,未发觉源于交易结构中,投资咨询业务已经转化为“投资劝诱”,而本质业务系资产管理业务。如若将第一阶“投资咨询”与第二阶“资产管理”割裂看待,视如此的投资顾问仅为投资咨询业务,则仅需适用证券投资咨询相关的法律规定,无须考虑投资劝诱的适当性要求等诸多法律规定,后续的“资产管理”则更是极易游离于监管之外。

根据人民银行、证监会等五部委于 2017 年 11 月 17 日公布的中国人民银行、银监会、证监会、保监会、外汇局《关于规范金融机构资产管理业务的指导意见》(以下简称《五部委指导意见》),资产管理业务,是指“银行、信托、证券、基金、期货、保险资产管理机构等金融机构接受投资者委托,对受托的投资者财产进行投资和管理的金融服务”,金融机构为委托人提供投资和管理的金融服务并收取费用,委托人自担风险;资产管理业务是金融机构表外业务,金融机构不得承诺保本保收益。资产管理必须由持相应金融牌照的金融机构开展,相应地,资管型投资顾问必须是从属于信用度较高、规模较大、持资产管理业务牌照的金融机构的附属业务,而不能以独立持牌机构的形态存在。

另外,资管型投资顾问,多利用计算机算法进行所谓的“智能选股”,此种投顾组合产品十分类似于 FOF 基金(Fund of Funds,又称“基金中的基金”),并不直接投资股票或债券,其投资范围仅限于其他基金,通过持有其他证券投资基金而间接持有股票、债券等证券资产,它是结合基金产品创新和销售渠道创新的基金新品种。

但是,投顾组合产品与 FOF 基金的区别主要如下:第一,投顾组合产品,不像 FOF 基金的法律地位明晰,无须受到证监会对于公募基金的监管,更无须符合基础募集条件、会计核算方式等。第二,底层基金可视程度不同,投顾组合产品需要投资者根据组合调仓指令手动确认调仓,故其底仓对于投资者可见,而 FOF 组合则为一个实际的产品,其持仓只有在年度报告中才可以看到。第三,FOF 基金则需要以发行基金的方式来推出产品,投顾组合产品无须受制于募集规模的限制,可以上线较多的策略满足客户的不同时期、不同市场环境下的要求。第四,费率标准不同,证监会对 FOF 的收费标准有明确的规定指引。而对于投顾组合产品而言,目前大多不额外收取组合管理费,第三方平台和代销机构则会对组合内基金收取一定的申赎费用,而资产管理公司通过内部产品所构建的投顾组合,收费标准则几乎和 FOF 无甚差别。可见,我国目前的监管框架,尚未注意到资管型投资顾问业务的规范化运作,这为相关的投资者保护工作带来了隐患。

3.“咨询 + 资管”型投资顾问

在“咨询 + 资管”型投资顾问业务中,投资顾问与投顾组合产品提供者并非一体,而是由不同的机构完成的。在"咨询+资管"型投资顾问交易结构中,投资顾问只提供投资咨询业务,而相应的资产管理业务则交由与投资顾问合作的第三方金融机构来完成。表面上,其与资管型投资顾问十分类似,但却存在本质的区别,而投资顾问的这种"借牌"行为,亦存在诸多法律风险。"咨询+资管"型投资顾问的交易结构可分为两部分:第一,投资咨询业务,投资者通过填写风险测评问卷之后,根据其风险承受程度、预期收益期待等因素,向投资者提供与其相符的个性化产品组合配置方案,投资者亦可以选择虚拟操盘服务;第二,如若投资者同意,其可以选择"一键跟单"或"一键调仓"服务,这样投资者的投顾账户会与平台合作金融机构的资管账户绑定,从而进行进一步的投资。(见图7-2)

从交易结构而言,资管型投资顾问与"咨询+资管"型投资顾问基本雷同,但是从投资劝诱主体来看,两者具有本质上的差异。在资管型投资顾问中,投资劝诱主体与投资组合产品提供者相一致,故第一阶业务(投资咨询),系后一阶"资产管理"业务的投资劝诱。而在"咨询+资管"型投资顾问中,则面临一个更加复杂的情形,即投资劝诱主体并非产品的提供者,而是与投资顾问合作的第三方金融机构。以某P2P背景的投资顾问业务为例,其明确表示"提供的投资组合仅是投资组合服务建议,理财产品的提供方系其合作的金融机构","平台并非产品的提供方,也并非产品协议的缔约方,不对合作的金融机构及第三方承担任何连带责任"。

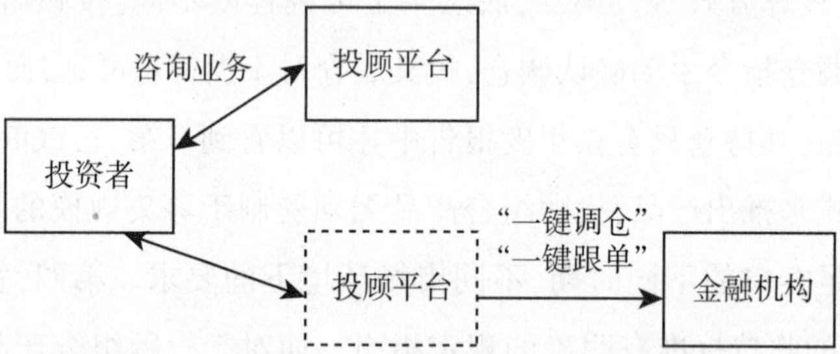

图7-2 "咨询+资管"型投资顾问的交易结构

从投资者保护的角度来说,投资劝诱主体与产品提供者是否相同,投资劝诱主体均不能因为其并非产品提供者,所以否认其应当承担的法律责任。更何况,"咨询+资管"型投资顾问模式,系我国金融牌照管制之下的特殊产物,投顾经营者虽不是产品提供者,但却根据投资者偏好,主动设计与提供投顾组合方式,而与其合作的金融机构所扮演的角色,与其说是"产品提供者",不如说是"牌照提供者",而由投资顾问设计出的"咨询+资管"交易模式之目的,更多地是为了"借牌"。目前,我国的投资顾问与投资咨询、资产管理等存在诸多重叠与矛盾,应否在既有的牌照管理规则之外另外设置单独的投资顾问牌照,甚至设置投资顾问牌照,因目前我国相关立法与市场实践间的矛盾、缺乏高位阶投资顾问法律所致,已经成为投资顾问业乃至金融业发展的困扰,也令相关的投资者保护工作难以有效推进。

二、投资顾问业务中存在的问题

(一)法律适用:缺乏明确的立法指引

智能投资顾问的规制难题看似源于新科技对传统法律的挑战,但其本质在于立法与实践之间的脱节以及高位阶投资顾问立法的缺失。主要体现为:(1)《证券法》规定的证券投资顾问系"证券投资咨询业务"的一种基本形式,但智能投资顾问业务已突破法规限定的"投资咨询",仅依据证监会《证券投资顾问业务暂行规定》,难以从根本上解决其规制难题。(2)我国欠缺旨在规范智能投资顾问的专门立法,《证券法》条款不够完善,《证券投资基金法》有削弱投资顾问价值的可能,《信托法》难以直接适用于规范投资顾问业务,由此,包含资产管理和投资咨询在内的智能投资顾问业的发展,在法律适用上面临诸多不确定性。(3)《证券法》规定的"证券"概念尚不明确,从而导致"证券投资咨询"的含义亦不明晰,加之投资顾问不仅局限于"证券投资顾问",以监管证券为己任的证监会难以有效予以监管。(4)《证券法》《证券期货投资咨询管理暂行办法》《期货交易管理条例》《证券投资基金法》等均分别涉及对资产管理业务的规管,但由于所适用的法律法规不同,性质相似的投资顾问业务却要适用不同法律,从而偏离了"业务相似、监管相似"的功能监管理念。

(二)功能定位:未能顾及投资顾问的功能变异

"adviser"一词,通常指"向客户(clients)提供正式的或专业的建议(official or professional advice)的个人或公司",换言之,是指单纯提供咨询建议的个人或组织。然而,美国《1940 年投资顾问法》却将"investment adviser"定义为通过"客户资产直接管理(direct management of client assets)或书面出版物(written publications)的方式,向客户提供投资意见或证券分析业务并从中收取手续费的个人或团体”。可见,美国法扩大了“adviser”的原本含义,创设了一个广义的投资顾问概念,由此而来,不仅资产管理被归入其中,投资顾问也被归入其中。与此不同,日本和韩国所称投资顾问是狭义概念,投资顾问是与资产管理相独立的平行概念,相应地,日韩两国系将投资顾问被归入“资产管理”并对其实施严格监管。

投资顾问的功能上,我国理论界观点存在差异,可分为“投资咨询说”和“复合业务说”。前者系主流观点,认为智能投资顾问属于“证券投资咨询业务,应当经中国证监会许可,取得证券投资咨询业务资格”;但亦有学者持后者观点,认为智能投资顾问并非单纯的咨询业务,而是将咨询、销售等多种业务捆绑形成的“one-stop投资理财业务”,认为其是“涉及投资顾问、财务顾问和资产管理等”,甚至认为“我国现有的法律法规,已经无法对投资顾问的本质进行准确定位”。我国理论界多忽视智能时代投资顾问的功能异变,将其简单视为“投资咨询”的智能化,忽视其“资产管理”的交易功能,遂出现立法缺位、规范无据和监管错位等规定难点。

(三)外部监管:牌照管理面临质疑

在投资顾问应否单独“持牌”以及持何种牌照的问题上,理论界存在较大争议。投资顾问与传统投资咨询、资产管理之间存在重叠,应否在既有牌照管理规则以外另外设置单独的投资顾问牌照,已成为投资顾问业乃至金融业发展的困扰。有学者主张我国应参照美国《1940年投资顾问法》,针对“广义投资顾问”的现状,建立统一的投资顾问牌照管理制度。投资顾问的实践含义虽然深受美国法影响,但要考量我国现行法律体系与欧美间的本质区别,兼顾我国市场发展现象,不能简单移植美国的做法。

第二节　投资顾问业务的域外立法

在投资顾问业务的规制方式上,域外大致分为“广义投资顾问说”和“狭义投资顾问说”两类。前者以欧美立法为代表,后者以日韩立法为代表。域外市场法律的梳理工作,有助于发现我国法律规制的难点,也有助于从域外立法发展中得到启示。但难点在于:一方面,各国国情不同,法律传统存在差异,既要参考域外立法经验，又不能照搬域外做法；既要提升我国法律供给不足的问题，又要解决我国面临的现实问题，因此，如何协调我国部门法之间的矛盾冲突，将成为研究的难点。另一方面，我国《证券法》"证券"的含义相对狭窄，从而导致"证券投资咨询"的含义狭窄，但投资顾问不局限于"证券投资顾问"，广义的投资顾问经营者应否承担受托人义务，应否依据行政许可法施以牌照管理，如何评价监管机关目前的监管措施等，均需谨慎斟酌。

一、欧美立法采用"广义投资顾问说"

在美国法上，投资顾问系包含资产管理业务在内的"广义投资顾问"。根据美国证监会 2017 年 2 月公布《投资顾问监管指南》，智能投资顾问被归入《1940 年投资顾问法》第 203(b)条及第 203(c)条的"注册投资顾问"类别。另外，由于原本归《证券法》调整的证券经营机构(broker)与《1940 年投资顾问法》调整的投资顾问日益重叠，在投资顾问的法律适用上，美国理论界和实务界亦存在争议。欧洲做法与美国做法相似，投资顾问被界定为包括资产管理在内的广义概念，投资顾问则被称为"金融服务的自动化"，但欧洲目前尚无针对投资顾问的特别立法。

欧美的证券投资顾问业务前身是传统的私人银行业务(private banking)中的理财业务。私人银行业务在欧美等西方国家已有上百年历史。如提供财务咨询、投资建议，甚至为客户安排看病就医、安排旅行食宿行程、安排客户子女进入贵族学校就读等。总之，私人银行业务给客户提供的是随传即到、"一对一"、全面的、综合的服务，并且对客户的资产及个人资料提供完全保密的保护。私人银行业务的客户一般是拥有巨额财富的富贾豪商、达官贵族等为数不多的极端富有人群。

20 世纪末，受混业经营的影响，国外金融机构开始不仅满足于经营传统的私人银行业务，原因如下：首先，大众富裕阶层的迅速发展促使各类金融机构将个人理财业务服务对象逐步扩大延伸。其次，互联网技术的广泛应用，使银行大幅度降低了服务成本、提高了效率，因此面对如此巨大的市场，银行、投资银行等金融机构也扩展了个人理财服务范围。

随着混业经营和金融创新的快速发展，原先只专注于证券产品的投资顾问业务逐渐向全面理财业务拓展。海外证券市场投资顾问业务的发展是与该地区经济发展、金融深化程度等方面密切相关的。在业务发展的初期,属于摸索阶段,各种形式的投资顾问业务不断涌现,同时也出现了一些利益输送、关联交易,甚至是违法行为。

为了规范证券投资顾问行为,欧美市场制定专门立法,如美国的《1940投资顾问法》,并辅以其他多层次的规范,形成以专门立法为核心的规范群。这种规范并不是一次成型的,根据市场发展的状况还进行过补充界定,特别是投资顾问业务,由于同经纪人工作有很多相似之处,还进行过详细的界定,以加以区分管理。美国《1940投资顾问法》对投资顾问业务范围、从业资格等作出了明确的规定,在1970年的《证券投资者保护法》对经纪人与投资顾问的行为做出了更为严格的约束和界定。

投资顾问的变迁不但受到法律法规出台的影响,还因金融环境变化而改变。20世纪末,英国"金融大爆炸"引起了全球范围的金融混业经营潮流,各主要发达国家纷纷开始相应的混业经营改革。美国1999年《金融服务现代化法案》将证券、银行、保险三业分离的局面打破,很多私人银行的证券经纪人或客户经理纷纷兼职成为注册投资顾问(Registered Investment Advisor),投资顾问业务范围空前广阔,创立了现代投资顾问业务的雏形。

二、日、韩立法采用"狭义投资顾问说"

日本于1986年制定的《有价证券投资顾问法》,采用了针对"狭义投资顾问"的特别立法模式。日本在后来制定的《金融商品交易法》中,将资产管理和投资咨询规定为相互独立的两类业务,将原《有价证券投资顾问法》的相关内容大幅缩减并归入《金融商品交易法》的第31条、第50条和第62条等条文中,并将投资顾问经营者纳入"金融商品交易者"的概念中。投资顾问经营者仅可以提供证券投资的相关建议,投资的最终决定权必须交由其客户自己行使。韩国做法与日本类似,其将"投资顾问"纳入"资产管理业务",专指"基于自动化算法的互联网资产管理服务"。除此以外,我国台湾地区和香港特别行政区亦采取与日韩类似的"狭义投资顾问"做法。

根据日本《金融商品交易法》,资产管理、投资咨询是相互独立的两项业务。

“资产管理”是依据自主投资管理协议(discretionary investment management agreement)或者集合投资计划(pooled investment vehicles),向客户提供包括集合投资计划、全权账户委托服务等在内的各种自由投资管理服务(discretionary investment management service),而自主投资管理协议系投资组合管理人或者投资顾问为了客户利益而独立作出投资决定的协议。相反,“投资咨询”则指向客户提供投资建议的服务,投资咨询服务提供者扮演的是中介人角色。日本投资顾问业协会在相关规定也指出:投资顾问公司仅可以提供证券投资的相关建议,投资的最终决定权必须交由其客户自己行使;但在资产管理中,客户则是将其投资决定权全权委托给资产管理公司来执行。韩国采用了与日本基本一致的界定方法,两国分别设置了资产管理牌照与投资顾问牌照,而未像欧美等国那样采用“大投资顾问”牌照的做法。

三、不同立法逻辑对我国的启示

在美国,投资顾问最初是指投资咨询,但通过修改法律,美国已将投资顾问扩张至资产管理,形成了广义的投资顾问法。日本、韩国等国认为投资咨询与投资顾问的含义相同或相似,依然遵循投资顾问的原始含义,强调其投资咨询的固有内容。然而,由于单纯的投资咨询很难单独存在,在操作上常与资产管理相衔接,从而在实务中出现了资产管理与投资咨询相结合的情况,从而弱化了投资咨询独立存在的价值。必须看到,智能算法作为一种技术手段,虽然可以用于投资咨询,在实务上却主要用于资产管理。随着美国法在全球范围内不断扩大其影响,广义上的投资顾问概念逐渐影响众多国家的立法。就此而言,以智能技术手段办理资产管理业务,反倒成为投资顾问的核心内涵。

各国立法之所以在规制“投资顾问”时采用不同路径,源于其在“投资顾问”上的不同立法。在欧美等国,投资顾问包含了资产管理,从事财富管理和资产管理的证券公司,以及共同基金和对冲基金管理人等均注册为投资顾问,并可以从事投资顾问业务。亚洲多国在狭义上定义投资顾问,凡是符合一般经营者标准的机构,均可以提供投资建议服务;只有符合较高标准并拥有资产管理牌照的经营者,才可以从事客户账户的全权委托业务。由于投资顾问涉及投资者账户的管理及资产管理等业务,在客观上需要建立独立、更高的市场准入标准,从而形成了差异化的立场,资产管理的监管明显严于投资建议的监管。

在处理“投资顾问”与“资产管理”的关系上,我国做法类似于日本、韩国,有别于英国、美国,即将投资顾问与资产管理相互独立,两类业务经营者各自持有不同牌照。我国香港特别行政区则采用不同业务分别持牌的管理规则,其中,第4类牌照是证券投资咨询牌照,第9类牌照是资产管理牌照,证券投资咨询与资产管理分牌照管理。从实际情况来看,仅取得投资咨询牌照的机构,因只能为客户提供投资建议服务,其生存发展面临诸多困难。

由此可见,境外之所以在规制投资顾问采用不同的路径,系根源在于其采用的既有立法方式。基于此,可从两个视角考察我国投资顾问:第一,从实践角度来看,投资顾问从欧美等国引入我国,其深受“广义投资顾问”概念的影响,因而,实践中多呈现出“投资咨询+资产管理”的复合业务;第二,从规范角度来看,复合业务的投资顾问,其所包含的资产管理业务却明显超出了实定法对“投资顾问”(投资咨询)的狭义界定。故投资顾问业务中的投资者保护问题,不得不正面回应市场实践中所出现的投资顾问功能演变之事实。

第三节　投资顾问机构的行为规范

在投资顾问中,投资者为委托人,投资决策由投资顾问经营者做出,投资者账户全权委托给投资顾问经营者管理,投资风险则由投资者自担。在这种关系中,投资者将资金交给投资顾问经营者并形成资金池(pooling),投资顾问经营者在信托文件范围内做出投资决策并负责管理资金池内的资金,投资者要承受投资顾问经营者管理资产形成的损益。这些要素与投资信托的性质完全吻合。

在理论上,投资顾问的委托人既可以是单一投资者,也可以是两个或者多个投资者,也可以是公众投资者。在实践中,集合资产管理最为典型,它是公众投资者充当委托人的典型模式,实质为集合投资信托。在集合投资信托中,资金运用者与资金提供者相互分离,资金提供者在投资后无须作出具体的决策,集合投资受托人则从众多投资机会中挑选出最为合适的投资项目。如此,公众投资者借助集合投资信托,由具备专业投资能力的机构或人员代替投资者运用管理资金,缓和了投资者在获取信息和缺乏投资专业知识上的困境。与“集合投资信托”不同,定向资产管理更接近于单一信托。单一信托是依据委托人与受托人之间的信托合同设定的,较多体现了委托人设定的信托目的,形成了托人管理权与委托人收益权之间的相对分离。应该看到,单一信托与集合信托有所不同。在集合投资信托中,作为受托人的金融机构虽与投资者签订信托文件,但信托文件通常是金融机构事先拟定的标准条款,信托计划也是由受托金融机构主动发起的,集合信托不仅反映了金融机构预设的资产管理目的,而且强化了金融机构对信托财产的管理权,实现了集合投资信托财产的所有权(title)、管理权(management)与收益权(beneficial interests)的高度分离。

当投资顾问嫁接到信托以后,投资者财产权即转移给投资顾问经营者,投资者享有投资顾问财产收益权,经营者则拥有投资顾问财产的全面管理权。当集合信托投资计划有关影响投资者收益的事项出现变更时,投资顾问经营者必须进行信息披露,向投资者履行告知义务。

一、投资者适当性原则

自2015年起,监管机构相继出台了涉及投资者适当性制度的监管政策和文件,对适格投资者、投资者风险等级测评、金融机构的风险告知与信息披露等制度均作了相对完善的规定。目前我国法律规范中的投资者适当性制度,主要体现在国务院办公厅《关于进一步加强资本市场中小投资者合法权益保护工作的意见》、国务院办公厅《关于加强金融消费者权益保护工作的指导意见》、《证券公司投资者适当性制度指引》、中国证监会《关于建立金融期货投资者适当性制度的规定》、深圳证券交易所《创业板市场投资者适当性管理实施办法》等各级文件中。

投资者适当性原则主要体现在三方面:一是投资者信息采集的适当性;二是投资者类型划分的适当性;三是劝诱产品的适当性。

首先,投资者信息采集的适当性,主要为防止利用投资者问卷操纵投资者的投资劝诱行为,例如,投资顾问利用风险测评结果中的暗示语言,诱导投资者选择更高风险的金融产品。国务院办公厅《关于进一步加强资本市场中小投资者合法权益保护工作的意见》第1条“健全投资者适当性制度”中规定“制定完善中小投资者分类标准”,“根据我国资本市场实际情况,制定并公开中小投资者分类标准及依据,并进行动态评估和调整”,“进一步规范不同层次市场及交易品种的投资者适当性制度安排,明确适合投资者参与的范围和方式”,“科学划分风险等级”。证券期货经营机构和中介机构应当对产品或者服务的风险进行评估并划分风险等级。推荐与投资者风险承受和识别能力相适应的产品或者服务,向投资者充分说明可能影响其权利的信息,不得误导、欺诈客户。

其次,投资者类型划分的适当性,主要体现在两方面:一是投资者问卷设计的适当性,包括投资经验与投资目标是否适当、专业知识水平和投资者类型划分是否适当等;二是预期利益和可承受损失之间的适当性。2016年4月12日国务院办公厅公布的《互联网金融风险专项整治工作实施方案》中指出,“销售金融产品应严格执行投资者适当性制度标准,披露信息和提示风险,不得将产品销售给与风险承受能力不相匹配的客户”,“高风险高收益金融产品应严格执行投资者适当性标准,强化信息披露要求”。中国证监会《关于建立金融期货投资者适当性制度的规定》第2条对投资者适当性的描述为,“根据金融期货的产品特征和风险特性,区分投资者的产品认知水平和风险承受能力”,“选择适当的投资者审慎参与金融期货交易,并建立与之相适应的监管制度安排”。

最后,了解你的客户原则(Know Your Customer,KYC)与了解你的产品原则(Know Your Product,KYP)。中国证监会《关于建立金融期货投资者适当性制度的规定》第5条规定,“将适当的产品销售给适当的投资者”之核心原则,需从投资者的经济实力、金融期货产品认知能力、投资经历等方面认定。国务院办公厅《关于加强金融消费者权益保护工作的指导意见》中“三、规范金融机构行为”指出,“金融机构应当对金融产品和服务的风险及专业复杂程度进行评估并实施分级动态管理,完善金融消费者风险偏好、风险认知和风险承受能力测评制度,将合适的金融产品和服务提供给适当的金融消费者”。

针对投资顾问中的投资者利益冲突,最佳处理方法是基于指引性原则而建立的一种张弛有度的防范体系,推动金融机构内部的协调能力,落实投资者适当性原则。投资者适当性,起源于美国并逐渐成为成熟金融法制体系的重要原则,国际清算银行(Bank for International Settlements,BIS)在《金融商品和服务零售领域的客户适当性》(Customer Suitability in the Retail Sale of Financial Products and services)中提出,投资者适当性,是指金融机构所提供的金融产品或服务必须与客户的财务情况、投资目的、风险承受能力、财务知识和投资经验相符合。在我国,证券经纪、证券投资基金销售、股指期货投资行业及创业板市场已逐渐推行投资者适当性原则,相关行政法规、部门规章和行业自律规则也有所体现。《五部委指导意见》第6条在“投资者适当性要求”的条款中明确指出,“金融机构发行和销售资产管理产品,应当坚持‘了解产品’和‘了解客户’的经营理念”,“向投资者销售与其风险识别能力和风险承担能力相适应的资产管理产品”。可见,投资者适当性原则,已运用于我国资产管理领域中并得到了监管层的认可。

“了解你的客户”(know your customer)是投资者适当性(Customer Suitability)的重要组成部分,指金融机构在投资劝诱前,应当把握投资者的投资目的、财产状态、投资经验和风险倾向等特性,不得向客户销售与其投资目的和财产状况等不相匹配的金融资产。根据《五部委指导意见》第6条和第22条,监管机关明确规定了金融机构在开展投资顾问业务时应当坚持“了解你的客户”的原则,加强投资者适当性管理,向投资者销售与其风险识别能力和风险承担能力相适应的资产管理产品,禁止欺诈或误导投资者购买与其风险承担能力不匹配的资产管理产品。金融机构不得通过对资产管理产品进行拆分等方式,向风险识别能力和风险承担能力低于产品风险等级的投资者销售资产管理产品。

二、受托人义务(又称“受信义务”“诚信义务”)

美国法上的注意义务制度,系以受托人义务(fiduciary duty)为核心的法律体系。在我国,应当认定投资顾问经营者与客户之间存在委托关系,英美法则将其认定为受托人义务(fiduciary duty)关系。我国大陆学者多将“fiduciary duty”一词译为“诚信义务”或“受信义务”,我国台湾地区学者对此的译词亦不统一,主要为“受托义务”及“受任人忠实义务”。“fiduciary”原意系基于委托关系的“受托人”,并无直接表达“诚信”或“受信”之意,侧重于强调“受托人”之身份属性,并且“fiduciary duty”强调委托关系中的受托人应恪守的义务,虽然该义务范畴中涵盖了受托人应遵循的诚实信用等原则,但两者绝非对等关系。另外,日本金融厅在2014年9月公布的《金融监管基本方针》中,第一次引进了"Fiduciary Duty"(FD)这一用语,且用片假名直接音译,反映了这一概念对受大陆法系影响的国家而言,属于较为陌生的外来词。而韩国法将其译为"信人义务","信人"一词与我国台湾地区学者的"受任人"类似,均侧重强调受托人之身份属性,本书亦采用"受托人义务"一词予以表达"fiduciary duty"中侧重强调的受托人身份属性。

受托人义务,指的是受托人须以客户利益最大化为准则,进行资金运营管理,故受托人义务之核心是"客户利益最大化"(best interest rule)。英美法上的受托人义务并非简单的一项独立义务,而意味着一套独特的法律体系。受托人义务是在忠实义务之基础上,由于受托人与委托人之间的关系不对等性,受益人处于弱势地位,上升转化为受托人义务。在极端意义上,受托人义务不仅是一项义务,而且是一种独特的法律关系,必须反映信赖关系和忠实义务的内容。笔者认为,无论是采用委托关系理论抑或是引入受托人义务,其本质是相同的。投资顾问经营者的不当投资劝诱行为,系受托人违反受托人义务的不法情形。但是,在"咨询+资管"嵌套投顾业务模式中,除投顾经营者之外,与其合作的持牌金融机构,甚至与金融机构合作的其他关联方,是否需要遵守受托人义务,需进一步分析。

美国法上的证券经营机构(Broker)注意义务可分为两个部分:一是作为代理人的善管义务;二是作为受托人的受托人义务。而美国法上的交易商(dealer)注意义务,则是建立在证券经营机构注意义务之上建立的,因为美国并没有独立的交易商牌照,只有证券经营机构再申请获得交易商牌照。换言之,金融机构可以只是证券经营机构,但大多金融机构既是交易商又是证券经营机构,这也是美国此类金融机构总被称为"经纪—交易商"(broker-dealers)的原因。

英美法上的受托人义务,是依据普通法和衡平法间的相互牵制与平衡发展而来的,但如今依据相关的法律规定也有可能直接规定金融机构需要承担受托人义务。但是像我国这样的成文法国家,需要在相关法律规定中明确受托人义务的内容后,才可以将其作为法律依据。我国《信托法》第28条关于"受托人不得将其固有财产与信托财产进行交易或者将不同委托人的信托财产进行相互交易,但信托文件另有规定或者经委托人或者受益人同意,并以公平的市场价格进行交易的除外"的规定,亦体现了对受托人与关联方交易的禁止态度。规范投资顾问经营者的利益冲突,旨在保障交易的公平、公正和合理。间接利益冲突的类型多样,立法者很难事先作出整齐划一的无遗漏规定,需要建立一种张弛有度的、针对性强的内部风险防控体系。监管者在判断是否存在关联方间接利益冲突时,则应秉持"实质重于形式"的原则。金融机构与投资者之间的法律关系,是比较复杂的,属于一种具有金融市场特殊交易规则的委托合同关系,是具有特殊属性的经纪关系。我国《证券法》上的证券经纪业务,指的是证券公司根据投资者的交易订单,在投资者的账户之下操作的证券交易或其他投资活动。投资者不能直接在交易所进行相关的投资活动,而是必须依靠于证券公司的经纪业务,才可以完成相关的证券交易行为。在证券交易中,金融机构与投资者间的关系属于一种委托关系。该段关系中,投资者是委托人,金融机构是受托人。出于经纪业务的操作成本考虑,投资者应向金融机构支付相应的佣金并自担风险,也就是所谓"投资有风险、入市须谨慎"。

第四节　投顾产品的投资劝诱规范框架

随着金融创新的发展,投资顾问业呈现出由"投资咨询"向"投资顾问"、由"人工投顾"向"投资顾问"、由"附属营业"向"独立营业"的重大变革。在如此变革之下,原本独立的营业形态——"咨询业务",开始朝着附属营业形态转变。在新时代投资顾问业务模式之下,诸多"咨询业务"所扮演的角色,不再仅是传统的提供投资建议的独立业务,而转变为诱使投资者购买投顾产品组合的投资劝诱行为。

在我国现行法律中,投资顾问仍局限在"证券投资咨询业务"的下位概念,是一项不包括资产管理业务的独立业务,无法解释与解决投资顾问中咨询业务带来的诸多法律问题。科技变革动摇了传统投资劝诱的法理基础,成为理论界、实务界和监管层关注的焦点问题。

一、投资劝诱的域外立法

合理规制投资顾问投资劝诱的前提要件,是如何准确界定"劝诱"(recommendation)的概念范畴。汉语词典中,将"劝诱"一词释义为"劝说诱导"。作为投资者心智的"攻坚战","劝诱"之概念范畴如何划分,关系着投资者保护的边界。

目前,域内外市场对金融商品投资劝诱的概念界定,可大致分为"广义投资劝诱说"与"狭义投资劝诱说"。造成广义与狭义之差异的根源问题是,如何看待"投资劝诱"与"投资广告"两者间的关系。即包含投资广告在内的投资劝诱系广义劝诱,而不包含投资广告在内的投资劝诱则是狭义劝诱。而综观世界各国的立法实践,随着互联网技术的发展,传统的"狭义投资劝诱说"正呈现出逐渐迈入"广义投资劝诱说"之立法趋势。

(一)狭义投资劝诱说

长久以来,无论是各国立法实践,抑或是理论界观点,基本都秉持"狭义劝诱说"这一通说观点。传统的投资广告,是指以不特定多数人为对象,以诱使达成金融商品交易为目的,提供金融机构的业务或金融商品相关信息的行为。投资广告的本质目的系刺激投资者购买金融商品的欲望,因此在某种程度上会呈现出类似于投资劝诱的表象,故需要界定两者之间的边界范畴。

在美国法中,在美国金融业监管局规则2310中,规定金融机构的证券劝诱需符合适当性原则,但如若客户未经金融机构劝诱、而自身主导进行金融交易的,仅通过金融机构进行交易预约的,则无须适用适当性原则(SEC Release 34 - 27160)。对于"劝诱"的释义,美国法尚不统一。金融机构或者其职员直接利用电话、邮件、电子送达等手段向客户推介金融商品,此种行为被视为"劝诱"(NASD Notice to Members 96 - 60)。通过网络通信(online communication),向特定的客户或者某一特定客户群,诱导其购买某金融商品,通过邮件或网页弹窗等进行意思表示的,系投资劝诱,但是"经纪—交易商"针对不特定客户传送的市场分析材料,不属于投资劝诱(NASD Notice to Members 1 - 23)。并且,有试图影响客户投资意思决策的、预想会产生合理影响的书面或口头建议、提案等,属于投资劝诱。

而在日本法中,适当性原则以"劝诱"为前提。换言之,如果没有劝诱,则不必适用适当性原则。例如,基于客户委托的、针对金融商品的说明,不属于劝诱行为,原则上亦不适用适当性原则。所以,投资劝诱之概念范畴应当如何合理划分,是存有争议的。而在日本《金融商品交易法》中,尚无对"劝诱"概念的明确界定。因此只能在个案中具体情况具体分析。但是,适当性原则适用中需要强调的一种特殊情形是,如若客户在未接受任何劝诱之下,希望购买某金融商品,但该金融交易的风险超出了客户所能承受之范畴，金融机构有义务向顾客发出警告。日本金融厅公布的《金融商品交易商监督方针 iii－2－3－1》中指出，应当密切关注网上交易时的非面对面之特别属性。日本证券业协会2005 年12 月公布的《网络交易注意事项指南》中指出，适当性原则同样适用于网络交易。可见日本通说认为，适当性原则也同样适用于"非面对面交易"中的投资劝诱。

韩国《资本市场法》第 9 条第 4 项中对"投资劝诱"的定义是，以特定投资者为对象，针对金融投资商品的交易、投资咨询合同、全权委托合同或信托合同的签订的劝诱行为。所以，韩国法上的投资劝诱，不仅针对金融投资商品的交易劝诱，还针对咨询、全权账户委托、信托等合同签订的劝诱。

在澳大利亚法中，仅定义了"咨询"，未对"劝诱"进行任何界定。向顾客提供的咨询分为两类：一是适用适当性原则的个人投资咨询（personal advice）；二是不适用适当性原则的一般投资咨询（general advice）。判断是否符合适当性原则时，需综合考虑客户的目标、财务状况、要求（needs）、合理的人（reasonable person）等要素。在澳大利亚证券投资委员会（Australian Securities & Investments Commite，ASIC）的监督政策中具体阐述了个人投资咨询的范畴。

在"狭义投资劝诱"之概念体系下，投资劝诱与投资广告的区分标准主要有两大要件，即"对象的特定性"和"联络的即时性"。第一，"对象的特定性"，投资劝诱是针对特定投资者所进行的金融商品交易劝诱行为，而针对不特定投资者的金融商品交易诱导行为则是投资广告。第二，"联络的即时性"，如果采取的是即时通信手段，一般均是投资劝诱，而非即时通信手段的，大部分是投资广告。综合考量是否符合这两大要件，可清晰地分辨"狭义投资劝诱"的概念范畴，其系以特定的投资者为对象的、利用可与投资者即时联络手段的投资诱导行为。

（二）广义投资劝诱说

区分投资广告与投资劝诱的目的在于，在"狭义投资劝诱"概念体系之下，投资广告无须遵守更加严格的投资劝诱行为规范，例如，投资广告无须考虑适当性原则。那么，如将投资广告视为投资劝诱，对投资劝诱适用的适当性原则，原则上亦需对投资广告适用。随着互联网、大数据及人工智能技术的不断发展，投资广告与投资劝诱之间的界限越来越模糊，是否有必要继续秉持传统的狭义投资劝诱理论，抑或是寻求一种新的广义概念,用以包含投资广告与传统的狭义投资劝诱,从诸多国家的立法实践中,可以观察到此种的广义投资劝诱之趋势。

在英国法中,以“金融推介”(financial promotion)一词取代“投资劝诱”,而金融推介(financial promotion)概念,是典型的将传统投资广告与投资劝诱合二为一的广义概念。根据英国《2000年金融服务与市场法》第21条规定,金融推介系经营过程中向潜在客户传播关于从事投资活动的邀请或引诱。究其本质,如此定义下的“金融推介”与“投资劝诱”概念基本一致,均旨在通过对潜在客户的劝诱以提升金融业务营业业绩之目的。另外,德国《不正当竞争防止法》中对“劝诱广告”(werbung)的概念界定则是另一“广义投资劝诱”之立法典型,根据该法对“劝诱广告”(werbung)的规定,其系包含广告及劝诱在内的广义概念。

二、我国投资劝诱的法律定位

我国《证券法》第10条第3款中虽涉及“公开劝诱”相关内容,规定“非公开发行证券,不得采用广告、公开劝诱”,但是《证券法》并未对“劝诱”“公开劝诱”进行明确界定。另外,在2017年1月20日发布并实施的国务院办公厅《关于规范发展区域性股权市场的通知》第4条中规定“不得采用广告、公开劝诱等公开或变相公开方式发行证券”,2017年12月7日公布的《证券公司次级债管理规定》第2条规定“证券公司次级债券只能以非公开方式发行,不得采用广告、公开劝诱和变相公开方式”,这些法规内容中均将“广告”与“公开劝诱”并列规制,说明我国法律对“公开劝诱”的概念范畴,秉持的是“狭义投资劝诱”概念,即投资劝诱与投资广告是相互独立并列的两个概念。

投资广告,系商业广告的一种类型。根据《合同法》第15条规定,商业广告系要约邀请,故发出的商业广告是不能产生要约效力的。首先,商业广告旨在宣传与推销某种商品或服务,使更多的人向自己发出要约,购买自己的商品或服务;其次,广告人并不是针对特定的人发出的广告,因此与要约原则上必须针对特定的人发出是不一样的;最后,广告内容倾向于商品或提供该服务的质量、效用等,而一般并没有提出出售该商品或提供该服务的主要条款。所以没有包含要约所需数量的条款。

那么,既然投资广告系要约邀请,讨论我国法上投资广告与投资劝诱的边界范畴,则不得不面对"投资劝诱"在我国《合同法》上究竟应当如何界定的问题,即"投资劝诱"究竟是"要约"、抑或是"要约邀请"。要约作为订立合同的必经步骤,通常具有特定的形式和内容,并且需具备以下五个要件:必须是特定人所为的意思表示;内容需要具体确定;必须要约人向受要约人发出;以缔结合同为目的;受要约人承诺后要约人即受该意思表示约束。而要约邀请,又被称为"引诱要约",顾名思义是引诱他人向自己发出要约的意思表示。要约与要约邀请之本质区别,但两者目的不同,要约旨在缔结合同,而要约邀请的目的系引诱对方与自己缔结合同。虽然对此需要结合具体事实具体分析,但一般而论,金融机构进行投资劝诱时,并非投资者一同意就立即签订合同的一种具体、明确的意思表示,笔者认为投资劝诱作为一种诱导投资者签订合同的准备行为,应当认定为系引诱投资者缔结合同的"要约邀请",而非以缔结合同为目的的"要约"。

从合同法的角度来看,投资广告与投资劝诱都系要约邀请,那么两者间的区别恐怕就只是投资广告是向不特定对象的要约邀请,而投资劝诱则是向特定对象的要约邀请。但是,投资顾问中对象的特定与否,在互联网空间内很难辨析,而投资广告与投资劝诱之间的界限则更模糊不清。于是,在"狭义投资劝诱"概念体系之下,投资劝诱与投资广告的两大区分标准——"对象的特定性"和"联络的即时性",在投资顾问的交易模式中则被彻底被颠覆。第一,"对象的特定性",投资顾问是基于互联网平台、由智能机器人完成的投顾业务,互联网的一大特性就是受众群庞大,所以在投资者最终点击确认认购投资组合之前,很难确保"对象的特定性",那么如若采取"狭义投资劝诱"界定法的话,在投资顾问中,根本不存在"投资劝诱",只有"投资广告"。第二,"联络的即时性"时,又会面临一个尴尬,即"投资广告"通常都不具有"联络的即时性",而基于对象的不特定性而无法被传统狭义"投资劝诱"所涵盖,却又由于互联网的即时性,亦无法被穿透"投资广告"所涵盖。那么,在传统"狭义投资劝诱"之概念体系之下,投资顾问中的投资劝诱会面临无法界定之尴尬。如此情形之下,将投资广告与投资劝诱合二为一的"广义投资劝诱"是智能时代下投资劝诱规制方法之必然趋势。

三、投资劝诱中的投资者保护框架

第一,就概念范畴层面而言,构建包含“投资广告”与“投资劝诱”在内的“广义投资劝诱”概念体系。在传统“狭义投资劝诱”之概念体系之下,利用现代科技所推进的投资顾问业务中,诸多投资劝诱类型都会面临无法界定之尴尬。如此情形之下,将投资广告与投资劝诱合二为一的“广义投资劝诱”是投资劝诱规制方法之必然趋势。广义的投资劝诱概念,将会更有利于保护大众投资者的合法权益,避免投资顾问机构利用“擦边球”,损害投资者权益。

第二,就法律适用层面而言,目前我国相关立法与市场实践间存在诸多矛盾,并且缺乏高位阶投资顾问法律,为有效保护投资者权益,尤其是处于弱势的中小投资者,应秉持目前以《证券法》为主,以《证券投资基金法》《信托法》等为辅的理念,未来有必要构建符合市场实践的“广义投资顾问”法律体系。因为,无论资产管理抑或投资咨询,法律适用均呈现诸多不确定性,《证券法》相关条款不够完善,《证券投资基金法》又有削弱投资顾问价值之可能,而《信托法》却又显得欠缺针对性,故缺乏高位阶法律的统一规范。然我国证券、期货和基金等经营者皆可依法从事资管业务,但却分别受到《证券法》《证券期货投资咨询管理暂行办法》《期货交易管理条例》《证券投资基金法》等分别规管。故性质相似的投顾业务仅因经营者及所适用法规之不同,规制上存在重大差异,偏离了功能监管理念。

第三,就责任承担层面而言,投资顾问业务中,无论投资劝诱主体与产品提供者是否相同,投资劝诱主体不能因其并非产品提供者为由否认其应当承担的法律责任。“咨询 + 资管”型投顾模式,系我国金融牌照管制之下的特殊衍生产物,投顾经营者虽不是产品提供者,但却根据投资者偏好,主动设计与提供投资组合,而与其合作的金融机构所扮演的角色,与其说是“产品提供者”,不如说是“牌照提供者”,而投资顾问设计的“咨询 + 资管”交易模式之目的,更多地是为了“借牌”。

第五节　投资者的利益冲突防范机制

欧美与亚洲多国对投资顾问的规制呈两种形态，前者采用广义规定并采用"大投资顾问"牌照的管理措施，后者采用狭义规定并辅之以严格的牌照管理与强势外部监管。两种体制较大差别，但都需要建立投资顾问的风险防范机制。尤其在金融混业趋势日渐明朗的背景下，更需要搭建投资顾问的利益冲突防范机制：一是存在合同关系的客户与投资顾问经营者之间，为了防御经营者的自我交易和双方代理行为，应当完善直接利益冲突的防范机制；二是无合同关系的客户与投资顾问关联方之间，应当强化关联交易行为引发的间接利益冲突防御机制。（见图7－3）

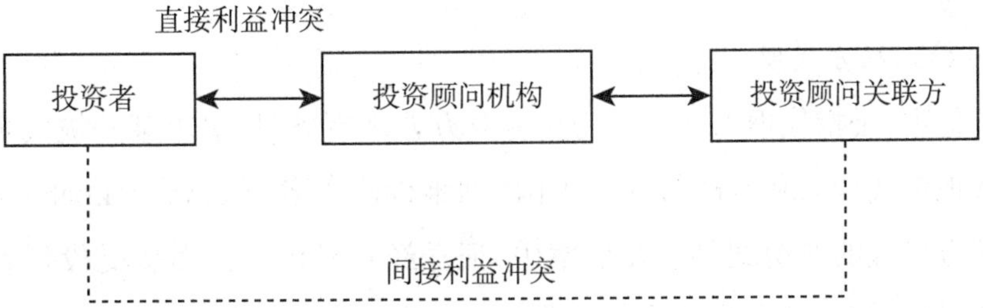

图7－3　投资顾问业务中的投资者利益冲突

一、直接利益冲突的防范：禁止自我交易和双方代理

广义上的利益冲突，是指"试图在向几个不同利益提供服务时，通过满足其中一个利益的需求，而可能牺牲另一利益为其代价的情形"。在金融市场中，利益冲突（conflict of interest）主要指为了自己或者某些客户的利益而侵害其他客户利益的行为。其中，直接利益冲突主要是投资顾问经营者在向客户提供金融服务时，牺牲对方利益并从中自我牟利或为他人牟利。在投资顾问中，禁止自我交易和双方代理是防范直接利益冲突的重要机制。

（一）禁止自我交易

美国法院要求证券经营机构必须履行完全信息披露（full disclosure）和说明义

务后,才可以与投资者进行对等交易(at arm's length)。证券经营机构非经投资者的全面知晓和同意(without the full knowledge and consent of his customer),不得进行自我交易。投资者在听取全面说明并知晓相关信息的情况下仍同意该交易的,证券经营机构才可以利用自身账户与投资者账户进行交易。严格地说,在此等情形下,证券经营机构与投资者之间的经纪关系已转变为双方当事人之间的交易关系。

我国《民法总则》第168条第1款规定"代理人不得以被代理人的名义与自己实施民事法律行为,但是被代理人同意或者追认的除外",该条款确立了禁止自我交易的一般法规则。但在投资顾问经营者与客户之间,如何界定"被代理人同意或者追认"的含义,客户在何种情形下的"同意或者追认"得以豁免投资顾问经营者禁止自我交易的义务,需要结合《证券法》和投资顾问的相关理论予以甄别。

(二)禁止双方代理

双方代理,是指代理人在受托为交易双方办理事务时,追求某一被代理人利益而牺牲其他被代理人利益的行为。美国"列维诉洛布案"(Levy v. Loeb)是禁止金融机构双方代理的典型案例。在该案中,证券经营机构一方面接受投资者买入证券的委托,另一方面又作为代理人接受卖方的委托并获得手续费,该行为被法院认定应予以禁止。《1940年投资顾问法案》(Investment Advisers Act)第206条规定,除了为公共利益、投资者保护等目的外,投资顾问公司欺骗投资者、利用自身账户买卖客户的证券、以投资中介身份影响投资者买卖证券等行为,应予禁止。根据上述规定,美国证监会发布了相关规则,详细规定了投资公司应当遵循的职业伦理以及应当承担的信息披露义务等内容。

双方代理同样为大陆法系民法所禁止。《德国民法典》第181条规定,代理人不得从事自我代理的行为;《日本民法典》第108条明确禁止代理人的双方代理行为。我国台湾地区"民法"第106条明文禁止代理人的自我代理和双方代理。根据我国《民法总则》第168条第2款,非经被代理人同意或者追认,代理人不得以被代理人的名义与自己同时代理的其他人实施民事法律行为。

在我国,应当认定投资顾问经营者与客户之间存在委托关系,英美法则将其认定为受托人义务(fiduciary duty)关系。所谓受托人义务,是指受托人须以投资者利益最大化为原则进行资产管理的义务,其核心内容是“best interest rule”(最佳利益原则)。在极端意义上,受托人义务不仅是一项义务,而且是一种独特的法律关系,必须反映信赖关系和忠实义务的内容。我们认为,无论是采用委托关系理论抑或是引入受托人义务,其本质是相同的。无论是自我交易抑或双方代理,均属于受托人违反受托人义务的不法情形。

二、间接利益冲突的防范:投资顾问关联方的行为准则

与金融混业经营相伴的投资顾问,容易滋生来自投资顾问关联方的利益冲突。如金融机构可能借助其关联方的账户,通过在不同金融市场之间的联动操作,牺牲部分客户的利益,谋求其关联方的利益,进而实现自身利益最大化。这种关联交易引发的利益冲突结构较为复杂,是投资顾问利益冲突防范机制的难点和重点。

针对投资顾问关联方利益冲突的判定方法,国际证监会组织(International Organization of Securities Commissions, IOSCO)在集合投资计划(Collective Investment Scheme,CIS)的报告中指出,投资者与集合投资机构之间是一种基于信赖而形成的信托关系,集合投资计划运营者应当严格恪守“受托人义务”(fiduciary responsibility),尤其应当遵守“投资者最佳利益原则”(best interests rule)。该报告把可能造成投资者利益冲突的主体从“集合投资计划运营者”扩展至“其关联交易方(affiliated parties)及关联中介机构(affiliated party intermediaries)”,其所称关联中介机构即指与集合投资计划相关的托管人、证券经营机构等金融中介机构。所称的利益冲突不仅包括投资者与集合投资计划运营者之间的直接利益冲突,还包含“集合投资运营者及其关联交易方(affiliated parties)的主要交易活动造成的利益冲突”,“与关联中介机构交易(Transactions using affiliated party intermediaries)造成的利益冲突”以及“与关联交易方的共同交易(joint transactions)造成的利益冲突”。

根据《1940 年美国投资公司法案》(Investment Company Act)第 17 条,间接利益冲突的主体是“投资公司的关联者、运营者和主要收购者”,法律禁止其“对该投资公司的证券或者其他资产的买卖行为和金钱借贷行为”。该条款规定关联者(affiliated persons)必须披露其为获利而进行的相互基金(mutual fund)交易有关信

息。在美国,投资公司不限于公司,还包括合伙和基金等多种企业组织形态,其中,基金经理及其受托人义务才是《美国投资公司法》第 17 条关注的对象,而对于投资机构(Investment Company Institute),投资公司法关于受托人义务的规定主要是指引性和原则性的要求。

我国《信托法》第 28 条关于"受托人不得将其固有财产与信托财产进行交易或者将不同委托人的信托财产进行相互交易,但信托文件另有规定或者经委托人或者受益人同意,并以公平的市场价格进行交易的除外"的规定,亦体现了对受托人与关联方交易的禁止态度。规范投资顾问经营者的利益冲突,旨在保障交易的公平、公正和合理。间接利益冲突的类型多样,立法者很难事先作出整齐划一的无遗漏规定,需要建立一种张弛有度的、针对性强的内部风险防控体系。监管者在判断是否存在关联方间接利益冲突时,则应秉持"实质重于形式"的原则。

第八章　证券投资者保护组织

第一节　概述及评价

一、我国投资者保护组织的概述

投资者是证券市场参与者,是不可或缺的市场主体。保护投资者权益是世界各国关注的焦点问题。国际证监会组织更是将"保护投资者"列为资本市场监管的三大目标之一,欧洲证券委员会论坛(The Forum of European Secarities Commission,FESCO)发布《协调保护投资者的核心商业行为准则》,明确保护投资者的具体措施。我国早在1993年颁布《公司法》时,就在第一条将"保护公司、股东和债权人的合法权益"作为《公司法》的目的,该条款虽未使用"投资者"的术语,但在实质上已涵盖了大部分投资者。1999年《证券法》第一条明确将"保护投资者合法权益"列为立法宗旨之一,显示出投资者保护的重要性。2004年国务院发布《关于推进资本市场改革开放和稳定发展的若干意见》(以下简称"国九条")特别强调了"保护投资者特别是社会公众投资者的合法权益"。

在传统上,投资者保护主要采用两种机制:第一种是"监管机制",即通过监管机制的建设,借助公权力监督市场主体的行为,以此防止私权的滥用,进而达到保护投资者权益的目的。第二种是"权利机制",即处于弱势的群体通过权利机制获得对抗强势主体的手段,以此抵御侵害。如股东行使临时股东大会召集权,及在遭受侵害时寻求司法保护的权利等。近年来,国际上又出现了区别于传统模式的第三种保护方式——“非营利性组织的方式”[①](Non-profit Organization,NPO)。NPO模式通过非营利性组织来专门保护投资者,旨在改变以往投资者保护中个体寻求保护的“瓶颈”,将其扩展到通过组织来保护投资者。通过设立保护组织来保护投资者权益,提供了一种保护投资者的新思路。投资者保护组织作为投资者有力的代言人,可以整合投资者的力量对外发声,促进投资者参与公司治理,并降低维权成本。

投资者的身份具有双重性。一方面,持有证券而行使证券持有人(如上市公司股东)的权益;另一方面,从事证券交易而享有市场参与者的权益。两种权益是互为补充的,其中,股东权益维护着人们对上市公司的信赖,市场参与者权益有助于人们树立对交易市场的信心,两者结合成为证券市场稳定运行的重要制度基础。[②]在证券市场中,投资者的积极参与推动了市场的蓬勃发展。投资者通过行使证券持有人的权益和市场参与人的权益为自身获取利益,并同时促进了证券市场的良好运转。在这种意义上,“投资者也应该是证券市场制度健全和落实的基本推动者”。[③]

相较于上市公司、证券经营机构,投资者特别是中小投资者在证券市场中处于弱势地位。“对投资者的保护是基于投资者在证券市场中的弱势主体地位而决定的。”[④]投资者在受到侵害时由于分散的特点难以形成合力,同时因其不具备专业性、信息不对称,在寻求救济中缺乏有力的代言人。为了提高投资者地位,增强投资者获得救济的能力,就需要找到一个合理的代言人,以缓和投资者在证券市场中的弱势地位,并为投资者提供救济途径及其他帮助。我们认为,应当强化投资者保护组织,使其成为投资者利益的代言人,加强投资者的组织化程度,提升投资者自我保护的能力。

二、我国投资者保护组织的评述

我国已先后成立中国证券投资者保护基金有限责任公司(以下简称保护基金

① 陈逸敏:《中小投资者保护组织的法律制度探索》,暨南大学法学院2005年硕士学位论文,第1页。
② 参见吴弘:《证券投资者保护组织的立法思考》,载《东方法学》2008年第2期。
③ 高依升:《我国证券投资者保护立法的功能定位》,载《上海证券报》2006年7月19日,A14版。
④ 周松林:《投服中心与云南宁夏辖区开展纠纷调解合作》,载《中国证券报》2017年3月3日,A02版。

公司)和中证中小投资者服务中心有限责任公司(以下简称中证投服中心),分别办理投资者保护事务。

(一)保护基金公司

2005年6月国务院批准中国证监会、财政部、中国人民银行发布《证券投资者保护基金管理办法》(以下简称《管理办法》),并同意设立国有独资的保护基金公司并批准了公司章程;2005年8月30日保护基金公司在国家工商总局(现改成国家市场监督管理总局)注册成立,由国务院出资,财政部一次性拨付注册资金63亿元。保护基金公司归口证监会管理。

保护基金公司的设立,标志着我国投资者保护工作的从零起步,揭示了投资者保护从个体保护发展到有组织保护的新阶段。保护基金公司设立的法律依据,一是《证券法》第134条即“国家设立证券投资者保护基金。证券投资者保护基金由证券公司缴纳的资金及其他依法筹集的资金组成,其筹集、管理和使用的具体办法由国务院规定。”二是国务院批准,证监会、财政部、人民银行于2005年6月30日联合发布的《证券投资者保护基金管理办法》。

根据规定,保护基金公司的主要工作是基金的筹集、管理与使用。主要职责主要为七项:筹集、管理和运作证券投资者保护基金;监测证券公司风险,参与证券公司风险处置工作;证券公司被撤销、被关闭、破产或被证监会实施行政接管、托管经营等强制性监管措施时,按照国家有关政策规定对债权人予以偿付;组织、参与被撤销、关闭或破产证券公司的清算工作;管理和处分受偿资产,维护基金权益;发现证券公司经营管理中出现可能危及投资者利益和证券市场安全的重大风险时,向证监会提出监管、处置建议;对证券公司运营中存在的风险隐患会同有关部门建立纠正机制。基金公司的决策机构为董事会,证监会、财政部、中国人民银行有关人士出任董事,共同负责制定内部管理制度、高级管理人员任免制度、决策需使用基金等工作。[①]

需要指出,保护基金公司虽有诸多职能,但主要是在“证券公司被撤销、关闭和破产或被证监会实施行政接管、托管经营等强制性监管措施”等严重丧失清偿能力时发挥作用。换言之,其职能受到以下主要限制:一是以证券公司为主要监管对

---

① 参见《证券投资者保护基金管理办法》。

象,但不涉及上市公司、基金公司、信托公司、期货公司、投资顾问机构,以及提供法律会计服务的中介机构;二是以证券公司丧失清偿能力为监管前提,既不包括证券公司在正常营业中与投资者之间的争议,也不包括委托经纪合同等相关协议文件存在的争议,更不包括市场波动或投资品价值变化引起的投资者损失,甚至不包括证券公司欺诈违规引起的投资者损失;三是不涉及公司法上的纠纷,尤其是不涉及投资者或股东与上市公司及董监高的争议。保护基金公司主要是一种有限的事后补偿机制和安排,带有某种"保险赔付"的作用,它当然会对证券公司形成特定的约束,但难以发挥事中或者事后监督职能。

一般来说,仅在证券公司发生了破产等较为严重的情形时,才可以启动保护基金的赔付,其实质是"券商风险处置"。从实践来看,投资者尤其是中小投资者在受到损害时,一般采取个体诉讼的救济途径。在这种模式中,需要投资者付出时间成本和金钱成本,需要投资者具备基本的专业素养。因此,在面对侵权行为时,部分投资者即使有维权的想法,但囿于维权成本和手段,却放弃维权。因此,如何增强投资者维权观念,如何提供有效的救济机制,才是中小投资者保护的当务之急。

(二)中证投服中心

2013年12月国务院办公厅发布《关于进一步加强资本市场中小投资者合法权益保护工作的意见》,明确提出"健全适应资本市场中小投资者民事侵权赔偿特点的救济维权工作机制",要求建立多元化纠纷解决机制,发挥第三方机构作用,开展证券期货专业调解,优化中小投资者依法维权程序,降低维权成本。

作为对国务院意见的积极回应,证监会于2014年8月批复成立了中证投服中心。根据中证投服中心网站,该中心主要职责有四项:(1)持股行权;(2)调解和解;(3)服务维权;(4)投资者教育。中证投服中心是证监会直接管理的一家证券金融类机构,作为一家公益机构,它既然不行使行政监管或自律监管职责,也不代表监管机构的立场,更不是为了中心自身利益,却发挥了独特的社会监督作用。

这种完全不同于境外现有体制的实践,正在逐渐获得国际上的认可。"根据中国证监会官方网站昨日晚间发布的信息,FSAP更新评估报告认为中国证监会基于中国证券市场中小投资者众多的实际情况,采取了诸多具有独创性的措施,包括设立中证中小投资者服务中心有限责任公司,开展支持诉讼和持股行权工作,建立证券期货纠纷多元化解机制,强化经营机构的适当性义务并统一监管要求等,投资者保护工作成效显著。”[①]从最近数年实践来看，中证投服中心刚刚起步并已初步发挥作用，但主要活动是围绕监督上市公司展开的，未来会否扩张至证券交易、服务等领域，需要继续实践和观察。是否应当在立法上明确其公益性组织的地位，继续在坚持公益性的前提下发挥，需要详细论证。

第二节　投资者保护组织的理论基础

党的十八届三中全会提出，要保护投资者尤其是中小投资者权益，《关于进一步促进资本市场健康发展的若干意见》全面构建了保护中小投资者权益的政策体系，习近平总书记在中央财经领导小组第十一次会议上强调要加快形成投资者权益得到充分保护的股票市场。目前，我国投资者保护制度仍有疏漏，虽已初步形成了保护基金公司和中证投服中心的架构，试图覆盖投资者保护的主要领域，但投资者保护组织的地位、工作方式等，亟待在立法上予以明确。尤其是，随着我国证券发行走向以信息披露为核心的注册制，随着上市公司退市机制的常态化，投资者权益纠纷必将逐渐增加，中小投资者维权需求日益迫切。为此，应当在深入探讨投资者保护组织的基础理论，并为全面构建投资者保护组织的运行机制，奠定稳定的基础。

培育投资者保护组织，是切实保护投资者利益的重要方式，有着深厚的理论基础。一是股东积极主义显示着股东民主意识的觉醒，投资者借助类似的保护组织，可以通过股东对话、问询、论坛等方式参与公司决策和治理中。二是投资者保护组织符合现代团体法的理念，也符合我国采用的团体诉讼观念。三是借助投资者保护组织，可以建立起适合我国当前“散户居多”的现实状况，适应未来“投资智能化”的发展趋势，构建多元化争议解决机制。

一、股东积极主义

（一）股东积极主义的发展

公司法制度设计扎根于现实，反映着社会经济的发展与变化。随着资本化时

① 马靖妤：《中国证券期货监管制度总体符合国际标准要求》，载《上海证券报》2017年12月8日，第1版。

代到来,股东投资理念及投资方式发生了深刻变化,股东民主意识的觉醒使股东积极主义兴起,股东由原来的对公司治理漠不关心转变为积极参与公司治理,推动了公司治理方式的创新。股东积极主义可以理解为股东积极参与公司的治理。

20世纪80年代,欧美掀起了股东积极主义的浪潮。20世纪下半叶,在美国以退休基金、商业银行信托机构、保险公司、投资银行、共同基金等为主体的机构逐渐崛起,它们凭借专业性、业务广泛性和服务新颖性吸引了广大投资者,吸收了大量社会闲散资金。然后,这些机构又将这些资金投向股票市场,成为股票市场重要交易者。[①] 他们在公司持股比例不断上升,逐渐发展成为以对冲基金、养老基金、互助基金等为代表的机构投资者,新的投资者类型——机构投资者开始发展。

随着机构投资者持股比例增加,机构投资者开始积极参与公司治理。美国机构投资者开始转变参与公司治理的心态,从"华尔街准则"(对公司治理漠不关心)转为利用股东身份积极探索公司治理,尝试利用代理股票机制来行使股东权利。

(二)股东积极主义的行为方式

股东积极主义是股东通过参与公司治理方式来保护自身利益的途径。一般认为,股东可以通过两种途径来参与公司治理,进而影响公司经营政策和发展方向。一种是正式的积极行为,这种方式是股东行使股东权来影响公司的决策;另一种是非正式的方式来影响公司决策,是股东通过法定股东权之外的其他积极行为来影响公司经营决策。

在正式的股东积极行为中,股东通过行使多种法定权利来影响公司决策,其中最重要的是股东表决权。机构投资者可以通过在股东大会上行使表决权,表达其意见,后交由公司管理机构实施,进而影响公司的发展。此外,投资者保护组织也可以依据股东表决权代理制度,以股东代理人的身份行使表决权。机构投资者通过股东大会行使法定表决权,决定的是公司的重要事项,在日常经营领域,机构投资者则通过行使其他多种权利来参与公司经营管理,如股东提案权、股东知情权、股东质询权、股东大会决议的撤销权、临时股东大会召集请求权、对公司特别审计请求权、公开股东大会内容的请求权、阻止变更公司章程的权利以及提起对公司董

---

① 参见张清、严清化:《机构投资者的介入与公司治理模式的演进与趋同》,载《中南财经政法大学学报》2005年第1期。

事会和监事会成员的损害赔偿诉讼的权利等。

在我国，投资者保护组织可以持股行权，监督公司决策，维护投资者权益。例如，在2017年ST慧球案中，中证投服中心两次以股东身份参加会议，行使质询权、表决权等权利。投服中心在股东大会上向参会的ST慧球拟辞职的董事、监事及高管提出质询：第一，针对ST慧球的一系列恶劣事件，是否与董事长董某某直接相关，是否由其授意作出相关决定？董事长与其他拟辞职的董事监事作出相关决定的原因和目的是什么；第二，在上述人任职期间，是否收到鲜言控制或者其影响，是否影响到了公司经营与信息披露；第三，要求详细说明董事会审议1001项股东大会议案一事。[①] 再如，2016年6月针对舆论关注的佛塑科技终止并购华工百川一案，中证投服中心行使股东知情权、质询权和建议权。不同于以往采用的持股行权方式，此次，中证投服中心系通过现场查阅方式了解佛塑科技股东大会、董事会相关决议，针对公司热点、重点问题发出质询，并要求公司管理层回应。[②]

股东通过非正式的方式来影响公司决策，其方式主要指股东对话与媒体宣传两类。股东对话，是机构投资者借助论坛等形式在股东间展开交流，提出公司治理的意见，达成对公司经营的建议和意见。此外，投资者保护组织还通过正式信函或电话等私下协商方式参与公司决策。媒体宣传，是机构投资者运用媒体宣传来影响公司决策的行为。在媒体作用日益重要的今天，通过媒体宣传来影响公司决策，正变得越来越重要。

例如，一汽轿车2016年6月拟延期3年履行解决同业竞争承诺的议案，就遭到一汽轿车、一汽夏利股东大会双双否决。同年7月1日两上市公司同时公告，吉林及天津证监局分别对一汽股份逾期未履行承诺采取出具警示函的监管措施。由于中证投服中心当时没有购买一汽轿车股票，无法以股东身份参与其中，但予以高度关注，通过上证报表达看法，督促大股东尽快履行承诺事项，使上市公司走上良性发展的道路，使股东合法权益得到真正保护。[③] 再如，2016年11月恒大系短期内增持、清仓、举牌梅雁吉祥一事，已为市场广泛关注。中证投服中心作为专门的投资

---

① 参见周松林：《ST慧球新晋第一大股东回应投服中心质询》，载《中国证券报》2017年1月26日，A02版。

② 参见赵一蕙：《佛塑科技“烂尾并购”咋收场　投服中心上门质询》，载《上海证券报》2016年6月16日，第6版。

③ 参见赵一蕙：《投服中心“问责”一汽股份》，载《上海证券报》2016年7月4日，第3版。

者保护机构和梅雁吉祥的小股东,参加了梅雁吉祥的投资者说明会,对仲勤投资此次增持举牌和梅雁吉祥信息披露等问题进行提问。①

股东积极主义可以理解为股东积极地参与公司治理。在公司治理中,投资者保护组织可以以特殊股东身份参与股东大会,行使提案、质询等权利,还可以利用其特殊身份通过媒体、股东对话等形式向公司表达意见,这有利于公司决策的科学化、民主化。同时也有利于提升中小股东参与公司治理的积极性。中小股东由于持股比例较低、人力财力有限等原因,往往漠视公司治理,不积极参与股东大会等。而投资者保护组织的设立,使投资者有了代言人,投资者保护组织可以出面组织中小股东参加股东大会、联合向股东大会提交议案表达中小股东意见,增加了中小股东参与公司治理的积极性,体现了股东积极主义的生命力。

二、团 体 法

个体成员为了自身获得更大利益,采取结社形式参与到经济、政治、社会生活中,团体开始发展。在民事权利的发展历史上,私法被视为个人法,即表彰和维护个人权利的法律,但随着自由结社思想的发展与实践,人们逐渐认识到团体法的价值,立法者将团体纳入私法调整的领域,确定了团体的私法地位。现代私法不仅有个人法,还包括团体法。

“团体法是社会成员结成团体(或称私人团体)所遵循的特别私法,它既规范团体的设立、组织和运行,又规范团体与成员、成员与成员的相互关系,还规范团体机关的职权等。”②团体由具有共同利益和目标的成员自愿结社而成。结社的首要目的是实现团体成员利益的最优化。③ 个体成员通过结社组成团体,让渡出部分权利是为了自己获得更大的利益。团体的设立是为了使其成员获得更大的利益,是一种利益组织化。这种“利益组织化可以使分散个体承担集体行动的成本,分享行动的受益,并且可以通过组织化的激励、制约机制,协调个体的行动步

① 参见邵好:《投服中心将紧盯“恒大系”践诺情况》,载《上海证券报》2016年11月17日,第5版。

② 叶林:《私法权利的转型——一个团体法视角的观察》,载《法学家》2010年第4期。

③ 同上。

骤、节奏和方向。"①

就投资者保护而言,第一,投资者保护组织是以保护投资者为目标而设立的,它将投资者集结在一起,壮大了投资者力量,给予投资者保护自身权利的信心。第二,投资者可以借助这一保护组织,在证券市场上表达自己观点,拓宽了投资者保护自身权利的渠道。第三,投资者保护组织作为投资者代言人,表达投资者的意见,在客观上降低了成本。第四,有投资者保护组织作为后盾,投资者参与公司治理的积极性明显提升。此外,在证券交易中,当投资者受到上市公司等外部侵害时,投资者保护组织可以通过支持起诉等方式提供维权途径,降低维权成本。

团体法注重对团体内部成员关系的调整,主要解决团体、团体成员及团体机关的关系,这为柔性解决内部争议提供了可能。社会成员结成团体,可以通过团体自治方式来管理成员内部事务、协调成员间的关系。"团体具有自我管理和自我疗伤的功能",②借助团体力量,在社会成员产生争议时可以探索多元化的纠纷解决机制,减少事务全部由国家刚性管理的成本。

三、证券市场与投资者

证券市场是市场经济发展的产物。证券市场为企业向投资者融资提供了一种有效方式,它在满足投资者逐利性的同时,也容易造成投资者利益受损。考虑到证券市场的专业性、证券流动性及投资者的弱势地位,立法者应当高度重视投资者保护。

(一)证券市场的特点

任何市场保护机制,都必须斟酌市场特点,否则,在形式上存在的保护机制是难以发挥作用的。与商品市场相比,证券市场带有鲜明的特点,这些特点是构建证券市场法制、践行投资者保护的现实基础。

第一,证券市场是以证券权利作为交易标的的市场。在证券市场中,交易的标的是有价证券或权利商品,包括股票、债券、投资基金凭证,以及证券指数、证券期

① 王锡锌:《利益组织化、公众参与和个体权利保障》,载《东方法学》2008 年第 4 期。

② 《金融机构撤销条例》第 22 条第 3 款:清算方案由清算组与债权人协商后,报中国人民银行确认。

货和期权等衍生证券等。相对而言,这些交易标的主要是权利或权益,具有很强的流动性。

第二,证券市场是投资的场所。证券市场可以吸收社会闲散资金,发行人借此获得经营所需资金,投资者可以实现资本的增值,也可以实现投资风险的分散和转移。

第三,证券市场遵循特殊的交易规则。证券市场作为交易市场,当然要遵循民事法律的一般交易规则,但要优先适用特别法规则。依照证券法,依照交易所交易规则完成交易,其交易结果不得改变;不仅如此,业已完成的交易不因欺诈、胁迫、显失公平等而改变。

第四,证券市场遵循特殊的监管规则。证券市场存在明显的信息不对称现象,从而诱发了各种不正当交易,可能严重损害投资者利益。为了更好发挥证券市场资源配置功能、减少不正当交易发生,各国均设置了特殊的监管体制,重视发挥政府监管和自律监管的作用。

证券流动性大大提高了投资者进入和退出的便捷度,当投资者受到侵害时,基于各种成本考虑,有时不愿意直接提出索赔,更愿意及时退出市场止损。加之证券市场极具专业性并遵循特殊的交易规则,投资者维权成本较大,为了保护投资者利益,建立投资者保护组织是十分必要的。

(二)投资者的特殊地位

在我国,投资者以散户投资者为主,中小投资者处于弱势地位,容易受到侵害。根据《关于面向中小投资者提供公益法律服务的研究报告》,我国股票、债券、期货投资者9000万人,公募基金投资者6000多万人,其中99%以上是投资金额少于50万元的中小投资者。多数中小投资者对证券市场缺乏系统了解,盲从跟风炒作心理严重,缺乏动力与能力维护自身权利。调查还显示,只有2%的中小投资者能够读懂上市公司披露的财务信息,85%的中小投资者不知道有哪些权利,不知道如何维权。与此相对,证券发行人、上市公司、证券公司等专业服务机构依靠强大的经济实力及分析能力,在证券市场中处于主导地位,投资者处于被动、弱势的地位,在客观上需要一种新型的矫正机制。

第一,投资者所获信息不对称。多数投资者在决策时依赖的信息具有单一性和不对称性。多数投资者收集的信息来源于网络和报纸等平台,信息真实性与全面性不足，收集信息的内容存在不准确、不完整的问题。同时，信息发布存在缺陷。发行人在发布信息时倾向于发布有利于自己的信息，也影响到投资者投资决策。

第二，投资者的散户特征明显。在我国，中小投资者是证券市场中坚力量。调查显示，我国投资者呈现了人数多、持股比例低、组织程度差的现象。因为散户投资者缺少利益代言人，投资者利益易被忽视；散户投资者也难以获得及时救济。

第三，投资者专业性不足。证券投资和交易具有专业性，投资作出最佳决策，有赖于投资者对所投资证券做出合理判断、对公司证券等法律问题有所掌握，甚至需要具备一定的财务分析能力。加之，证券信息变化快，投资者需要迅速作出决策调整。然而，多数投资者仅凭借经验投资，缺少专业辅助。

在证券市场中，投资者的弱势地位使其在决策表达与维权中遇到很多困难。“为了提高投资者地位，在相关立法与执法以及中小投资者维权过程中集中代表其群体利益，就需要加强投资者的组织化程度。”①与散户投资者相比，投资者保护组织有较好的信息搜集能力，专业性较强，可以弥补投资者盲目性，可以提升公司治理与决策的专业性，并降低市场欺诈的风险。“证券投资规则完全不同于人们常见的一般买卖合同规则，特别是一些新产品、新交易机制对参与者的知识、技能要求比较高，投资者在很大程度上是按照陌生规则从事证券交易，证券投资极容易被误导，投资者保护组织在交易规则制定、执行、解释中的话语权，以及组织开展的投资者教育活动，都有利于克服交易规则特殊性给投资者带来的困惑。”②

第三节　投资者保护机构的法律地位

任何关于设立新的社会组织的意见都难免被质疑，相关主张要么被看成是叠床架屋，要么被看作草率之举。然而，结合我国证券市场发展实践，创设、强化投资者保护组织是提升投资者保护水平的合理主张。

① 周松林：《投服中心与云南宁夏辖区开展纠纷调解合作》，载《中国证券报》2017年3月3日，A02版。

② 同上。

一、现有学术主张的评析

在投资者保护组织的定位上,学术界有不同观点和建议,分为三种:

(一)证券监管部门担当投资者保护组织的可行性

证券监管部门的主要职责是制定证券市场的运行规则,通过日常监管、行政处罚等手段维护市场的正常运转,进而形成一个有序竞争的证券市场,以达到优化资源配置的目的。为了实现该目的,它可以兼具投资者保护重任。然而,投资者保护涉及范围极其广泛,证券监管部门难以承受保护投资者利益的全部职责。与此同时,我国上市公司国有股比重高,证券监管部门代表投资者利益时,容易诱发监管机关与国有资产监管机关的直接冲突。

尤其重要的,证券监管机关是国务院授权行使行政权力的机构,按照依法行政和有限政府的要求,只能是刚性地履行职责。然而,证券市场异常复杂,简单采用依法行政和有限政府,不足以应对证券市场的创新,不足以柔性监管市场行为,因此,在客观上需要建立一种弹性机制,而非将刚性执法机制移植证券市场环境中。证券监管部门不适于同时充当投资者保护组织。

(二)行业协会担当投资者保护组织的可行性

证券业协会或其他行业协会,是证券公司、基金管理公司及证券服务机构的行业自律组织。以证券业协会为例,我国《证券法》第176条明确规定"证券业协会履行下列职责:(一)教育和组织会员遵守证券法律、行政法规;(二)依法维护会员的合法权益,向证券监督管理机构反映会员的建议和要求;(三)收集整理证券信息,为会员提供服务;(四)制定会员应遵守的规则,组织会员单位的从业人员的业务培训,开展会员间的业务交流;(五)对会员之间、会员与客户之间发生的证券业务纠纷进行调解;(六)组织会员就证券业的发展、运作及有关内容进行研究;(七)监督、检查会员行为,对违反法律、行政法规或者协会章程的,按照规定给予纪律处分;(八)证券业协会章程规定的其他职责",由此可见,行业组织虽然也负有保护投资者的职责,但其首要功能在于维护行业和行业成员的利益。在投资者保护方面,行业组织的工作目标是方向性和结构性的,行业协会无法深入经营者日常经营活动,甚至受到行业组织内重要会员的制约。

行业组织最有威慑力的监管手段是“开除会员资格”，但开除会员资格往往意味着该经营者失去从事某些营业活动资格。然而，从实践来看，除非会员已遭受严重的行政处罚，否则，行业协会几乎不采用“开除会员资格”的处分措施。考虑到行业协会已在事实上失去了约束会员的主要手段，无法有效督促会员保护投资者利益，行业协会不适于同时充当投资者保护组织。

（三）消费者权益保护组织担任投资者保护组织的可行性

投资者和消费者存在相似之处，“消费者在购买商品或服务过程中，会面临假冒伪劣、虚假广告、价格欺诈、霸王条款等侵害，而证券投资者也屡受信息造假、操纵股价、掏空公司、内幕交易等侵害；消费者受害极端的可危及生命健康，投资者受害惨重的则血本无归。”①但投资者和消费者的差别是显而易见的。

根据我国《消费者权益保护法》第2条和第3条规定，该法规范“消费者为生活消费需要购买、使用商品或者接受服务”的活动，也规范“经营者为消费者提供其生产、销售的商品或者提供服务”的活动，即消费者保护组织关注的是消费者的“生活消费”以及经营者提供生活消费的生产和消费活动。证券投资是投资和金融活动而非消费活动，投资者也不是消费者。在投资及金融活动中，我国向来采用金融机构特殊牌照管理制度，投资及金融活动向来由金融监管机关规制。如此，若由消费者保护组织充当投资者保护组织，难免与现有金融监管体制相冲突。

需要指出，我国消费者权益保护组织虽然有时介入银行、保险等消费争议，但其依据仅为地方消费者保护条例或者实施办法，消费者保护组织全面介入投资和金融争议的依据不足。当然，消费者保护组织介入金融纠纷的解决，是有积极意义，它给金融业者造成了某种压力，但就投资者保护而言，不应将消费者保护组织作为首选机制。

二、境外投资者保护组织

为数不多的国内研究资料显示，不少国家和地区允许设立旨在保护投资者利

① 周松林：《投服中心与云南宁夏辖区开展纠纷调解合作》，载《中国证券报》2017年3月3日，A02版。

益的非官方组织,但其产生原因和发展情况差异较大①。

(一)美国投资者保护协会(SIPC)

美国投资者保护协会,是根据1970年《证券投资者保护法》组建的非官方保护组织。该组织采用了公司制模式,在宗旨上却是非营利性组织。有学者将其界定为"控制投资银行经营风险为手段的保险组织"。根据该法规定,所有在证券交易委员会注册的投资银行以及大部分全美证券商协会的会员,必须参加该协会并成为该协会的会员;会员必须向SIPC缴纳营业额一定比例的会费。该机构在功能上不是仅以赔付为目的的机构,而是在证监会和交易所领导下,监督投资银行的经营,调查处于危机境地的投资银行,甚至有权通过法院宣布投资银行破产。

美国投资者保护协会,是非官方组织,却有浓厚的官方属性。该机构设置董事会,董事会成员由7人组成,其中1人由财政部委派,1名由证监会委派,5名则由总统任命。由于保护协会的宗旨是保护投资者利益,会员缴纳年费,但最高权力机构是官方任命,管理者由董事会从市场人士中聘用,从而形成了"会员资本+官方决策+管理中立"的结构。

(二)德国民间股东协会

德国民间股东协会是由民间发起、股东(投资者)自愿缴费入会而组成的。在德国,立法机关没有针对投资者保护组织的设立单独立法,德国民间股东协会是基于"结社自由"设立的非营利组织。资料显示,有的德国投资者保护协会的会员人数高达3万,在全国,则有数千家类似性质的俱乐部。这种会员制机构仅对会员提供服务,但因会员规模巨大,其作用已逾越了会员边界,而演变成影响力很强的社会组织。

投资者协会向会员提供的服务包括:(1)为会员提供投资咨询,甚至向会员提供专业投资意见,并以讲座形式帮助投资者;(2)辅助立法机关立法,甚至介入欧盟立法过程,为立法提供参考,形成了一种特殊的"院外力量";(3)定期出版专业刊物,刊登专业评论;(4)代表会员参加股东大会,乃至代表会员行使诉权。德国法院也接受了"团体诉讼"的观念,允许享有较高声誉的投资者协会,以自己名义启动诉讼程序。

---

① 参见王文政:《投资者保护协会法律制度研究》,西南政法大学法学院2011年硕士学位论文,第15页。

（三）日本股东监护人组织（Ko）

股东监护人组织也是民间自治组织，该组织成立于1996年8月，采用有限责任公司形式，但不向其成员分配利润。该组织的宗旨是促使上市公司信息披露、反映股东诉求与主张。股东监护人组织的职责：（1）监督上市公司运行、批评公司的反社会行为，要求其承担社会责任；（2）根据中小股东授权，代行普通股股东的权利，包括但不限于诉讼权利；（3）参加股东大会，提出质询和建议；（4）披露公司内幕交易等不正当交易，使其尊重商业道德和交易惯例。

（四）韩国人民团结与民主参与同盟（PSPD）

PSPD最初是带有政治性的组织，不涉足关资本市场，不是股东权利的保护组织，韩国立法并未明确该类组织的地位，但该组织在1997年金融危机后成功领导了席卷全国的“中小投资者维权运动”，遂成为代表中小股东利益的代言人，在股东保护领域发挥了很大影响。现今，其主要职责为：（1）参与股东大会，行使股东权利；（2）监督上市公司日常经营，纠正管理层不当行为；（3）追究上市公司管理者不当行为的责任；（4）参与立法。

（五）我国台湾地区“保护中心”（SFIPC）

我国台湾地区依据2002年“投保法”，成立了“保护中心”。根据“保护中心”的网页简介：“保护中心”是依照“投保法”设立的财团法人保护机构，除负责提供投资人证券及期货相关“法令”的咨询及申诉服务、买卖有价证券或期货因民事争议之调处外，也得为投资人提起团体诉讼或者仲裁求偿；另针对证券商或期货商因财务困难无法偿付之问题，明定设置保护基金办理偿付善意投资人之作业。“保护中心”设立时的保护基金为103，100万元新台币，由证券及期货市场相关机构捐助，捐助机构包括：台湾证券交易所、台湾期货交易所、证券柜台买卖中心、集中保管股份有限公司、证券商同业公会、证券投资信托及顾问商业同业公会、台北市期货商同业公会、复华证券金融股份有限公司、环华证券金融股份有限公司、富邦证券金融股份有限公司、安泰证券金融股份有限公司等相关单位。另外，依照“投保法”第18条，除上述机构捐赠外，证券商、期货商、证券交易所、期货交易所及柜台买卖中心等，应每月提拨一定比例或者金额之款项，予投资于“保护中心”，作为后续保护基金之来源。

从境外经验来看，投资者保护组织均为非营利组织，其中，既有纯粹的民间组织,也有官方色彩浓厚的保护组织,但一般不包括行政组织。在设立依据上,既有按照一般社团或财团法人设立的组织,也有按照特别法专门设立的组织。在业务方面,既有体现股东权利的事务,也有涉及投资者与经营者关系的事务,有的还涉足证券公司经营困境等事务。上述特点显示,非官方保护组织是必要的,但非官方组织要接受官方组织领导与管理,在既定宗旨内从事投资者保护事务,但不得从中谋取经济利益。

三、我国的选择与创新

我国证券市场的形成和发展带有鲜明国别色彩,随着证券市场和法制在渐进中的快速发展,我国正在形成中国的经验和做法。根据现中证投服中心和保护基金公司的运行实践,可将我国投资者保护机构概括为:由证监会主导,积极吸收民间力量参与,服务与赔偿相互区隔,政府和民间相配合的模式。此外,部分学术团体在投资者保护方面也做出了一定贡献。

(一)中证投服中心

中证投服中心是由证监会成立的、专门从事投资者服务的公益机构,系证监会直属机构,归属其直接管理。注册资本金为30亿元人民币,其股东单位由上海证券交易所、深圳证券交易所、上海期货交易所、中国金融期货交易所、中国证券登记结算有限责任公司。中国投资者网站是中国证监会投资者服务的专门网站也是中证投服中心在线业务的重要平台,由中证投服中心承建、运维和管理。网站的定位为证监会开展投资者保护工作综合性的集合平台。是资本市场监管政策、法律法规宣传的重要窗口,是投资者教育工作的重要基地,是开展持股行权、纠纷调解、诉讼与支持诉讼、投资者联络的重要载体,是服务于广大中小投资者的重要的公益性平台。[①]

(二)保护基金公司

保护基金公司成立于2005年,业务范围包括证券公司被撤销、关闭和破产或被证监会采取行政接管、托管经营等强制性监管措施时,按照国家有关政策对债权人

---

① 参见中证投服务中心宣传手册。

予以偿付。按照公司章程，保护基金公司董事会负责公司的重大决策，负责筹集、管理和使用基金资金，并按照安全、稳健的原则履行对基金的管理职责，保证基金的安全。根据《证券投资者保护基金管理办法》，董事会会议由全体董事2/3以上出席方可举行。董事会决议，由全体董事1/2以上表决通过方为有效。

保护基金公司的保护基金按照“取之于市场、用之于市场”的原则筹集，主要来源为：一是上海、深圳证券交易所在风险基金分别达到规定的上限后，交易经手费的20%纳入基金；二是境内注册证券公司，按其营业收入的0.5%～5%缴纳基金；三是发行股票、可转债等证券时，申购冻结资金的利息收入；四是依法向有关责任方追偿所得和从证券公司破产清算中受偿收入；五是国内外机构、组织及个人的捐赠；六是其他合法收入。

四、中证投服中心与保护基金公司并存模式的评价

保护基金公司和中证投服中心相隔10年先后成立。前者是为了应对当时个别证券公司处于经营困境、面临破产或被接管而设立的，初始目的主要是解决证券公司的支付障碍，即在“证券公司＋投资者”框架下，专门解决问题证券公司支付障碍问题；后者是随着投资者保护观念的深入，以全面保护投资者利益为着眼点，中证投服中心主要是在“上市公司＋投资者”的框架下，强调保护投资者的股东利益，目前较少触及投资者与经营者之间的关系。

我们认为，中证投服中心与保护基金公司的并存模式是在我国特殊历史背景下形成的，虽然均取得了令人瞩目的成就，但从尽力保护投资者利益角度来看，仍然存在覆盖空白、相互制约的问题。未来，应当秉持全面保护、专业分工、提升效率的观念，整合现有的投资者保护组织。

（一）全面保护

投资者与发行人、经营服务者等参与者之间，形成了异常复杂的关系，各种关系相互交错，既可能是某种单纯的法律关系，也可能是各种法律关系交织的复合型法律关系。在证券市场上，除了发行人、经营服务者以外，还有技术服务商、信息提供商等专业服务者，从而必然形成更复杂的法律关系。就此而言，构建在“上市公司＋投资者”框架下的中证投服中心，以及构建在“问题券商＋投资者”框架下的专

门赔付机构保护基金司,均不足以全面覆盖投资者保护需求。从保护基金公司和中证投服中心网站来看,两者均关注投资者咨询和投资者教育,均开始开展相关市场参与者的市场评价,这种情况意味着两者必有更多业务重叠。我们认为,全面保护观念,系站在投资者的立场上,向投资者提供一切与投资保护有关的公共产品,而不是局限于"上市公司+投资者""问题券商+投资者"的框架。

(二)专业分工

投资具有专业性,投资者保护更具专业性。在投资者与上市公司的关系中,保护机构应当关注股东或投资者的知情权和参与权。在投资者与经营者的关系中,主要涉及经营者信义义务和金融产品交易,需要从经营管理、产品设计、销售等环节入手予以规制。在投资者与服务者(如审计师、律师)的关系中,不仅涉及信息披露和勤勉义务,还涉及会计、法律等专业知识。在投资者与信息提供商、技术服务商的关系中,将涉及平台地位、侵权责任法适用等。为了全面保护投资者权益,称职的投资者保护组织必须不断充实专业能力,向投资者提供更专业的保护。

(三)提升效率

提升投资者保护效率,需要从机制方面入手。在理论上,竞争和集权都是改进乃至提升效率的手段。集权也可以提升效率,尤其有助于快速解决长期积累的现实问题。在政府主导的投资者保护体制中,通常是以集权为主、以竞争为辅助的结构。然而,通过设置多个投资者保护组织,形成各保护组织之间的竞争,评估各组织运行状况,是以市场力量提升效率的重要手段。我们认为,应当鼓励发挥民间保护力量,补充政府主导保护体制的不足;同时,应当适时重组中证投服中心和保护基金公司,再进行必要的专业分工。

五、投资者保护组织的性质

陈洁教授撰文认为,中小投资者维权组织是以利益代表者和利益维护者的身份成为中小投资者利益组织化的有效载体。维权组织的本质特征在于,其可以通过自身的特殊投资者身份独立行使权利,也可接受个体投资者权利的让渡,并以其专业的知识、组织的力量来实现保障投资者个体权利的宗旨。基于此本质特征,维权组织必须具备四个要素,即组织性、独立性、非营利性、专业性。[①] 本书认为,在上述四要素基础上,还应强调法定性和参与性。

(一)组织性

为了高效、系统、正当地从事中小投资者维权事业,投资者保护组织需要具备法定的组织形式,规范的运作制度、组织结构,以维持其稳定性和持续性。因此,在实际运行中,为了保障投资者保护组织的公正、透明以及公益性,利用法人制度,构建类似于现代公司法人的董事会治理结构、规范的运营管理制度至关重要。当然,在我国证券投资者保护体系下,需兼顾与其他承担投资者保护职责的组织机构(如证监会、证券业协会等)之间的有机衔接,作为投资者保护系统的一部分,其组织结构除了利于自身发挥投资者保护职能之外,还应尽量保证有机地促进、发挥投资者保护体系的总体效能。

(二)法定性

投资者权利被写入法律,自可以自己的名义主张权利。投资者保护组织不是投资者本身,与其他市场参与者之间,既无投资和被投资关系,也无服务和受领服务的关系,其为保护投资者利益而实施的行为,是脱离了法律关系基础的保护行为。在现行法律没有做出明确授权的情况下,发行人、经营者、服务者等可以基于法律关系而拒绝投资者保护组织的参与,从而造成投资者保护的实施障碍。我们注意到,中证投服中心为了保护中小股东利益,已采用持股行权的参与措施但在理论上,中证投服中心行使股东权利是否必须以持股为前提,这是重大的理论问题。如果认为行权需以持股为前提,那么,中证投服中心是否可以在其未持股公司中行使监督等权利?中证投服公司可否代表中国投资者,向在海外上市公司提出权利主张?我们认为,只有确立部分投资者保护组织的法定性,才能最终建立起良好的投资者保护体制。

(三)非营利性

非营利性,是指投资者保护组织的成立不以追逐利益并分配给成员为其目的,具有公益性,以最大程度维护投资者合法权益为目标,这是维护其独立性的前提条

---

① 参见陈洁:《〈证券法〉应明确投服中心的功能定位》,载中证网:http://www.cs.com.cn/xwzx/zq/201612/t20161213_5117866.html,最后访问日期:2018年4月15日。

件。《民法总则》将法人分类为营利法人和非营利法人,投资者保护组织应归属于非营利法人一类。但要强调的是,非营利性指的是其并不向其成员进行利润分配,也不能用于任何其他形式的个人受贿,而其在运营过程中会产生收入、盈利,这并不影响其非营利性的属性,反而正是由于这些经费的来源,有助于其维权事业的开展和维护其公益性的本质。

(四)专业性

证券市场的专业性和特殊性决定了证券投资者保护组织亦应该具有一定的专业性。为了更有效地维护中小投资者的权益,中小投资者保护组织应具备专业的知识和技能、丰富的经验、广泛的资源和信息收集能力等,以弥补投资者自身维权在此方面的不足。中小投资者保护组织的宗旨是维护中小投资者的利益,因此其对于整个证券市场上的各种信息要保持足够的敏感性,尽可能地广泛收集、分析各种市场信息,而面对广泛浩瀚的证券市场,为了能够及时、高效地进行维权事业,对于具有类似性的投资者利益诉求进行筛选、分类,进行类型化处理,形成一套系统地运作体制,因此需要进行制度建设,当国家正式制度安排在时间上滞后或空间上不周延之时,其能够率先、及时以自律秩序予以弥补。

(五)参与性

投资者保护组织作为维护投资者权益和市场稳定,进而促进证券市场健康发展的组织,应具有连接政府和市场及市场主体、投资者和其他市场主体的作用。其在从事投资者保护事业的同时,也应积极地调研和整理市场信息、投资者的权益保护现状及其诉求,并将之反馈给政府及其监管部门,辅助其监管。同时也要建立高效、便捷的沟通机制,方便投资者与其他市场主体之间的信息沟通和利益平衡。

(六)特殊独立性

保护基金公司和中证投服中心均为法人,该等投资者保护组织应当作为独立的法人组织,维权组织应当具备财产上的独立性和行为上的独立性,即具备能够独立支配的财产,并能以自己的名义独立行使权利和承担义务。然而,必须看到,按照《民法总则》规定,投资者保护组织既不是该法所称非营利法人,也不是该法所称特殊法人,实乃具有特殊独立地位的组织。根据我国《民法总则》第87条第2款,非营利法人包括事业单位、社会团体、基金会、社会服务机构等,但投保公司和投服中心均以公司名义注册。再根据我国《民法总则》第96条,特别法人为机关法人、农村集体经济组织法人、城镇农村的合作经济组织法人、基层群众性自治组织法人。投保公司和投服中心显然不属于上述特别法上的法人。

第四节　中证投服中心

中证投服中心是我国保护中小投资者权利的重要组织。中证投服中心自2016年以来,在投资者教育、维权、持股行权和支持诉讼四个领域,开展了卓有成效的工作。随着持股行权、纠纷调解、诉讼及支持诉讼等各项工作的陆续展开,投服中心为保护中小投资者所组织开展的维权活动在资本市场获得了良好的反响和积极的评价。我们认为,中证投服中心以保护中小投资者权益为己任,在肯定其成就的基础上,需要总结经验、深挖问题,推动投资者保护事业的发展。本节结合投资者保护组织的基本理论,探讨中证投服中心发展中存在的问题并提出对策建议。

一、中证投服中心及其职能

中证投服中心是作为上市公司股东,事前参与上市公司治理,发挥示范引领作用,提高公司治理水平;事中发挥调解作用,向中小投资者倾斜,化解市场各类型纠纷;事后通过股东诉讼或支持诉讼,对违法违规的市场主体提起诉讼,以法律手段切实维护中小投资者的合法利益。[①] 主要职责是为中小投资者自主维权提供教育、法律、信息、技术等服务。

(一)持股行权

中证投服中心通过持股行权的方式进行维权事业时,要坚持普通股东定位,运

① 参见许自然:《投资者赔偿救济机制明年开建　投服中心已持543只股》,载每经网:http://www.nbd.com.cn/articles/2016-12-22/1063817.html,最后访问日期:2018年6月20日。

用市场化手段,以普通股东身份按程序行使各项权利,不以参与公司经营管理和营利为目的,不行使监管或自律职责,不代表证券监管机构的立场。投服中心通过多元化行权线索发现机制,确定行权目标;经过行权立项会制度、专家论证会等形式,提出科学专业的行权方案;再按照预定的行权方案予以实施,并通过示范效应强化投资者的权利意识。

(二)纠纷调解

证券市场是一个非常活跃的市场,对信息异常敏感,任何的信息变动都可能短时间内导致股票等产品的巨幅的价格波动。同时,证券市场又是一个创新的市场,纷繁复杂的产品层出不穷,进而导致新型的证券法律关系和证券纠纷类型,甚至有时严格按照传统法学理论并不能得到很好的解决效果。基于此,这就导致证券纠纷的解决不同于传统的民事纠纷的解决,证券纠纷的解决更注重时效性,效率诉求和灵活诉求相对较高。"参与者并不要求证券纠纷必须严格按照法律法规的规定解决,他们更易于选择一种合理灵活的解决方式。"①建设调解机制时,要注意完善其调解与诉讼之间的对接机制,探索创新小额速调等调解机制。同时,也要统一适用专业调解规则,注重专家调解员队伍的建设。

相较于诉讼机制,和解、调解等纠纷解决机制成本更低、程序要求柔性、便捷高效、社会反响好等优点,而这些优点恰恰更有利于证券纠纷案件的解决。"证券纠纷解决是保护投资者合法权益的重要一环,是关系证券市场培育和发展的一项基础性工作。在成熟证券市场国家,调解作为灵活迅速化解证券纠纷、保护投资者合法权益的重要途径,深受投资者和证券监管机构的青睐",②而在我国,和解、调解机制也符合我国的文化传统,利于为证券投资者所接受。同时,和解、调解作为证券期货纠纷多元化解机制,是提升证券商事审判能力和水平的重要抓手,"有利于进一步畅通投资者诉求表达和权利实现渠道,有利于加大对资本市场群体性纠纷的柔性化解力度,对于维护投资者信心、保护投资者合法权益,不断夯实我国资本市

---

① 梁平:《偏离与回位:我国证券纠纷之仲裁解决机制探究》,载郭锋、宋丽萍主编:《多层次资本市场建设与投资者权益保护——中国证券法研究会2010年年会论文集》,知识产权出版社2011年版,第77页。

② 张小威:《证券纠纷调解机制的境外经验借鉴及发展趋势》,载郭锋、宋丽萍主编:《多层次资本市场建设与投资者权益保护——中国证券法研究会2010年年会论文集》,知识产权出版社2011年版,第42页。

场的发展基础意义重大”。[①]

（三）证券支持诉讼

持股行权指的是中小投资者保护组织通过持有上市公司的股票成为其股东或者代理征集服务，进而行使股东权利积极地参与上市公司治理以维护中小股东的权利。“《投资者权益知识调查报告》调查结果显示，有21.20%的投资者未行使过任何基本权利，有55.35%的投资者未行使过任何有持股比例或持股期限要求的权利。报告认为，投资者行使有持股比例或持股期限要求的权利的比例如此之低，可能是持股比例或持股期限要求的限制造成的，这对于征集投票权等创新工作形成了倒逼机制。”[②]

支持诉讼则是针对涉及中小投资者人数众多、矛盾突出、社会影响较大、具有典型意义的证券侵权纠纷，以受损投资者为原告，维权组织发挥专业和信息优势，为投资者提供诉讼支持。中小投资者保护组织通过开展证券支持诉讼，接受中小投资者委托，一方面让中小投资者与被告在诉讼地位和能力上实现对等，降低诉讼维权门槛，又间接激励了中小投资者的维权积极性；另一方面中小投资者保护组织的专业人员所提供的全面、高效、便捷的服务，提高了中小投资者权益保护的效率和效果，同时也节约了司法资源、提高了诉讼效率。

提起公益诉讼，是指维权组织以投资者保护组织名义，代表证券市场中特定的或不特定的受侵害投资者整体利益提起的诉讼。投服中心负责提供公益性的诉讼支持，为中小投资者自主维权提供代理征集服务；为合法权益受损害的中小投资者提供公益性法律支持。2016年6月，中证投服中心联合中华全国律师协会整合优势资源，组建了首批证券公益律师团。首批公益律师团成员70名，来自全国近70家知名律师事务所，均为主要合伙人和资深律师。目前，已建立了公开征集、受理申请、诉讼准备、诉讼及诉讼后的相关事务一套流程，对于涉及中小投资者众多、矛盾比较突出、社会影响较大的典型证券侵权纠纷，投服中心将根据申请，委派投服中心法律专业人员或公益律师团成员作为中小投资者诉讼代理人，代理中小投资者向人民法院起诉。

---

① 《最高院与证监会联手试点证券期货纠纷多元化解机制》，载东方财富网：http://finance.eastmoney.com/news/1348,20160714641561385.html，最后访问日期：2018年4月21日。

② 周松林：《投资者希望成立代理机构代表散户维权》，载《中国证券报》2016年8月26日，A12版。

(四)投资者教育

投资者投资理念的成熟、维权意识的兴起对中小投资者维权事业的推进、证券纠纷案件的解决意义重大。上市公司的重大决策有时甚至需要社会公众股股东通过,散户们只有充分参与才能更好维权。为了促进中小投资者例行行权维权以及宣传相关的保护措施,减少"搭便车"的行为出现,中小投资者保护组织需要通过多渠道的方式对投资者进行教育。其在持股行权同时,更要引导中小投资者行权和维权,引导散户参与便捷的网络表决。

为了更好地进行投资者教育和提供信息服务,维权组织需要完善渠道建设。例如建立专门的网站和证券投资者教育基地、制作宣传册、联合媒体发声、举办专题讲座、举办主题日活动等方式,也可结合当下新型的各种新媒体(微博、微信公众号等),以达到充分宣传教育的效果。还应通过上述方式及时总结和宣传典型案例,发挥示范教育作用;加大对证券期货纠纷多元化解机制的宣传力度,增进各方对多元化解机制的认识,引导中小投资者转变观念、理性维权。

投服中心面向广大中小投资者开展知权、行权、维权宣传教育,通过中国投资者网站、微信公众号及各大证券财经类媒体、门户网站为投资者普及证券期货基本知识,引导理性投资。同时,为加强中小投资者之间的联系,增强中小投资者的权益意识,投服中心开展投资者联络工作,在全国范围内开展联络活动,旨在畅通中小投资者沟通渠道,倾听中小投资者的声音,向监管部门反映其诉求;征求中小投资者关于监管政策等方面意见建议;开展更接地气的投资者权益宣传教育工作。

立法活动为中小投资者保护事业的进行提供了最根本的制度保障。因此,中小投资者保护组织在日常维权事业中,要收集广大中小投资者的利益诉求和意见反馈,积极地总结相关问题和经验,积极参与有关投资者权益的立法、修法活动,积极地反应投资者的意愿,从制度根源上保障法律规范的公平正义。

二、中证投服中心资金来源及其改进

任何事业的开展都需要必要经费支持,中证投服中心的运营资金主要源于股东股东的出资。投服中心为公司制法人单位，股东单位包括上证所、深交所、上期所、中国金融期货交易所和中国证券登记结算有限责任公司，运作资金主要来自股东注资。“具体资金不方便透露，但资金量绝对能保证投服中心的长期运作”，前述投服中心人员表示，投服中心的持股方式是持有所有在上交所和深交所上市的公司，每家1手（100股）A股股票。“参加股东大会的主要是行权事务部，只有10余人，所有的上市公司的股东大会都会在6月30日前结束，因此工作量非常大，基本上是连轴转。”①股东单位投入资金虽然能够保证投资者保护组织的运行，但仍有必要拓宽投资者保护组织的资金来源。

（一）可否扩大股东范围

在我国，沪深交易所是证券集中交易组织者，上期所和中金所是两家期货市场的组织者，登记结算公司是国内唯一的、各个交易场所的后台设施运营者。从我国现有的市场组织者来说，与上述机构性质相同或相似的其他市场组织者并未成为中证投服中心的股东，其中至少包括新三板、大连商品交易所、郑州商品交易所。反观我国台湾地区“投保中心”，其成员包括了全部证券期货交易组织者、交易后台运营者以及证券金融公司，投服中心的股东范围相对较为狭窄，在理论上，具备了扩大股东的可能性。

就期货交易市场组织者而言，其交易者不仅包括机构交易者，也包括个人交易者，即使是机构交易者，也存在规模大小之分。我们认为，期货交易规则与证券交易规则虽有差异，但投资者与交易者的地位相似，事实上，因期货交易采用保证金交易方式，交易者同样要通过经纪公司参加交易，交易风险更大，将期货交易场所组织者纳入中证投服中心股东，能够有效地扩宽投资者保护范围。

就中国证券金融股份有限公司（证金公司），其是经国家同意、证监会批准，由沪深证券交易所和登记结算公司共同发起设立的证券类金融机构。公司于2011年10月28日成立，注册资本金75亿元人民币。主要业务职责范围是为证券公司融资融券业务提供转融通服务，对证券公司融资融券业务运行情况进行监控，监测分析全市场融资融券交易情况，运用市场化手段防控风险，以及中国证券监督主管部

① 周亮、孙铭蔚：《投服中心如何运作》，载南方都市报网：http://news.163.com/17/0620/05/CNBP4P8E00018AOP.html，最后访问日期：2018年6月20日。

门批准的其他职责。

我国新三板允许为投资者个人开立证券账户,在新三板从事投资。相对于在沪深交易所交易的投资者而言,新三板的挂牌条件宽松,投资者同样可能遭受虚假陈述、内幕交易和操纵市场之害,同样需要获得保护。新三板加入中证投服中心有助于开展相关市场的投资者保护。

(二)可否接受股东以外的捐助

投资者保护是一项全社会的工作,各类社会成员积极参与投资者保护,有助于最终实现保护投资者的立法宗旨。在国外,结社成立的投资者保护组织的存在,在一定程度上说明了社会各界已关注投资者保护事业,并愿意积极参加投资者保护事业。在国内,有理由相信更多的社会组织和个人有志于投资者保护事业。我们认为,有志者参与投资者保护的方式有别,但愿意捐助投资者保护事业的有志者同样存在,应当允许中证投服中心等投资者保护组织接受社会捐助。

捐助属于民事赠予的特殊形式。一方面,捐助者是在接受投资者保护组织的宗旨下做出的民事赠予,捐助款项专门用于投资者保护事业,而不得用于其他目的。另一方面,捐助应当完全基于捐助者的自愿行动,即遵循“完全自愿”原则,投资者保护组织不得采用“劝捐”等方式,以保持投资者保护事业的纯洁性。

(三)扩大资金来源的社会价值

在极端意义上,交易场所组织者和登记结算机构提供的经费已足以支持投资者保护组织的运行,看似没有必要扩大其资金来源。无论是扩大股东范围抑或是接受社会捐助,在客观上,将增加投资者保护事业的经费,更好地开展投资者保护事业,但更重要的目的则是全社会投资者保护观念的提升,而不是单纯为了使投资者保护组织获得更多经费。

一方面,保护投资者利益,是全社会的共同责任,不是投资者保护组织一家的专属责任。捐助者向投资者保护组织提供经费支持,只是其履行这一共同社会责任的方式,也是鼓励其关注投资者保护事业的方式,就此而言,接受捐助有助于提升投资者保护的社会意识。另一方面,强化证券市场组织者观念,践行保护投资者的价值观。我国多层次资本市场正在建立之中,市场组织者不断增加,他们既是证券市场的受益者,也应是证券市场秩序的维护者,鼓励市场组织者加入投资者保护组织,或者提供捐助,有助于践行“取之于市场,用之于市场”的理念。

综上,在现有中证投服中心架构的基础上,参考境外做法,应当扩大投资者保护组织的股东,允许投资者保护组织接受社会捐助,股东出资及捐助应当用于投资者保护事业,而不得用其他目的。

三、中证投服中心职责范围及其改进

根据中证投服中心的总结资料,业已开展的活动包括但不限于:(1)参与上市公司股东会;(2)督促上市公司董事、监事和高级管理人员履行职责;(3)提起或者支持提起针对上市公司虚假陈述的诉讼。这些举动显示,维权业务是围绕投资者与上市公司之间的关系而展开的,在投资者与经营者的关系中,中证投服中心尚未启动维权活动。

(一)投资者与经营者之间的交易纠纷

投资者与经营者之间存在委托关系,投资者经由经营者的经纪活动,才能从事场内交易。经营者在开展业务中,存在采用不正当手段办理客户开户、向投资者推荐不适当产品等情况,经营者与投资者签订的经纪合同中可能存在损害投资者利益的条款。如在融资融券交易等新型业务开展中,经营者可能存在审查疏漏、不当展业、平仓不当等情况。针对投资者与经营者之间关系,中证投服中心可否介入,以及以何种方式介入,已成为投资者保护组织扩大业务的重要问题。

在原则上,投资者应当以自己的费用处理与经营者之间的纠纷,但相关纠纷是可以做出类型化处理的。如果某种纠纷仅有个别性时,应当秉持投资者自行解决的原则;但当某种纠纷具有普遍性时,投资者保护组织可以采用支持诉讼等形式予以介入。当然,识别纠纷类型是一项基础性的专业化活动,需要由投资者保护组织作出恰当认定,以免替代个人保护机制的作用。

目前,投资者保护组织至少可以着重考虑以下的交易纠纷:(1)委托合同中的不公平格式条款。格式条款一般由经营者拟定,且由行业组织推荐,但投资者保护组织可以站在投资者角度,关注其中的不公平格式条款,通过向行业组织提出修改意见而予以纠正,也可以通过支持诉讼形式,在典型案件中予以介入。(2)强行平仓的恰当性评价。强行平仓是我国证券交易中采用的特殊机制,它有助于缓和交易风险的扩散,也直接影响到众多融资融券投资者的切身利益,应当针对强行平仓的基础理论予以研究,并适时介入典型案件的处理。

(二)期货交易纠纷的处理

按照我国《期货交易管理条例》,期货交易"是指采用公开的集中交易方式或者国务院期货监督管理机构批准的其他方式进行的以期货合约或者期权合约为交易标的的交易活动",即期货交易限于期货合约为标的的交易以及场内期权合约的交易。在该等交易中,期货合约和期权合约系特殊的金融商品,期货交易者同样要通过期货经纪公司参与期货交易。随着我国期货市场的逐渐发展,期货纠纷数量增多。期货交易者与期货经纪机构之间因保证金、平仓、限额持仓等发生的纠纷逐渐增多,中小交易者同样存在与期货经纪公司之间的交易纠纷。

(三)资产管理纠纷的处理

我国当今证券市场投资者以散户居多,相关法律法规在制定时也不得不顾及散户居多的状况。然而,随着交易技术的不断发展,散户利益受损的程度加剧,在理论上,又不能因为顾及散户利益而失去市场效率,缓和散户利益和市场效率的基础工具即为各种类型的资产管理业务。即通过不断发展各类资产管理业务,将有助于改变散户市场特性,增加机构投资比重,提升市场交易效率。然而,随着各类资管业务的扩张,散户投资者又将面临其在资管业务中遭受损害的问题。

一般而言,投资者在资管业务中受损,主要包括资管产品的复杂性(如嵌套产品)、收益情况的非公开性、资管受托人违反信义义务等。无论是办理登记而发行的公募产品,抑或是备案发行的私募产品,都蕴含了较大风险。顺应资管业务逐渐发展的新趋势,投资者保护组织应当积极介入经营者的资管业务。

四、中证投服中心持股行权及其改进

中证投服中心持有上市公司股票,就是以股东的身份、市场化的角度以及法律的手段,履行公司法、证券法赋予的权利,发挥示范引领作用,唤醒中小投资者的维权意识,引导广大中小投资者行使权利,重点参与到公司治理中去,督促上市公司规范发展。中证投服中心的职能定位不同于行政监管部门和自律监管部门。作为上市公司的股东,中证投服中心持股行权工作就是围绕"股东身份"这一定位基础来开展工作的。证券交易所可以是事中、事后监管,而中证投服中心可以在事前就参与其中。交易所更多侧重监管信息披露，而中证投服中心则是参与公司治理，以股东身份参加股东大会。在持股行权方面，每年上市公司股东大会一般都比较集中，投服中心不但要亲力亲为，同时也会委托专业律师等，代表投服中心去行权。[①]

中证投服中心已持有或者将要持有全部上市公司的少量股份，其目的是确定中证投服中心的投资者地位，便于其以投资者身份向上市公司及其董监高主张权利。一方面，学术界肯定了“持股行权”的意义，认为持股行权制度实施以来，取得了阶段性的成果，对于维护中小投资者的权益，矫正证券市场的不良风气作用巨大，体现了先进价值理念，体现了证券法与公司法的协调互动，提供了整合法律资源、创新维权制度的新思路、新理念，应当对之良好贯彻、广泛推广。[②] 另一方面，国际货币基金组织和世界银行在评估我国资产市场法制建设时给予了积极评价，证监会也给予了肯定。[③]

我们认为，投资者保护组织行权的理论基础，可分为“持股行权”和“法律授权”两种。在法律尚未做出授权的背景下，“持股行权”是有现实意义的，至少奠定了投资者保护组织参加上市公司股东大会会议、提出质询和建议的实定法基础。然而，投资者保护组织不太可能从股票发行阶段就参与持股，也不太可能持有海外上市公司的股票，而只可能持有部分上市公司股票，这就为“持股”才能“行权”造成困扰。法律授权，至少是另外一种重要的制度安排，即在证券法修改中确立投资者保护组织的地位，明确其在未持有上市公司股票的前提下，有权参与上市公司股东大会以及行使质询和建议等特权。

五、中证投服中心调解规则的改进

投服中心整合各方力量，构建中小投资者调解服务平台；受中小投资者委托，提供调解、和解服务。2016 年 5 月最高人民法院、中国证监会联合发布的《关于在全国部分地区开展证券期货纠纷多元化解机制试点工作的通知》（法〔2016〕149

---

① 参见朱凯、赵怡雯：《重构证券市场投资者保护制度》，载《国际金融报》2016 年 9 月 19 日，第 7 版。

② 参见赵新驰：《持股行权制度探析》，载《法制与社会》2017 年第 7 期。

③ 参见中国证券业协会：《国际货币基金组织、世界银行公布中国金融部门评估规划更新评估成果报告》，载中国证券业协会网站：http://www.sac.net.cn/hyfw/hydt/201712/t20171211_133861.html，最后访问日期：2018 年 3 月 29 日。

号)将投服中心列为全国证券期货纠纷试点调解组织。截至2017年2月,登记纠纷案件3175件,争议金额4.32亿元。其中,正式受理1014件,调解完结672件,成功635件,成功率达95%,投资者获得赔偿金额达6000多万元。正在调解中的纠纷案件324件,涉案金额1.6亿元。“投服中心以构建‘申请便捷、程序简化、专业权威、效力保证’的调解机制为目标”,[①]“已与全国多地证监局、自律组织签署合作备忘录,满足各地中小投资者纠纷调解诉求和救济援助,主动承担起调解和处理资本市场矛盾纠纷的工作职责”。[②] 合作协议明确了引入投服中心作为各辖区特邀调解组织、建立投服中心调解室、建立案件委托机制、共建专家调解员库、督促经营机构自律配合调解等内容,构建双方在各辖区的一体化合作系统。目前投服中心已建立遍布全国的调解网络,覆盖证券期货的各类市场纠纷,具备了新型特色的调解机制,形成了一支纠纷调解的专业队伍和效力机制、保障机制按照中国证监会2017年工作计划,中证投服中心将力争成为证券期货市场全国性的专业调解中心。

(一)调解的法理基础

中证投服中心在办理调解事务时,目前遵循“委托调解”和“自愿调解”规则,即经由投资者委托而组织调解,经由相对方同意,才能形成调解协议。在客观上,由于多数相对人有低调处理纠纷的想法,加之中证投服中心的特殊地位,相对人一般尊重中证投服中心启动的调解程序。然而,这种在“自愿”前提下的调解,有时也难免陷入方案争议的困境,甚至影响到纠纷解决的进度。

“调”是重要的,“解”同样是重要的。中国习惯上的调解,在本质上是隐含了“权威”的调解,并因此才会产生高效率。即使是在仲裁机构或人民法院组织的调解中,同样隐含了“权威”或“半强制”的属性。这种做法虽然有别于西方的“穿梭调解”,却彰显效率,正在逐渐得到境外学者的理解和尊重。与此同时,我国台湾地区的经验可资借鉴。我国台湾地区自颁布“金融消费者保护法”后,授权“投保中心”采用调处方式处理金融纠纷。根据该中心网站,中心依台湾地区“投保法”设置调处委员会,专责处理证券投资者或期货交易人民事争议事件调处事宜,当投资者或交易人遇有民事争议事件纠纷时,可填具调处申请书向中心申请调处。调处事

① 周松林:《投服中心与云南宁夏辖区开展纠纷调解合作》,载《中国证券报》2017年3月3日,A02版。
② 参见陈共炎主编:《证券投资者保护系列课题研究报告5》,中国财政经济出版社2008年版,第295页。

件经双方当事人达成协议,调处即成立,此时,调处委员会将调处结果做成调处书,并送请管辖法院予以审核,一旦经法院核定的调处,便与民事确定判决具有相同效力。在操作中,相对人在同意调处时即可以表示接受一定数额的赔付,中心在金额范围内做出的调处即产生协议效果。

我们认为,调解可以是在压力背景下形成的,完全排除强制因素的调解未必是合理的,只要不把投资者保护组织转变为行政监管或者裁判机关,在理论上,各方在适当压力情形下也是可能达成调解意见的。

(二)调解协议的性质

民事争议各方达成的调解或调处协议,具有民事合同的性质。然而,若仅将其归入民事合同,未必能实质性地解决争议;在调解协议达成后,双方当事人均存在反悔的可能性,经营者基于种种原因未必全面履行调解协议。为了避免调解协议的"空转",通过适当的司法程序,在保证程序公正和实体公正的前提下,赋予调解协议以特殊的强制力是可行的。赋予调解协议以强制力的程序,可以称为"调解赋效程序"。我们认为,结合我国实定法,至少包括三个途径:一是仲裁机构赋予其强制执行的效力;二是法院赋予其强制执行的效力;三是公证机关赋予其强制执行的效力。

1. 调解与仲裁对接

根据我国《仲裁法》第57条规定,裁决书自作出之日起发生法律效力。该法第62条规定,当事人应当履行裁决。一方当事人不履行的,另一方当事人可以依照民事诉讼法的有关规定向人民法院申请。受申请的人民法院应当执行。相应地,当调解协议转化为仲裁裁决书时,即取得强制执行效力。根据北京仲裁委员会与中证投服中心于2017年签署的《中证中小投资者服务中心与北京仲裁委员会仲调对接合作框架协议》,双方合作的主要内容包括:共同开展仲调对接合作,为证券期货纠纷调解协议提供仲裁确认;在证券期货纠纷调解或仲裁案件中相互提供专业协助;通过人员互派等方式加强纠纷化解队伍能力建设;共同开展证券期货纠纷多元化解宣传引导等。

2. 调解与公证对接

最高人民法院在《关于建立健全诉讼与非诉讼相衔接的矛盾纠纷解决机制的若干意见》中指出,经行政机关、人民调解组织、商事调解组织、行业调解组织或者其他具有调解职能的组织对民事纠纷调解后达成的具有给付内容的协议,当事人可以按照《民事诉讼法》的规定申请公证机关依法赋予强制执行效力。债务人不履行或者不适当履行具有强制执行效力的公证文书的,债权人可以依法向有管辖权的人民法院申请执行。

3. 调解与诉讼对接

调解与诉讼的对接主要包括两种,一是法院委托调解组织进行调解,二是调解组织主持达成调解协议后,交由人民法院确认效力。《关于建立健全诉讼与非诉讼相衔接的矛盾纠纷解决机制的若干问题》指出,经行政机关、人民调解组织、商事调解组织、行业调解组织或者其他具有调解职能的组织调解达成的具有民事合同性质的协议,经调解组织和调解员签字盖章后,当事人可以申请有管辖权的人民法院确认其效力。当事人请求履行调解协议、请求变更、撤销调解协议或者请求确认调解协议无效的,可以向人民法院提起诉讼。

(三)调解程序的梳理

我国有关调解赋权的程序规则散见于民事诉讼法、仲裁法和公证法中,为了明确和简化赋权程序,应当在梳理调解程序的基础上,在证券法中专就调解程序作出指引性规定。在此前提下,参考学术界意见,可将投资者保护组织的调解机制梳理(如图8-1、8-2)。

(1)小额案件[①]

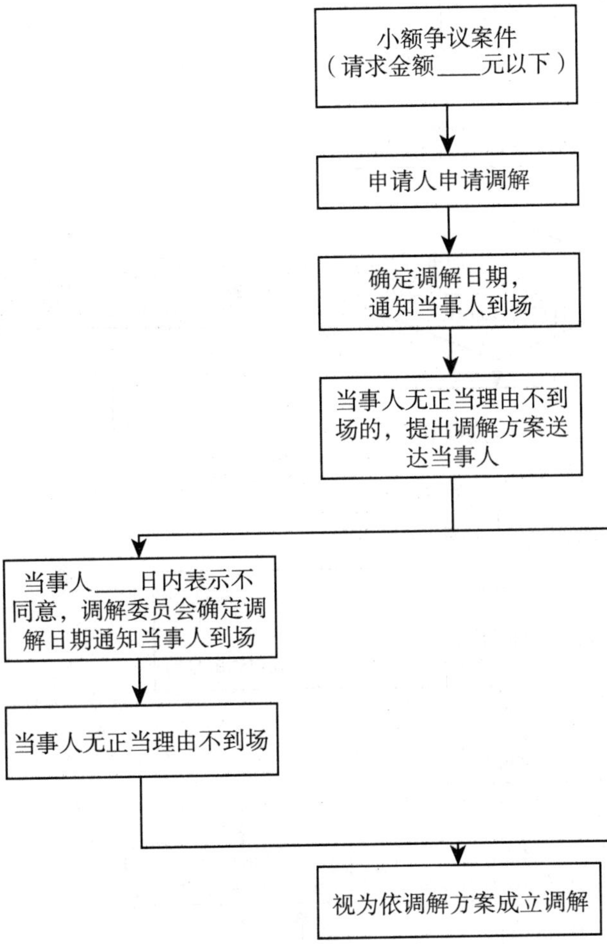

图8-1　小额争议事件调处程序流程

① 参见《小额争议事件调处程序流程图》，载台湾地区“财团法人证券投资人及期货交易人保护中心”网：https://www.sfipc.org.tw/MainWeb/Article.aspx? L=1&SNO=uoVdolcWMiKSGzz1k2Whjg==，最后访问日期：2018年3月29日。

(2)一般案件①

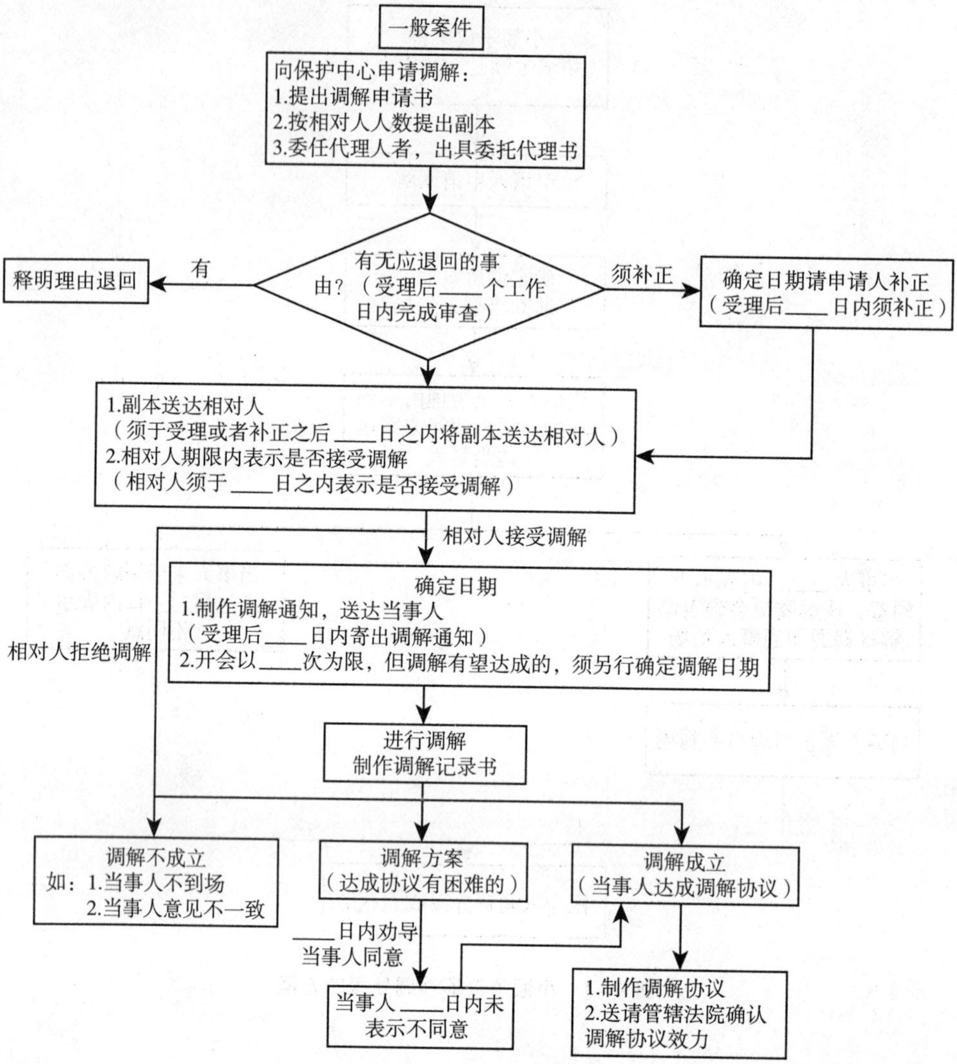

图8-2 一般案件调处程序流程

① 参见《一般案件调处程序流程》,载台湾地区"财团法人证券投资人及期货交易人保护中心"网:https://www.sfipc.org.tw/MainWeb/Article.aspx?L=1&SNO=uoVdolcWMiKSGzz1k2Whjg==,最后访问日期:2018年3月29日。

第九章　投资者补偿基金

投资者补偿制度包括赔偿基金和保护基金两种形式，分别用于消除、缓和个别风险和整体风险对投资者造成的损害。个别风险，即证券服务活动引发的个别投资者的风险，如因证券公司违法与个别投资者签订协议而引发的与个别投资者之间的纠纷。在对抗个别风险上，我国通常借助于个体诉讼或者代表诉讼的方式处理，美国、印度、加拿大魁北克省采用赔偿基金制度解决。整体风险，即证券公司因关闭、破产等原因丧失对全体或者众多投资者的支付能力，而引发的与众多投资者的纠纷。在对抗整体风险上，各国基本都设立了投资者保护基金，动用保护基金予以赔付，以便整体、快速地解决整体支付障碍。作为投资者补偿制度的核心，投资者保护基金制度是投资者、保护基金和证券公司之间利益平衡的结果，[①]具有风险补偿、危机处置和危机预防的基本功能，[②]承担着保护投资者利益、维护证券市场信心、辅助证券公司顺利退市的功能，是维护金融稳定的公共安全网中重要的一环。

第一节　我国投资者补偿基金制度的形成

我国自沪深证券交易所组建至今，先后出现了多家证券公司被接管、托管、关闭、重整或者破产的案例。投资者诉请证券公司赔偿的案例也诸见报端。国务院和证监会先后发布了多项与解决证券公司支付障碍有关的行政法规或者规范性文

① 参见杨光：《中国证券投资者保护基金的再定位》，载《上海金融》2014 年第 10 期。

② 参见洪艳蓉：《证券投资者保护基金的功能与运作机制——基于比较法的制度完善》，载《河北法学》2007 年第 3 期。

件参与解决证券公司支付障碍,截止目前已初步形成了处理问题金融机构的特殊制度体系。回溯我国投资者补偿制度的发展实践,可将相关政策和制度发展分为三个主要阶段,即"全额兑付"阶段、"适当补偿和限额收购"阶段、中国证券投资者保护基金有限责任公司运行阶段。

在我国,证券公司设立采取严格的特许审批制。我国《证券法》规定设立证券公司,必须经国务院证券监督管理机构审查批准。未经国务院证券监督管理机构批准,任何单位和个人不得经营证券业务。2000年前我国证券公司数量不足100家;2000~2003年证券公司数量急剧上升,高达133家;2004年出现回落到2006年减少到104家;之后又恢复增长势头,呈现稳步增长的状态。2004~2006年大量券商倒闭、破产,这是2000~2003年我国证券公司"重数量、轻质量"、内部管理及控制相对薄弱、运行不规范的结果。2005年投资者保护基金正式运行,这是应对证券市场问题券商的应急之举,也是我国投资者保护市场化的应变之举。

2004年之前,我国为了保护投资者,稳定社会秩序,对证券公司倒闭、破产引发的投资者损失采取"全额兑付"的方式,以国家信用为证券市场做隐形担保。而问题券商倒闭潮的出现,导致中央银行再贷款缺口不断增大,国家负担越来越重。2004年10月国务院发布《收购意见》,决定采用"适当收购"政策处理问题券商,继而2005年设立中国证券投资者保护有限公司,投资者保护基金正式开始运营。

一、"全额兑付"阶段(2004年9月底以前)

"全额兑付"是证券证券公司金融机构属性的体现,也是政府为社会稳定以国家信用为商业主体经营风险埋单的无奈之举。在2004年10月以前,我国法律法规并未明确规定"全额兑付"的内容。在处理1988年关闭的海南发展银行案件中,为了稳定社会秩序、保护储户利益,银行清算组首次采取了全额兑付办法。随后,2001年发布的《金融机构撤销条例》以及2003年修改的《商业银行法》都规定商业银行等金融机构破产或者撤销时,个人存款债权处于优先地位,但并未规定"全额兑付"个人存款等内容。

我国1999年颁布实施的《证券法》明确规定,证券交易所应当设立风险基金,证券登记结算机构设立结算风险基金。但对于证券公司被撤销或关闭给投资者造成的损失,当时我国法律法规也未规定采取“全额兑付”的政策。然而,或许是基于证券公司的金融机构属性,或许是对未来制度的探索,在问题券商的处置实践中,证监会于2002年8月9日按照《金融机构撤销条例》(2001年)撤销鞍山证券公司,并于2003年4月3日依照《证券法》第201条撤销大连证券公司后,都采取了先托管、后撤销、再全额兑付的处置办法。这样,在实践中,全额兑付已成为处置被关闭或者撤销金融机构的主要措施。

在缺乏投资者保护制度时,“全额兑付”体现了国家对金融机构债务的隐形担保。这符合我国市场化改革中由于市场机制不健全而大量依赖国家机构、行政监管部门的惯例和传统。但不得不强调的是,这种长期以来自觉或不自觉地采用“合法的行政干预权”和“规则制定权”来向市场垫付和预支国家信用的做法,最终势必造成对“政府埋单”的过度依赖,不仅可能诱发严重的道德风险,使政府声誉大为受损,陷入破产—救助—破产的恶性循环;而且会过度透支政府信用,从而造成社会信用失衡,产生社会信用空洞化的结果。对于全额兑付政策的利弊,证监会2004年2月发布的《个人债权及客户证券交易结算资金收购意见》(以下简称《收购意见》)明确指出:国家对个人债权实行全额兑付,是为了稳定金融秩序,但是这种做法引发了许多机会主义现象,加剧了金融风险的聚集。

二、适当收购与限额收购阶段(2004年10月以后)

为了应对金融机构关闭引发的投资者、储户利益受损问题,也减小、消除全额兑付引发的机会主义,证监会于2004年2月发布《收购意见》并明确其目的为:维护金融秩序,保持社会稳定,保护小额投资者利益,防范道德风险,培养投资者的风险意识,国家为此决定采用“适当收购”政策。

(一)适当收购的内容

适当收购作为存款保险制度和投资者保护制度建立之前的过渡性制度,是指对停业整顿、托管经营、被撤销金融机构中的个人债权及客户证券交易结算资金依据"依法清偿、适当收购"的原则处理。收购范围具有限定性,仅针对个人债权[1]以及客户证券交易结算资金;[2]收购资金来源具有多样性:个人储户存款和客户证券交易结算资金的款项全部由中央政府负责;收购其他个人债权的资金由中央政府负责筹集90%,其余10%由金融机构总部、分支机构、营业网点所在地省级政府分别负责筹集。被收购债权数额具有有限性,对2004年9月30日(含)以前发生的收购范围内的个人债权(不包括个人储户和客户交易结算资金)10万元以内的全额收购、10万元以上部分按九折收购。

(二)适当收购的实施

从2004~2005年处置"问题券商"的实践来看,适当收购的补偿制度具有如下特点。

1.行政处置具有优先地位。在处置问题券商初期,我国尚未形成针对问题券商处置的单独规则,且由于当时《企业破产法》主要适用于全民所有制工业企业,对金融机构无法适用,因此,问题券商的处置主要参照国务院2001年颁布的《金融机构撤销条例》,由行政机构决定撤销、[3]行政机关负责组成清算组、[4]行政机关对清算方案进行确认,[5]形成了行政机关在撤销金融机构上的优先地位。

2.资产处置手段具有特殊性。《金融机构撤销条例》规定了对金融机构的托管制度,[6]证监会除了采用托管制度之外,还批准了多种问题券商的重组模式,包括股

---

① 个人债权是指居民以个人名义在依法设立的金融机构中开立账户或进行金融产品交易,并有真实资金投入所形成的对金融机构的债权,不包括个体工商户、个人独资企业、个人合伙企业等开立账户或进行金融产品交易而形成的对金融机构的债权。参见《个人债权及客户证券交易结算资金收购意见》。

② 客户证券交易结算资金指经纪业务的客户为保证足额交收而在证券公司存入的资金,出售有价证券所得到的所有款项(减去经纪佣金和其他正当费用),持有证券所获得的股息、现金股利、债券利息,上述资金获得的利息。

③ 《金融机构撤销条例》第5条:金融机构有违法违规经营、经营管理不善等情形,不予撤销将严重危害金融秩序、损害社会公共利益的,应当依法撤销。第6条第1款:中国人民银行决定撤销金融机构,应当制作撤销决定书。

④ 《金融机构撤销条例》第8条第1款:商业银行依法被撤销的,由中国人民银行依法组织成立清算组;非银行金融就依法被撤销的,由中国人民银行或者中国人民银行委托的有关地方人民政府组织成立清算组。清算自撤销决定生效之日起开始实施,清算组向人民银行负责并报告工作。

⑤ 《金融机构撤销条例》第22条第3款:清算方案由清算组与债权人协商后,报中国人民银行确认。

⑥ 《金融机构撤销条例》第8条:商业银行依法被撤销的,由中国人民银行组织成立清算组;非银行金融机构依法被撤销的,由中国人民银行或者中国人民银行委托的有关地方人民政府组织成立清算组。第12条:清算期间,清算组可以将清算事务委托中国人民银行指定的金融机构(以下简称托管机构)办理。托管机构不承担被撤销的金融机构债务,不垫付资金,不负责被撤销的金融机构人员安置。托管费用列入被撤销的金融机构清算费用。

权转让模式、业务托管模式、资产出售模式等。如 2003 年 10 月中信证券收购青岛财政局持有的万通证券的全部股份，成立中信万通证券有限责任公司。2005 年中信收购金通证券 70% 股份，将其表外债务转移到控股公司由其偿还。在对大鹏证券、汉唐证券、民安证券和亚洲证券的处置中，则采取了关闭清算，再申请中央银行再贷款，或者投资者保护基金弥补资金缺口。这些案例呈现出政府"接手问题券商—处置客户资产—清查债权债务"的模式，其中的客户资产主要由托管受托人负责托管。

3. 政府介入投资者补偿活动，特殊保护个人债权和证券交易结算资金。《金融机构撤销条例》规定清算组成员包括地方人民政府代表，被处置金融机构法人和分支机构所在地政府负责成立相应的个人债权甄别确认小组，对由清算组登记的个人债权的真实性进行甄别确认。《收购意见》确定了保护"小额投资者利益""落实并规范个人债权及客户证券交易结算资金的收购工作"的制度宗旨，将与问题券商相关的个人债权和证券交易结算资金单独划出，归入特殊保护之列，区别对待机构个人债权与机构投资者债权。

三、投资者保护制度的法制化阶段

自《收购意见》实施至今，我国已经先后处置了 30 多家问题券商，在收购个人债权和客户交易结算资金方面取得了丰富经验。2005 年下半年，立法机关以及监督机构不断总结处置问题券商的经验，在延续《收购意见》相关规定的基础上，发布了多项涉及证券投资者保护制度的法律、行政法规、规章和规范性文件，国务院还批准组建了中国证券投资者保护基金有限公司，初步形成了独具特色的证券投资者保护制度。自 2008 年至今，随着保护基金公司的运营、发展以及众多规范文件的修订，补偿法律规范体系逐渐完善，进一步形成了关涉证券公司风险处置、法院强制执行、所得税、和解金等众多问题的法律规范体系。

（一）补偿制度法律规范体系的初步形成

有关证券投资者保护制度的主要法律、行政法规、部门规章和规范性文件，主要包括:《证券法》《证券投资者保护基金管理办法》①(国务院于2005年6月批准证监会、财政部、人民银行联合发布)《收购意见》配套的相关规定。该配套规定主要包括《个人债权及客户证券交易结算资金收购实施办法》(证监发〔2005〕10号)以及《关于证券公司个人债权及客户证券交易结算资金收购有关问题的通知》(证监发〔2005〕59号)。

(二)证券投资者保护基金公司的创建(2005年6月以后)

2005年6月国务院批准中国证监会、财政部、人民银行发布《证券投资者保护基金管理办法》(以下简称《管理办法》)同意设立国有独资的保护基金公司,并批准了该公司的章程。2005年8月30日保护基金公司在当时的国家工商总局注册成立,由国务院出资,财政部一次拨付注册资金63亿元。保护基金公司是国务院批准设立的国有独资金融机构,作为非营利性企业法人,主要负责证券投资者保护基金的筹集、管理和使用。② 保护基金公司归口中国证监会监管。保护基金公司的成立是我国投资者保护制度法制化的重要标志之一。之后2005年证券法的修订确认了保护基金设立的事实,授权国务院以行政法规形式加以具体规定,并间接确立了管理办法的效力。

(三)补偿制度规范体系的完善

除证券法及证券投资者保护基金管理办法以外,与补偿制度相关的其他法规包括证券公司风险处置条例(国务院于2008年4月颁布;2016年2月6日修订),国务院办公厅《关于进一步加强资本市场中小投资者合法权益保护工作的意见》(国办发〔2013〕110号,以下简称《保护意见》),最高人民法院《关于部分人民法院冻结、扣划被风险处置证券公司客户证券交易结算资金有关问题的通知》③(〔2010〕民二他字第21号),财政部、国家税务总局《关于证券行业准备金支出企业

① 《证券投资者保护基金管理办法》确立了现行证券投资者保护基金制度的基本框架,规定了基金公司的组织机构、职责、基金来源和基金用途。

② 其主要职责包括筹集、管理和运作证券投资者保护基金;监测证券公司风险,参与证券公司风险处置工作;证券公司被撤销、被关闭、破产或被证监会实施行政接管、托管经营等强制性监管措施时,按照国家有关政策规定对债权人予以偿付;组织、参与被撤销、关闭或破产证券公司的清算工作;管理和处分受偿资产,维护基金权益;发现证券公司经营管理中出现可能危及投资者利益和证券市场安全的重大风险时,向证监会提出监管、处置建议;对证券公司运营中存在的风险隐患会同有关部门建立纠正机制。

③ 该通知确认保护基金公司对被风险处置证券公司因违法冻结、扣划的客户证券交易结算资金予以垫付弥补后,取得相应代位权,可取回。

所得税税前扣除有关政策问题的通知》(财税〔2017〕23号)。[①]

这一时期的规范体现出更细致和深入的特点。《证券公司风险处置条例》将证券公司的风险处置作为启动保护基金的前提,明确了保护基金适用的条件。保护意见显示了我国保护基金的新动向,主要涉及证券公司的先行赔付制度、退市保险制度、证券发行保荐质保金制度、上市公司违规风险准备金制度以及证券期货领域行政和解制度。但必须指出,无论是在投资者补偿制度的初创阶段、抑或发展完善阶段,我国现行的规定和实践主要都是围绕证券公司整体支付障碍形成的,应将其称为保护基金;迄今为止,我国尚未建立法定的因应个别风险的赔偿基金。

四、小　　结

保护基金的基本功能在于通过补偿投资者的财产损失以增强投资者信心,进而维护证券市场的稳定。与全面的信息披露制度、严格的证券监管措施和其他法律救济机制相比,保护基金能够为中小投资者提供更简便高效的赔偿渠道,在很大程度上消除投资者在从事证券活动时对投资风险的顾虑,避免证券市场发生震荡时投资者"挤兑"现象的出现,有效防止金融风险的传递和扩散。数据显示,保护基金在2016年累计筹集金额172.921亿元,累计使用保护基金净额52.643亿元。截至2016年12月底,保护基金公司累计向24家被处置证券公司发放保护基金款项达到225.205亿元。[②] 可见,作为证券公司风险处置的市场化长效机制,保护基金在维护投资者权益方面发挥着不可或缺的作用。但我国保护基金建立时间较短,理论研究不足,各项配套机制仍存在诸多有待完善之处。

就规范层面而言,《管理办法》仍将保护基金的主要功能限定于偿付投资者因证券公司关闭、破产等原因而遭受的损失,而未将实践中业已出现的投资者保护新模式纳入规范视野。例如,在2013年"万福生科虚假陈述案"中,平安证券主动出资设立"万福生科虚假陈述事件投资者利益补偿专项基金",委托保护基金公司担

---

① 该通知确认了规定上海、深圳证券交易所和证券公司按规定比例缴纳的证券投资者保护基金,准予在企业所得税税前扣除。

② 参见《中国证券投资者保护基金有限责任公司2016年年度报告》,载中国证券投资者保护基金有限责任公司官网:http://finance.eastmoney.com/news/1348,20160714641561385.html,最后访问日期:2018年6月25日。

任专项基金的管理人。专项基金采取“先偿后追”方式,即平安证券先行以专项基金财产偿付符合条件的投资者,再通过法律途径向万福生科虚假陈述事件的主要责任方及其他连带责任方追偿。① 这种由证券公司自愿设立专项赔偿基金并委托保护基金公司担任管理人的做法,维护了证券市场秩序的稳定,取得了良好的社会效果,同时,也印证了设置专项基金的合理性以及保护基金公司在投资者保护工作中的重要性。目前,赔偿基金在实践中仅以专项基金的形式存在,尚未在规范层面上建立起一般性的规则,而仅作为特定案件中先行赔付投资者损失的特殊机制。鉴于此,有必要认真审视保护基金的法律性质,厘清保护基金与赔偿基金的功能差异,逐步健全我国证券投资者权益保护的制度体系,充分发挥保护基金和赔偿基金在保护投资者权益上的积极作用。

第二节　保护基金与赔偿基金

根据投资者受损的原因,将投资者补偿机制分为保护基金和赔偿基金,是境外的普遍做法。保护基金系在证券公司发生关闭、破产等支付障碍时向投资者提供补偿的机制;赔偿基金系在证券公司基于关闭、破产等支付障碍以外的原因,不向投资者履行约定或者法定义务而向投资者提供补偿的机制。如前所述,前者基于整体风险而设置了保护基金,后者则是基于个别风险而设置了赔偿基金。因此,两者虽然在目的上都是保护投资者利益,但存在区别。

一、保护基金与赔偿基金的差异

保护基金受到“防范和处置证券公司风险”的特殊限定,有别于不法行为人基于加害而向受害投资者给付赔偿款所形成的赔偿基金。从实务来看,因不法行为致损的受害者,既可以是单一或个别投资者,也可以是数量众多的投资者;不法行

① 参见《平安证券有限责任公司关于设立万福生科虚假陈述事件投资者利益补偿专项基金的公告》,载万福生科虚假陈述事件投资者利益补偿专项基金专设网站:http://www. wfskjj. com/special_detail_1. html,最后访问日期:2017年11月1日。

为人既可以向单一或个别投资者直接赔偿,也可以通过赔偿基金的形式向众多受害投资者赔偿。所谓赔偿基金,主要是由不法行为人支付的赔偿款所构成的另一种特殊目的的基金。在我国实践中,先行赔付制度已被初步成功运用,证券行政执法和解制度也已在规章层面得到确认。目前,有必要在法律上确立赔偿基金的法律地位,搭建保护基金和赔偿基金并存的投资者救济机制。

(一)基本理念和性质不同

赔偿基金是一种个案基金、临时基金,以赔偿特定或者个别受害投资者为首要目标。其中,没收非法所得系剥夺行为人基于违法行为而获得的利益,与民法上不当得利返还的理念相似。民事罚款部分用于赔偿投资者因他人违法行为而受到的损害,对应民法上的侵权损害赔偿理念。通过 SEC 设立的公平基金的形式赔偿投资者的损害,是借用行政权实现民事救济的目的,SEC 再次发挥司法救济之外的公权力救济职能。与公平基金对应的保护基金采取了常设基金的形式,在保护基金会员不能履行返还现金或证券义务的行为时,基金公司向合格投资者提供优先的债权保护,取得对证券公司的代位权,追索所得利益归入基金。如证券投资人保护公司(Security Investor Protection Corporation,SIPC),设立的证券投资者保护基金(Security Investor Protection Fund,SIPF),是基于证券商等对其客户承担的保管客户存入的现金和证券资产的义务,也是对 SIPC 所有证券会员商普遍设立的优先赔偿基金,但只有在证券商不能履行返还义务的情况下才正式启动赔偿程序。从其运作的整个过程及运作机理来看,SIPF 实际上发挥着商业保险的功能,是 SIPC 为证券投资者提供的一种应对证券商不能履行返还义务之风险而设置的保险机制,但仍不同于美国联邦存款保险机制。

(二)基金的资金来源不同

在不同的制度理念和性质的影响下,两种基金的资金来源呈现出很大差异性。公平基金的资金来源主要是 SEC 在执法行为或诉讼中获得的罚没款和民事罚款及其利益,以及接受的赠予、遗赠等。这样,公平基金的资金主要来源于违法行为,因而也主要用于违法行为造成的损害。SIPF 的资金绝大部分源于 SIPC 的成员。凡在 SIPC 注册且主要业务在美国境内的证券经营机构和国家认可的交易所成员将自动成为 SIPC 的成员。基金的数额由公司章程规定。根据 1970 年《证券投资者保护法》的规定。资金来源主要根据成员前一年证券业务总收入的一定比例来确定,但可根据不同情况作出适当调整,或在紧急情况下额外征收一定数额资金,或申请一般商业贷款,或由SEC向财政部申请最高额度为10亿美元的贷款等。由此可见,SIPF的资金主要源于证券商或交易商的证券业务利润(有规定为证券交易手续费的立法),因此该资金具有返还义务履行不能之风险准备金的性质。但该资金也是证券商资产的一部分,用预提的资产赔偿客户是一种优先赔偿,并不改变由证券商自己承担责任的性质。

(三)受益对象不同

公平基金的收益对象主要是证券违法行为的受害投资者,因此,公平基金带有个案设立、个案赔偿的性质,可将个别投资者提出的索赔称为"单独索赔"或者"个别索赔"。SIPF的赔偿对象则涵盖会员公司的所有合格投资者,凡是在证券公司处开立账户的投资者,都可受到SIPF的保护。但是,三类客户被排除在外,即证券商或交易商;因合同、协议或协定而有权主张返还现金或证券的客户,且其主张之现金或证券是证券商或交易商资本的一部分,或者从属于证券商交易商之债权人的请求;与债权人有美国《1970年证券投资者保护法》第8fff-3(a)(5)条规定之关系的客户。①

(四)赔偿标准不同

公平基金赔偿程序的启动以支付罚没款或民事罚款为前提,赔偿以基金总额扣除管理费的余额为基础,并考虑投资者赔偿请求数额,实行全额赔偿或者按比例赔偿的规则,既不设定赔偿下限,也不设定赔偿上限,投资者实际受偿数额取决于个案的具体情况。SIPF则对因证券商周转不灵或结束营业变卖资产而造成的股票、政府债券、共同基金、票据、无抵押债券、股权、认股权证、期权、货币市场基金(Money Market Fund,MMF)和可转让存单(Negotiable Certificate of Deposit,CD)的损失进行赔偿,但是SIPC并不保障投资人因市场波动所遭受的损失。并且,对赔偿有最高金额的限制,如每个客户受偿限额为50万美元,其中基于现金的请求权(与证券的请求权限度),则限制在10万美元。②

(五)基金管理方式不同

公平基金建立后由管理人管理,直至基金分配完毕或者未分配后剩余部分转

① See Section 78fff-2(e)(4),Securities Investor Protection Act of 1970.

② See Section 78fff-3,Securities Investor Protection Act of 1970.

入其他非营利性投资者教育机构。在诉讼程序中建立的公平基金,其管理人由法院确认;在行政执法程序中确立的公平基金,其管理人由 SEC 或听证官确认,能够担任管理人的人选范围很广,律师事务所、SEC 职员甚至被调查者都可以担任管理人。SEC 或听证官可以随时免除管理人。SIPC 则通过董事会决定其运作的相关政策。董事会由七名董事构成,两名董事分别由财政部和美联储委任,其他五位经参议院批准由美国总统委任,其中三位来自证券行业,两位来自社会公众。董事会主席和副主席由总统从社会公众董事中任命。[①] 除此之外,具体负责会员清算、邀请受托人及其律师和会计师、检查索赔要求、审计财务分配等相关事宜则由 SIPC 的职员分工完成。

(六)基金赔偿效力不同

公平基金是为投资者提供的一种赔偿救济方式,并不排斥受害投资者在此之外寻求其他赔偿救济。至于公平基金能否抵销或扣减其他赔偿救济的数额,允许法院就抵扣或扣除作出判决,但在证券执法和解协议中,和解相对方通常都承诺放弃抵消或者扣除权利。在 SIPF 的赔偿机制下,由于 SIPF 通常能够较早地知悉证券商或交易商财务困难的状况,而且一旦 SIPC 向法院提出保护令申请,就中止根据破产法提起的所有清偿程序,直到 SIPC 根据 SIPF 完成清算程序为止。在破产证券商或交易商的资产不足以支付的情况下,SIPC 将动用基金来满足客户的索赔请求。这种优先清偿的效力以及 SIPF 的补充赔偿使客户通常能在相对破产清算而言的较短的时间内得到充分的赔偿救济,因而一般无须再启动其他救济程序。

二、赔偿基金

目前我国设置了保护基金,却没有赔偿基金,但实践中已不乏类似的案例。以大庆联谊虚假陈述诱发的民事赔偿案件为例,该案原告总计 678 位投资者以共同诉讼方式起诉大庆联谊,要求被告承担因虚假陈述、欺诈上市给投资者造成的损失,总计 2000 多万元。2004 年 12 月 23 日黑龙江省高级人民法院对该案作出终审判决:对一审判决予以维持,大庆联谊应赔偿金额为 884.5 万元。因为该案采用共同

① See Section 78ccc, Securities Investor Protection Act of 1970.

诉讼形式,法院在该案判决及执行中,不得不分别计算、判决每位原告应得赔偿款。这种做法无谓地增加了法院的裁判工作量,当被告无力全部支付赔偿款时,可能产生哪个执行申请人获得清偿的顺序先后问题。相反地,如果将被告支付的赔偿款设为一项赔偿基金,并交由某一管理人按照裁判办理赔偿款的分配,既可以实现公平分配,也可以节省司法资源,乃至于妥善处理赔偿款分配后的余额问题。为了消除证券公司个别实施的严重违约,提高对投资者的保护水平,我国还应设立赔偿基金。

(一)赔偿基金的境外立法例

1.赔偿基金的单独立法

以罚没款设立赔偿基金向受害者提供损害救济,该创新制度源自2002年美国《萨班斯-奥克斯利法》第308条的公平基金制度。印度证券监管机构——印度证券交易理事会借鉴美国公平基金制度的经验,试图设立与养老基金认购者教育和保护基金平行的证券市场投资者保护基金,以就小额投资者因公司或中介组织的欺诈、虚假发行或者误导性陈述而受到的损害提供赔偿。加拿大魁北克省《金融产品发行与服务法》也确立了一种专门针对登记之中介组织欺诈、欺骗策略、挪用行为的受害者进行赔偿的金融服务赔偿基金。美国创造的公平基金是国际上最为典型的赔偿基金,对其他国家和地区已产生了实质性影响。

《萨班斯-奥克斯利法》授权美国证券交易委员会将任何司法或行政行为中获得的罚没款与证券交易委员会提议或者确定的民事罚款,以及其有权接受、持有、管理和利用的馈赠、遗赠等一同置于罚没基金中,以为违法行为受害者赔偿,从而首次确立了投资者赔偿的公平基金制度。但其后2003年的《阻止证券欺诈和投资者救济法》扩展了公平基金制度的适用,即使不存在罚没款,只要是证券交易委员会获得的任何民事罚款,都可将其纳入公平基金以分配给投资者,并补充规定了不分配公平基金的例外情形以及公平基金分配剩余的处置等内容。在2006年的《实践规则以及关于公平基金和罚没计划的规则》中,再次确认了创设公平基金制度,并细化了公平基金管理的相关内容。这些法律规范共同构成了美国证券市场投资者赔偿制度——公平基金制度的基本框架,在SEC获得证券执法的广泛授权,尤其可通过执法和解设定民事罚没款的背景下,公平基金制度将发挥更大的作用。此外,加拿大魁北克省设立的补偿基金,在资金来源、赔偿对象以及代位追索等方面,与美国的公平基金有所不同,表现出与针对证券市场中介组织破产等而设立的保护基金更接近的特点,从而可作为关于证券市场投资者赔偿的可资参考的立法例。

2. 混合赔偿基金的境外立法例

我国香港特别行政区《证券及期货条例》规定,个别投资者基于其权益被侵害之事实,亦有权请求投资者保护基金公司给予限额赔偿,但应向投资者保护基金转让索赔权。1974 年颁布的《证券及期货条例》第 10 条详细规定了赔偿基金制度。同年,香港赔偿基金正式成立,适用于当时营运中的香港证券交易所、远东交易所、金银证券交易所和九龙证券交易所 4 家交易所的任何会员的失责事件。该 4 家交易所于 1986 年正式合并为香港联交所有限公司后,赔偿基金也转为适用于联交所任何会员的失责行为。

根据我国香港特别行政区《证券及期货条例》第 9.8 条的释义,"失责"就股票经纪不履行法律义务而言,指由下列事项产生的失责:(a)股票经纪的破产、清盘或无力清偿债务;(b)股票经纪的任何背信行为;或(c)股票经纪或作为交易合伙商行的合伙人,或股票经纪的雇员或其为合伙人的交易合伙商行的雇员的任何盗用公款、欺诈或违法行为。

我国香港特别行政区《证券及期货条例》第 75 条第(1)项,将以下情况纳入索赔范围:反映股票经纪在证券业务过程中或与之有关的业务中所为的任何行为,使某人对该股票经纪或该股票经纪的任何合伙人或该股票经纪雇用的任何人保管或收受的任何款项、证券或则其他财产有诉讼理由,除本部分另有规定外,该人得有权就其所受的任何金钱损失,请求从赔偿基金中予以赔偿。

在 1998 年"正达公司案"中,正达公司将所管理的客户资金办理了抵押借款并将所得资金从事房地产等行业,投资者提出了 5000 多起总额为 25 亿港元的赔偿请求,还引发了投资者上街抗议事件。为了防止类似事件再次发生,香港中央结算公司引入了一项新的服务,即投资者可申请直接在结算公司开立账户,用以管理自己的证券。2003 年修改的《证券及期货条例》还扩大了赔偿基金的涵盖范围。一方面,使赔偿基金不再局限于交易所参与者的失责事件,而是涵盖了所有持牌的中介人及认可金融机构,包括交易所参与者及非交易所参与者、授权买卖证券的银行、经营证券保证金融资业务的银行及持牌证券保证金融资人。但是获保障的活动必须是涉及在香港的交易所买卖的产品。另一方面,新的赔偿基金扩大了"失责"的涵义,将失责范围延伸至包括失责经纪的关联公司破产、清盘或无偿债能力等情况。

(二)我国实践:先行赔付中的赔付金

先行赔付,是指在虚假陈述民事赔偿案件中,由承担连带赔偿责任的数人中之一人先行垫资向投资者赔付,然后再由先行赔付者向其他连带责任人进行追偿。先行赔付制度能够有效保护投资者权益,维护证券市场秩序的稳定。因证券监管机关对虚假陈述行为的查处需要一定时间,投资者通过诉讼机制主张损害赔偿也会面临举证困难以及时间和金钱的大量消耗,现行规则无法满足投资者及时、简便获得救济的强烈需求。投资者能否获得赔偿的不确定性无疑会导致投资者信心的丧失,进而危及证券市场的稳定运行。

先行赔付制度避免了责任主体之间因责任分配不均所可能导致的对投资者赔偿事项上的推诿,同时避免了投资者陷入复杂的诉讼程序,简化了投资者维护自身权益的程序障碍并降低了维权成本。先行赔付作为一种诉讼外和解的方式通过当事人自愿协商,就赔偿投资者损失事项达成协议并加以履行。这种纠纷解决模式在兼顾投资者与责任主体双方利益的同时,对投资者的损害进行及时补偿,更易于获得投资者的谅解进而缓和双方矛盾,对于稳定证券市场秩序大有裨益。[①] 如今,先行赔付已经成为保护证券投资者权益的重要机制。

在先行赔付的实践中,保护基金公司接受委托担任专项基金管理人,积极探索和尝试证券市场投资者权益保护的新模式。例如,2013年5月10日平安证券独家出资3亿元人民币设立万福生科虚假陈述事件投资者利益补偿专项基金,以补偿投资者因万福生科虚假陈述事件而受到的损失。[②] 2014年7月18日海联讯4名控股股东出资2亿元设立海联讯虚假陈述事件投资者利益补偿专项基金,赔偿因海联讯虚假陈述受到损害的投资者。[③] 2017年6月9日兴业证券出资5.5亿元设立欣泰电气欺诈发行先行赔付专项基金,用于先行赔付适格投资者因欣泰电气欺诈发行

---

① 参见陈洁:《证券市场先期赔付制度的引入及适用》,载《法律适用》2015年第8期。

② 《平安证券有限责任公司关于设立万福生科虚假陈述事件投资者利益补偿专项基金的公告》,载万福生科虚假陈述事件投资者利益补偿专项基金专设网站:http://www. wfskjj. com/special_detail_1. html,最后访问日期:2018年6月1日。

③ 《深圳海联讯科技股份有限公司股东章锋、孔飙、邢文飚、杨德广关于设立海联讯虚假陈述事件投资者利益补偿专项基金的公告》,载中国证券投资者保护基金有限责任公司官网:http://bcjj. sipf. com. cn/notice_detail_1. html,最后访问日期:2017年11月1日。

而遭受的投资损失。[①] 在上述案件中,均由保护基金公司接受专项基金出资人的委托,担任专项基金的管理人。

从效果来看,专项补偿基金的运作模式为投资者提供了诉讼途径之外的利益补偿机制。通过调动证券市场各方力量,专项基金能够在相对较短的时间内对投资者进行赔付。除了具有简便高效的优点之外,专项基金的覆盖范围较广,尤其是运用股东投票系统和结算系统进行申报和补偿金的派发,最大限度地降低了投资者的维权成本。实践证明,由保护基金公司担任专项补偿基金管理人,充分运用市场化方式对投资者遭受的损失进行补偿,获得了投资者和证券市场的认可,是一种可以复制推广的模式。[②]

(三)我国实践:行政和解中的和解金

经国务院批准,证监会在证券期货领域试点行政和解制度,将行政相对人在行政执法和解程序中交纳的行政和解金用于补偿因涉嫌违法违规行为受到损害的投资者。证监会于 2015 年公布《行政和解试点实施办法》(以下简称《实施办法》)及《行政和解金管理暂行办法》(以下简称《暂行办法》),以规范行政和解试点相关工作及行政和解金的管理和使用工作。《暂行办法》规定,由保护基金公司履行行政和解金的管理职责,并对行政和解金的管理、使用、补偿方案的内容、补偿范围等作出规定。

依据《实施办法》第 2 条之规定,所谓行政和解,是指中国证监会在对行政相对人涉嫌违法违规行为进行调查执法过程中,根据行政相对人的申请,与其就改正涉嫌违法行为,消除涉嫌违法行为不良后果,交纳行政和解金补偿投资者损失等进行协商达成行政和解协议,并据此终止调查执法程序的行为。[③] 从该办法对证券行政和解的定义来看,其所称行政和解实际上仅指证券行政执法和解。证券执法和解机制作为化解证券行为日益复杂化、专业化与证券执法资源有限性之间矛盾的有效措施,能够为投资者提供更便捷地获得经济补偿的渠道。证券行政执法和解实质上是将民事领域自愿平等协商的私法理念引入证券执法实践。证券监管机关与

---

① 《兴业证券股份有限公司关于设立欣泰电气欺诈发行先行赔付专项基金的公告》,载中国证券投资者保护基金有限责任公司官网:https://zxjj.sipf.com.cn/investor/notice/notice32.do. 最后访问日期:2018 年 6 月 1 日。

② 参见投保基金公司专项补偿基金工作组:《证券市场投资者保护新机制探索》,载《证券市场导报》2015 年第 3 期。

③ 参见《行政和解试点实施办法》第 2 条。

被监管者就被调查的证券市场行为通过自愿平等协商达成和解协议以终结案件,其本质上是以自愿和解代替行政处罚,对于有效节约和配置证券执法资源、实现证券执法效果具有积极作用。[①] 因此,将证券行政执法和解金纳入保护基金公司管理范畴,能够增加投资者获得偿付的可能性,进一步有效维护投资者利益。

因证券执法和解制度以证券执法权为基础,立法的授权性规定是行政执法和解合法性的直接依据,其在理论上最大的障碍即为行政权的非处分性。这可能是实践中尚未有案件适用行政和解金的主要原因。但是,在行政过程中存在广泛的自由裁量权,面对行政执法资源有限性的事实,如何配置有限的执法资源,应当属于行政机关自由裁量的范围。[②] 而且,行政权力不可处分是指行政权力不得任意转让和抛弃,自由裁量权的行使属于行政机关行使行政权的表现而非对行政权的处分。证券行政执法和解作为行政自由裁量的表现形式之一,其获得合法性和合理性的根本原因即为其在性质上属于行使行政自由裁量权的范畴。[③] 因此,证券行政执法和解理应在投资者保护方面发挥更重要的作用。当然,证券监管机关应当进一步完善证券和解制度的有关规则,以增强其在证券执法实践中的可操作性。

通过以上论述可知,我国初步建立了保护基金的筹集、管理和使用的运行规则,但尚未针对赔偿基金的筹集、管理和使用等作出明确规定。在实践中,已存在的赔偿基金究竟是何种性质,保护基金公司可否参与以及以何种方式参与赔偿基金的设立,其他机构可否充当赔偿基金的管理人,管理人应当承担何种义务,这些问题都值得深入研究。

第三节　保护基金及保护基金公司的性质

保护基金虽然是法定基金,其中却渗透了浓厚的信托理念。各证券公司应当将依照规定缴纳并汇集的保护基金,全部交由保护基金公司管理;在证券公司遇有

① 参见叶林、张辉、张昊:《证券执法和解制度的比较研究》,载《西部法学评论》2009年第4期。

② 同上。

③ 参见李东方:《论证券行政执法和解制度——兼评中国证监会〈行政和解试点实施办法〉》,载《中国政法大学学报》2015年第3期。

停业整顿、托管、接管、行政重组、撤销、破产清算和重整等情形时，保护基金公司应当向证券公司客户（或者投资资者）支付一定数额或者比例的补偿款。就此而言，保护基金是以众多证券公司为共同委托人、以基金公司为受托人、以合格投资者为受益人设立的他益信托。

一、“非营利国有独资公司”的特殊模式

我国的保护基金公司采用财政部全额拨款的方式组建。保护基金公司系非营利国有独资公司，在功能上充当保护基金的法定受托人。保护基金公司也是投资者补偿事务的管理人和组织者，负责保护基金的筹集、管理和使用。

在理论上，保护基金受托人既可以采用公司制，也可以由信托公司等充当受托人。保护基金受托人采用公司制的，应当依照公司法规定设置董事会、监事会和经理等公司机关，并遵循公司法规定的公司运行规则。若受托人采用信托公司等其他形式的，就不得不面临从众多潜在受托人中进行遴选的问题。

遴选受托人的做法看似符合市场化运行模式，却面临众多客观难题：一是必须形成与信托公司等充当受托人相配套的一系列法律规范。我国现行法律并未对信托公司等充当受托人的问题作出规定，因此，若受托人采用信托公司等组织形式，必须建立与其相适应的制度规范以妥善解决受托人的遴选、更换、监督以及协调缴纳资金的证券公司与受托人之间的关系等现实问题。二是必须事先消除信托公司等受托人在运行保护基金过程中诱发的各种利益冲突问题。信托公司等受托人作为商主体，必然带有营利目的，难免与保护基金的公益性目的发生冲突。如果无法事先消除利益冲突的可能性，就难以获得市场认可，甚至会加剧投资者的担心和顾虑。

相对而言，我国采用“非营利国有独资公司”的特殊形式组建单一的保护基金公司，可以直接以《公司法》中相对成熟的制度规范为依据，建立相对稳定、安全的内部治理机制，从而提升基金筹集、管理和使用的效率，高效便捷地向受损害投资者办理偿付事务，进而减少投资者的担心和顾虑，增强投资者和证券市场的信心。

二、保护基金公司的公益性

保护基金公司主要负责保护基金的筹集、管理和使用,并担任投资者补偿事务的管理人,既不具有证券市场监管职能,也不直接参与证券市场监管,但具有强烈的特许性和公益性,不应是以营利为目的的商事公司。

2017年3月15日通过的《民法总则》以营利性为标准,将法人区分为营利法人和非营利法人。依照《民法总则》的规定,"营利"是指"以取得利润并分配给股东等出资人为目的",与之相对应,公司等企业法人全部划入营利法人的范畴。[①] 但就保护基金公司而言,其虽采用公司制模式,却非以取得利润并向其成员分配为目的,因而无法直接归入营利法人。同时,保护基金公司也并非《民法总则》第87条规定的事业单位、社会团体、基金会、社会服务机构等,从而不属于非营利法人。我们认为,《民法总则》的法人分类方法对保护基金公司法律地位的界定造成了障碍。如果将保护基金公司定位为以营利为目的的公司法人,必然与其补偿投资者的宗旨发生严重冲突。如何协调保护基金公司性质与《民法总则》规范之间的冲突,在立法和理论上都存在极大的探讨空间。

公司在理论上可以视为一种纯粹意义上的法律组织形式,可以用来从事各种合法事业。公司发起人、创办人或者投资者可以利用这种法律组织形式从事营利事业,也可以从事非营利事业。境外也有将公司用于非营利事业的先例。德国《有限责任公司法》第1条明文规定,任何人可以为任何合法目的而设立公司。依此规定,有限责任公司既可以是营利性或商业公司,也可以是非营利性或非商业性公司。在法国,公司有民事公司与商事公司之别,民事公司无须适用公司法。美国多数州的立法机关制定了商业公司法(Business Corporation Act),但未排除非营利事业采用公司制的组织形式,因而存在非营利公司的情况。

在我国实定法上,《公司法》虽未明确规定公司必须是"营利法人",但从该法第4条关于"公司股东依法享有资产收益、参与重大决策和选择管理者等权利"、第34条关于有限责任公司"股东按照实缴的出资比例分取红利"及第166条第4款关于

---

① 参见《民法总则》第76条。

"公司弥补亏损和提取公积金后所余税后利润,有限责任公司依照本法第三十四条的规定分配;股份有限公司按照股东持有的股份比例分配,但股份有限公司章程规定不按持股比例分配的除外"的规定来看,凡是依公司法成立的公司,自应向股东分配税后利润,因而均属于营利法人的范畴。

需要指出,我国规范企业法人的法律,除包括公司法及其登记管理条例以外,还包括《民法通则》和《企业法人登记管理条例》,而《民法通则》和《企业法人登记管理条例》仅规定了公司以外的企业法人的多种形态,①并未提及企业法人应否向投资者或股东分配税后利润的问题。换言之,如果设立保护基金公司的准据法是《民法通则》及《企业法人登记管理条例》,保护基金公司就无须向其发起人、创办人或者投资者分配利润。由此,保护基金公司成为"非营利企业法人"就符合现行法律规定,进而与其公益性相互衔接。

三、保护基金的法律属性

在我国,保护基金是由法定来源的资金构成的信托财产,是保护基金公司负责管理的财产集合,属于特殊目的之财产。有学者通过对境外保护基金的资金来源进行考察,将保护基金的资金来源划分为以下三类:(1)启动资金。启动资金一般由政府财政或者中央银行出资,是保护基金得以建立的重要前提。(2)经常性资金。作为基金运作的基础性条件,经常性资金的来源渠道主要依靠与会员收入相关联的会费,保护基金的投资收益、各种证券交易税收或者部分手续费也是保护基金的重要资金。(3)非经常资金。保护基金在资金不足时有向政府财政部门、中央银行或者其他特许金融机构借款的权利。此外,还可能包括捐赠和特别收费。②

这种观点混淆了保护基金、保护基金公司自有资金以及赔偿基金的相互关系,未能在理论上揭示保护基金的本质,可能推演出以国家出资为证券公司担保的错误结论,在实务上也必然造成混乱。我们认为,在分析保护基金的法律属性时,应当首先澄清保护基金与保护基金公司自有资金、赔偿基金之间的根本差异,不能将

---

① 参见《企业法人登记管理条例》第2条。

② 参见陈共炎主编:《证券投资者保护系列课题研究报告5》,中国财政经济出版社2008年版,第295页。

三者混淆。

(一)保护基金的特殊目的:收购债权

在我国,保护基金的筹集、管理和使用由保护基金公司负责。保护基金主要用于偿付投资者因证券公司关闭、破产等原因而遭受的损失。《管理办法》没有规定保护基金的具体补偿范围及限额。在实践中,保护基金公司通常依照《个人债权及客户证券交易结算资金收购意见》(以下简称《收购意见》)的相关规则组织投资者赔付事务。

《收购意见》按照"依法清偿、适当收购"的原则,将收购范围限定于客户证券交易结算资金和个人债权。其中,对于个人储蓄存款及客户证券交易结算资金的合法本息全额收购,对于其他个人债权则仅收购本金部分,债权金额累计在10万元(含10万元)以内的,予以全额收购;债权金额累计在10万元以上部分按九折价格收购。[①] 据此,《收购意见》采取了"客户证券交易结算资金全额收购"和"个人债权有限收购"相结合的政策。[②] 全额收购和有限收购似乎是根据投资者所从事证券活动的风险状况所进行的区分,即对于低风险投资采取全额收购政策,对于高风险投资采取有限收购政策。但是,《收购意见》将风险状况差异明显的客户交易结算资金与储蓄存款同等对待,与前述依据风险状况区分收购政策的意旨并不相符。此外,投资者因持有金融债券形成的债权或者因其证券被证券公司挪用而形成的债权,其风险程度与客户交易结算资金更接近,却适用不同的收购政策,其妥当性也值得探讨。[③]

我们认为,比较合理的做法是按照统一标准对客户证券交易结算资金和其他债权进行收购。这既可以避免对于被挪用证券或者资金如何定性的学术争论,亦可大幅度提高保护基金公司的运行效率。采用统一标准可以省去对证券交易结算资金和个人债权的复杂甄别程序,投资者可以尽快获得赔付,这有助于增强投资者信心和维护证券市场的稳定性。[④]

(二)保护基金的资金来源

保护基金资金来源的稳定是其建立和运行的基础条件。我国保护基金制度产

① 参见《个人债权及客户证券交易结算资金收购意见》第3条。

② 参见叶林:《证券投资者保护基金制度的完善》,载《广东社会科学》2009年第1期。

③ 参见廖凡:《证券客户资产风险法律问题研究》,北京大学出版社2005年版,第172页。

④ 参见叶林:《证券投资者保护基金制度的完善》,载《广东社会科学》2009年第1期。

生于证券公司大量关闭、破产而导致证券市场震荡的特殊历史时期。证券公司巨大的亏损和资金缺口严重危及金融市场稳定。因此，尽可能地拓宽保护基金的资金来源渠道，扩大保护基金规模以弥补证券市场的亏损和资金缺口，在当时的特殊背景下具有迫切性和必要性。但在该特定背景终结时，则有必要重新检视该规则的合理性。

保护基金主要是由对会员的强制收费而形成的。根据《管理办法》第2条规定，保护基金是指按照该办法筹集形成的、在防范和处置证券公司风险中用于保护证券投资者利益的资金。根据现有规定，会员强制缴费规则主要源于会员自我保险的基金本质。[①] 目前，我国保护基金的来源主要包括以下几种方式：(1)证券交易所收取的部分交易经手费；(2)证券公司按照风险程度缴纳的基金；(3)发行股票、可转债等证券时，申购冻结资金的利息收入；(4)向责任方追偿所得和从证券公司破产清算中受偿收入；(5)捐赠；(6)其他合法收入。[②] 就此而言，保护基金是汇集会员缴费而形成的特殊目的财产，完全不同于运行该财产的管理人的自有财产。

应否将对违规证券公司的罚没款纳入保护基金，是值得探讨的问题。证券执法机关向违规证券公司收取的罚款和没收违法所得等款项，按照目前规定，应当一律上缴国库。投资者并未从中获得任何补偿，甚至可能导致证券公司因行政处罚而无力赔偿投资者。为使投资者权益得到切实维护，有必要将证券公司所缴纳罚金或者违法所得用于对投资者的补偿。投资者通过民事诉讼方式寻求赔偿往往会面临举证困难和高昂的时间及金钱成本，监管机关职能的发挥在投资者权益保护中具有不可或缺的作用。[③] 证券执法机关如能通过运用执法权帮助投资者追究证券公司的责任，并将罚没款项纳入保护基金用于偿付投资者损失。一方面，能够拓宽保护基金资金来源渠道；另一方面，能够有效恢复投资者信心和维护证券市场稳定。

(三)保护基金 v. 保护基金公司自有资金

保护基金公司自有资金是保护基金公司运行的财产基础。保护基金公司是国

---

① 参见叶林：《证券投资者保护基金制度的完善》，载《广东社会科学》2009年第1期。

② 参见《证券投资者保护基金管理办法》第14条。

③ 参见洪艳蓉：《证券执法的制度价值及其实现——来自美国的经验借鉴》，载北大法律评论编委会：《北大法律评论》2016年第1期。

家财政出资设立的非营利国有独资公司,其自有资金是由国家财政出资形成的,目的在于维持保护基金公司正常运行。该自有资金即使可以被称为启动资金,也仅是以维持保护基金公司正常运作为目的,绝不存在动用自有资金向投资者支付补偿款或者赔偿款的问题。即使保护基金公司需要在特殊情况下临时动用自有资金,也应当确保保护基金公司能够在事后全额收回垫付的款项。根据防范和处置证券公司风险的需要,基金公司可以多种形式进行融资。在满足法定条件时,基金公司可以通过发行债券等方式获得特别融资以及向中国人民银行申请再贷款。①

保护基金公司只是保护基金的管理人,而不是投资者的担保人或者保险人。如果动用保护基金公司自有资金向投资者支付补偿或者赔偿款,必然产生要以国家财产为投资者的损失予以担保的错误分析。

第四节 基金的筹集、使用

一、基金的筹集

考察境外国家(地区)保护基金立法,资金来源呈现出一致性。多数国家的保护基金主要来源于对会员的强制收费,而会员强制缴费规则主要源于会员自我保险的基金本质。根据《投资者保护基金管理办法》,我国保护基金来源主要包括:(1)交易所收取的部分交易经手费;(2)证券公司按照风险程度缴纳的基金;(3)发行申购资金的利息收入;(4)向责任方追偿所得和从证券公司破产清算中受偿收入;(5)捐赠财产;(6)其他合法收入。

维护保护基金的稳定资金来源,是确保保护基金建立和运行的基础。我国保护基金制度产生于证券公司大量发生关闭、破产和失去清偿能力的特殊时期,为了应对来自证券市场的补偿需求,拓宽保护基金的资金来源渠道,扩大保护基金的规模,就成为迫在眉睫的重要问题。然而,在证券公司大量关闭或者破产的历史终结后,如何看待原有规定的合理性,又重新摆在学术界面前。

---

① 参见《证券投资者保护基金管理办法》第15条、第16条。

（一）申购冻结资金的利息

在我国证券市场发展初期，投资者申购证券所冻结的资金属于发行人收益。2005年2月发布的《中国证券监督治理委员会财政部关于在股票可转债等证券发生中申购冻结资金利息处理问题的通知》规定，公开发行股票、可转债等证券时（含通过证券交易所的交易系统进行网上发行和采用向法人询价、配售方式进行网下发行），所申购冻结资金的利息须全部缴存到沪深证券交易苏开立的存储专户，作为证券投资者保护基金的来源之一。申购冻结资金利息纳入保护基金，这种实务做法有助于充实保护基金的规模，回避了资金利息归属于发行人、证券公司或者投资者的历来争论，缓和了发行人与投资者之间的冲突。申购冻结资金的利息毕竟是投资者资金带来的法定孳息，如果将申购冻结资金的利息纳入保护基金，就相当于投资者自我购买损失保障，以减少由于证券公司关闭或者破产而受到的损失。换言之，证券公司关闭或者破产通常是证券公司自己的经营行为所致，而由投资者变现承担证券公司经营不当所导致的后果，这种做法是缺乏理论依据的。在理论上，申购冻结资金的利息属于全体投资者共同享有但又不能支付给每个投资者，将次项利息纳入单独的基金类别，尽力用于保护全体投资者的目的上。

（二）其他合法收入——地方政府的赔偿责任

根据《收购意见》及配套规章，地方政府要承担部分赔偿费用。这种规定的目的在于将维护证券市场稳定与地方政府职能紧密挂钩，激发地方政府的积极性，妥善处理之后股权公司关闭或破产诱发的社会问题。从维护证券市场稳定角度来说，政府承担部分赔偿款项起到了一些积极作用。然而，从理论和长期发展角度来说，地方政府自己承担部分赔偿款项的做法存在明显缺陷。第一，证券公司是自主经营的主体，无疑会面临关闭或者破产的风险，无论中央还是地方政府都不应承担证券公司破产或者关闭带来的损失后果，而应由市场参与者承担最终的风险和责任。第二，中央或者地方政府偿付投资者损失的款项以及资源性收费只应用于国家规定的特定用途，实系特殊目的财产，不应用于其他目的。否则，就将造成全民财产补偿部分受损投资者的状况。笔者认为，中央或者地方政府应将已支出的赔付款项逐渐转变为向基金公司政府的代垫款，最终仍应由基金公司全额承担。为了应对特殊情况，维持证券市场的健康发展，政府机关可向基金公司提供信用担保。政府担保基于稳定证券市场的特护需求，是在特殊情况下向保护基金注入国家信用,不属于商业担保。如果证券市场由此得以健康发展,必将实质地减少保护基金的赔付规模。保护基金公司可通过该持续收取证券公司缴纳的费用,最终偿还国家融出的款项,从而可反映政府担保的融资性和过渡性。

(三)罚没款项的归属

近年来,证券监管机关加大了查处证券违法行为的力度,加强了对操作市场、内幕交易等违法犯罪行为的处罚,甚至针对个案违法者提出了过亿元的处罚决定。姑且不论该等处罚的最终落实情况和被处罚人,对于实施行政或者刑事处罚而形成的款项究竟应当上缴国库,还是应当纳入赔偿基金,这是值得讨论的问题。

长期以来,我国将各类罚没款项收入国库,使之成为国家财政收入。通过刑事或者行政处罚,剥夺违法者的非法收入并宣示法治的精神,无疑是正确的。然而,将罚没款上缴国库却意味着将本应归属于市场受害者的赔偿收入国库。即使证券法规定民事赔偿优先于刑事罚款,但由于缺乏从国库调取资金的顺畅渠道,有时也很难证明投资者所受损害与违法行为之间的因果关系,笔者也尚未发现从国库调取罚没款转为民事赔偿资金的事例。

将罚没款收归国家所有,造就国家从违法行为中获利的可能,形成了国家与民争利的客观结果,有损于国家发展证券市场并保护投资者利益的初衷。正确的做法是,甄别具体情况并将罚没款归还于市场,而不是收缴于国库。具体来说,应将罚没款纳入单独设立的赔偿基金,用于与保护基金不同的目的。可在不改变我国保护基金宗旨的前提下,在证券投资者保护基金公司的管理下,再行设立其他信托宗旨下的新的基金;另外,修改证券证券投资者保护基金条例,将保护基金的补偿范围从破产和支付障碍扩张至单独索赔。

二、基金的使用

《投资者保护基金管理条例》规定,保护基金由基金公司筹集、管理和使用,按照“取之于市场、用之于市场”的原则,在证券公司被撤销、被关闭、破产或被证监会实施行政接管、托管经营等强制性监管措施时,按照国家有关政策规定对债权人予以偿付或者应用于国务院批准的其他用途,明确投资者在证券投资活动中因证券市场波动或投资产品价值本身发生变化所导致的损失,由投资者自行负担。基金公司使用基金偿付证券公司债权人后，取得相应的受偿权，依法参与证券公司的清算。同时，为处置证券公司风险需要动用基金的，证监会根据证券公司的风险状况制定风险处置方案，基金公司制定基金使用方案，报经国务院批准后，由基金公司办理发放基金的具体事宜。

（一）基金的有限赔付

对于投资者的挣钱交易结算资金和债权，我国曾采用全额收购政策。这种做法"虽然维护了社会稳定，但也带来不可忽视的道德风险"。在利益的驱使下，少数金融机构从事违法经营活动，一些个人投资者为追求高额回报，仍购买违反国家政策规定的高利金融产品，不自觉地参与违规活动，加剧了金融风险的聚集。为了维护金融秩序，保持社会稳定，同时也为了后中小额投资者利益，防范道德风险，培养投资者的风险意识，在存款保险和证券投资者保护制度建立之前，按照"依法清偿、适当收购"的原则，处理停业整顿托管经营、被撤销金融机构中的个人债权及客户交易结算资金问题。

保护基金制度必须摒弃全额托收或者全额补偿的观念。我国对设立证券公司采取特许或批准制，已批准设立的证券公司超过百家，证券业竞争是比较充分的。投资者有权选择自己信任的证券公司，也可自由更换选任的证券公司。在充分竞争的环境下，投资者的地位类似于美国法上的自愿债权人，应当承担自愿选择的后果和风险。全额托收或者全额补偿的做法不符合投资者自行承担市场风险的规则，尤其在出现金融危机或者其他极端化是件的情形下，还可能导致基金被掏空，削弱保护基金在维护证券市场稳定上的积极作用。即使极端情况未必出现，但考虑到保护基金是维护受损投资者利益的最终机制，在制度设计上，不能轻视由此引发的市场危机。全额收购政策失去了存在的价值，保护则只应遵循限额赔偿的原则。

在向投资者提供损失补偿的问题上，我国将损失分为证券交易结算资金的损失和债权的损失。对于证券交易结算资金，我国采取全额收购政策；对于债权（个人债权），我国则采取有限补偿政策。从而形成了"证券交易结算资金全额收购"和"个人债权有限收购"相结合的政策。其实，在很多时候，难以在个人证券交易结算资金和个人债权之间划出清晰的界限。例如，对于证券公司挪用个人投资者证券交易结算资金而形成资金缺口，究竟属于证券交易结算资金还是个人债权，操作标准不尽统一,学术界也存在争议。

按照统一标准对待证券交易结算资金和其他债权,这种做法在短期内可能引起投资者反对,原因在于:按照现行政策,投资者对于证券交易结算资金可获得全额补偿,只对债权而获得部分补偿。按照统一比例进行补偿,意味着证券交易结算资金也要打折补偿,投资者在观念上认为这扩大了损失。但统一比例受偿具有诸多优势:(1)未必真正扩大了投资者的损失,因为即使按照现有政策,被挪用证券和资金也被纳入(个人)债权范围内并采用比例补偿的方法,这本身就说明证券交易结算资金未能获得全额补偿。(2)避免了产生被挪用证券或者资金是否属于证券交易结算资金或者证券的学术争论。按照信托法原理,损害信托财产而形成的索赔权只是信托财产的变形,仍然属于信托财产。投资者有权对信托财产行使取回权。在此意义上,区别对待证券交易结算资金和(个人)债权的法律依据并不充分,打折收购债权也就不具有特别的功效。(3)大幅度提高基金公司的运行效率,采用统一标准可以省去对证券交易结算资金和(个人)债权的复杂甄别程序,保护基金公司也不会面临认定标准不统一的指责,投资者也可尽快获得赔偿。境外补偿基金制度的运行情况表明,确保投资者快速获得补偿有助于稳定证券市场秩序,避免投资者信心不足带来更深刻的市场动荡。

(二)基金公司的索赔权

基金公司赔付后获得的索赔权的性质是什么?这个问题存在实务和理论两个观察角度。从境外基金公司的实际做法来看,各国规定存在差异。在英国,投资者在获得基金公司补偿前,要向基金公司转让客户资产。在美国,客户资产应当交给托管人。在爱尔兰和加拿大等国,基金公司支付补偿款却不以接受客户资产作为前提。由此可见,至少英美许多国家并不特别强调索赔权的性质。从理论角度观察,如果将投资者对证券公司的权利解释为债权,索赔权发生转移,其所赖以存在的债权也将发生转移。如果把投资者对证券公司的权利解释为信托法规定的具有衡平法性质的受益权,这种权利也就相当程度上接近于物上请求权,此时,声称投资者依然保持对证券公司的某种权利,也就是合理的。

其实,实证法规则关心某种生活伦理远甚于法律伦理,这或许就是各国做法差异较大的重要原因。在我国,信托观念远不及债权观念根深蒂固,实务界更愿意采用债权而非信托法权利解释投资者对证券公司的权利,这或许就是《收购意见》要求转移转债权的原因所在。即使基金公司全额获得与受让债权相当的财产，即使存在向转让权利投资者再分配的可能，在实践中，这种做法也难免引起十分复杂的利益纠葛。在这个意义上，《收购意见》要求投资者向基金公司转让债权的实证规则，未必欠缺合理性。

我国在处置证券公司关闭或者破产事务过程中，监管机构采取“先行政、后司法”的处置做事，十分谨慎地处置证券公司。被责令关闭或者撤销企业的资产几乎不可能满足对债权实现60%以上的偿付水平，不太可能存在基金公司通过破产程序获得超过已付款项的破产财产的分配。然而，采用信托学说并允许投资者再行单独索赔，有助于最大限度地保护投资者利益。

第十章　证券纠纷解决机制

第一节　证券纠纷解决机制的现状及评述

一、法 律 现 状

根据《证券法》第 176 条第 5 款，对于会员之间、会员与客户之间发生的证券业务纠纷，可由证券业协会调解。该条款确立了中国证券业协会之证券纠纷调解机构的地位。中国证券业协会虽然颁布了调解规则，但因缺乏明确的程序、标准，相关规定未得到有效实施。与其他国家相比，我国调解制度的作用十分有限。

关于证券纠纷调解机制，中国证券业协会在 2011 年 6 月公布了《中国证券业协会证券纠纷调解工作管理办法(试行)》(以下简称《管理办法》)等规范文件，旨在“推进调诉对接努力化解证券纠纷”，对调解的组织架构、受理范围、调解协议效力、经费来源及调解案件的程序。随后，中国证券业协会于 2011 年 7 月成立证券纠纷调解专业委员会(以下简称委员会)。2012 年 2 月，证券纠纷调解中心(以下简称调解中心)成立，逐渐形成了现有证券纠纷调解机制。

应该看到，现有证券纠纷调解机制存在显著缺陷。首先，调解的效力难以确认。最高人民法院虽然于 2009 年颁布《关于建立健全诉讼与非诉讼相衔接的矛盾纠纷解决机制的若干意见》，规定调解协议经调解组织和调解员签字盖章后，当事人可以申请有管辖权的人民法院确认其效力，但是依照《人民调解法》，司法确认程序须经由双方当事人共同申请。据此，如果投资者提出司法确认，证券公司事后反悔不配合申请，投资者也无能为力。其次，现行规定对投资者的倾斜保护不足。在调解进行中，任何一方都可以停止、终结调解程序。因此，缺少调解诚意的一方可能迫使对方接受不利的调解结果。从总体上，这种任意终止调解的规则不利于中小投资者，也不利于调解机制有效发挥作用。最后，自律组织和行业协会未能真正发挥调解优势和作用。我们认为，行业组织既要为行业长期发展着想，又要有足够的权威，如此，才能促使证券公司认真对待调解；如果行业组织缺少必要的权威，也将直接影响到调解协议的达成。

就仲裁来说，我国尚无专门针对证券纠纷仲裁的立法，证券纠纷仲裁的法律依据仅为《仲裁法》。然而，《仲裁法》在程序设计上更适合一般商事纠纷，但证券纠纷专业性强，多种关系错综复杂，《仲裁法》的针对性不足。加之证监会《关于证券争议仲裁协议问题的通知》规定，证券争议仲裁机构仅为中国国际经济贸易仲裁委员会。这样，仲裁地仅限于北京、上海、深圳三地，从而影响到其他仲裁机构受理证券纠纷案件，在实践中产生不便。与此同时，现行仲裁规范强调协议仲裁，没有规定证券公司与投资者的纠纷采用强制仲裁。投资者要采用仲裁方式解决争议，必须先与证券公司达成仲裁协议。但在仲裁协议的订立上，证券公司采用仲裁方式的热情不高，即使投资者希望采用仲裁方式也往往难以达到目的。因此，尽管仲裁在时间上有优势并遵守保密规则，但争议各方却难以达成仲裁协议。就此而言，证券纠纷难以通过仲裁予以解决。

就诉讼而言，我国法院在受理证券纠纷案件上的态度向来比较保守。2001 年 9 月 21 日最高人民法院发布《关于涉及证券民事赔偿案件暂不予受理的通知》，将证券纠纷排除在民事纠纷案件之外。2002 年 1 月 15 日再发布《关于受理证券市场因虚假陈述引发的民事侵权纠纷案件有关问题的通知》，允许受理部分内幕交易、欺诈、操纵市场案件。2003 年 1 月 9 日最高人民法院发布《关于审理证券市场因虚假陈述引发的民事赔偿案件的若干规定》，却设置了案件受理的前置程序。根据上述规定，证券纠纷在原告和被告的主体资格、诉讼前置条件及其诉讼形式等方面，都要遵守较为苛刻的规定；在虚假陈述案件的诉讼形式上，只能采取单独诉讼或共同诉讼，而不适用代表人诉讼形式。我国法院在受理证券纠纷案件上态度保守，有诸多现实原因：首先，在“谁主张、谁举证”的证据规则下，投资者面临举证难的困难，不排除人民法院对投资者败诉心存顾虑，宁肯在行政机关做出不法行为认定后才受理诉讼；其次，我国法院缺少处理类似案件的实务经验，人民法院与监管机关的配合存在障碍,审判中极少引入专家证人规则,难以填补审判经验的不足;最后,我国《民事诉讼法》等法律缺少针对证券诉讼的具体规定,无法满足证券诉讼的特殊需求,也是造成案件受理难和处理难的重要原因。我们认为,我国证券诉讼既需要司法观念变革,更需要结合证券诉讼的实践经验,尽快完善相关诉讼制度和规则。

二、难点问题与争议

证券纠纷可以分为合同纠纷和侵权纠纷,在实务中以侵权纠纷为主。对于合同纠纷,法院和仲裁机构通常在尊重行业习惯的前提下,根据合同法予以裁判,几乎不存在不受理证券合同纠纷案件的情况;对于涉及证券侵权的纠纷案件,不仅存在受理难的问题,还存在更多争议问题。

(一)民事赔偿规则亟待完善

证券侵权纠纷是最重要的证券纠纷类型,在没有针对证券侵权责任作出特别规定的情形下,应当适用侵权责任法的一般规定。然而,侵权责任法通常是针对一人或数人加害、一方或数人受害的类型。但无论在虚假陈述、内幕交易和操纵市场中,既有与加害人同方向交易的投资者,也有与加害人反方向交易的投资者,而受损害的投资者人数众多,却难以直接证明投资者受损与加害者侵权之间的因果关系。此外,投资者损失的计算方法、系统风险的界定、因果关系的界定、举证责任应否倒置等,均缺乏明确标准。在此情形下,若适用侵权责任法一般规定,则难以有针对性地解决上述实际问题。

(二)投资者证券诉讼维权难

投资者诉讼维权存在以下难点:一是成本高。如在虚假陈述案件中,投资者除了需要支付不菲的律师费外,还要承担相关差旅费和误工费等费用。二是成效低。投资者维权案件涉及众多利益相关者、影响面广,但个案标的相对较小,投入产出比不高,影响了投资者维权的积极性,降低了侵权行为人的违法成本。三是取证难。由于证券交易采用无纸化和电子化形式,投资者在获取内幕交易、操纵市场等违法行为的证据时,取证存在相当难度。四是风险大。投资者除要耗费不菲的人财物成本外,还要承担败诉风险。五是信息不对称。投资者以零散式个体维权和委托律师受托维权的模式为主,缺乏专门的投资者公共维权平台,维权信息获取不对称、缺乏权威性，维权效果不彰。

（三）各类纠纷集中涌向监管部门

司法救济机制不完善、投资者诉讼维权难，均加大了证券监管部门的职责，证券监管部门甚至会在一定程度上卷入民事纠纷。2015 年，证监会“12386”热线电话收到投资者投诉 2.3 万件，举报中心收到举报数量 1.4 万件，信访数量近 3 千件。大量投诉和纠纷涌向证券监管部门，承办者压力较大。在侵权事件频发、司法维权救济途径有限的情况下，投资者以信访、投诉、举报等形式要求证券监管部门维护自身权益，甚至出现群访、闹访、缠访、反复投诉、多次投诉、多部门投诉等，加重了证券监管部门投资者保护工作的压力。

（四）纠纷解决机制的适应性差

我国已建立纠纷调解、仲裁和诉讼并存的争议解决机制，这种看似完整的纠纷解决机制，主要存在两方面问题。一方面，各种纠纷解决机制的特点鲜明，彼此之间缺少协调，无法适应解决证券纠纷的实际需要。我国秉持“或裁或审”的单一解决机制，但域外已逐渐采用混合解决机制，各种调处方式逐渐打破了或裁或审的界限。另一方面，诉讼外调解的效力难以确认，尤其是第三方主持的调解协议效力难以确认。应该指出，人民法院与金融监管机构正在尝试多种“对接机制”。这些对接机制是在法律明文规定之外作出的尝试，虽然取得了某些效果，但其法律依据尚不充分，从而限制了诉讼外调解机制的作用。

三、境外法制的经验

（一）境外证券纠纷解决机制

1. 仲裁机制——美国

美国多数证券纠纷是通过美国金融业监管局（Financial Industry Regulatory Authority，FINRA）下辖的纠纷解决机构中予以解决。该纠纷解决机构主要采用仲裁和调解两种方式。一般来说，在证券经营机构和投资者的合同中，通常含有仲裁条款并约定采用仲裁方式解决相互之间的纠纷。美国证券交易委员会监管规则第

12条规定,"证券业务当事人的任何纠纷、索赔或争议适用仲裁"。[①] 这一规定推动了仲裁条款的广泛采用。在美国,大规模采用仲裁条款,源自1987年美国最高法院在"谢尔逊/美国运通公司诉欧杰尼·麦克马洪案"(Shearson/American Express, Inc. v. McMahon)中作出的判决,即争议前仲裁协议有约束力。

在FINRA仲裁中,根据当事人不同,可以分为投资者和证券业者之间的纠纷以及证券业者之间的纠纷。上述纠纷涉及的所有事项必须发生在6年以内。据统计,FINRA受理案件涉及的具体事项,包括追加保证金、未授权交易、未尽监督职责、疏忽、遗漏事实、违反受托义务、不符合要求、虚假陈述等。2016年,FINRA通过仲裁审结3635个案件,2015年审结3489个案件。在仲裁程序方面,投资者与证券业者之间的纠纷适用消费者程序,证券业者之间的纠纷适用行业程序。

仲裁主要步骤有:(1)申请人向FINRA提交仲裁申请书,详细陈述事实和救济请求。(2)被申请人在45天内向FINRA回应仲裁申请,陈述相关的事实及对仲裁的抗辩。(3)申请人和被申请人从可选名单中选择仲裁员,组成仲裁庭。仲裁员的数量根据救济请求金额来决定。100,000美元以下的案件由一名仲裁员,100,000美元以上由三名仲裁员组成仲裁庭。(4)仲裁庭确定后,FINRA将组织召开初始预听会议(Initial Prehearing Conference),仲裁员与各方当事人通过电话讨论听证会、证据开示等各相关事项日程的安排。(5)在证据开示阶段,双方交换和向对方索取相关的信息,以利于案件的快速仲裁。听证会的召开地点由主任指定,一般选择靠近纠纷发生时投资者的住址地,可以在FINRA驻地的办公室、FINRA选择的办公室或酒店。在确定案件事实后,仲裁庭将在30天内给出书面裁决。裁决是终局的,除非少有的特殊情况,裁决不能被重审或上诉。[②]

在费用方面,除了支付仲裁员报酬外,当事人要在提请仲裁时缴纳立案费、在听证会时缴纳会议费等。另外,还要支付其他程序性费用。针对争议金额在50,000美元以下的案件,FINRA规定适用简易仲裁程序。简易仲裁程序在时间上更加快

① 美国证券交易委员会:《美国证券交易委员会监管规则》,载美国金融业监管局官网:http://www. finra. org/investors/dispute-resolution,最后访问日期:2018年6月3日。

② 美国金融业监管局:《仲裁方法》,载美国金融业监管局官网:http://www. finra. org/arbitration-and-mediation/dispute-resolution-statistics,最后访问日期:2018年6月3日。

捷,省略掉听证会的环节,证据开示也更简单。①

2. 申诉专员(FOS)制度②

澳大利亚FOS(Financial Ombudsman Service)纠纷解决程序包括当事人申请、磋商谈判、调解和直接作出决定。新加坡金融业纠纷解决中心(The Financial Industry Disputes Resolution Centre Ltd.,FIDReC)包括调解程序和审裁程序。在审裁中,各方需要向FIDReC和审裁员提供与案件相关资料和信息。FIDReC审裁员作出裁决时,需要向双方陈述理由。在马来西亚,证券纠纷发生后,金融消费者必须先向相关金融机构投诉,请求解决纠纷;若经投诉,纠纷仍然无法解决或金融消费者对金融机构决定不满的,则可向金融调解局(Financial Mediation Bureau,FMB)提出申诉,寻求其帮助,但向FMB投诉的期限是在接到金融机构最后处理决定通知的6个月内。在加拿大,消费者通过金融机构内部的纠纷调解程序未能得到满意结果,并希望进一步协商的,可向行业申诉专员提出申请,申诉专员在调解后,会提出没有约束力的建议;若申诉专员仍未能有效解决纠纷的,投诉者可以诉诸法律。在德国,根据德国银行联邦联合会(The Bundes verband Deutcher Banken,BdB)的规定,消费者应先向BdB客户投诉处提起投诉,客户投诉处受理后要求银行表态,若达不成一致,则将该投诉交给申诉专员调解。日本金融ADR法没有规定投诉处理和纠纷解决程序,而是由指定机构的业务规程和"实施程序基本合同"等予以规定,其在内容上遵循了当事人申请、受理、选择纠纷解决委员、调解等程序。韩国消费者保护院的纠纷解决机制分三个阶段,即商谈、损害救济(斡旋、劝告和解)、调解。我国台湾地区"金融消费评议中心"由消费者提出申请,先进行调解。调解不成,由"评议委员"进行评议,作出评议书,"金融消费评议中心"将该评议书送管辖法院核可。严格来说,我国香港特别行政区采用的并不是典型的FOS,香港金融纠纷调解中心是"调解+仲裁"的模式。但吸收了FOS的理念和制度优势,其申索程序具体为初次查询或投诉、提出申索、处理申索、进行调解;如调解失败,将提交仲裁。

---

① 美国金融业监管局:《启动调解》,载美国金融业监管局官网:http://www.finra.org/arbitration-and-mediation/initiate-mediation-0,最后访问日期:2018年6月3日。

② 参见杨东:《论我国证券纠纷解决机制的发展创新——证券申诉专员制度之构建》,载《比较法研究》2013年第3期。

(二)多元化纠纷解决机制

1.建立多元化的证券纠纷解决体系

FINRA在设计其纠纷解决机制时,并未局限于一种纠纷解决方法,而是同时采用两种纠纷解决体系,体现了多元化纠纷解决的思路。中国证券业协会早在2011年成立了证券纠纷调解专业委员会,2012年成立了证券纠纷调解中心,并在官网设立证券纠纷调解在线申请平台,开发了调解中心与地方证券业协会协同工作的调解工作系统。[①] 2016年2月中国证券业协会在原试行办法基础上颁布《中国证券业协会证券纠纷调解工作管理办法》和《中国证券业协会证券纠纷调解规则》,但未引入行业仲裁。中国证券业协会可以效仿FINRA,在内部试行证券业的仲裁机制。借助专业人员仲裁,有利于证券纠纷的合理解决,有助于完善证券业内的多元化纠纷解决机制。同时,针对案情简单、索赔金额较小的案件,设立简易仲裁制度,可以为纠纷解决提供快速、便捷的仲裁服务。

2.推进多元化纠纷解决机制的对接

FINRA曾表示,将在必要时协调调解和仲裁的进度,帮助执行当事人已经达成的和解协议。中国证券业协会在建立完善多元化纠纷解决机制的同时,也应该考虑调解、仲裁与诉讼的对接。在调解程序和仲裁程序的关系上,应当充分尊重当事人和解意愿,对调解程序给予优先位置,使调解与仲裁在程序上协调。针对调解结果的执行,应当推进中国证券业协会与法院、仲裁、公证等之间对接机制,为调解协议的申请执行、司法确认、申请公证等提供相应支持,尽快落实最高人民法院《关于建立健全诉讼与非诉讼相衔接的矛盾纠纷解决机制的若干意见》。

3.提升多元化纠纷解决的专业化水平

FINRA根据仲裁和调解的要求,设置了专门的仲裁员和调解员名单,并为仲裁员和调解员提供专业化培训。证券业协会可以聘用优秀证券业和法律界人员,参加多元化纠纷解决机制,提升参与者的专业水平,充分发挥专业化争端解决的权威性、便捷性和低成本特点。

4.推进与高校法律诊所的合作

FINRA与高校法律诊所合作,建设证券仲裁诊所,降低了投资者获得法律帮助

① 参见张炳、孙效敏:《美国金融业监管局调解制度评析及启示》,载《兰州学刊》2014年第12期。

的成本。证券业协会可以向 FINRA 学习,与国内高校加强联系,发挥高校法律诊所在解决证券纠纷中的作用。

四、我国的借鉴:申诉专员与多元化机制

"他山之石,可以攻玉",境外经验是有启发性的。我国即使在短期内难以构建统一的金融申诉专员制度,但结合我国证券纠纷的特点,至少可以分段实施。

1. 第一阶段,充分发挥行业自律作用。由证券业协会会员签署单个承诺或共同发布会员自律公约,在一定金额内,只要投资者同意接受调解协议,证券公司应当自觉履行协议义务。证券业协会统计会员调解协议的履行情况,向社会予以公布,形成良好的社会氛围。证券业协会应当加强与证券监管机关投资者保护组织的合作,由投资者保护局提供行政指导,将投资者教育工作融入调解中,提高投资者的能力。

2. 第二阶段,在《证券法》中引入证券申诉专员制度。在我国分业监管的现实情况下,可以在证券业内率先建立证券申诉专员制度。一方面,《证券法》可专章增加"证券申诉专员机构"的内容,设置证券申诉专员中心,只接受个人投资者申诉,不接受机构投资者申诉。另一方面,应当赋予 FOS 机制以特殊的法律效力,摒弃诉讼调解外无强制执行力的传统观念,如可以规定裁决作出后,唯有投资者有权在收到裁决起的 30 天内决定是否接受这一裁决;如果投资者选择接受,证券公司业已履行主要义务的,投资者不得反悔。

3. 第三阶段,制定《金融消费者保护法》,统一规定适用于金融领域的申诉专业制度。我国虽然仍实行分业监管体制,但证券业、期货业、保险业、银行业的相关业务正在相互交织。其中,资产管理已成为打破金融分业界限的新型业态。基于此,可以在金融各领域中,普遍推行申诉专员制度,并以立法形式规定申诉专员的资格、受案范围、调处程序、收费标准、处理期限及法律责任等,形成一个覆盖面广、程序规范的投诉和争端解决机制。

第二节　民事诉讼

一、证券诉讼的特点

在广义上,证券诉讼既包括投资者向发行人或证券公司提起的诉讼,也包括发行人或证券公司向投资者提起的诉讼,还包括发行人或证券公司相互提起的诉讼。在狭义上,证券诉讼仅指投资者向发行人、证券公司等提起的诉讼,以突出投资者保护的立法宗旨。与普通民事诉讼相比,投资者提起的证券诉讼通常具有众多现实特点:

1. 诉讼主体的特殊性。在证券诉讼中,一方是投资者,另一方通常是发行人、上市公司或者证券公司。投资者在购买股票或者债券后,即成为证券持有人,既享有公司法规定的权利,也享有证券法规定的权利。对提起诉讼的投资者而言,还可再分为散户投资者和机构投资者、专业投资者和普通投资者等。在现实中,证券诉讼的多数原告,均属于散户投资者或者普通投资者。

2. 诉讼形式的特殊性。除了部分案件之当事人人数较少外,多数证券诉讼带有群体诉讼的特点。如在涉及虚假陈述的案件中,被告相对单一,但原告往往人数众多,原告分别提起的案件在基本事实上又是相同或相似的。再如,在内幕交易和操纵市场案件中,被告也较单一,但受害者却人数众多;尤其是,在内幕交易和操纵市场诉讼中,有的投资者与违法者从事同方向交易,有的从事反方向交易。就此而言,投资者提起的诉讼,往往具有群体诉讼的属性。

3. 诉讼程序的特殊性。普通民事诉讼遵循“谁主张、谁举证”的举证责任分配原则,但在证券诉讼中,投资者往往缺少举证能力,相关证据留存在发行人或证券公司手中,若完全照搬民事诉讼的证据规则,尤其是要求投资者证明因果关系,将极大地降低投资者胜诉的概率。因此,证券法和民事诉讼法应当斟酌该等特殊性,适当降低投资者的举证责任,尽力实现双方当事人之间的利益平衡。

4. 诉讼技术上的特殊性。证券诉讼的专业性很强。证券纠纷往往涉及证券的发行、销售、交易和服务等专业事项,证券关系参与者(投资者、上市公司、发行人和证券公司等)之间的法律关系较为复杂;在法律适用上,既涉及证券法等特别法的适用,也涉及合同法和物权法的适用。为了正确合理处理证券诉讼案件,法官既要考虑商业模型,又要具备证券专业知识,还要具备良好的法律知识,甚至要更多依赖于专家证人,无法按照一般生活理念予以裁判。

二、我国现行法律规定

在实务上,证券违法诱发的侵权案件,主要包括有关虚假陈述、内幕交易和操纵市场的赔偿案件。迄今为止,最高人民法院已发布《关于审理证券市场因虚假陈述引发的民事赔偿案件的若干规定》,但未就涉及内幕交易和操纵市场诱发的赔偿案件作出规定。基于此,以下针对因虚假陈述引起的赔偿诉讼,概述其诉讼主体、诉讼方式、证据和既判力。

(一)诉讼主体

1. 原告的确认

根据最高人民法院《关于审理证券市场因虚假陈述引发的民事赔偿案件的若干规定》第2条、第6条,虚假陈述案件原告包括参与证券交易的自然人、法人或其他组织,只要其遭受虚假陈述的侵害并有行政处罚决定书或刑事裁决书的,均可以向人民法院提起赔偿诉讼,法院应予受理。根据司法解释,无论是证券买方还是卖方,均有权向法院起诉。

投资者取得原告资格,应具备如下要件:(1)买入证券的时间应当是在虚假陈述人进行虚假陈述期间;(2)因虚假陈述行为作出错误判断而卖出证券或继续持有证券,产生了差价损失;(3)行政机关已就该虚假陈述作出行政处罚或人民法院已作出刑事判决;(4)虚假陈述行为未超过诉讼时效期间。

2. 被告的确认

根据最高人民法院《关于审理证券市场因虚假陈述引发的民事赔偿案件的若干规定》第7条,虚假陈述案件的被告包括:(1)发起人、控股股东等实际控制人;(2)发行人或者上市公司及其负有责任的董事、监事和经理等高级管理人员;(3)证券承销商及其负有责任的董事、监事和经理等高级管理人员;(4)证券上市推荐人及其负有责任的董事、监事和经理等高级管理人员;(5)会计师事务所、律师事务所、资产评估机构等专业中介服务机构;(6)其他作出虚假陈述的机构或者自然人。

最高人民法院《关于审理证券市场因虚假陈述引发的民事赔偿案件的若干规定》列举的人员,包含与信息公开、披露有关的所有人。上述人员的虚假陈述直接影响证券发行、交易,并对投资者的投资行为产生重大影响,将其纳入虚假陈述赔偿案件的被告,有利于保护投资者利益,也有利于证券市场秩序的稳定。

(二)虚假陈述行为人的范围

司法解释虽然规定了虚假陈述行为人的范围,但结合境外立法及实践经验,应当针对具体情况予以分别确定。

1. 发起人

我国《证券法》未对发起人民事责任作出特别规定,但《股票发行与交易管理暂行条例》曾就发起人承担虚假陈述之民事责任作出规定。将发起人纳入责任主体范围,也是美国、日本及我国台湾地区采取的做法。将发起人纳入责任主体,主要是发起人在公司设立中的特殊地位所致。发起人是办理公司设立事务的人,在公司成立后往往担任重要职位,应当忠实于公司和投资者的利益,自然不得实施虚假陈述等欺诈行为。需要指出,发起人在公司编制股票发行申请文件中具有重要地位,甚至是应当披露信息的提供者,将其纳入虚假陈述行为人的范围,有助于提升股票发行申请文件的质量。

2. 发行人

发行人既是公司信息的主要发布人,也有义务配合其他信息披露义务主体披露信息。发行人发布的重大信息无论是否包含虚假因素,均直接影响证券价格和投资者利益。投资者基于虚假错误信息而买卖证券并遭受损失的,即形成虚假陈述与投资者买卖证券或投资者遭受损失之间的因果关系。为此,发行人应当承担虚假陈述的赔偿责任,成为虚假陈述诉讼案件的被告。

3. 承销商

承销商可能是单一承销商,也可能是包括主承销商、副主承销和其他成员在内的全体承销团成员。承销商的职责是推荐、销售发行人对外发行的证券,因其是证券专业机构,甚至是证券市场上最重要的"守门人",其推介和销售活动会对投资者产生很大影响。基于此,我国《证券法》规定,承销商对其所承销证券之信息的真实性、完整性负有核查、纠正的义务。否则,在证券虚假陈述案件中,原告可以将承销商列为被告。

(三)诉讼方式

根据最高人民法院《关于审理证券市场因虚假陈述引发的民事赔偿案件的若干规定》,我国证券诉讼形式有三种:(1)单独诉讼;(2)共同诉讼;(3)代表人诉讼。从实践来看,原告主要采用前两种诉讼形式,但极少采用代表人诉讼。

1. 单独诉讼与共同诉讼

根据最高人民法院《关于审理证券市场因虚假陈述引发的民事侵权纠纷案件有关问题的通知》规定,证券民事赔偿案件的原告可以选择单独诉讼或者共同诉讼方式提起诉讼。其中,单独诉讼是指原告和被告均为一人的诉讼,共同诉讼则指当事人一方或双方为两人以上(含两人)的诉讼。最高人民法院《关于审理证券市场因虚假陈述引发的民事侵权纠纷案件有关问题的通知》规定,共同诉讼的原告人数应当在开庭审理前确定。

需要指出,单独诉讼和共同诉讼是民事诉讼中常见的诉讼方式,案件受理、审理和执行规则简单明确。但这种典型的诉讼方式,常常难以适用原告人数较多的证券民事赔偿案件:一方面,单一投资者遭受的个别损失未必大,但诉讼成本相对较高,中小投资者缺乏起诉动力;[①]另一方面,当不同投资者分别在不同法院提起诉讼时,不同法院的裁判结果未必一致。此外,由于虚假陈述受害者人数众多,如果投资者采用单独诉讼形式,难免造成诉讼案件数量激增,从而为法院审判带来压力。

2. 代表人诉讼

代表人诉讼本应成为我国解决群体纠纷的主要诉讼方式,但我国《民事诉讼法》仅在第54条作出简单规定。最高人民法院《关于审理证券市场因虚假陈述引发的民事侵权纠纷案件有关问题的通知》增设2个条款,仅凭这3个法条,原告很难有效启动代表人诉讼。一方面,根据《民事诉讼法》,在代表人诉讼中,权利人必须明确登记后,才能参加代表人诉讼。但虚假陈述案件所涉权利人数量众多、地域分布广,如果要求权利人登记后参加已启动的代表人诉讼,诉讼成本或许很高,因而未必达到代表人诉讼的目的。另一方面,由于代表人诉讼的规则相对简单,各地

① 参见任自力:《证券集团诉讼:国际经济 & 中国道路》,法律出版社2008年版,第67页。

法院在受理代表人诉讼案件时,难免根据当地法院的理解和考虑,采取比较灵活的方式。有的法院采用单独立案、合并审理或者单独立案、分别审理。这种做法未必是错误的,但却增加了原告诉讼成本,在极端情况下,难免出现"案件审结、矛盾未了"的现象。我们认为,应当根据中国国情、借鉴境外经验,积极引入"团体诉讼"和"示范性诉讼"方式。

三、境外多样化的投资者权益救济模式

(一)美国的集团诉讼

集团诉讼是在英美衡平法基础上发展起来的一种诉讼制度,它源于17世纪英国代表人诉讼,后在美国得到深入发展。美国纽约州1848年制定的《费尔德法典》首次对集团诉讼作出界定,随后美国联邦最高法院在1853年的Smith v. Swormstedt一案中确立了集团诉讼制度。证券集团诉讼作为集团诉讼的一种适用情形,是随着集团诉讼和证券市场的发展而最终建立起来的。

在美国,集团诉讼主要针对证券欺诈案件。证券欺诈集团诉讼的主要依据有:(1)1934年《证券交易法》和联邦证券交易委员会规则;(2)美国《联邦民事诉讼规则》第9(b)条;(3)1995年《私人证券诉讼改革法》;(4)美国《联邦民事诉讼法》第23条第1项规定的四个条件。[①] 此外,美国1933年《证券法》禁止证券欺诈,要求充分披露发行人及其所发行的证券。1934年《证券交易法》具体规定了反欺诈条款(Antifraud Provisions),不仅将操纵市场、内幕交易及虚假陈述等列为证券欺诈,还规定了严苛的民事责任。1995年和1998年的证券集团诉讼改革法,对原有证券集团诉讼规则进行了实质修改,较好地平衡了原告和被告之间的关系。

从20世纪80年代开始,美国证券集团诉讼大量出现,证券集团诉讼成为解决证券欺诈纠纷的常用方式。90年代中期以来,美国立法改革使得美国证券集团诉讼的具体规则发生了重要变化,但《联邦民事诉讼规则》第23条确定的集团诉讼规则的基本原理,仍然是证券集团诉讼程序的核心。

---

① 美国《联邦民事诉讼法》第23条(a)规定了启动集团诉讼所应具备的四项前提条件:(1)一方当事人人数之多使得集合所有当事人不能成为现实;(2)集团成员之间具有共同的法律问题或者事实问题;(3)集团代表提出的请求具有代表性;(4)集团代表能够公正而充分地保护集团利益。

美国证券欺诈集团诉讼优点是：第一，一次诉讼即可使受害人损失得到补偿，提高了受害者索赔的可能性。[①] 第二，对集团诉讼的采用激励律师提起更多的集团诉讼，从而加大了证券市场私人执法的力度，对证券违法行为起到了预防和纠正作用。第三，集团诉讼的运作实现了诉讼经济，降低了诉讼成本，使被告免受缠讼之累，也避免了对司法资源的浪费。美国法院认为，集团诉讼是"对证券欺诈唯一有效的震慑"，对"证券诉讼中的集团诉讼法保持了一种开明的态度"。[②] 第四，促进了证券市场的规范。集团诉讼使弱势群体可能集结为庞大集团，平衡双方力量对比，降低了强势一方利用自身条件实施欺诈的可能。

但是，证券集团诉讼的缺陷也是不容忽视的。第一，它提高了诉讼的复杂性和困难性。证券集团诉讼耗时耗力，涉及更多法律和事实，专业性较强，审判活动复杂和困难。第二，律师恶意诉讼概率增加。美国集团诉讼实行胜诉酬金制，律师为了获取高额代理费用，可能广泛联系原告提起集团诉讼，这就难免诱发恶意诉讼和滥诉。为了应对集团诉讼的滥用，美国国会先后通过了 1995 年的《私人证券诉讼改革法》、1998 年的《证券诉讼统一标准法》和 2005 年的《集团诉讼公平法》。

（二）德国的示范性诉讼

在德国，团体诉讼与示范性诉讼都是解决具有共同事实或者共同法律问题的群体纠纷的一种诉讼制度。但因德国团体诉讼仅适用于不作为的诉讼形态，对于大规模、扩散型的损害赔偿诉讼而言，显得力不从心。然而，示范诉讼是弥补团体诉讼制度不足的一种重要方式，旨在扩张团体诉讼的裁判效力。

德国团体诉讼起源于 1896 年《反不正当竞争法》，后来才逐渐发展到消费者权益保护等社会领域，随后才到证券市场领域。在德国，团体诉讼的理念是，通过投资者等团体成员的互助，即能有效对抗不正当竞争者及其他强势交易对手方。在这个意义上，可将共同诉讼概括为：法律认可或适格的团体法人，为了维护团体利益，在法律规定的范围内，以团体名义向被告提起诉讼，法院判决对团体及其成员产生约束力。由于德国颁布了《不作为之诉法》，团体提出的诉讼请求限于禁止被

① 参见杜要忠：《美国证券集团诉讼程序规则及借鉴》，载《证券市场导报》2002 年第 7 期。
② 杨峰：《证券民事责任制度比较研究》，法律出版社 2006 年版，第 58 页。

告为某种行为,不得请求被告向团体或者原告赔偿损失,其性质类似于禁止令。①

为了配合团体诉讼,德国于2005年通过《投资人示范性诉讼法》,创设了职权型示范性诉讼立法例的典范。② 在证券欺诈诉讼纠纷中也广泛采用示范诉讼来解决。我国台湾地区学者沈冠伶认为,所谓示范诉讼是指,某一诉讼之纷争事实与其他(多数)事件的事实主要大部分相同,该诉讼事件经由法院裁判后,其结果成为其他事件在诉讼上或诉讼外处理的依据,此判决可称为示范判决。③ 由于传统诉讼体制的限制,德国的证券类纠纷在过去通常被分案处理。诉讼成本的障碍使多数中小投资者不得不放弃自己的权利,即使有原告胜诉,其受偿的金额远不能补偿欺诈中所遭受的损失。为了扩大投资者的诉讼权利并使其权利得到有效的救济,同时减轻司法负担,恢复投资者的信心,德国政府于2005年11月1日颁布实施了《投资人示范诉讼法》。德国《投资人示范性诉讼法》是为了应对众多投资者针对同一个被告而提起的诉讼赔偿案件给法院造成一定的困难而制定的,其中审理证券群体纠纷中共同的法律问题和事实问题的做法对证券群体纠纷的法律适用具有重要意义。有学者认为,传统德国法上的示范诉讼,只是法院从同类案件中挑出一个或者几个进行"试验性审理",其判决对其他包含类似问题的诉讼没有约束力;而《投资者保护示范诉讼法》中的示范诉讼,旨在为大量案件的解决确立共同的事实基础,其判决对所有平行案件都具有约束力。④

示范性诉讼在解决证券欺诈纠纷上的优势主要表现在以下几点。第一,规模小,易于操作。示范诉讼用较小的诉讼规模解决了具有共同事实问题或者法律问题的多项纠纷,扩大了诉讼制度纠纷解决能力。而且,示范性诉讼制度的特别之处在于,用传统的"两造诉讼"模式来解决"小额多数"群体性纠纷中的共同事实或者法律问题,避免了事实审理的重复性。第二,预防群体性纠纷的发生。示范性诉讼提供了同类纠纷解决的依据,这有助于潜在的市场欺诈者对法律及其规制下个人

---

① 我国《消费者权益保护法》在2014年修改时,参考了德国团体诉讼的规定和实践,并在第47条中规定"对侵害众多消费者合法权益的行为,中国消费者协会以及在省、自治区、直辖市设立的消费者协会,可以向人民法院提起诉讼",从而确立了团体诉讼在我国诉讼制度上的地位。

② 参见钟志勇:《美国证券集团诉讼与我国证券民事诉讼形式之完善》,载《现代财经》(天津财经学院学报)2005年第11期。

③ 参见杨严炎:《示范诉讼的分析与借鉴》,载《法学》2007年第3期。

④ 参见吴泽勇:《集团诉讼在德国:"异类"抑或"蓝本"?》,载《法学家》2009年第6期。

行为的预测，从而达到法律的威慑作用。同时，有助于未参加诉讼的利害关系人经示范判决而预知自己的权利义务，促进了部分纠纷法院外的解决，减轻了诉讼负担。第三，示范诉讼通过降低诉讼费用风险来方便受到损害的小额投资者向法院起诉，加速群体诉讼的进行。由于证券纠纷的特殊性，其鉴定费用非常昂贵，取消了鉴定费用的预缴制度，实际上是降低了诉讼门槛，使受害者更易进行诉讼。

德国示范诉讼的主要目的是消除众多投资者的诉讼障碍，消除群体性纠纷带来的诸多不稳定因素，使经济政策顺利实施。德国《投资人示范诉讼法》目前仅适用于证券诉讼，但德国立法认为，如果此法能很好地发挥其作用，会考虑把示范诉讼制度推广运用到其他领域。

四、我国证券欺诈纠纷群体诉讼制度的具体设置

成熟的证券市场尤其需要运作规范、竞争有序、市场透明的证券法制。由于证券欺诈严重损害了证券市场秩序，相关诉讼机制亟待完善。单独诉讼、共同诉讼和代表人诉讼存在自身缺陷，无法满足处理证券欺诈纠纷案件的实际需要，在近期，可以在完善代表人诉讼的同时，引入示范诉讼模式；在未来，则应在证券市场立法中引入团体诉讼模式。

（一）完善代表人诉讼

代表人诉讼是我国《民事诉讼法》认可的诉讼方式，站在遵循既有诉讼方式的前提下，应当针对证券欺诈民事案件的特点，补充完善相关规则，尤其是简化权利人登记程序、调整诉讼费用、适当限制代表人人数、明确代表人诉讼的法律效果。与此同时，鉴于证券欺诈诉讼的特殊性与复杂性，应当充分发挥律师的作用，甚至可以仿效美国集团诉讼的做法，赋予律师某些特殊权利并加强法院对证券欺诈诉讼案件的管理权。

（二）举证责任

证券欺诈属于特殊的民事侵权行为，对于此类案件，应当如何分配当事人举证责任，已成为诉讼中的关键问题。证券欺诈无论在侵权行为、因果关系的认定以及损失计算等方面，均有独特属性。若照搬《民事诉讼法》规定的“谁主张，谁举证”的举证分配原则，明显不利于投资者利益，并使案件审理遇到障碍。因此，应当按照

实质公平的原则,在侵权行为和因果关系的认定上,实行举证责任倒置,在损失计算上也应当采用更简单明确的规则。

(三)既判力

代表人诉讼的裁判效力及于在法院登记的权利人,不发生裁判效力的扩张。也就是说,对于未登记为权利人或者退出诉讼的权利人,代表人诉讼的裁判不产生效力。然而,人民法院对于其他法院作出的代表人诉讼裁判文书,通常是给予关注和尊重的;在实务中,甚至存在后受理代表人诉讼案件的法院大量援引在前判决法院的裁判文书,在客观上形成了既判力。在《民事诉讼法》上,应当在限定范围内承认裁判文书的既判力。

第三节 公益诉讼

一、证券公益诉讼的必要性与可行性

公益诉讼是2012年我国《民事诉讼法》首次增加的诉讼形式。对于公益诉讼的含义,我国学者有不同见解:一是凡诉讼目的为公共利益的诉讼,即为公益诉讼;[①]二是公益诉讼的原告必须与本案无利害关系。在证券市场领域内,我们认为第一种解释更为合理。由于提起公益诉讼的组织是法律规定的组织,其义务之一就是维护公共利益,因此,只要存在公共利益,就足以提起公益诉讼,而不能以原告有无利害关系来界定公益诉讼的范围。就此而言,证券公益诉讼指为了保护不特定多数的投资者,维护社会公共利益,由法律规定的有关机关或组织作为原告提起的诉讼。

证券公益诉讼是有利于投资者的重要诉讼形式。一方面,个人投资者往往缺少充分的金融知识与风险意识,与机构投资者处于不平等状态;发行人和上市公司极易通过隐蔽手段损害投资者利益。基于该等特性,必须对投资者给予特别保护。我国《民事诉讼法》第55条将"侵害众多消费者合法权益"作为公益诉讼起诉事由

① 参见洪浩、邓晓静:《公益诉讼中检察权的配置》,载《法学》2013年第7期。

之一,我们认为该事由亦应适用于证券领域。另一方面,在证券领域,投资者人数众多,违法事由导致投资者利益受损时,受害者数量往往是巨大的,形成了证券民事诉讼中小额多数的特点。单一受害者面临取证难、诉讼成本高的困扰。而受害者人数众多、社会影响巨大,既打击了投资者信心,也造成了证券市场价格波动,甚至会引起社会不稳定。因此,应当认定此类情况涉及社会公共利益,可以由公益组织提起公益诉讼。

二、证券公益诉讼与现行法律的衔接问题

与公益诉讼有关的法律,主要是《民事诉讼法》和《消费者权益保护法》。最高人民法院 2016 年发布的《关于审理消费民事公益诉讼案件适用法律若干问题的解释》,则明确了消费领域公益诉讼的操作办法。上述规定均未直接涉及证券公益诉讼,我们认为,由于证券公益诉讼与消费领域公益诉讼具有实质的相似性,可以将消费领域公益诉讼的做法,推广至证券公益诉讼领域。

我国《民事诉讼法》在第 55 条关于公益诉讼的规定中,对诉讼目的与诉讼主体作出限定。诉讼目的须为“污染环境、侵害众多消费者合法权益等损害社会公共利益的行为”,起诉主体应为“法律规定的机关和有关组织”。我们认为,中小投资者尤其是购买理财产品的投资者,具有消费者的属性,可将其归入广义上的消费者范畴。在受损投资者人数众多的诉讼案件中,可以适用公益诉讼制度。需要指出,学术界在投资者是否是消费者上存在争议。但由于该条采用不完全列举作出规定,未穷尽各种损害社会公共利益的情形,因而,考虑到涉及虚假陈述、内幕交易案件受害人人数众多、地域广、社会影响很大的特点,符合损害社会公共利益的要件,就诉讼目的而言,证券公益诉讼可以与《民事诉讼法》较好衔接。

从诉讼主体来看,公益诉讼原告应当是“法律规定的机关和有关组织”,即原告应当适格。我国《证券法》未规定公益诉讼,也未规定公益诉讼的适格原告。我们认为,我国《证券法》应增设公益诉讼的相关条款,并考虑证券市场参与者的具体情况,将担负投资者保护职责的相关组织列为适格原告。考虑到《民事诉讼法》要求该相关组织由法律规定,因此,由《证券法》作出直接规定最为恰当。在《证券法》未予规定的场合下,可以斟酌《消费者权益保护法》的规定。首先,自然人投资者可以

视为消费者,即适用该法;其次,《消费者权益保护法》明确规定消费者协会可以作为适格原告,最高人民法院也出台了司法解释,相关立法比较完善,可以直接适用;最后,总结《消费者权益保护法》的适用经验,并作为《证券法》修改及投资者保护条例制定的参考。

综上,在实行证券公益诉讼中,《民事诉讼法》可以不作修改而适用,《证券法》需要增加公益诉讼的条款。《证券法》未做规定的,可以参照《消费者权益保护法》。

三、我国台湾地区证券团体诉讼经验

我国台湾地区于2002年制定"投保法",并于2003年正式施行。"投保法"首次确立了我国台湾地区证券团体诉讼制度。台湾地区"保护中心"是投资者保护组织。截至2013年年底,"保护中心"共协助投资人进行团体诉讼175件,求偿金额429亿余元新台币,人数10.8万余人。[①] 笔者认为,我国台湾地区的做法和经验是有借鉴意义的。

(一)"保护中心"的法律性质

根据我国台湾地区"投保法"第5条,"保护中心"是依规定设立的财团法人,是唯一的证券团体诉讼所认可的组织。其在法律上属于民间性质的财团法人,而实际上却具有浓厚的官方色彩。

在资金来源上,根据"投保法"第7条,证券交易所等证券市场的相关机构应向"保护中心"捐助财产,财产数额则由主管部门即台湾地区"金融监管委员会"协调。同时,"保护中心"设立的保护基金除各券商按利润比缴纳之外,亦由证券相关机构予以捐助。从"保护中心"管理者的任命来看,对"保护中心"的指导与监督,以及董事、经理等高管的任职资格,皆由主管部门规定。"投保法"还规定董事的产生由主管部门遴选或指派,董事长推举后须由主管机关核准后始得生效。从职责来看,"保护中心"的事务主要为主管机关不适合亲自处理而委托处理的事项,自主空间小,公益性强。例如,"保护中心"承担仲裁、调处与诉讼的职能,这显然不是民间财

① 参见冯亚景:《我国台湾地区证券团体诉讼制度评介及对大陆之启示》,载《上海商学院学报》2014年第1期。

团法人能够独自完成的。"保护中心"在承担诉讼职能时，也不得收取任何报酬，从而体现了较强的行政服务性。

可见，"保护中心"并不是由民间自由成立的法人实体，更像是一个半官方或受官方指导的公益性社会组织。

（二）证券团体诉讼起诉要件

根据我国台湾地区"投保法"第28条，证券团体诉讼需要具备以下条件。第一，须为了保护公益。对于公益的含义，"投保法"未作解释，一般认为，包括社会关切的、结果明显影响社会的案件。第二，必须是造成众多投资者因同一原因而受到损害而提起的诉讼。对于同一原因的认定，"财团法人证券投资人及期货交易人保护中心办理团体诉讼或仲裁事件处理办法"第2条以及第4条规定，已生效刑事与民事判决以及投资者提交的初步证据或"保护中心"主动调查后显示确系基于同一事实而多人受到损害的，即可认为基于同一原因。[①] 第三，须有20人以上遭受损失。第四，须有20人以上的投资者授予"保护中心"诉讼实施权。该实施权授予后，"保护中心"拥有一切诉讼行为之权利，但不包括撤诉、申请和解。若不足20人授权的，投资者可独立向法院提起诉讼，或向"保护中心"申请调处。

（三）团体诉讼的加入与退出及既判力

我国台湾地区"投保法"赋予投资者加入与退出的权利。在一审法庭辩论结束前，已授予"保护中心"诉讼实施权的投资者可以明示退出，自行提起诉讼。同时，在法庭辩论结束前，未加入的投资者可以向法庭申请加入，此前的诉讼程序对其有效。为了保障诉讼的安定性，若退出后授权人数不足20人，诉讼依然应当进行，不得停止。

在既判力方面，我国台湾地区采用加入制，即判决仅对授予诉讼实施权且参与诉讼的投资者有拘束力，对未参加团体诉讼的投资者没有拘束力。这不同于美国除非声明退出否则对集团内全体具有拘束力的退出制。但在未参与团体诉讼的投资者单独提出诉讼时，可否直接适用团体诉讼的裁决结果，"投保法"并没有相关规定。

从我国台湾地区的经验，可以看到，证券团体诉讼立法在实践中起到了保护投

① 参见薛永慧：《台湾证券团体诉讼制度：规范与借鉴》，载《台湾研究集刊》2016年第3期。

资者的效果。当然,“保护中心”也存在效率低下、服务意识下降等问题。

四、我国证券公益诉讼制度的构建

构建独特的证券公益诉讼,有利于投资者保护,完善投资者保护体系。鉴于此,现就我国证券公益诉讼,提出如下设想与建议。

(一)证券公益诉讼的适格原告

证券公益诉讼的适格原告可能有三种,分别是检察院、行政机关以及社会组织,现分别对其进行分析判断。

1. 检察院作为证券公益诉讼原告

根据中共中央依法治国的精神、全国人大常委会《关于授权最高人民检察院在部分地区开展公益诉讼试点工作的决定》,我国已启动了检察院作为原告提起民事公益诉讼与行政公益诉讼的试点工作。检察院可否作为证券公益诉讼的原告?首先,我们认为,从目前规定来看,授权检察院作为公益诉讼主体所针对的,主要是环境污染与国有资源保护,其诉讼目的主要是保护国家利益而非社会公共利益。证券诉讼虽对社会产生一定影响,但一般不涉及国家利益。其次,检察院作为原告的前提,是没有利害关系人或没有相关组织起诉。可见,检察院提起诉讼是具有辅助性的,一旦存在利害关系人,检察院就无法提起公益诉讼。从实践来看,检察院主要参与的是行政公益诉讼,鲜有充当民事公益诉讼原告的情形。因此,检察院担当证券公益诉讼原告的理由并不充分。

2. 行政机关作为证券公益诉讼原告

行政机关作为公益诉讼原告,在我国《民事诉讼法》上也是有相关依据的。但证监会作为证券公益诉讼的原告,是不合适的。其主要原因是,证监会系证券市场监管者,依法享有行政处罚权。证监会一旦充当证券公益诉讼的原告,证监会就将兼具行政监管者和民事诉讼原告的双重身份,甚至不排除证监会监管权而给被告造成的压力,这样,不仅导致证监会职能冲突,还将造成诉讼中原告和被告地位的再失衡。

3. 社会组织作为证券公益诉讼原告

由社会组织作为证券公益诉讼原告,尤其是由投服中心充当原告,是最合适的方案。首先,投服中心是由证监会批准设立的公益性组织,其专业性强,能够处理证券领域的各种问题。投服中心资金充分,且受政策鼓励,能够寻找适合的诉讼代理人。投服中心不是行政机关,也避免了诉讼程序上的问题。投服中心自成立以来,在维护中小投资者利益上作出了诸多努力,并已取得良好效果,印证了其充当证券公益诉讼原告的可行性。

(二)起诉要件

我们建议,证券公益诉讼的起诉要件应当包括:(1)须为保护社会公共利益;(2)同一事件受到所害人数应超过500人;(3)授权投服中心起诉的投资者,应超过100人;(4)投资者须提供初步证据,证明其受到的损失以及原因。

在受害人数与授权人数上,之所以提出不同于我国台湾地区经验的建议,主要是考虑到我国证券市场人口基数大、市场参与人数众多,在人数上作出一定限制,有利于维护社会利益、体现公益诉讼的价值。需要指出,投服中心担当原告时,其依职权调查事实的工作量较大。因此,应当由投资者主动提交初步证据,再由投服中心予以审核决定。

(三)举证责任

对于证券欺诈诱发的赔偿案件中,应当参考环境污染的相关规定。一方面,引入特殊过错责任原则。证券违法行为人的主观故意虽然明显,但举证证明行为人的主观态度依然有很大难度。从维护市场秩序角度来说,证券法应当明确列举法定情形,凡符合法定情形者,可直接认定行为人具有主观过错。另一方面,引入因果关系上的举证责任倒置,即由被告证明侵权行为与损害事实之间不存在因果关系。虚假陈述、内幕交易和操纵市场的行为人在实施违法行为时,并非旨在损害特定的投资者,而是损害了众多投资者利益。就此而言,要求原告证明其所受损失与违法行为之间的因果关系,是缺少正当性的;相反,由违法行为人反证不存在因果关系,才是更恰当的制度选择。

(四)既判力

从境外经验来看,即判力模式分为加入制与退出制。我国多数人诉讼采取的是加入制,即裁决只对已登记的诉讼参与人产生约束力,对未参与登记的仅有预告效力,即其日后单独提出诉讼的,法院可直接引用前述判决并作出裁判。我们认为,证券公益诉讼应当采用此制度。我国《民事诉讼法》对一般多数人诉讼采用此方式,证券公益诉讼直接予以沿用,可以避免频繁修改法律。同时,此种模式避免了传统加入制无法保护未参加诉讼受害者的问题,又防止了退出制中剥夺诉讼参与人诉讼自由的权利。因此,应当沿用我国《民事诉讼法》第54条中的规定。

(五)退出机制

在诉讼进行中,应当赋予投资者加入和退出诉讼的权利,即投资者可以在一审辩论结束前向法庭申请加入或者退出,投资者选择退出后,有权以自己名义提起诉讼。

(六)赔偿金申领

投资者保护机构作为公益性组织,不应当收取报酬,但应当扣除已发生的诉讼费用。也就是说,投资者保护机构在扣除诉讼相关费用后,按照判决向已授权的投资者分配胜诉利益。对于未授权的投资者,可以在诉讼时效期间内自行起诉,并按照通常诉讼程序予以处理。

第四节　民事调解与仲裁

一、民事调解

(一)我国证券民事调解的现状与问题

1.我国证券民事调解制度现状与实践

在证券市场的形成中,必然伴随虚假陈述、内幕交易、操纵市场等违法行为,投资者与金融机构的各类纠纷不断产生。然而,传统的诉讼形式不足以解决这些纠纷,非诉讼解决机制应运而生。

调解是保护投资者利益的重要机制。我国《证券法》第176条明确调解权只能赋予中国证券业协会,中国证券业协会针对会员之间、会员与客户之间的纠纷,可以进行调解。中国证券业协会已颁布《中国证券业协会证券纠纷调解工作管理办法》《中国证券业协会证券纠纷调解规则》《中国证券业协会调解员管理办法》等规定,并成立了证券纠纷调解专业委员会与证券纠纷调解中心,初步形成了我国证券调解机制。

(1)适用范围

证券纠纷调解范围广泛,既包括会员之间的纠纷,也包括投资者与会员之间的纠纷。就此而言,投资者因会员不法行为而遭受损失的,可以向证券调解委员会申请调解。但根据规定,调解中心认为不适宜调解的,将不受理调解申请。

(2)机构设置与人员组成

中国证券业协会成立了证券调解专业委员会,设1名主任委员、3名副主任委员,委员来自中国证监会、中国证券业协会、地方协会及会员单位。调解中心作为协会的内设机构,全面负责证券纠纷调解的日常组织、协调、外联和调解员管理等工作。截至2015年年底,调解委员会共聘请269名调解员,其中68%的调解员来自证券公司和证券业协会成员单位,其余主要来自高等院校以及执业律师。调解机构按属地原则设置,目前全国36个省和较大城市均设有调解分支机构。[①]

(3)调解流程

根据管理办法,调解程序的启动,首先要由一方或双方向调解中心提出申请。一方提出调解申请的,需要另一方书面同意调解,调解机构才可受理。可见,证券调解采取自愿原则,不存在强制调解。在实务中,调解中心通常建议双方达成和解协议,无法达成和解的,由调解员调解;在调解中,双方当事人可以随时和解并签订和解协议。双方达成和解协议的,调解即告结束。当事人无望达成和解的,调解员应告知双方以其他方式解决纠纷。

(4)调解协议的强制力

根据《民事诉讼法》,调解协议没有强制执行力。但是,调解协议经调解组织和调解员签字盖章后,当事人可以申请有管辖权的法院确认调解效力。经法院确认效力的调解协议,具有强制执行力。

2. 证券民事调解存在的问题

我国已经初步建成证券调解制度,该机制在实践中取得了一定效果,发挥了调解的优势,分担了法院审判的压力。但现有证券调解制度及其实施仍存在若干问题。

---

① 参见官勇华、谈志琦、顾秀娟:《证券纠纷调解机制调研报告》,载中国证券业协会主编:《创新与发展:中国证券业2015年论文集》,中国财政经济出版社2015年版,第226~238页。

(1)调解与诉讼的对接问题

2009年7月24日最高人民法院印发《关于建立健全诉讼与非诉讼相衔接的矛盾纠纷解决机制的若干意见》,规定经调解组织盖章后的调解协议,可以向法院申请强制执行效力,这为证券调解与诉讼的对接提供了法律依据。在实践中,证券业协会与部分法院签订了对接协议,旨在落实对接机制。根据调查,至今未出现诉讼转为调解,或申请确认调解协议强制执行力的案件,证券业协会与部分法院签订的协议停留在了纸面上。[①] 由于证券业协会仅与部分法院合作,对接机制的适用范围比较窄,未来有待发展出更具规模的合作机制。

在证券纠纷调解中,调解中心仅提供截至调解协议达成阶段的调解服务,不参与调解协议的效力确认及调解协议的执行,其职能未能覆盖调解的全部领域。同时,调解协议执行程序复杂。当事人可以向法院申请确认调解协议的效力。经确认后,一方拒不执行的,另一方可以申请强制执行。然而,当事人仍然有权向法院申请确认调解协议无效,可以申请重新达成调解协议,也可以提出强制执行异议之诉。这意味着,证券纠纷调解可能要经历调解程序、确认程序、申请强制执行程序甚至新的诉讼程序。当事人选择调解的主要原因之一,是提升解决证券纠纷的效率。但调解与诉讼的对接机制过于复杂,容易造成调解的实际意义减损,有些当事人会更倾向于选择诉讼或者仲裁。

(2)调解协议的司法确认问题

2012年4月10日最高人民法院在《关于扩大诉讼与非诉讼相衔接的矛盾纠纷解决机制改革试点总体方案》中明确指出,经行政机关、商事调解组织、行业调解组织或者其他具有调解职能的组织调解达成的协议,当事人申请确认其效力,参照最高人民法院《关于人民调解协议司法确认程序的若干规定》办理。

2011年3月最高人民法院颁布《关于人民调解协议司法确认程序的若干规定》,对管辖、受理程序、确认程序作出明确规定。该若干意见列明数种不予确认调解效力的情形,并将"侵害社会公共利益的"的调解协议归入其中。许多证券纠纷案件涉及众多投资者,如果主要将投资者人数作为界定社会公共利益的主要标准,

① 参见顾秀娟:《证券纠纷调解中的诉调、仲调、信调对接机制研究报告》,载中国证券业协会主编:《创新与发展:中国证券业2014年论文集》,中国财政经济出版社2014年版,第206~218页。

将直接影响到证券纠纷调解作用的发挥。

（3）投资者保护问题

证券纠纷调解主要是通过协商来促成双方和解，但证券业协会作为证券业者参加的行业协会，会否更多关注投资者利益，这在理论上是存在疑问的。证券调解组织应当是中立性组织，并在法律规定范围内关注投资者利益。唯有此，才能推动证券纠纷调解的健康发展。

（二）境外调解经验

1. 美国 FINRA 调解制度

美国 FINRA 调解是一个非正式、自愿的程序，调解员促进纠纷各方谈判，帮助各方达成一个双方都接受的解决方案。[①] 从 1995 年开始，FINRA 已成功调解了 17，500多个案件。[②] 在 2016 年调解结案的案件中，有 82% 是双方和解。在 2015 年调解结案案件中，有 91% 是双方和解。[③]

调解程序规则适用于纠纷、索求或争议的任何事项。[④] 据统计，所受理的调解案件按当事人可分为：投资者与证券业成员之间的纠纷，证券业成员相互之间的纠纷，证券业成员与其雇员之间的纠纷。[⑤] 调解程序的主要步骤有：

（1）申请协议提交和审查。一方当事人提出调解申请，FINRA 的工作人员将帮助解释调解的流程以利于双方当事人达成调解意愿。双方均同意调解后，正式进入调解程序。FINRA 调解可以在仲裁的任何一个阶段提起，FINRA 调解与 FINRA 仲裁是两个不同的程序。[⑥]

（2）确定调解员。FINRA 将根据纠纷情况给当事人推荐调解员的名单。双方当事人也可以从 FINRA 的其他名单中选定调解员，或推荐当事人认为合适的调解员。调解员需要进行充分的信息披露，如其收费情况、教育背景、工作经验、以往案

① 参见 FINRA：《美国 FINRA 调解制度》，载美国金融业监管局网：http://www.finra.org/arbitration-and-mediation/mediation-overview，最后访问日期：2018 年 6 月 3 日。

② 同上。

③ 同上。

④ 同上。

⑤ 参见刘晓春：《美国证券调解机制及其价值评析》，载《金融法苑》2009 第 2 期。

⑥ 参见 FINRA：《美国 FINRA 调解制度》，载美国金融业监管局网：http://www.finra.org/arbitration-and-mediation/mediation-overview，最后访问日期：2018 年 6 月 3 日。

例情况等。①

(3)调解会议。经当事方和调解员同意,调解会议可以通过电话视频会议或当面会议。调解会议允许当事人律师出席。调解员确定调解程序,促使当事人进行充分讨论,各方应尽量出席所有计划好的调解会。调解员也可与当事人各方或者其代理人单独进行会面,交流案件的具体情况。②

(4)达成协议。若是当事人达成和解,FINRA将帮助当事人达成协议并签署。虽然调解没有强制力,但是双方签署的协议确实终局并有约束力的。③

(5)形成僵局。并不是所有的纠纷都能成功调解。当调解陷入僵局时,当事人双方均可以申请仲裁或重新启动因调解而暂停的仲裁。④

在调解费用方面,当事人需要支付调解员的报酬,并根据纠纷的金额按比例向FINRA缴纳费用。⑤ 因为没有相关会议费等程序性费用支出,调解的费用一般要比仲裁低得多。

除此之外,FINRA调解还具有其独特性,即调解协议具有终局效力。由于大多数调解都会转为和解,因此,双方在协议中必须承诺此协议具有终局效力,签订之后不得起诉或仲裁。同时,FINRA也在美国证券仲裁领域处于垄断地位。因此,若一方意欲仲裁的话,可能性也微乎其微。另外,FINRA对注册会员有监督管理权,可以敦促协议的履行。

2. 我国台湾地区调处机制

我国台湾地区在证券领域,主要由"证券交易法"和"期货交易法"规范市场行为。为了保护投资者权益,健全、发展证券期货市场,我国台湾地区监管部门颁布了"投保法",作为"证券交易法"和"期货交易法"的特别法。此后,我国台湾地区财政主管部门"证券及期货管理委员会"颁布了"证券投资人及期货交易人保护机构管理规则"(以下简称"管理规则")、"证券投资人及期货交易人保护机构调处委员会组织与调处办法"(以下简称"调处办法"),对"条例"进行细化规定。

---

① 参见FINRA:《美国FINRA调解制度》,载美国金融业监管局网:http://www.finra.org/arbitration-and-mediation/mediation-overview,最后访问日期:2018年6月3日。

② 同上。

③ 同上。

④ 同上。

⑤ 同上。

（1）纠纷范围

根据"投保法"第22条的规定，保护机构调处的范围主要包括因有价证券之募集、发行、买卖或期货交易及其他相关事宜而产生的纠纷，并且限定了纠纷发生的主体。纠纷一方为"证券投资人或期货交易人"，另一方是"发行人、证券商、证券服务事业、期货业、交易所、柜台买卖中心、结算机构或其他利害关系人"。我国台湾地区调处范围广，涵盖了证券商、交易所、结算机构、投资者等各方市场参与者，也将证券募集、发行、买卖、交易等证券期货投资全过程包括在内。

（2）调处的处理机制

调处主体是"调处委员会"。保护机构作为调处纠纷的机构，属于财团法人，可以设立董事会和监察人。根据"投保法"第22条及"证券投资人及期货交易人保护机构调处委员会组织及调处办法"第2条规定，在处理调处事项时，可以设置"调处委员会"，该委员会一般由7～15人组成。根据"投保法"第4条规定，处理纠纷时，原则上应有1/3以上委员出席，并由主任委员担任主席，但经过当事人双方同意，可以由一名或数名委员调处。

可见调处的最终目的是尽量解决纠纷。为此，调处委员会可以站在第三方的角度，主动制作方案供双方使用，劝导双方当事人，并尽量使方案通过。纠纷当事人为保护个人利益，也必须主动对方案发表意见，默示视为同意。[①] 保护机构制作调处方案必须考虑到当事人意愿，过半数的当事人反对的调处方案不成立。这防止了保护机构强迫当事人接受调处方方案，损害当事人权益的情形发生。

（3）调处的效力

调处的效力与仲裁不同，并不立即发生终局效力。根据我国台湾地区"调处办法"第6条规定，保护机构应于调处成立之日起7日内，将调处书送请管辖法院审核。我国台湾地区"投保法"规定，经法院核定的调处，与民事判决具有相同的效力。如果经法院核定，调处具有无效或应当撤销的原因，当事人可以向核定法院提起确认调处无效或撤销诉讼，并可以就原先证券纠纷事项合并起诉或提起反诉。这保证了调处及时发生效力，增强了保护机构调解证券纠纷的权威性，也保障了当

---

① 参见侯怡墨：《我国大陆与台湾地区证券纠纷调解机制比较研究》，载中国证券业协会主编：《创新与发展：中国证券业2012年论文集》，中国财政经济出版社2012年版，第225～272页。

事人对及时履行生效调处的要求。

综上所述,我国台湾地区证券纠纷调解机制的建立,有效地保护了市场参与者和投资者权益,促使证券纠纷及时解决,对于市场稳定发展起到了积极作用。

(三)我国证券纠纷调解制度的构建

1. 调解发起主体与范围

建议适当扩大调解范围。随着行业创新发展不断深入推进,案件纠纷日益复杂化,当前的行业调解范围难以满足会员单位所有调解需求。《证券法》虽明确协会调解的法定受理范围,但并不禁止协会受理会员与其他利益主体之间的非证券业务纠纷。协会作为会员之家,有责任,也有义务为会员单位与其他相关利益主体之间发生的非证券业务纠纷进行调解。因此,建议将行业调解受理范围予以适度扩大,将会员单位与其他机构间发生的纠纷,如机构间市场中与该市场私募机构等市场参与者间发生的纠纷,法院、仲裁机构委托协会调解的纠纷等纳入调解的受理范围。

2. 调解程序

行业调解若要在诉讼、仲裁等其他纠纷解决机制中形成自身特色及优势,必须充分考虑自身程序及流程的灵活性及便捷性,不拘泥于形式和严格的程序要求,而以定分止争为最终目的。因此,建议区分调解程序为简易和普通两种,同时不以调解协议是否签署作为和解判断标准。此外,在调解申请程序、调解期限等方面也建议作进一步简化与完善。

3. 执行与效力

我国《人民调解法》规定:"经人民调解委员会调解达成调解协议后,双方当事人认为有必要的,可以自调解协议生效之日起30日内共同向人民法院申请司法确认,人民法院应当及时对调解协议进行审查,依法确认调解协议的效力。人民法院依法确认调解协议有效,一方当事人拒绝履行或者未全部履行的,对方当事人可以向人民法院申请强制执行。"按照上述规定,在我国,经过法院确认的调解协议具有可以申请强制执行的效力。因此,建议中国证券业协会会同中国证监会及最高人民法院共同出台相关的制度,限定法院确认调解协议的时间期限及确认步骤,增强协会制度的实际操作性,保证调解协议效力的快速增强,确保其强制执行性。

二、民 事 仲 裁

(一)我国证券纠纷仲裁的现状与问题

首先,我国证券仲裁的立法比较滞后。除《仲裁法》对证券仲裁进行了原则性规定之外,目前仅有两部有效的规范性文件涉及证券仲裁。一是1993年4月22日国务院颁布的《股票发行与交易暂行条例》(以下简称《股票条例》)。该条例第79条规定:"与股票的发行或者交易有关的争议,当事人可以按照协议的约定向仲裁机构申请调解、仲裁。"第80条规定:"证券经营机构之间以及证券经营机构与证券交易所之间因股票的发行或交易引起的争议,应当由证券委批准设立或者指定的仲裁机构调解、仲裁。"《股票条例》第一次以行政法规的形式对证券仲裁进行了规定。二是1994年8月27日国务院证券委员会(以下简称证券委)发布的《到境外上市公司章程必备条款》(以下简称《必备条款》)。《必备条款》第163条规定到香港上市的公司应当将下列内容载入公司章程:公司外资股股东与公司之间,外资股股东与公司董事、监事、经理或者其他高级管理人员之间,外资股股东与内资股股东之间,基于公司章程、《公司法》及其他有关法律、行政法规所规定的权利义务发生的与公司事务有关的争议或者权利主张,有关当事人应当将此类争议或者权利主张提交仲裁解决。该条同时规定:申请仲裁者可以选择中国国际经济贸易仲裁委员会(以下简称贸仲委)按其仲裁规则进行仲裁,也可以选择香港国际仲裁中心按其证券仲裁规则进行仲裁。仲裁机构作出的裁决是终局裁决,对各方均具有约束力。

值得注意的是,1994年8月26日证券委发布的《关于指定中国国际经济贸易仲裁委员会为证券争议仲裁机构的通知》,以及同年10月11日中国证监会发布的《关于证券争议仲裁协议的通知》(以下简称"两通知")已于1999年12月21日失效,不能作为证券仲裁的法律依据。而且,"两通知"将中国国际经济贸易仲裁委员会指定为证券争议的法定仲裁机构,与我国现行的法律规定也存在冲突。根据《中国国际经济贸易仲裁委员会仲裁规则》第2条之规定,中国国际经济贸易仲裁委员会可以解决的争议范围包括涉外争议以及法律、行政法规特别规定或者特别授权的争议。但是,"两通知"既非法律,亦非行政法规,是无权作出这种特别规定或特别授权的。由此可见,我国对证券仲裁制度的规定不但粗疏,而且没有相应的法律基础。

其次,从我国证券仲裁实践来看,证券仲裁案件为数不多。首例申请证券仲裁的案件是1994年9月,北京两家证券经营机构因股票发行过程中承销团成员之间承销费用划分问题发生争议而提起的仲裁,仲裁委员会受理后按照仲裁规则对该案进行了审理。在我国证券市场刚刚建立,具体法律规范和行业惯例缺失的情况下,仲裁庭参考和借鉴了国外关于承销费用划分的规定和习惯做法,对该案进行了裁决。之后的证券仲裁主要是涉及证券经营机构在交易中造成的另一方损失的纠纷、股票发行纠纷及国债交易纠纷。与贸易、合资方面的仲裁案件相比,证券仲裁案件数量极少。①

为了充分发挥仲裁法律制度解决经济纠纷快捷、方式灵活、成本低廉、不公开进行等独特优势,防范和及时化解证券期货市场风险,保护证券期货市场主体的合法权益,保障证券期货市场的健康发展,中国证监会和国务院法制办于2004年1月18日印发了《关于依法做好证券、期货合同纠纷仲裁工作的通知》(以下简称《通知》)。《通知》明确规定,证券期货市场主体之间发生的与证券期货经营交易有关的纠纷,属于平等民事主体之间发生的民商事纠纷,适用仲裁方式解决。根据《通知》的规定,适用仲裁方式解决的证券、期货合同纠纷主要有6种情况:(1)证券发行人与证券公司之间、证券公司与证券公司之间因证券发行、证券承销产生的纠纷;(2)证券公司、期货经纪公司、证券投资咨询机构、期货投资咨询机构与客户之间因提供服务产生的纠纷;(3)基金发起人、基金管理公司、基金托管机构之间因基金发行、管理、托管产生的纠纷;(4)会计师事务所、律师事务所、资信评估机构等中介机构与证券发行人、上市公司之间因提供服务产生的纠纷;(5)上市公司、证券公司、期货经纪公司、基金管理公司因股权变动产生的纠纷;(6)证券公司、证券投资咨询机构、期货投资咨询机构、期货经纪公司、上市公司、基金管理公司、登记结算机构及其他证券、期货市场主体之间产生的与证券、期货交易有关的其他合同纠纷。《通知》还规定,上市公司与证券市场公众投资人之间纠纷的仲裁,另行研究确定。

① 参见孙双秀、王金贵:《投资人与上市公司证券纠纷可仲裁性探讨》,载《仲裁研究》2004年第2期。

从以上我国证券仲裁的现状可以看出，我国目前的证券仲裁仍然没有摆脱司法的影响，广大投资人的合法权益仍然得不到仲裁的保护，保护投资者的合法权益这一证券法律的基本原则仍然没有在仲裁中得到体现。

（二）证券纠纷仲裁的必要性

在蓬勃发展的中国证券市场，证券纠纷客观存在并日益增多。证券诉讼制度由于种种原因进展缓慢，远不能满足解决争议的需求。除了诉诸法庭寻求诉讼救济外，采用仲裁的形式解决纠纷则为构建多元化的证券纠纷解决法律制度搭建了合适的平台。特别是，仲裁因其固有的特点使其具有了诉讼所无法比拟的优势，也使其更适合于满足证券纠纷的需要。

1. 仲裁具有较大的自主性和灵活性

意思自治是仲裁的灵魂，自愿仲裁原则是仲裁的基本原则，是整个仲裁制度赖以建立的基础，可以说仲裁最主要的法律特征是当事人双方的自主性。仲裁的这种自主性和灵活性表现在：第一，仲裁的依据来自当事人的协议约定，而不是国家的强制力，也正是根据当事人的授权，才得以启动仲裁程序，解决争议并发生效力；第二，在仲裁协议中，当事人可以在仲裁规则容许的范围内约定提交仲裁的争议范围，可以自主地选择仲裁员，约定审理案件的程序、方式和地点；第三，在法律适用上，当事人可以约定适用的法律，仲裁庭也可以依据国际惯例、行业惯例及结合公平合理的原则对案件作出判断。

2. 证券仲裁具有很强的专业性

很多商事争议具有很强的专业性和技术性，这要求对争议进行裁判的人员具有相应的专业理论和经验。同时，案件审理人的素质的高低对于案件审理的质量起着决定性的作用。例如，在证券仲裁中，案件则是由一批掌握了证券法律方面的中外经济、法律专家作仲裁员来审理。他们拥有丰富的证券市场知识、经验，也懂得与市场相关的法律法规和惯例，有的还具备多年的仲裁实践经验，所以他们在仲裁案件时能听得懂、看得清、裁得准，从而保证了案件审理的质量和权威。无论是美国仲裁协会的证券仲裁还是我国的证券仲裁，都有一批在证券方面有着资深理论水平和实践经验的证券仲裁员。这些仲裁员除能保证证券仲裁的审理质量外，在我国现阶段更别具意义，因为在我国证券的法律法规缺乏的情况下，更需要高水平的人依据证券的理论和国际惯例来审理案件。

3. 仲裁具有很好的保密性

在实践中,民商事争议常常涉及一些对企业发展至关重要的企业商业秘密甚至一些核心机密。另外,在很多情况下,一些商事纠纷还会影响企业的商业形象和企业间正常的商业交往。所以,企业大都不愿意因为商事纠纷而泄露自己的商业秘密。仲裁以不公开审理为原则,强调保护国家秘密、企业商业秘密和个人隐私,具有很强的保密性,符合当事人对争议保密的需要。这不仅有利于维护交易双方的社会形象,还可避免争议事项外泄可能带来的商业损害或者其他争议,并有利于当事人双方修复因争议而造成的裂痕,形成双方当事人商事关系可持续发展的局面。

4. 证券仲裁具有极高的效率性

仲裁是一种快捷有效的争议解决方式。一是因为仲裁坚持一裁终局的原则,即仲裁裁决一经作出,就发生法律效力,这样仲裁程序所用时间就相对较短,也节约了费用,还可以减少市场变化带来的不利因素。二是由于仲裁坚持自主性原则,采取了比较灵活的审理制度,当事人可以自主地选择仲裁程序,可以协议决定省略某些程序。这样,程序的机动性使每一个案件的审理期限相对较短,从而使争议的解决更快速,避免了当事人陷于旷日持久的纷争中,这同样节约了争议解决的成本,提高了资金周转率,减少了因纠纷而产生的损失。

因此,在我国目前证券诉讼相关制度尚不完备的情况下,应当积极寻求非诉讼手段解决证券纠纷。而仲裁与诉讼在强制力上最接近,又拥有其独特的价值目标与优势,因此,从保护证券投资者出发,应当以现有法律为依托,针对证券市场的特点,建立证券纠纷仲裁机制。

(三)我国证券纠纷仲裁制度构建

1. 建立多元化的证券仲裁机构体系

当前,建立证券仲裁机构有两种模式可以借鉴。第一种模式是由一般的商事仲裁机构仲裁证券争议。这可由证券监管机关制定全国统一遵守的证券仲裁规则,或者由商事仲裁机构制定专门的证券仲裁规则。例如,我国香港国际仲裁中心就有专门的证券仲裁规则。而我国的中国国际贸易仲裁委员会,则是在没有专门的证券仲裁规则的情况下处理证券仲裁争议。这一种模式的优点是给投资者以公正的形象,其缺点是无法充分体现证券纠纷的专业性特点。[①] 第二种模式是以美国为代表,建立多元化的证券仲裁机构,即既有一般的商事仲裁机构来受理证券仲裁争议,同时又建立专门的证券仲裁机构,这些专门的证券仲裁机构附属于证券业自律组织,且各自都制定了专门的证券仲裁规则,其受案范围既可以是券商之间的证券争议,也可以是投资者与券商之间的证券争端。当然,这些自律组织必须受 SEC 的监督。这一模式的优点是,能充分体现证券纠纷的专业性特点;其缺点是由于自律组织与券商有着无法割舍的关系,这容易产生不公正的现象。但是,法院的司法监督可以在一定程度上防止这些问题。

从我国目前情况来看,可以选择美国的模式。具体来说,一是在上海、深圳证券交易所建立证券仲裁部门。其受案范围可以是会员之间,以及会员与投资者之间的证券纠纷。相关仲裁条款必须是选择性的,投资者可以在交易所仲裁部门和其他仲裁机构之间选择,或者可以不选择仲裁。二是选择在一些中心城市的仲裁委员会如北京、上海、深圳、武汉等和中国国际贸易仲裁委员会建立专门的证券仲裁部门,对于一些设区的市可以考虑暂不设立。

2. 扩大可仲裁范围

具体到证券市场中,因虚假陈述、操纵股价、内幕交易、欺诈客户等违法行为而引发的民事侵权纠纷能否进行仲裁的问题,在没有法律解释的情况下,我国仲裁机构显得保守和被动。我们认为,将证券纠纷提交仲裁符合我国现有法律规定。《仲裁法》第 2 条规定:“平等主体的公民,法人和其他组织之间发生的合同纠纷和其他财产权益纠纷,可以仲裁。”证券纠纷主要是证券市场上平等主体之间所发生的合同纠纷和其他财产权益纠纷。进一步说,就其主体而言,证券纠纷仲裁的受理范围可以是证券经营机构之间、证券经营机构与证券发行人或投资者之间及证券投资者与证券发行人之间因证券(股票、债券、基金)的发行或交易而引起的合同和非合同争议,关键是看争议双方之间是否存在有效的书面仲裁协议。对于仲裁的受理和管辖的范围来说,只要当事人之间存在有效的书面仲裁协议或仲裁条款,且不违反法律法规的强制性规定都可以提交仲裁,而不能将投资人排除在外。

---

① 参见陈岱松、魏华文:《论中国证券纠纷仲裁法律制度之构建》,载《财贸研究》2009 年第 4 期。

3. 对涉及众多当事人仲裁的特别规定

纠纷的一个重要特点是涉及的人数众多。为了解决这一问题,美国建立了集团诉讼制度。我国没有相应的制度,只有代表人诉讼制度。虽然它不可能完全实现集团诉讼制度的功能,但是随着最高人民法院虚假陈述民事赔偿制度的建立,确立了侵权行为因果关系认定的市场规则,这一制度将发挥较大的作用。证券仲裁也会面临同样的问题,因此,应进行相应的规则设置。①

为此,仲裁规则应规定:如果某人在诉讼中在法院进行了登记就不能再次就同一请求向仲裁机构申请仲裁,即使他们与对方当事人存在有效的仲裁协议。但是,如果当事人能证明他没有参加,或由于条件不具备没能参加代表人诉讼的除外。对方当事人不能以双方存在仲裁协议为由,要求参加代表人诉讼的当事人履行仲裁协议。当事人参加代表人诉讼不能视为放弃仲裁的权利。对于众多当事人就同一法律事实对同一当事人提出仲裁请求的情况,仲裁规则应规定:在众多当事人就同一法律事实对同一被申请人和同一申请人就同一法律事实对不同被申请人提出仲裁申请时,在多方当事人一方对仲裁员人选和审理地点达成一致意见的情况下,仲裁委员会主任可以决定合并仲裁审理。在合并仲裁中,申请人或被申请人不需对其他申请人的请求或对其他被申请人的请求进行抗辩。仲裁裁决应针对不同的申请人或被申请人分别作出。

在现有实践下,众投资人与上市公司之间的纠纷在法院很难得到救济。如果仲裁机构能够突破各种障碍,制定规则受理此类案件,不仅在仲裁界而且在司法界、证券界无疑将是一枚“重磅炸弹”。在我国仲裁事业处于低迷状态的情况下,这无疑是对仲裁事业的最大宣传和推动,从而促使社会各界重新审视我国仲裁事业的发展,重新认识仲裁法赋予仲裁机构的使命。并且,它还将在证券市场的规范和促进证券业的发展中发挥不可低估的推动作用。因此,无论是从证券仲裁的价值理念,还是从国外的仲裁实践抑或我国的立法状况来看,受理投资者与上市公司之间的证券纠纷应当不存在障碍。我国的仲裁机构应当敢为人先,率先制定自己的证券仲裁规则,尽早将投资者与上市公司及相关当事人之间的证券纠纷纳入到仲裁范围内。

---

① 参见陈岱松、魏华文:《论中国证券纠纷仲裁法律制度之构建》,载《财贸研究》2009年第4期。

第十一章　附　录

证券市场投资者保护条例

【专家建议稿(121条)】

第一章　总　　则

第一条　立法宗旨

为了规范证券发行人和证券经营机构的行为,保护投资者合法权益,建立公平、有效、透明的证券市场秩序,维护社会经济秩序和社会公共利益,根据《证券法》《信托法》《公司法》《证券投资基金法》及相关法律,制定本条例。

第二条　适用范围

证券发行人和证券经营机构向投资者销售公开或非公开发行的证券,公开或者非公开募集的证券投资基金和股权投资基金(包括创业投资基金,以下简称基金),公开或者非公开转让期货及其他衍生产品,或者为投资者提供与证券有关服务的,适用本条例。

第三条　投资者的定义

本条例所称投资者,指以证券为介质,从事投资,享有投资收益并承担投资风险的自然人、法人或其他组织。

本条例所称投资者,除本条例另有规定者外,包括期货交易者。

第四条　证券发行人的定义

本条例所称证券发行人,指以募集资金为目的,向投资者销售证券的法人和非法人组织,简称发行人。

第五条　证券经营机构的定义

本条例所称证券经营机构,是指由证券监管机关依法批准设立的、从事证券发行、销售或者转售、期货经纪、投资咨询、投资顾问等业务的金融机构。

第六条　受托人的定义

法人或非法人以发行收益凭证方式募集资金,负责资金管理的并收取管理费用的,属于本条例所称证券发行人,简称管理人或受托人。

第七条　基本原则

证券经营机构接受投资者委托从事证券活动,或者与投资者开展证券活动的,应当遵循自愿、平等、公平、诚实信用的原则。

第八条　国家保护

国家保护投资者的合法权益不受侵害。

国家采取措施,保障投资者依法行使权利,维护投资者的合法权益。

第九条　鼓励政策

国家制定政策,保障投资者对上市公司治理的参与权、知情权。

国家鼓励、支持一切组织和个人对损害投资者合法权益的行为进行社会监督。

第十条　媒介监督

大众传播媒介应当做好维护投资者合法权益的宣传,对损害投资者合法权益的行为进行舆论监督。

第十一条　行政监管与自律监管

国家证券监督管理机构(以下简称证券监管机构)及其派出机构依照法律、行政法规及其他相关规定,对证券经营机构履行适当性义务进行监督管理。

证券期货交易场所、登记结算机构、证券期货基金业行业组织等自律组织对经营机构履行适当性义务进行自律管理。

第十二条　投资者保护组织

投资者有权要求发行人和经营机构承担法律责任。投资者保护组织根据投资者委托或者以自己名义,要求发行人和经营机构承担法律责任。

第二章 投资者的权利

第一条 投资者分类

根据投资者的属性、财产状况、投资知识和经验、专业能力等因素，在综合评判风险承受能力的基础上，投资者分为普通投资者与专业投资者，并实行分类保护。

经营机构可以根据专业投资者的业务资格、投资实力、投资经历等因素，对专业投资者进行细化分类和管理。

第二条 证券与金融产品

本条例所称证券，指发行人、管理人向投资者发行的股票、债权和理财产品，包括但不限于证券公司资产管理产品、基金管理公司及其子公司产品、期货公司资产管理产品、银行理财产品、保险产品、信托产品、经行业协会备案的私募基金。

或者：本条例所称金融产品，是指银行存款、股票、债券、基金份额、资产管理计划、银行理财产品、信托计划、保险产品、期货及其他衍生产品等。

本条例所称服务，指与上述证券相关的服务。

第三条 专业投资者

符合下列条件之一的，是专业投资者：

（一）经金融监管部门批准设立的金融机构，包括证券公司、期货公司、基金管理公司及其子公司、商业银行、保险公司、信托公司、财务公司等；经行业协会备案或者登记的证券公司子公司、期货公司子公司、私募基金管理人；经批准的存托凭证受托人。

（二）社会保障基金、企业年金等养老基金，慈善基金等社会公益基金，合格境外机构投资者（QFII）、人民币合格境外机构投资者（RQFII）。

（三）符合下列条件的法人或者其他组织：

1. 最近 1 年年末净资产不低于 1000 万元；

2. 最近 1 年年末金融资产不低于 1000 万元；

3. 具有 2 年以上证券、基金、期货、黄金、外汇等投资经历。

（四）同时符合下列条件的自然人：

1. 金融资产不低于 500 万元，或者最近 3 年个人年均收入不低于 50 万元；

2. 具有2年以上证券、基金、期货、黄金、外汇等投资经历,或者具有2年以上金融产品设计、投资、风险管理及相关工作经历,或者属于本条第(一)项规定的专业投资者的高级管理人员、获得职业资格认证的从事金融相关业务的注册会计师和律师。

第四条　普通投资者

专业投资者之外的投资者,为普通投资者。证券经营机构应当维护投资者合法权益,综合考虑收入来源、资产状况、债务、投资知识和经验、风险偏好、诚信状况等因素,确定普通投资者的风险承受能力,对其进行细化分类和管理。

普通投资者在信息告知、风险警示、适当性匹配等方面,应当获得特别保护。

第五条　证券持有与处置权

投资者对于依法持有的有纸化证券,依法享有财产所有权。

投资者将证券等托管给证券经营机构的,证券经营机构应当为投资者开立证券账户,并将投资者的证据记载于投资者账户中。投资者对其在证券账户内记载的证券,依法享有持有权和处置权。

第六条　投资者的股东权利

投资者持有上市公司股票的,依法享有公司重大决策参与权、公司资产受益权和选择管理者的权利。公司章程另有规定的,从其规定。

发行人应当在完善公司治理,主动回报投资者。上市公司应当结合行业和自身特点,制订保障投资者的收益权。

第七条　投资者的契约权利

投资者依照募集文件以及委托、信托、存托、经纪等协议享有的权利,依法受到保护。

法律针对投资者契约权利做出其他规定的,从其规定。

第八条　选择证券经营机构的权利

投资者在从事证券活动时,有权自主选择证券经营机构并与其签订投资协议或者合同。证券经营机构应当按照协议和交易规则,忠实履行职责,在投资者委托范围内办理受托事务。

第九条　知情权

投资者有权了解证券及与证券有关的信息。证券经营机构应当以通俗易懂的语言，及时、真实、准确、全面地向投资者披露可能影响其投资决策的信息，充分提示风险，不得发布夸大产品收益、掩饰产品风险的信息，不得作虚假或引人误解的宣传。

第十条　财产安全权

投资者的证券和资金，免受他人侵害。证券经营机构应当保障投资者的财产安全。证券经营机构应当审慎经营，建立科学合理的内控措施，采用必要的技术监控手段，严格区分自身资产与客户资产，不得挪用、占用客户证券和资金。

第十一条　公平交易权

证券经营机构不应设置违反公平原则的交易条件，格式合同不得加重投资者责任、限制或者排除其合法权利，不得限制投资者寻求法律救济途径，不得减轻、免除其损害投资者权益应当承担的民事责任。

第十二条　信息安全权

投资者信息安全有权受到保护。证券经营机构应当采取有效措施加强对第三方合作机构管理，明确双方权利义务关系，防止投资者信息泄露风险，保障投资者信息安全，不得非法收集、篡改、泄露、出售、提供和未经授权利用投资者信息。

第十三条　依法求偿权

投资者遭受证券经营机构侵害时，可以依照法律和本条例规定，要求证券经营机构承担违约或侵权责任。

第三章　证券发行人的义务

第一条　基本义务

上市公司董事、监事和高级管理人员应当忠实、勤勉、善意地履行职责，公平对待全体股东，保护公司股东利益，关注公司股东的个别权利。

第二条　公司决议

上市公司召开股东大会并作出决议，出席会议的股东所持表决权应当不低于表决权总数的三分之一。但是就下列事项作出决议的，出席会议的股东所持表决权应当不低于表决权总数的二分之一：

（一）按照《中华人民共和国公司法》或者公司章程规定，须经出席会议的股东

所持表决权三分之二以上通过的事项;

(二)增加对董事会的授权事项,或者提高对董事会的授权额度;

(三)提高董事、监事的薪酬;

(四)实施股权激励计划;

(五)国务院证券监督管理机构规定的其他事项。

第三条 特别股股东大会

出现以下情况之一的,公司召开股东大会会议应通知特别股股东,并遵循《公司法》及公司章程通知普通股股东的规定程序。特别股股东有权出席股东大会会议,就以下事项与普通股股东分类表决,其所持每一优先股有一表决权,但公司持有的本公司特别股没有表决权:

(一)修改公司章程中与特别股相关的内容;

(二)一次或累计减少公司注册资本超过10%;

(三)公司合并、分立、解散或变更公司形式;

(四)发行特别股;

(五)公司章程规定的其他情形。

上述事项的决议,除须经出席会议的普通股股东所持表决权的三分之二以上通过之外,还须经出席会议的特别股股东所持表决权的三分之二以上通过。

第四条 公开征集表决权

上市公司董事会、独立董事、持有百分之一以上有表决权股份的股东、国务院证券监督管理机构认可的投资者保护机构可以作为征集人自行或者委托证券经营机构、证券服务机构,公开请求上市公司股东委托其代为出席股东大会,并代理行使提案权、表决权等股东权利。

依照前款规定征集股东权利的,征集人应当按照国务院证券监督管理机构的规定披露征集文件,上市公司应当予以配合。

禁止以有偿或者变相有偿的方式公开征集股东权利。

公开征集股东权利违反法律、行政法规或者国务院证券监督管理机构有关规定,导致上市公司或者其股东遭受损失的,应当承担赔偿责任。

第五条 债券持有人会议

公开发行债券的,应当按照国务院证券监督管理机构的规定,设立债券持有人会议，并应当在募集说明书中说明债券持有人会议的召集程序、会议规则和其他重要事项。

公开发行债券的，发行人应当为债券持有人聘请债券受托管理人，并订立债券受托管理协议。受托管理人应当由本次发行的承销机构或者其他经国务院证券监督管理机构认可的机构担任。

非公开发行债券的，发行人可以参照前款的规定，设立债券持有人会议，聘请债券受托管理人。

债券发行人未能按期兑付债券本息的，债券受托管理人可以以自己名义代表债券持有人提起、参加民事诉讼或者清算程序。

第六条 提案权

股东可请求董事将一定事项（限于该股东可行使表决权的事项，在下款中相同）作为股东大会的议题。

虽有前款的规定，但董事会设置公司议题时，限于自 6 个月（章程已规定低于该标准的期间时，从其该期间）前连续持有全体股东表决权的 1%（章程已规定低于该标准的比例时，从其该比例）以上表决权的股东，可请求股东将一定事项作为股东大会的议题。此时，该请求须在股东大会召开前 14 日（章程已规定低于该标准的期间时，从其该期间）前提出。

第七条 提案的限制

股东在股东大会上就股东大会的议题事项（限于该股东可行使表决权的事项）可提出议案。但该议案违反法律或章程，或者就实质上的同一议案在股东大会上未得到全体股东（就该议案不得行使表决权的股东除外）表决权的 1/10 以上（章程已规定低于该标准的比例时，从其该比例）赞成之日起未经过 3 年时，不在此限。

第八条 现金股利分配

上市公司应当在章程中明确分配现金股利的具体安排和决策程序，依法保障股东的资产收益权。上市公司未实施现金股利分配的，应当说明理由。

上市公司当年税后利润，在弥补亏损及提取法定公积金后有盈余的，应当按照公司章程的规定分配现金股利。

第九条 退市前披露义务

上市公司退市前应当及时、准确、完整地持续披露其股票可能暂停或者终止上市交易的提示性公告。如果存在虚假陈述、内幕交易、操纵市场等违法行为,应当按照《证券法》的有关规定承担责任。

第十条　主动退市时的回购请求权

主动退市公司应当在其公司章程中对主动退市股东大会表决机制以及对决议持异议股东的回购请求权、现金选择权等作出专门安排。如有违反,则证券交易所应拒绝其退市申请。

第十一条　先行赔付

因欺诈发行、虚假陈述或者其他重大违法行为给投资者造成损失的,发行人的控股股东、实际控制人、相关的证券经营机构、证券服务机构以及国务院证券监督管理机构认可的投资者保护机构可以就赔偿事宜与投资者达成协议,予以先期赔付。先期赔付后,可以依法向发行人以及其他连带责任人进行追偿。

第十二条　虚假陈述的赔偿责任

上市公司存在重大违法行为,公司及其控股股东、实际控制人、董事、监事、高级管理人员等相关责任主体,应当按照《证券法》的有关规定,赔偿投资者损失。前述主体也可以根据信息披露文件中的公开承诺内容或者其他协议安排,通过回购股份等方式赔偿投资者损失。

第十三条　董监高责任

发行人的董事、监事、高级管理人员执行公司职务时违反法律、行政法规或者公司章程的规定,给公司造成损失,国务院证券监督管理机构认可的投资者保护机构持有该公司股份的,可以为公司的利益以自己的名义向人民法院提起诉讼,持股比例和持股期限不受《中华人民共和国公司法》规定的限制。

第十四条　非上市公众公司

本章关于上市公司义务的规定,适用于非上市公众公司。

第四章　证券经营机构的义务

第一条　公平与诚信原则

证券经营机构与投资者订立提供金融商品或服务的合同,应当遵循公平合理、平等互惠和诚信原则。证券经营机构与投资者订立之合同条款失公平的,该部分条款无效;合同条款如有疑义时,应当做出有利于投资者的解释。

第二条 善良管理人

证券经营机构提供金融商品或服务,应尽善良管理人的注意义务。

第三条 广告与劝诱

证券经营机构刊登、播放广告及进行业务招揽或营业促销活动时,不得有虚伪、诈欺、隐匿或其他足致他人误信之情事,并应确保其广告内容之真实。

证券经营机构就高风险证券产品向投资者做出劝诱时,应当履行特别的注意义务,包括制定专门的工作程序,追加了解相关信息,告知特别的风险点,给予投资者更多的考虑时间,或者通过增加回访等适当方法履行特别注意义务。

第四条 投资者分类的适当性

证券经营机构应充分考虑投资者的投资经验与其投资目标是否适当、专业知识水平和投资者类型划分是否适当、投资者的预期利益和其可承受损失之间是否适当等,执行投资者适当性标准,强化信息披露和提示风险,不得将产品销售给其风险承受能力不相匹配的投资者。

证券经营机构应当根据产品或者服务的不同风险等级,对其适合购买产品的投资者类型作出判断,根据投资者的类型,对其适合购买的产品或者接受的服务作出判断。

证券经营机构需根据其所推介的投资组合产品的整体风险和特征,来区分投资者的产品认知水平和风险承受能力,从而选择适当的投资者审慎参与相关金融交易。

第五条 "了解你的客户"

证券经营机构在提供金融商品或服务中,应当遵守法律、行政法规及其他规定,秉持"客户利益最大化"原则,勤勉尽责,审慎履职,全面了解投资者情况,调查分析产品或者服务信息,采用规范、科学的评估方法,充分揭示风险。

证券经营机构根据投资者的风险承受能力、产品或服务类型、风险等级等因素,提出明确的适合性匹配意见,将适当产品或者服务提供给适合的投资者,并对违法违规行为承担法律责任。

第六条 "了解你的产品"

证券经营机构应当了解证券及其组合产品等具体信息,根据产品风险特征和程度,对投资组合产品划分风险等级。证券产品的风险等级,应当按照产品或者服务的整体风险等级进行评估。

组合产品或者服务存在下列因素的,应当审慎评估其风险等级:

(一)存在本金损失的可能性;

(二)在非公开市场转让;

(三)结构化金融商品;

(四)公开募集;

(五)跨境因素的金融商品或者服务;

(六)其他高风险产品或者服务。

第七条　投资者信息的收集

证券经营机构提供证券或者提供服务时,应当了解投资者的基本信息:(一)自然人的姓名、住址、职业、年龄、联系方式,法人或者其他组织的名称、注册地址、办公地址、性质、资质及经营范围等基本信息;(二)收入来源和数额、资产、债务等财务状况;(三)投资相关的学习、工作经历及投资经验;(四)投资期限、品种、期望收益等投资目标;(五)风险偏好及可承受的损失;(六)诚信记录;(七)实际控制投资者的自然人和交易的实际受益人;(八)法律法规、自律规则规定的投资者准入要求相关信息;(九)其他必要信息。

未经投资者明确同意,证券经营机构不得将投资者基本信息泄露、转让或者提供给他人使用。

第八条　借用账户

证券经营机构不得借用投资者账户,不得向投资者提供自己或者其他投资者的账户。向他人借出账户的,应当与使用人承担连带责任。

第九条　反欺诈

证券经营机构向投资者提供产品或服务时,应当提供金融产品或者服务的相关资料,所出具的材料不得含有虚假、误导性信息或存在重大遗漏,不得欺诈客户。

第十条　保本承诺

证券经营机构向投资者提供产品或者服务时,不得作出保本承诺。

第十一条　投资者利益冲突的防范机制

证券经营机构应当建立利益冲突防范机制和关联交易审议机制,未经投资者同意,不得从事自我交易和双方代理行为。

第十二条　不当劝诱的禁止

证券经营机构应当考虑投资者的知识水平、投资经验、财产状况和交易合同缔约目的等,秉持诚实信用原则,不得进行不当的劝诱行为。

证券经营机构及其工作人员不得进行不当劝诱:(一)证券经营机构在商业广告、投资劝诱等宣传,不得表明其对产品或者服务的风险和收益作出实质性判断或者保证;(二)在金融交易合同的劝诱时,不得根据虚假事实进行劝诱;(三)在证券经营机构从事两种及以上业务的,不得利用其在一种业务中获取的有价证券交易信息,而对其他业务中的投资者进行投资劝诱;(四)禁止不顾投资者拒绝劝诱的意思表示,继续进行金融交易合同缔结的投资劝诱行为;(五)禁止对没有邀请劝诱的投资者,通过电话、网络、路上招揽等方式劝诱合同签约。

第十三条　投资顾问机构的禁止行为

投资顾问机构不得从事下列行为:

(一)向不符合准入要求的投资者销售产品或者提供服务;

(二)向投资者就不确定事项提供确定性的判断,或者告知投资者有可能使其误认为具有确定性的意见;

(三)向普通投资者主动推介风险等级高于其风险承受能力的产品或者服务;

(四)向普通投资者主动推介不符合其投资目标的产品或者服务;

(五)向风险承受能力最低类别的投资者销售或者提供风险等级高于其风险承受能力的产品或者服务;

(六)其他违背适当性要求,损害投资者合法权益的行为。

第十四条　投资顾问机构的特别责任

投资顾问机构向投资者销售证券产品的,应当符合《信托法》以及有关资产管理的规定,承担相应的法律责任。

第十五条　外部接入信息系统

证券经营机构采用的外部接入信息系统,应当足以保护投资者信息和财产的安全性。证券经营机构利用第三方技术或平台向投资者提供商品或服务的,应当事先采取合理技术手段予以评估、验证,应当制定第三方技术利用的应急处理方案。

证券经营机构利用第三方技术或平台向投资者提供商品或者服务的,应当就接入、使用第三方技术或者平台而给投资者造成的损失,承担赔偿责任,或者与第三方共同承担责任。

第五章 投资者保护组织

第一条 投资者保护组织的性质

投资者保护组织是依法成立的、专门从事投资者保护的非营利法人。

第二条 投资者保护组织的职能

投资者保护组织具有下列职能:

(一)向中小投资者开展公益性宣传和教育;

(二)为中小投资者自主维权提供法律、信息、技术服务;

(三)公益性持有证券等品种,以股东身份行权和维权;

(四)受中小投资者委托,提供调解、和解服务;

(五)代表中小投资者,向政府机构、监管部门反映诉求;

(六)中国证监会委托的其他业务。

第三条 投资者保护组织的经费

投资者保护组织的经费,为投资者保护组织的资金,以及其他接受捐助的资金。

证券监管机构对投资者保护组织履行职责,可以予以必要的经费等支持。

第四条 职责的履行

投资者保护组织认真履行保护投资者权益的职责,听取投资者的意见和建议,接受证券监督管理部门和社会的监督。

第五条 相关单位的协助义务

投资者保护组织为处理下列事项,可要求发行人、证券经营机构、证券服务机构协助或协助提出文件、相关资料:

(一)依本法规定所申请的调解案件;

(二)提起公益诉讼;

(三)主管机关委托办理的事项;

(四)其他利于投资者保护组织履行职责的事项。

投资者保护组织依前款所获文件或相关资料,发现有违反法律法规情形的,或为了保护公益目的,应报请主管机关处理。受请求人未依前款规定协助或提出文件、相关资料的,也应报请主管机关。

第六条 投资者保护组织的监督

投资者保护组织的内部机构、设立、管理,依本条例规定;本条例未作规定的,适用其他法律的规定。

投资者保护组织的指导、监督、财务、登记,以及决策机构及人员的资格条件,由主管机关决定。

第七条 投资者保护组织的规则

投资者保护组织应当制定管理规则、业务规则。重要的投资者保护组织制定的业务规则,应当向社会公示。

第八条 禁止从事的活动

投资者保护组织不得从事营利性服务,不得以收取费用或者其他方式向证券投资者提供服务。

第九条 提起股东代表诉讼的豁免

上市公司的董事、高级管理人员有《公司法》第一百四十九条规定的情形,投资者保护组织作为股东可以书面请求监事会或者不设监事会的有限责任公司的监事向人民法院提起诉讼;监事有《公司法》第一百四十九条规定的情形的,证券投资者保护组织作为股东可以书面请求董事会向人民法院提起诉讼。

监事会或者董事会收到前款规定的股东书面请求后拒绝提起诉讼,或者自收到请求之日起三十日内未提起诉讼,或者情况紧急、不立即提起诉讼将会使公司利益受到难以弥补的损害的,投资者保护组织作为股东有权为了公司的利益以自己的名义直接向人民法院提起诉讼。

他人侵犯公司合法权益,给公司造成损失的,投资者保护组织作为股东可以依照前两款的规定向人民法院提起诉讼。

第十条 公益诉讼

投资者保护组织为保护公共利益,于本法及其程规定的目的范围内,对于造成多数投资者受损害的事件,经由【 】人以上投资者书面授权后,可以自己的名义向人民法院起诉。投资者撤销授权须于辩论终结前提出,并通知人民法院。

前款的所称授权,包含为强制执行、保全、参与重整或破产程序及其他为实现权利所必要之权利。

第十一条　争议调解、和解

投资者保护组织可以接受中小投资者委托,提供证券纠纷的调解、和解服务。

投资者保护组织接受证券交易所、人民法院、仲裁机构、证券监管机构的委托,提供证券纠纷调解、和解服务。

第六章　投资者保护基金

第一条　保护基金

本条例所称证券投资者保护基金(以下简称保护基金),是指按照《证券法》第一百三十四条设立并依据本条例筹集和管理的,专用于保护投资者权益、防范和处置证券公司风险的基金。

国家设立证券投资者保护基金。证券投资者保护基金由证券公司、证券合伙企业缴纳的资金及其他依法筹集的资金组成,其筹集、管理和使用的具体办法由国务院规定。

第二条　保护基金管理机构

保护基金管理机构是专门履行投资者保护公益职能的非营利法人。

保护基金管理机构在经证券监管机构审批并办理工商登记后成立。

第三条　基金专户管理

保护基金管理机构根据资金来源,分项专户管理执法和解金、财政转拨付的罚没收入等专项资金,并专用于特定范围内投资者的赔偿。

基金管理机构应当拟定专项资金的管理和使用规则,报国务院证券监督管理机构批准。

第四条　赔付范围

投资者参与被处置证券公司下列业务形成的债权,基金管理机构可以予以偿付:

(一)经纪业务;

（二）客户资产管理业务；

（三）国务院证券监督管理机构认可的其他业务。

第五条　赔付范围以外的损失

投资者参与下列业务造成的损失，不属于保护基金的偿付范围：

（一）未取得经营证券业务许可资格的机构开展的业务；

（二）国务院证券监督管理机构认定的违规业务；

（三）国务院证券监督管理里机构认定不属于保护基金偿付范围的其他证券业务。

投资者在证券投资活动中因证券市场波动或者投资产品价值本身发生变化所导致的损失，由投资者自行承担。

第六条　机构投资者债权

下列机构投资者对被处置证券公司的债权，基金管理机构不予偿付：

（一）经证券监督管理机构批准在中华人民共和国境内募集资金，运用所募集的部分或全部资金以资产组合方式进行证券投资管理的境内基金管理公司、保险公司、证券公司以及资产管理机构；

（二）经证券监督管理机构批准投资于中国证券市场，并取得国家外汇管理机构额度批准的中国境外基金管理机构、保险机构、证券公司及资产管理机构。

第七条　不予赔付

被处置证券公司的股东、实际控制人、董事、监事、高级管理人员及其配偶、子女和其他关联人对被处置证券公司的债权，不予偿付。

第八条　证券经营机构的破产与清算

证券公司破产或者清算时，客户交易结算资金、证券和委托资产不属于其破产财产或者清算财产，由投资者通过破产清算组或者行政清理组取回。

能够明确投资者的，由投资者直接取回；能够明确投资者范围但不能明确具体投资者的，在投资者范围内按比例取回；属于投资者财产但不能明确投资者具体范围的，用于全体投资者损失清偿。

第九条　限额赔付

基金管理机构按照以下限额偿付投资者债权：

（一）同一投资者所有证券账户投入的本金金额合计在十万元以内的，予以全额偿付；

(二)同一投资者所有证券账户投入的本金金额合计在十万元以上二十万元以下的部分,按百分之九十偿付;

(三)同一投资者所有证券账户投入的本金金额合计在二十万元以上五十万元以下的部分,按百分之八十偿付;

(四)同一投资者所有证券账户投入的本金金额合计在五十万元以上一百万以下的部分,按百分之七十偿付;

(五)同一投资者所有证券账户投入的本金金额合计在一百万元以上二百万元以下的本分,按百分之五十偿付;

(六)同一投资者所有证券账户投入的本金金额合计在二百万元以上的部分,不予偿付。

上述限额需要调整的,由基金管理机构拟订方案,国务院证券监督管理机构报国务院批准。

第十条　偿付方式

基金管理机构偿付投资者债权可以采取下列方式:

(一)现金;

(二)有价证券;

(三)国务院证券监督管理机构批准的其他支付方式。

第十一条　偿付标准

投资者债权按照以下标准计算:

(一)人民币债权以证券公司处置日账余额扣除超过国家法定利率的利息后的余额计算;

(二)有价证券以原有证券在证券公司处置日的收盘价的虚拟还原市值计算;

(三)有指定投资产品的客户资产管理按证券公司处置日收盘时的市值计算;没有指定具体投资产品的客户资产管理,按本金计算。

第十二条　偿付规则

投资者债权的具体偿付程序及偿付办法,由基金管理机构拟定,报国务院证券监督管理机构批准。

第十三条　偿付后求偿权

基金管理机构偿付投资者债权的,应于偿付限额内,取得投资者对被处置证券公司的债权。

基金管理机构可以依据保护基金使用申请、拨付凭证等证据申报债权，参与被处置证券公司破产清算。

第十四条 紧急救助

经国务院证券监督管理机构批准，基金管理机构可以向证券公司提供紧急救助。

基金管理机构实施紧急救助的，应当与被救助证券公司签订紧急救助协议。

紧急救助协议应当对整改措施、经营管理监督、股权安排、借款用途、担保要求、借款利率、还款计划以及监督检查等主要事项进行约定，并报国务院证券监督管理机构批准。

第十五条 紧急救助款的使用

紧急救助款应当用于投资者的取款、交易结算等特定用途，不得挪用。

基金管理机构应当对紧急救助款项用途、紧急救助协议执行情况、被救助证券公司的经营管理情况等事项进行监督。被救助证券公司应当定期向基金管理机构报告相关情况。

第十六条 被救助者的利益返还

被救助证券公司应当采取措施保证按时、足额偿还保护基金。

对无力偿还紧急救助资金的证券公司，基金管理机构可以提出重组或者破产申请。

经基金管理机构同意，对重组证券公司的债权可以转换为股权由基金管理机构阶段性持有。

第十七条 基金的投资

在确保保护基金安全、指出需要和适当流动性的前提下，基金管理机构可以将保护基金进行投资，实现资产的保值增值。

基金管理机构应当遵循安全稳健的原则，拟定投资决策、比例限额、资金调度和风险控制规则，确保投资安全。

第十八条 基金的投资对象

保护基金可以投资于：

（一）银行存款；

(二)国债;

(三)中央银行票据;

(四)AAA级金融债券、企业债券和公司债券;

(五)债券基金和货币市场基金;

(六)国务院证券监督管理机构批准的其他投资用途。

第十九条　基金管理公司的持股

为保护投资者合法权益提起仲裁或者诉讼的需要,基金管理机构可以购买每家公开发行股票的上市公司不超过100股股票。

第二十条　基金管理公司的考核

基金管理机构应当建立科学的业绩考评和奖励制度,并将考核结果定期报送国务院财务主管部门。

第七章　投资者纠纷的解决

第一节　投资者及保护组织的起诉

第一条　投资者个人起诉

投资者有权以自己的名义起诉,也可以授权投资者保护组织起诉。

第二条　投资者保护组织以自己名义提起诉讼

投资者保护组织对于公司章程条款、决议无效的,可以以自己的名义提起诉讼。

投资者保护组织以股东名义提起诉讼的,不受前款限制。

第三条　投资者保护组织受托起诉

投资者保护组织为保护社会公共利益,对于造成不少于五百名投资者受损害之同一原因所引起的证券事件,应当由一百人以上投资者授予诉权后,以自己之名义,提起诉讼。投资者应当在一审法庭辩论结束前,撤回诉权授予,并书面通知法院。

投资者授予的诉权,包含因同一原因所引起之证券事件而为强制执行、诉讼保全、先予执行、参与重整或破产程序及其他为实现权利所必要的权限。

前项诉权的授予,应当采取书面形式。

第四条 投资者依据第三条撤回诉权授予的,该部分诉讼当然停止,该证券投资者可依据《民事诉讼法》第一百一十九条规定自行起诉。

因部分投资者撤回诉权授予,致其余部分不足一百人的,仍应当就其余部分继续进行诉讼。

第五条 投资者根据第三条、第四条所提出的损害赔偿请求权,其诉讼时效应分别计算。

第六条 投资者保护机构拥有原告所有的诉讼权利,但投资者可以对申请和解、申请调解及申请撤诉作出限制。

前款投资者一人所作出的限制,其效力不及于其他证券投资者。

投资者依据第一款所作限制,应作出书面声明,或直接向法庭提出。

第七条 投资者对于依据第六十二条所作出的判决不服的,应当在保护机构上诉期间届满前,撤回诉权授予,依法自行提起上诉。

投资者保护机构在受到判决书后,应立刻将结果通知证券投资者,并将是否提起上诉以书面通知证券投资者。

第八条 投资者保护机构在诉讼中得到的赔偿,扣除诉讼必要费用后,应当分别交付授权的投资者。

保护机构不得获取任何形式报酬。

第九条 投资者保护机构申请诉讼保全、先予执行时,应向法庭阐明原因。

法庭就前款所作出的诉讼保全、先予执行,免于担保。

第十条 基于同一原因在同一事实中受到损害但未授权投资者保护机构起诉的投资者,在提起诉讼后,法庭应根据投资者保护机构提起的公益诉讼的裁决径行做出判决。

第二节 投资者保护组织的调解

第十一条 调解委员会的设立

投资者保护组织应设立调解委员会,调解委员会的组织及调解规则,交主管机关备案。

第十二条 调解的申请

投资者与发行人、证券经营机构、证券服务机构、证券交易所、股权转让系统、登记结算机构或其他利害关系人之间,因证券之募集、发行、买卖及其他相关事宜所致民事纠纷,可以向投资者保护组织申请调解。

第十三条　申请调解不予受理之情形

申请调解有下列情形之一的,不予受理:

(一)不属于证券纠纷;

(二)证券纠纷不是由投资者提起的;

(三)无具体的相对人;

(四)纠纷案件已在第一审法院辩论终结;

(五)调解的内容已由生效判决裁判;

(六)同一纠纷已依本法申请过调解。

调解委员会除前项情形或应补正材料的情形外,应于受理申请后【　】日内进行调解。

第十四条　诉讼时效的中断

申请人依照其申请内容所主张的请求权因申请调解发生诉讼时效中断。但调解申请经撤回、不受理或调解不成立的,诉讼时效视为不中断。

第十五条　调解成立

调解事件经双方当事人达成协议的,调解成立。

调解达成协议有困难的,调解委员会应当考虑一切因素,为了双方当事人利益之平衡,经全体委员过半数同意作成调解方案,并于【　】日内劝导双方当事人同意;必要时,可以再延长【　】日。

当事人于前款所定期间内未表示不同意的,视为双方当事人依调解方案达成调解。

当事人一方为多人的,其中一人或数人于第二款所定期间内表示不同意的,该调解方案对该当事人不发生效力,对其他当事人视为调解成立。但表示不同意的当事人人数超过该方全体当事人人数的半数时,视为调解不成立。

调解委员会依第二款规定进行劝导的,可于恰当情形下公开该调解方案。

第十六条　小额争议的调解方案

关于小额证券投资纠纷,经投资者向投资者保护组织申请调解,相对人无正当理由拒不到场的,调解员应根据具体情形,依申请人的请求或依职权提出调解方案，并送达各方当事人。

前款的调解方案，应经调解委员会【 】人以上出席，并经出席调解员过半数同意，调解方案于送达后【 】日内当事人未表示不同意的，视为已依该方案成立调解。当事人表示不同意的，由调解员另行确定调解日期并通知当事人，无正当理由拒不到场的，视为依该方案成立调解。

第一款的送达，不适用公告送达的规定。

第一款小额证券纠纷的额度，由投资者保护组织制定，报主管机关核准。

第十七条 调解协议

调解成立的应制作调解协议。经法院确认的调解协议，与民事生效判决具有相同的效力。人民法院在认定调解协议当事人意思表示真实后，应当确认调解书的效力。

第十八条 法院确认

当事人可以申请调解员及调解组织在《调解协议书》上签字和盖章。《调解协议书》经调解员签字和调解组织盖章后，当事人可以申请有管辖权的人民法院确认其效力。调解书经人民法院确认，具有强制执行效力。

第十九条 调解员的聘任

调解员由调解组织依据法律有关规定聘任。

第二十条 调解不收费

调解工作对当事人不收取任何费用。

第二十一条 调解协议

经调解，当事人就纠纷解决达成全部或部分一致意见的，可以签署《调解协议书》。

第二十二条 和解协议

在调解的过程中当事人达成和解的，可以签署《和解协议》。

第二十三条 协议效力的确认和执行

当事人向法院申请确认效力或申请强制执行时，调解组织应当予以协助。

第三节 证券纠纷仲裁机构

第二十四条 证券交易所产生的民事纠纷，当事人可以依据合同约定进行仲裁。

第二十五条 证券经营机构与投资者签订的合同,可以设置仲裁条款。

第二十六条 证券民事纠纷仲裁遵循自愿原则,任何强制投资者仲裁的约定无效。

第二十七条 证券纠纷仲裁机构为各仲裁委员会下设的证券专业仲裁机构。中国证券业协会应在证券专业仲裁机构的设置上予以协助。

第二十八条 上市公司因虚假陈述、内幕交易、操纵市场等欺诈行为致证券投资者受到损害的,若合同中约定可以仲裁的,该条款有效。

第二十九条 当事人因证券纠纷提出仲裁申请,应从知道或应当知道权利被侵害之日起15日内向仲裁机构提出,否则不予受理。

第三十条 因同一原因在同一事实中受到侵害的证券投资者人数众多的,可以共同仲裁。共同仲裁中,仲裁人可以选定若干仲裁代表人进行仲裁。

第三十一条 证券纠纷仲裁庭的仲裁员须对证券领域具有专门知识或有相关经验。

第三十二条 仲裁程序开始前,仲裁庭应当进行调解。调解成功的,仲裁程序终结。

在仲裁程序结束前,当事人共同提出调解申请的,仲裁庭可以中止仲裁,并通知证券调解组织。调解不成功的,则恢复仲裁程序。

仲裁过程中的调解不得超过两次。

第三十三条 仲裁庭做出的仲裁裁决,具有法律约束力。当事人可以向法院申请强制执行。

第三十四条 本条例未有规定的内容,依照《中华人民共和国人民调解法》《中华人民共和国仲裁法》办理。

第八章 附 则

第一条 期货交易者与期货经营机构之间的纠纷,参照本条例执行。

第二条 本法自年月日起施行。

《证券法》明确将“保护投资者的合法权益”作为立法目的和行政监管的目标。自《证券法》颁布以来，经过不断发展完善，我国已基本形成由国家法律法规和行政保护、投资者自我保护、市场自律保护与社会监督保护相结合的多层次投资者保护体系。但在我国证券投资者保护中，仍然存在投资者保护规范缺乏可操作性、信息披露制度不健全、投资回报机制不健全、违法成本低，投资者缺乏维权机制等问题。此外，市场经营主体投诉处理责任不明确，资本市场多元化纠纷解决机制不健全，证券纠纷专业调解刚刚起步，民事赔偿诉讼制度有待完善，中小投资者起诉、举证还存在诸多困难。

一是重实体保护、轻程序保护。我国证券市场现行的法律法规和规章主要侧重于对投资者实体权利的保护，对于程序问题多不涉及。我国立法和司法实践中一直存在的“重实体、轻程序”的现象在证券投资者保护领域依然存在。具体来说，我国立法上尚未建立普遍性的类别股表决制度，有关投票权征集制度也仅仅作出概括性规定，而未规定征集的具体程序和规则。证券民事赔偿的程序性规范大多付诸阙如，投资者只能依靠《民事诉讼法》《仲裁法》等一般民事程序规范进行维权，这对于投资者权益保护目标的实现并不理想。

二是重一般规范、轻特别规范。我国证券法律、行政法规和规章对于投资者保护的规范多为原则性、概括性规定，并未考虑实践中的具体情况。证券法不仅对于不同类型的投资者不加区分，也并未区分不同情况下投资者的特殊需求。证券投资者权益保护在投资者持有证券的整个过程中应当贯穿始终，我国有关证券法规主要针对证券发行和交易过程中的投资者保护作出一般性规定，对于上市公司退市等特殊情形下的投资者保护并未作出具体规范。即便对于一般的证券违法交易行为，证券法也仅仅是确认了违法交易行为人对投资者的损害赔偿责任，并未对其责任认定、赔偿标准等问题加以明确。

三是重行为规范、轻裁处规范。现行的法律法规存在的一个突出问题是投资者保护的相关规定，主要是一些行为规范，缺少必要的裁处规范。我国《证券法》中有关民事责任的规定仅有 10 条，关于民事证券诉讼也仅仅只有第 47 条有关股东代表诉讼的规定。民事责任立法采用“行为人造成损失，行为人应该承担赔偿责任”的立法模式，对损害投资者利益行为的行为认定、行为人、主观要求、损失计算、赔偿范围等具体问题未做规定。[①]《证券法》缺少裁处规范,导致投资者保护的相关规定太过原则,缺少相关细则,可操作性不强,因而投资者无法援引有效的法律依据起诉、裁判者也没有具体的法律依据进行裁判,导致受到财产损害的投资者无法得到补偿,受到侵害的民事权利也无法得到救济。

四是重行政监管、轻市场自律和社会约束。在现有环境下,我国投资者保护主要依赖于大量行政监管、立法保护及少数的诉讼,行业自律组织和公益组织监管、社会监督、投资者自我保护未能发挥应有效用。由此形成了我国投资者保护重行政监管、轻市场自律和社会约束的局面。从实际情况来看,监管机关负担过重、投资者维权成本过高、执法效率较低,而市场机制自发的调节资源配置未能起到应有的作用。

① 参见赵万一:《证券市场投资者利益保护法律制度研究》,法律出版社2013年版,第83页。

图书在版编目(CIP)数据

投服研究. 第1辑. 2018年 / 郭文英, 徐明主编. -- 北京：法律出版社, 2018

ISBN 978-7-5197-2638-6

Ⅰ. ①投… Ⅱ. ①郭… ②徐… Ⅲ. ①证券市场－投资者－法律保护－研究－中国 Ⅳ. ①D922.280.4

中国版本图书馆CIP数据核字(2018)第204530号

投服研究(第1辑·2018年)
TOUFU YANJIU(DI 1 JI · 2018 NIAN)

郭文英 徐 明 主编

策划编辑 陈 妮
责任编辑 陈 妮
装帧设计 李 瞻

出版 法律出版社
总发行 中国法律图书有限公司
经销 新华书店
印刷 固安华明印业有限公司
责任校对 杨锦华
责任印制 吕亚莉

编辑统筹 财经法治出版分社
开本 720毫米×960毫米 1/16
印张 23.25
字数 380千
版本 2018年9月第1版
印次 2018年9月第1次印刷

法律出版社/北京市丰台区莲花池西里7号(100073)
网址/www.lawpress.com.cn
投稿邮箱/info@lawpress.com.cn
举报维权邮箱/jbwq@lawpress.com.cn
销售热线/010-63939792
咨询电话/010-63939796

中国法律图书有限公司/北京市丰台区莲花池西里7号(100073)
全国各地中法图分、子公司销售电话：
统一销售客服/400-660-6393
第一法律书店/010-63939781/9782 西安分公司/029-85330678 重庆分公司/023-67453036
上海分公司/021-62071639/1636 深圳分公司/0755-83072995

书号:ISBN 978-7-5197-2638-6 **定价**:98.00元